JN051352

特別支援学校学習指導要領解説

知的障害者教科等編（上）（高等部）

平成 31 年 2 月

文部科学省

ま え が き

　文部科学省では，平成31年2月4日に学校教育法施行規則の一部改正と特別支援学校の高等部学習指導要領の改訂を行った。新特別支援学校学習指導要領等は，高等学校の新学習指導要領等の実施時期に合わせて，平成34年度から，年次進行で実施することとし，平成30年度から一部を移行措置として先行して実施することとしている。

　今回の改訂は，平成28年12月の中央教育審議会答申を踏まえ，

①　教育基本法，学校教育法などを踏まえ，これまでの我が国の学校教育の実績や蓄積を生かし，子供たちが未来社会を切り拓くための資質・能力を一層確実に育成することを目指すこと。その際，子供たちに求められる資質・能力とは何かを社会と共有し，連携する「社会に開かれた教育課程」を重視すること。

②　知識及び技能の習得と思考力，判断力，表現力等の育成のバランスを重視する平成20年改訂の学習指導要領等の枠組みや教育内容を維持した上で，知識の理解の質を更に高め，確かな学力を育成すること。

③　先行する特別教科化など道徳教育の充実や体験活動の重視，体育・健康に関する指導の充実により，豊かな心や健やかな体を育成すること。

を基本的なねらいとして行った。

　本書は，大綱的な基準である学習指導要領等の記述の意味や解釈などの詳細について説明するために，文部科学省が作成するものであり，特別支援学校高等部学習指導要領の総則，各教科，自立活動等について，その改善の趣旨や内容を解説している。

　各学校においては，本書を御活用いただき，学習指導要領等についての理解を深め，創意工夫を生かした特色ある教育課程を編成・実施されるようお願いしたい。

　本書は，編集協力者の協力を得て編集した。本書の作成に御協力くださった各位に対し，心から感謝の意を表する次第である。

　平成31年2月

文部科学省初等中等教育局長

永 山 賀 久

目　次（知的障害者教科等編（上））

※第2部第5章第4節第6〜11，第5節，第6節及び第6〜9章
については，次頁「全体目次」をご参照ください。

● 付録

全 体 目 次

第1編

総　説

　今の子供たちやこれから誕生する子供たちが，成人して社会で活躍する頃には，我が国は厳しい挑戦の時代を迎えていると予想される。生産年齢人口の減少，グローバル化の進展や絶え間ない技術革新等により，社会構造や雇用環境は大きく，また急速に変化しており，予測が困難な時代となっている。また，急激な少子高齢化が進む中で成熟社会を迎えた我が国にあっては，一人一人が持続可能な社会の担い手として，その多様性を原動力とし，質的な豊かさを伴った個人と社会の成長につながる新たな価値を生み出していくことが期待される。

　こうした変化の一つとして，進化した人工知能（AI）が様々な判断を行ったり，身近な物の働きがインターネット経由で最適化されたりするIoTが広がるなど，Society5.0とも呼ばれる新たな時代の到来が，社会や生活を大きく変えていくとの予測もなされている。また，情報化やグローバル化が進展する社会においては，多様な事象が複雑さを増し，変化の先行きを見通すことが一層難しくなってきている。そうした予測困難な時代を迎える中で，選挙権年齢が引き下げられ，さらに令和4年度からは成年年齢が18歳へと引き下げられることに伴い，高校生にとって政治や社会は一層身近なものとなるとともに，自ら考え，積極的に国家や社会の形成に参画する環境が整いつつある。

　このような時代にあって，学校教育には，子供たちが様々な変化に積極的に向き合い，他者と協働して課題を解決していくことや，様々な情報を見極め，知識の概念的な理解を実現し，情報を再構成するなどして新たな価値につなげていくこと，複雑な状況変化の中で目的を再構築することができるようにすることが求められている。

　このことは，本来我が国の学校教育が大切にしてきたことであるものの，教師の世代交代が進むと同時に，学校内における教師の世代間のバランスが変化し，教育に関わる様々な経験や知見をどのように継承していくかが課題となり，子供たちを取り巻く環境の変化により学校が抱える課題も複雑化・困難化する中で，これまでどおり学校の工夫だけにその実現を委ねることは困難になってきている。

　また，障害のある子供たちをめぐる動向として，近年は特別支援学校だけではなく幼稚園や小学校，中学校及び高等学校等において発達障害を含めた障害のある子供が学んでおり，特別支援教育の対象となる子供の数は増加傾向にある。そのような中，我が国は，平成19年に「障害者の権利に関する条約（平成18年国

連総会で採択)」に署名し，平成26年にこれを批准した。同条約では，人間の多様性の尊重等を強化し，障害のある者がその能力等を最大限に発達させ，社会に効果的に参加することを可能とするため，障害のある者と障害のない者とが共に学ぶ仕組みとしての「インクルーシブ教育システム」の理念が提唱された。こうした状況に鑑み，同条約の署名から批准に至る過程においては，平成23年の障害者基本法の改正，平成25年の就学先決定に関する学校教育法施行令の改正，平成25年の障害を理由とする差別の解消の推進に関する法律の制定（平成28年施行）など，教育分野を含め，同条約の趣旨を踏まえた様々な大きな制度改正がなされたところである。

特に，教育分野では，上述の学校教育法施行令の改正のほか，平成22年7月に中央教育審議会初等中等教育分科会の下に「特別支援教育の在り方に関する特別委員会」を設置し，同条約に示された教育の理念を実現するための特別支援教育の在り方について審議を行った。そして，平成24年7月に「共生社会の形成に向けたインクルーシブ教育システム構築のための特別支援教育の推進（報告）」が取りまとめられた。この報告では，インクルーシブ教育システムを構築するためには，最も本質的な視点として，「それぞれの子どもが，授業内容が分かり学習活動に参加している実感・達成感を持ちながら，充実した時間を過ごしつつ，生きる力を身に付けていけるかどうか」とした上で，障害のある者とない者とが同じ場で共に学ぶことを追求するとともに，個別の教育的ニーズのある子供に対し，自立と社会参加を見据え，その時々で教育的ニーズに最も的確に応える指導を提供できる，多様で柔軟な仕組みを整備することが重要であるとしている。その際，小・中学校等の通常の学級，通級による指導及び特別支援学級や，特別支援学校といった，子供たちの多様な教育的ニーズに対応できる連続性のある「多様な学びの場」において，子供一人一人の十分な学びを確保していくことが重要であると報告は指摘している。

このように，障害者の権利に関する条約に掲げられたインクルーシブ教育システムの構築を目指し，特別支援教育を更に推進していくために，大きな制度改正がなされたところである。

こうした状況の下で，平成26年11月には，文部科学大臣から新しい時代にふさわしい学習指導要領等の在り方について中央教育審議会に諮問を行った。中央教育審議会においては，2年1か月にわたる審議の末，平成28年12月21日に「幼稚園，小学校，中学校，高等学校及び特別支援学校の学習指導要領等の改善及び必要な方策等について（答申）」（以下「平成28年12月の中央教育審議会答申」という。）を示した。

平成28年12月の中央教育審議会答申においては，"よりよい学校教育を通じてよりよい社会を創る"という目標を学校と社会が共有し，連携・協働しなが

3

ら，新しい時代に求められる資質・能力を子供たちに育む「社会に開かれた教育課程」の実現を目指し，学習指導要領等が，学校，家庭，地域の関係者が幅広く共有し活用できる「学びの地図」としての役割を果たすことができるよう，次の6点にわたってその枠組みを改善するとともに，各学校において教育課程を軸に学校教育の改善・充実の好循環を生み出す「カリキュラム・マネジメント」の実現を目指すことなどが求められた。

第1章
改訂の経緯及び基本方針

① 「何ができるようになるか」（育成を目指す資質・能力）
② 「何を学ぶか」（教科等を学ぶ意義と，教科等間・学校段階間のつながりを踏まえた教育課程の編成）
③ 「どのように学ぶか」（各教科等の指導計画の作成と実施，学習・指導の改善・充実）
④ 「子供一人一人の発達をどのように支援するか」（子供の発達を踏まえた指導）
⑤ 「何が身に付いたか」（学習評価の充実）
⑥ 「実施するために何が必要か」（学習指導要領等の理念を実現するために必要な方策）

これらに加えて，特別支援教育に関しては，
① インクルーシブ教育システム構築のための特別支援教育の推進
② 子供の障害の重度・重複化，多様化
③ 社会の急速な変化と卒業後を見据えた教育課程の在り方

などに対応し，障害のある子供一人一人の教育的ニーズに対応した適切な指導や必要な支援を通して，自立と社会参加に向けて育成を目指す資質・能力を身に付けていくことができるようにする観点から，教育課程の基準の改善を図ることが示されている。

これを踏まえ，文部科学省においては，平成29年3月31日に幼稚園教育要領，小学校学習指導要領及び中学校学習指導要領を，同年4月28日に特別支援学校幼稚部教育要領及び小学部・中学部学習指導要領を，平成30年3月30日に高等学校学習指導要領を公示した。

特別支援学校高等部については，平成31年2月4日に，特別支援学校高等部学習指導要領を公示するとともに，学校教育法施行規則の関係規定について改正を行ったところであり，今後，令和4年4月1日以降に高等部の第1学年に入学した生徒から年次進行により段階的に適用することとしている。また，それに先立って，新学習指導要領に円滑に移行するための措置（移行措置）を実施することとしている。

今回の改訂は平成28年12月の中央教育審議会答申を踏まえ，次の基本方針に基づき行った。

1　次に示す①から⑤までの基本方針に基づき，高等学校の教育課程の基準の改善に準じた改善を図る。

①　今回の改訂の基本的な考え方

ア　教育基本法，学校教育法などを踏まえ，これまでの我が国の学校教育の実践や蓄積を生かし，子供たちが未来社会を切り拓くための資質・能力を一層確実に育成することを目指す。その際，求められる資質・能力とは何かを社会と共有し，連携する「社会に開かれた教育課程」を重視すること。

イ　知識及び技能の習得と思考力，判断力，表現力等の育成とのバランスを重視する平成21年改訂の学習指導要領の枠組みや教育内容を維持した上で，知識の理解の質を更に高め，確かな学力を育成すること。

ウ　道徳教育の充実や体験活動の重視，体育・健康に関する指導の充実により，豊かな心や健やかな体を育成すること。

②　育成を目指す資質・能力の明確化

平成28年12月の中央教育審議会答申においては，予測困難な社会の変化に主体的に関わり，感性を豊かに働かせながら，どのような未来を創っていくのか，どのように社会や人生をよりよいものにしていくのかという目的を自ら考え，自らの可能性を発揮し，よりよい社会と幸福な人生の創り手となる力を身に付けられるようにすることが重要であること，こうした力は全く新しい力ということではなく学校教育が長年その育成を目指してきた「生きる力」であることを改めて捉え直し，学校教育がしっかりとその強みを発揮できるようにしていくことが必要とされた。また，汎用的な能力の育成を重視する世界的な潮流を踏まえつつ，知識及び技能と思考力，判断力，表現力等をバランスよく育成してきた我が国の学校教育の蓄積を生かしていくことが重要とされた。

このため「生きる力」をより具体化し，教育課程全体を通して育成を目指す資質・能力を，ア「何を理解しているか，何ができるか（生きて働く「知識・技能」の習得）」，イ「理解していること・できることをどう使うか（未知の状況にも対応できる「思考力・判断力・表現力等」の育成）」，ウ「どの

ように社会・世界と関わり，よりよい人生を送るか（学びを人生や社会に生かそうとする「学びに向かう力・人間性等」の涵養）」の三つの柱に整理するとともに，各教科等の目標や内容についても，この三つの柱に基づく再整理を図るよう提言がなされた。

今回の改訂では，知・徳・体にわたる「生きる力」を生徒に育むために「何のために学ぶのか」という各教科等を学ぶ意義を共有しながら，授業の創意工夫や教科書等の教材の改善を引き出していくことができるようにするため，全ての教科等の目標及び内容を「知識及び技能」，「思考力，判断力，表現力等」，「学びに向かう力，人間性等」の三つの柱で再整理した。

③ 「主体的・対話的で深い学び」の実現に向けた授業改善の推進

子供たちが，学習内容を人生や社会の在り方と結び付けて深く理解し，これからの時代に求められる資質・能力を身に付け，生涯にわたって能動的に学び続けることができるようにするためには，これまでの学校教育の蓄積も生かしながら，学習の質を一層高める授業改善の取組を活性化していくことが必要である。

特別支援学校における教育については，キャリア教育の視点で学校と社会の接続を目指す中で実施されるものである。改めて，特別支援学校学習指導要領の定めるところに従い，各学校において生徒が卒業までに身に付けるべきものとされる資質・能力を育成していくために，どのようにしてこれまでの授業の在り方を改善していくべきかを，各学校や教師が考える必要がある。

また，選挙権年齢及び成年年齢が18歳に引き下げられ，生徒にとって政治や社会が一層身近なものとなる高等部においては，社会で求められる資質・能力を育み，生涯にわたって探究を深める未来の創り手として送り出していくことが，これまで以上に重要となっている。「主体的・対話的で深い学び」の実現に向けた授業改善（アクティブ・ラーニングの視点に立った授業改善）とは，我が国の優れた教育実践に見られる普遍的な視点を学習指導要領に明確な形で規定したものである。

今回の改訂では「主体的・対話的で深い学び」の実現に向けた授業改善を進める際の指導上の配慮事項を総則に記載するとともに，各教科等の「3指導計画の作成と内容の取扱い」において，単元や題材など内容や時間のまとまりを見通して，その中で育む資質・能力の育成に向けて，「主体的・対話的で深い学び」の実現に向けた授業改善を進めることを示した。

その際，以下の点に留意して取り組むことが重要である。

ア　授業の方法や技術の改善のみを意図するものではなく，生徒に目指す資

質・能力を育むために「主体的な学び」,「対話的な学び」,「深い学び」の視点で,授業改善を進めるものであること。

イ　各教科等において通常行われている学習活動（言語活動，観察・実験，問題解決的な学習など）の質を向上させることを主眼とするものであること。

ウ　1回1回の授業で全ての学びが実現されるものではなく，単元や題材など内容や時間のまとまりの中で，学習を見通し振り返る場面をどこに設定するか，グループなどで対話する場面をどこに設定するか，生徒が考える場面と教師が教える場面をどのように組み立てるかを考え，実現を図っていくものであること。

エ　深い学びの鍵として「見方・考え方」を働かせることが重要になること。各教科等の「見方・考え方」は，「どのような視点で物事を捉え，どのような考え方で思考していくのか」というその教科等ならではの物事を捉える視点や考え方である。各教科等を学ぶ本質的な意義の中核をなすものであり，教科等の学習と社会をつなぐものであることから，生徒が学習や人生において「見方・考え方」を自在に働かせることができるようにすることにこそ，教師の専門性が発揮されることが求められること。

オ　基礎的・基本的な知識及び技能の習得に課題がある場合には，それを身に付けさせるために，生徒の学びを深めたり主体性を引き出したりといった工夫を重ねながら，確実な習得を図ることを重視すること。

④　各学校におけるカリキュラム・マネジメントの推進

各学校においては，教科等の目標や内容を見通し，特に学習の基盤となる資質・能力（言語能力，情報活用能力（情報モラルを含む。以下同じ。），問題発見・解決能力等）や現代的な諸課題に対応して求められる資質・能力の育成のために教科等横断的な学習を充実することや，主体的・対話的で深い学びの実現に向けた授業改善を単元や題材など内容や時間のまとまりを見通して行うことが求められる。これらの取組の実現のためには，学校全体として，生徒や学校，地域の実態を適切に把握し，教育内容や時間の配分，必要な人的・物的体制の確保，教育課程の実施状況に基づく改善などを通して，教育活動の質を向上させ，学習の効果の最大化を図るカリキュラム・マネジメントに努めることが求められる。

このため，総則において，「生徒や学校，地域の実態を適切に把握し，教育の目的や目標の実現に必要な教育の内容等を教科等横断的な視点で組み立てていくこと，教育課程の実施状況を評価してその改善を図っていくこと，教育課程の実施に必要な人的又は物的な体制を確保するとともにその改善を

図っていくことなどを通して，教育課程に基づき組織的かつ計画的に各学校の教育活動の質の向上を図っていくこと（以下「カリキュラム・マネジメント」という。）に努める。その際，生徒に何が身に付いたかという学習の成果を的確に捉え，第2款の3の(5)のイに示す個別の指導計画の実施状況の評価と改善を，教育課程の評価と改善につなげていくよう工夫すること。」について新たに示した。

⑤ 教育内容の主な改善事項

このほか，言語能力の確実な育成，理数教育の充実，伝統や文化に関する教育の充実，道徳教育の充実，外国語教育の充実，職業教育の充実などについて，総則，視覚障害者，聴覚障害者，肢体不自由者又は病弱者である生徒に対する教育を行う特別支援学校においては，各教科に属する科目（以下「各教科・科目」という。以下同じ。），総合的な探究の時間，特別活動及び自立活動（以下「各教科・科目等」という。以下同じ。），及び知的障害者である生徒に対する教育を行う特別支援学校においては，国語，社会，数学，理科，音楽，美術，保健体育，職業，家庭，外国語，情報，家政，農業，工業，流通・サービス及び福祉の各教科（以下「各教科」という。以下同じ。），特別の教科である道徳（以下「道徳科」という。以下同じ。），総合的な探究の時間，特別活動及び自立活動（以下「各教科等」という。以下同じ。）において，その特質に応じて内容やその取扱いの充実を図った。

2 インクルーシブ教育システムの推進により，障害のある子供たちの学びの場の柔軟な選択を踏まえ，小・中・高等学校の教育課程との連続性を重視

近年，時代の進展とともに特別支援教育は，障害のある子供の教育にとどまらず，障害の有無やその他の個々の違いを認め合いながら，誰もが生き生きと活躍できる社会を形成していく基礎となるものとして，我が国の現在及び将来の社会にとって重要な役割を担っていると言える。そうした特別支援教育の進展に伴い，例えば，近年は幼稚園，小・中・高等学校等において発達障害を含めた障害のある子供たちが多く学んでいる。また，特別支援学校においては，重複障害者である子供も多く在籍しており，多様な障害の種類や状態等に応じた指導や支援の必要性がより強く求められている。

このような状況の変化に適切に対応し，障害のある子供が自己のもつ能力や可能性を最大限に伸ばし，自立し社会参加するために必要な力を培うためには，一人一人の障害の状態等に応じたきめ細かな指導及び評価を一層充実することが重要である。

このため，以下のアからウの観点から，改善を図っている。

ア　学びの連続性を重視した対応

(ｱ)「第8款重複障害者等に関する教育課程の取扱い」について，生徒の学びの連続性を確保する視点から，基本的な考え方を明確にした。

(ｲ) 知的障害者である生徒のための高等部の各教科の目標や内容について，育成を目指す資質・能力の三つの柱に基づき整理した。その際，各学部や各段階，小・中学校の各教科及び高等学校の各教科・科目とのつながりに留意し，次の点を充実した。

・　高等部の各段階に目標を設定した。

・　高等部の2段階に示す各教科の内容を習得し目標を達成している者については，高等学校学習指導要領第2章に示す各教科・科目，中学校学習指導要領第2章に示す各教科又は小学校学習指導要領第2章に示す各教科及び第4章に示す外国語活動の目標及び内容の一部を取り入れることができること，また，主として専門学科において開設される各教科の内容を習得し目標を達成している者については，高等学校学習指導要領第3章に示す各教科・科目の目標及び内容の一部を取り入れることができるよう規定した。

(ｳ) 知的障害者である生徒に対する教育を行う特別支援学校において，道徳を道徳科とした。

イ　一人一人の障害の状態等に応じた指導の充実

(ｱ) 視覚障害者，聴覚障害者，肢体不自由者及び病弱者である生徒に対する教育を行う特別支援学校における各教科・科目の内容の取扱いについて，障害の特性等に応じた指導上の配慮事項を充実した。

(ｲ) 発達障害を含む多様な障害に応じた自立活動の指導を充実するため，その内容として，「障害の特性の理解と生活環境の調整に関すること。」を示すなどの改善を図るとともに，個別の指導計画の作成に当たっての配慮事項を充実した。

ウ　自立と社会参加に向けた教育の充実

(ｱ) 卒業までに育成を目指す資質・能力を育む観点からカリキュラム・マネジメントを計画的・組織的に行うことを規定した。

(ｲ) 幼稚部，小学部，中学部段階からのキャリア教育の充実を図ることを規定した。

(ｳ) 生涯を通して主体的に学んだり，スポーツや文化に親しんだりして，自らの人生をよりよくしていく態度を育成することを規定した。

(ｴ) 社会生活に必要な国語の特徴や使い方〔国語〕，数学の生活や学習への活用〔数学〕，社会参加ときまり，公共施設の役割と制度〔社会〕，勤労の

意義〔職業〕，家庭生活での役割と地域との関わり，家庭生活における健康管理と余暇，消費者の基本的な権利と責任，環境に配慮した生活〔家庭〕など，各教科の目標及び内容について，育成を目指す資質・能力の視点から充実した。

第1章
改訂の経緯及び基本方針

第2章
改訂の要点

第1節　学校教育法施行規則改正の要点

　高等部の教育課程を構成する各教科・科目又は各教科及び領域等の編成，卒業までに修得すべき単位数等については，学校教育法施行規則第8章に規定している。

　今回の改正では，各学科に共通する教科として「理数」を新設したほか，別表第3に掲げられている各教科・科目の見直しを行った。また，総合的な学習の時間について，より探究的な活動を重視する視点から位置付けを明確にするため，総合的な学習の時間を「総合的な探究の時間」に改めた（学校教育法施行規則の一部を改正する省令（平成30年文部科学省令第13号））。

　また，知的障害者である生徒に対する教育を行う特別支援学校において，従前から位置付けられている道徳を「特別の教科　道徳」と改めるため，学校教育法施行規則128条第2項を「前項の規定にかかわらず，知的障害者である生徒を教育する場合は，国語，社会，数学，理科，音楽，美術，保健体育，職業，家庭，外国語，情報，家政，農業，工業，流通・サービス及び福祉の各教科，第百二十九条に規定する特別支援学校高等部学習指導要領で定めるこれら以外の教科，特別の教科である道徳，総合的な探究の時間，特別活動並びに自立活動によって教育課程を編成するものとする。」と規定した（学校教育法施行規則の一部を改正する省令（平成31年文部科学省令第3号）。

第2節　高等部学習指導要領改訂の要点

1　前文の趣旨及び要点

　　学習指導要領等については，時代の変化や子供たちの状況，社会の要請等を踏まえ，これまでおおよそ10年ごとに改訂を行ってきた。今回の改訂は，本解説第1編第1章第2節で述べた基本方針の下に行っているが，その理念を明確にし，社会で広く共有されるよう新たに前文を設け，次の事項を示した。

(1) 教育基本法に規定する教育の目的や目標とこれからの学校に求められること

　　学習指導要領は，教育基本法に定める教育の目的や目標の達成のため，学校教育法に基づき国が定める教育課程の基準であり，いわば学校教育の「不易」として，平成18年の教育基本法の改正により明確になった教育の目的及び目標を明記した。

　　また，これからの学校には，急速な社会の変化の中で，一人一人の生徒が自分のよさや可能性を認識できる自己肯定感を育むなど，持続可能な社会の創り手となることができるようにすることが求められることを明記した。

(2) 「社会に開かれた教育課程」の実現を目指すこと

　　教育課程を通して，これからの時代に求められる教育を実現していくためには，よりよい学校教育を通してよりよい社会を創るという理念を学校と社会とが共有することが求められる。

　　そのため，それぞれの学校において，必要な学習内容をどのように学び，どのような資質・能力を身に付けられるようにするのかを教育課程において明確にしながら，社会との連携及び協働によりその実現を図っていく，「社会に開かれた教育課程」の実現が重要となることを示した。

(3) 学習指導要領を踏まえた創意工夫に基づく教育活動の充実

　　学習指導要領は，公の性質を有する学校における教育水準を全国的に確保することを目的に，教育課程の基準を大綱的に定めるものであり，それぞれの学校は，学習指導要領を踏まえ，各学校の特色を生かして創意工夫を重ね，長年にわたり積み重ねられてきた教育実践や学術研究の蓄積を生かしながら，生徒や地域の現状や課題を捉え，家庭や地域社会と協力して，教育活動の更なる充実を図っていくことが重要であることを示した。

● 2　総則改正の要点

　総則については，今回の改訂の趣旨が教育課程の編成や実施に生かされるようにする観点から構成及び内容の改善を図っている。

(1) 総則改正の基本的な考え方

　今回の改訂における総則の改善は，①資質・能力の育成を目指す主体的・対話的で深い学びの実現に向けた授業改善を進める，②カリキュラム・マネジメントの充実を図る，③生徒の調和的な発達の支援，家庭や地域との連携・協働等を重視するといった基本的な考え方に基づき行った。これらの考え方は今回の学習指導要領全体に通底するものであり，改訂の趣旨が教育課程の編成及び実施に生かされるようにする観点から，総則において特に重視しているものである。

①　資質・能力の育成を目指す主体的・対話的で深い学びの実現に向けた授業改善

　　・　学校教育を通して育成を目指す資質・能力を「知識及び技能」，「思考力，判断力，表現力等」，「学びに向かう力，人間性等」に再整理し，それらがバランスよく育まれるよう改善した。
　　・　言語能力，情報活用能力，問題発見・解決能力等の学習の基盤となる資質・能力や，現代的な諸課題に対応して求められる資質・能力が教科等横断的な視点に基づき育成されるよう改善した。
　　・　資質・能力の育成を目指し，主体的・対話的で深い学びの実現に向けた授業改善が推進されるよう改善した。
　　・　言語活動や体験活動，ICT等を活用した学習活動等を充実するよう改善した。

②　カリキュラム・マネジメントの充実

　　・　カリキュラム・マネジメントの実践により，校内研修の充実等が図られるよう，章立てを改善した。
　　・　生徒の実態等を踏まえて教育の内容や時間を配分し，授業改善や必要な人的・物的資源の確保などの創意工夫を行い，組織的・計画的な教育の質的向上を図るカリキュラム・マネジメントを推進するよう改善した。

13

③ 生徒の調和的な発達の支援，家庭や地域との連携・協働
- 生徒一人一人の調和的な発達を支える視点から，ホームルーム経営や生徒指導，キャリア教育の充実について示した。
- 海外から帰国した生徒，日本語の習得に困難のある生徒への指導と教育課程の関係について示した。
- 教育課程外の学校教育活動である部活動について，教育課程との関連が図られるようにするとともに，持続可能な運営体制が整えられるようにすることを示した。
- 教育課程の実施に当たり，家庭や地域と連携・協働していくことを示した。

④ 重複障害者等に関する教育課程の取扱い
- カリキュラム・マネジメントの視点から，本規定を適用する際の基本的な考え方を整理して示した。

(2) 構成の大幅な見直しと内容の主な改善事項

今回の改訂においては，カリキュラム・マネジメントの実現に資するよう，総則の構成を大幅に見直した。すなわち，各学校における教育課程の編成や実施等に関する流れを踏まえて総則の項目立てを改善することで，校内研修等を通じて各学校がカリキュラム・マネジメントを円滑に進めていくことができるようにしている。

上記の観点から，総則は以下のとおりの構成としている。

第1節　教育目標
第2節　教育課程の編成
　第1款　高等部における教育の基本と教育課程の役割
　第2款　教育課程の編成
　第3款　教育課程の実施と学習評価
　第4款　単位の修得及び卒業の認定
　第5款　生徒の調和的な発達の支援
　第6款　学校運営上の留意事項
　第7款　道徳教育に関する配慮事項
　第8款　重複障害者等に関する教育課程の取扱い
　第9款　専攻科

それぞれの款の内容及び主な改善事項を以下に示す。

ア　教育目標（第1章第1節）

　特別支援学校については，学校教育法第72条を踏まえ，学習指導要領において教育目標を示している。学校教育法第51条に規定する高等学校教育の目標とともに，生徒の障害による学習上又は生活上の困難を改善・克服し自立を図るために必要な知識，技能，態度及び習慣を養うという目標の達成に努めることを示している。

イ　高等部における教育の基本と教育課程の役割（第1章第2節第1款）

　従前，「一般方針」として規定していた内容を再整理し，教育課程編成の原則（第1章第2節第1款の1）を示すとともに，生徒に生きる力を育む各学校の特色ある教育活動の展開（確かな学力，豊かな心，健やかな体，自立活動）（第1章第2節第1款の2），育成を目指す資質・能力（第1章第2節第1款の3），就業やボランティアに関わる体験的な学習の指導（第1章第2節第1款の4），カリキュラム・マネジメントの充実（第1章第2節第1款の5）について示している。

　今回の改訂における主な改善事項としては，育成を目指す資質・能力を，①知識及び技能，②思考力，判断力，表現力等，③学びに向かう力，人間性等の三つの柱で整理したこと，各学校が教育課程に基づき組織的かつ計画的に各学校の教育活動の質の向上を図るカリキュラム・マネジメントの充実について明記したことが挙げられる。これは，今回の改訂全体の理念とも深く関わるものである。

　なお，就業やボランティアに関わる体験的な学習の指導については，従前同様適切に行うこととし，それらを通じて，「勤労の尊さ」，「創造することの喜び」の体得，「望ましい勤労観，職業観」の育成，「社会奉仕の精神」の涵養を図ることとしている。

ウ　教育課程の編成（第1章第2節第2款）

　各学校の教育目標と教育課程の編成（第1章第2節第2款の1），教科等横断的な視点に立った資質・能力の育成（第1章第2節第2款の2），教育課程の編成における共通的事項（第1章第2節第2款の3），学部段階間及び学校段階等間の接続（第1章第2節第2款の4）について示している。

　主な改善事項を以下に示す。

(ア) 各学校の教育目標と教育課程の編成（第1章第2節第2款の1）

　本項は，今回新たに加えたものである。各学校における教育課程の編成に当たって重要となる各学校の教育目標を明確に設定すること，教育課程の編成についての基本的な方針を家庭や地域と共有すべきこと，各学校の教育目標を設定する際に総合的な探究の時間について各学校の定

める目標との関連を図ることについて規定している。

(イ) 教科等横断的な視点に立った資質・能力の育成（第1章第2節第2款の2）

　　本項も，今回新たに加えたものである。生徒に「生きる力」を育むことを目指して教育活動の充実を図るに当たっては，言語能力，情報活用能力，問題発見・解決能力等の学習の基盤となる資質・能力や，現代的な諸課題に対応して求められる資質・能力を教科等横断的に育成することが重要であることを示している。

(ウ) 教育課程の編成における共通的事項（第1章第2節第2款の3）

　　(1) 視覚障害者，聴覚障害者，肢体不自由者又は病弱者である生徒に対する教育を行う特別支援学校における各教科・科目等の履修，(2) 知的障害者である生徒に対する教育を行う特別支援学校における各教科等の履修等，(3) 選択履修の趣旨を生かした適切な教育課程の編成，(4) 各教科・科目等又は各教科等の内容等の取扱い，(5) 指導計画の作成に当たっての配慮すべき事項，(6) キャリア教育及び職業教育に関して配慮すべき事項の6項目で再整理して示すなど構成の改善を図っている。

　　また，高等学校に準じ「共通性の確保」と「多様性への対応」を軸に，視覚障害者，聴覚障害者，肢体不自由者又は病弱者である生徒に対する教育を行う特別支援学校の高等部において育成を目指す資質・能力を踏まえて教科・科目等の構成の見直しを図っている。一方で，標準単位数の範囲内で合計が最も少なくなるように履修した際の必履修教科・科目の単位数の合計（35単位）や専門学科（専門教育を主とする学科をいう。以下同じ。）において全ての生徒に履修させる専門教科・科目（第1章第2款の3の(1)のアの(ウ)に掲げる各教科・科目，同表に掲げる教科に属する学校設定科目及び専門教育に関する学校設定教科に関する科目をいう。以下同じ。）の単位数の下限（25単位）については従前と変更しておらず，高等部において共通に履修しておくべき内容は，引き続き担保しているところである。

(エ) 学部段階間及び学校段階等間の接続（第1章第2節第2款の4）

　　本項は，今回新たに加えたものである。初等中等教育全体を見通しながら，教育課程に基づく教育活動を展開する中で，生徒に求められる資質・能力がバランスよく育まれるよう，卒業後の進路を含めた学部段階間及び学校段階等の接続について明記したものである。

エ　教育課程の実施と学習評価（第1章第2節第3款）

　　各学校におけるカリキュラム・マネジメントの充実のためには，教育課程の編成のみならず，実施，評価，改善の過程を通じて教育活動を充実し

ていくことが重要である。

今回の改訂においては，カリキュラム・マネジメントに資する観点から，教育課程の実施及び学習評価について独立して項目立てを行い，主体的・対話的で深い学びの実現に向けた授業改善（第1章第2節第3款の1）及び学習評価の充実（第1章第2節第3款の3）について規定している。

主な改善事項を以下に示す。

(ア) 主体的・対話的で深い学びの実現に向けた授業改善（第1章第2節第3款の1）

今回の改訂では，育成を目指す資質・能力を確実に育むため，単元や題材な内容や時間のまとまりを見通しながら，生徒の主体的・対話的で深い学びの実現に向けた授業改善を行うことを明記した。加えて，言語環境の整備と言語活動の充実，コンピュータ等や教材・教具の活用，見通しを立てたり振り返ったりする学習活動，体験活動，学校図書館，地域の公共施設の利活用について，各教科・科目等又は各教科等の指導に当たっての配慮事項として整理して示している。

(イ) 学習評価の充実（第1章第2第3款の3）

学習評価は，学校における教育活動に関し，生徒の学習状況を評価するものである。生徒の学習の成果を的確に捉え，教師が指導の改善を図るとともに，生徒自身が自らの学習を振り返って次の学習に向かうことができるためにも，学習評価の在り方は重要であり，教育課程や学習・指導方法の改善と一貫性のある取組を進めることが求められる。今回の改訂においては，こうした点を踏まえ，学習評価に関する記載を充実している。

また，カリキュラム・マネジメントを推進する観点から，個別の指導計画に基づいて行われた学習状況や結果を適切に評価し，指導目標や指導内容，指導方法の改善に努め，より効果的な指導ができるようにすることについて新たに示している。

オ 単位の修得及び卒業の認定（第1章第2節第4款）

本項については，視覚障害者，聴覚障害者，肢体不自由者又は病弱者である生徒に対する教育を行う特別支援学校及び知的障害者である生徒に対する教育を行う特別支援学校それぞれに整理して示している。

なお，学校教育法施行規則等においては，学校外における学修等について単位認定を可能とする制度が設けられており，それらの制度についても適切な運用がなされるよう，本解説第2編第2部第1章第5節に説明を加えている。

カ　生徒の調和的な発達の支援（第1章第2節第5款）

今回の改訂においては，生徒の調和的な発達の支援の観点から，従前の規定を再整理して独立して項目立てを行うとともに，記載の充実を図っている。具体的には，生徒の発達を支える指導の充実，特別な配慮を必要とする生徒への指導及び個別の教育支援計画などについて規定しているところである。

主な改善事項を以下に示す。

(ア) 生徒の調和的な発達を支える指導の充実（第1章第2節第5款の1）

生徒一人一人の調和的な発達を支える視点から，ホームルーム経営や生徒指導，キャリア教育の充実と教育課程との関係について明記するとともに，個に応じた指導の充実に関する記載を充実した。

(イ) 特別な配慮を必要とする生徒への指導（第1章第2節第5款の2）

海外から帰国した生徒などの学校生活への適応や，日本語の習得に困難のある生徒に対する日本語指導など，特別な配慮を必要とする生徒への対応について明記した。

キ　学校運営上の留意事項（第1章第2節第6款）

各学校におけるカリキュラム・マネジメントの充実に資するよう，「教育課程を実施するに当たって何が必要か」という観点から，教育課程の改善と学校評価等，教育課程外の活動との連携等（第1章第2節第6款の1），家庭や地域社会との連携及び協働と学校間の連携（第1章第2節第6款の2）について記載を充実している。

具体的には，教育課程の編成及び実施に当たっての各分野における学校の全体計画等との関連，教育課程外の学校教育活動（特に部活動）と教育課程の関連，教育課程の実施に当たっての家庭や地域との連携・協働について記載を充実している。

ク　道徳教育に関する配慮事項（第1章第2節第7款）

小・中学部学習指導要領総則と同様に，道徳教育の充実の観点から，高等部における道徳教育推進上の配慮事項を第7款としてまとめて示すこととした。

詳細は，次節に記載している。

ケ　重複障害者等に関する教育課程の取扱い（第1章第2節第8款）

カリキュラム・マネジメントの視点から，本規定を適用する際の基本的な考え方を整理して示した。

(3) 各教科・科目及び各教科

① 視覚障害者，聴覚障害者，肢体不自由者及び病弱者である生徒に対する教育を行う特別支援学校

・ 各教科・科目等の目標及び内容等について，高等学校に準ずることは従前と同様であるが，生徒の障害の種類と程度に応じた指導の一層の充実を図るため，各障害種別に示されている指導上の配慮事項について改善及び充実を図った。

② 知的障害者である生徒に対する教育を行う特別支援学校

・ 各教科の目標及び内容について，育成を目指す資質・能力の三つの柱に基づき整理した。その際，各段階，小学校，中学校及び高等学校とのつながりに留意し，各教科の目標及び内容等の見直しを行った。

・ 各段階に目標を設定した。

・ 段階ごとの内容を充実するとともに，教科ごとの指導計画の作成と内容の取扱いを新たに示した。

(4) 道徳科

知的障害者である生徒に対する教育を行う特別支援学校における，従前までの道徳を「特別の教科　道徳」と改めた。

指導計画の作成に当たって，各教科等との関連を密にしながら，経験の拡充を図り，豊かな道徳的心情を育て，将来の生活を見据え，広い視野に立って道徳的判断や行動ができるようにすることを新たに示した。

(5) 総合的な探究の時間

従前までの総合的な学習の時間を総合的な探究の時間と改めた。

総合的な探究の時間の目標及び内容等については，高等学校に準ずることは従前と同様であるが，知的障害者である生徒に対する配慮事項を新たに示した。

(6) 自立活動

① 内容

今回の改訂では，六つの区分は従前と同様であるが，発達障害や重複障害を含めた障害のある生徒の多様な障害の種類や状態等に応じた指導を一層充実するため，「1健康の保持」の区分に「(4)障害の特性の理解と生活環境の調整に関すること。」の項目を新たに示した。

また，自己の理解を深め，主体的に学ぶ意欲を一層伸長するなど，発達の段階を踏まえた指導を充実するため，「4環境の把握」の区分の下に設

けられていた「(2)感覚や認知の特性への対応に関すること。」の項目を
「(2)感覚や認知の特性についての理解と対応に関すること。」と改めた。

　さらに，「(4)感覚を総合的に活用した周囲の状況の把握に関すること。」の項目を「(4)感覚を総合的に活用した周囲の状況についての把握と状況に応じた行動に関すること。」と改めた。

② 個別の指導計画の作成と内容の取扱い

　今回の改訂では，個別の指導計画の作成について更に理解を促すため，実態把握から指導目標や具体的な指導内容の設定までの手続きの中に「指導すべき課題」を明確にすることを加え，手続きの各過程を整理する際の配慮事項をそれぞれ示した。

　また，生徒自身が活動しやすいように環境や状況に対する判断や調整をする力を育むことが重要であることから，「個々の生徒に対し，自己選択・自己決定する機会を設けることによって，思考・判断・表現する力を高めることができるような指導内容を取り上げること。」を新たに示した。

　さらに，生徒自らが，自立活動の学習の意味を将来の自立と社会参加に必要な資質・能力との関係において理解したり，自立活動を通して，学習上又は生活上の困難をどのように改善・克服できたか自己評価につなげたりしていくことが重要であることから，「個々の生徒が，自立活動における学習の意味を将来の自立や社会参加に必要な資質・能力との関係において理解し，取り組めるような指導内容を取り上げること。」を新たに示した。

1　高等部における道徳教育に係る改訂の基本方針と要点

(1) 改訂の基本方針

　今回の改訂は，平成28年12月の中央教育審議会の答申を踏まえ，次のような方針の下で行った。

　視覚障害者，聴覚障害者，肢体不自由者又は病弱者である生徒に対する教育を行う特別支援学校の高等部における道徳教育は，人間としての在り方生き方に関する教育として，学校の教育活動全体を通じて行うというこれまでの基本的な考え方は今後も引き継ぐとともに，各学校や生徒の実態に応じて重点化した道徳教育を行うために，校長の方針の下，高等部において道徳教育推進を主に担当する教師（以下「道徳教育推進教師」という。）を新たに位置付けた。

　また，高等部の道徳教育の目標等については，先に行われた小学部・中学部学習指導要領の改訂を踏まえつつ，学校の教育活動全体を通じて，答えが一つではない課題に誠実に向き合い，それらを自分のこととして捉え，他者と協働しながら自分の答えを見いだしていく思考力，判断力，表現力等や，これらの基になる主体性を持って多様な人々と協働して学ぶ態度の育成が求められていることに対応し，公民科に新たに設けられた「公共」及び「倫理」並びに特別活動を，人間としての在り方生き方に関する教育を通して行う高等部の道徳教育の中核的な指導の場面として関連付けるなど改善を行う。

　知的障害者である生徒に対する教育を行う特別支援学校における道徳教育においては，これまでの「道徳の時間」を要かなめとして学校の教育活動全体を通じて行うという道徳教育の基本的な考え方を，今後も引き継ぐとともに，道徳の時間を「特別の教科である道徳」として新たに位置付けた。

　それに伴い，目標を明確で理解しやすいものにするとともに，道徳教育の目標は，最終的には「道徳性」を養うことであることを前提としつつ，各々の役割と関連性を明確にした。

(2) 改訂の要点

　今回の特別支援学校高等部学習指導要領においては，総則の中で，道徳教育に関連して以下のとおり改善を図っている。

ア　高等部における教育の基本と教育課程の役割

　　道徳教育の目標について，「人間としての在り方生き方を考え，主体的な判断の下に行動し，自立した人間として他者と共によりよく生きるための基盤となる道徳性を養うこと」と簡潔に示した。また，道徳教育を進めるに当たっての留意事項として，道徳教育の目標を達成するための諸条件を示しながら「主体性のある日本人の育成に資することとなるよう特に留意すること」とした。また，第1章第2節第7款を新たに設け，小・中学部と同様に，道徳教育推進上の配慮事項を示した。

イ　道徳教育に関する配慮事項

　　学校における道徳教育は，学校の教育活動全体を通じて行うものであることから，その配慮事項を以下のように付け加えた。

(ｱ) 道徳教育は，学校の教育活動全体で行うことから，全体計画の作成においては，校長の方針の下に，道徳教育推進教師を中心に，全教師が協力して道徳教育を行うこと。その際，視覚障害者，聴覚障害者，肢体不自由者又は病弱者である生徒に対する教育を行う特別支援学校においては，公民科の「公共」及び「倫理」並びに特別活動が，人間としての在り方生き方に関する中核的な指導の場面であることを示した。

(ｲ) 知的障害者である生徒に対する教育を行う特別支援学校における道徳教育は，道徳科の指導方針及び道徳科に示す内容との関連を踏まえた各教科，総合的な探究の時間，特別活動及び自立活動における指導の内容及び時期並びに家庭や地域社会との連携の方法を示すことを示した。

(ｳ) 各学校において指導の重点化を図るために，高等部において道徳教育を進めるに当たっての配慮事項を示した。

(ｴ) 就業体験活動やボランティア活動，自然体験活動，地域の行事への参加などの豊かな体験の充実とともに，道徳教育がいじめの防止や安全の確保等に資するよう留意することを示した。

(ｵ) 学校の道徳教育の全体計画や道徳教育に関する諸活動などの情報を積極的に公表すること，家庭や地域社会との共通理解を深め，相互の連携を図ることを示した。

第2編
高等部学習指導要領解説

第5章　知的障害者である生徒に対する教育を行う特別支援学校

第1節　各教科の基本的な考え方

● 1　知的障害について

　知的障害者である生徒に対する教育を行う場合は，下記のような知的障害の特徴を理解しておく必要がある。

　知的障害とは，知的機能の発達に明らかな遅れと，適応行動の困難性を伴う状態が，発達期に起こるものを言う。

　「知的機能の発達に明らかな遅れ」がある状態とは，認知や言語などに関わる精神機能のうち，情緒面とは区別される知的面に，同年齢の児童生徒と比較して平均的水準より有意な遅れが明らかな状態である。

　「適応行動の困難性」とは，他人との意思の疎通，日常生活や社会生活，安全，仕事，余暇利用などについて，その年齢段階に標準的に要求されるまでには至っていないことであり，適応行動の習得や習熟に困難があるために，実際の生活において支障をきたしている状態である。

　「伴う状態」とは，「知的機能の発達に明らかな遅れ」と「適応行動の困難性」の両方が同時に存在する状態を意味している。知的機能の発達の遅れの原因は，概括的に言えば，中枢神経系の機能障害であり，適応行動の困難性の背景は，周囲の要求水準の問題などの心理的，社会的，環境的要因等が関係している。

　「発達期に起こる」とは，この障害の多くは，胎児期，出生時及び出生後の比較的早期に起こることを表している。発達期の規定の仕方は，必ずしも一定しないが，成長期（おおむね18歳）までとすることが一般的である。

　適応行動の面では，次のような困難さが生じやすい。

○　概念的スキルの困難性

　言語発達：言語理解，言語表出能力など

　学習技能：読字，書字，計算，推論など

○　社会的スキルの困難性

　対人スキル：友達関係など

　社会的行動：社会的ルールの理解，集団行動など

○　実用的スキルの困難性

　　日常生活習慣行動：食事，排泄，衣服の着脱，清潔行動など

　　ライフスキル：買い物，乗り物の利用，公共機関の利用など

　　運動機能：協調運動，運動動作技能，持久力など

　このような知的障害の特徴及び適応行動の困難さ等を踏まえ，知的障害者である生徒に対する教育を行う特別支援学校の高等部の各教科等については，学校教育法施行規則第128条第2項において，その種類を規定している。

　そして，発達期における知的機能の障害を踏まえ，生徒が自立し社会参加するために必要な「知識及び技能」，「思考力，判断力，表現力等」，「学びに向かう力，人間性等」を身に付けることを重視し，特別支援学校学習指導要領において，各教科の目標と内容等を示している。

● 2　中央教育審議会答申における各教科等の改訂の方針

　中央教育審議会答申において示された知的障害者である児童生徒に対する教育を行う特別支援学校の各教科等の改訂に向けた主な方針は，次のとおりである。

○　小学校等の各学校段階の全ての教科等において育成を目指す資質・能力の三つの柱に基づき，各教科の目標や内容が整理されたことを踏まえ，知的障害者である児童生徒のための各教科の目標や内容について，小学校等の各教科の目標や内容との連続性・関連性を整理することが必要であること。

○　小・中学部及び高等部の各段階において，育成を目指す資質・能力を明確にすることで計画的な指導が行われるよう，教科の目標に基づき，各段階の目標を示すこと。

○　各学部間での円滑な接続を図るため，現行では1つの段階で示されている中学部について，新たに2つの段階を設けるとともに，各段階間の系統性の視点から内容の充実を図ること。

○　小学校等の各教科の内容の改善を参考に，社会の変化に対応した知的障害者である児童生徒に対する教育を行う特別支援学校の各教科の内容や構成の充実を図ること。

○　小学校における外国語教育の充実を踏まえ，小学部において，児童の実態等を考慮のうえ，外国語に親しんだり，外国の言語や文化について体験的に理解や関心を深めたりするため，教育課程に外国語活動の内容を加えることができるようにすることが適当であること。

○　障害の程度や学習状況等の個人差が大きいことを踏まえ，既に当該各部の各教科における段階の目標を達成しているなど，特に必要な場合には，個別の指導計画に基づき，当該各部に相当する学校段階までの小学校等の学習指

導要領の各教科の目標・内容等を参考に指導できるようすることが適当であること。

これらの方針に基づき知的障害者である生徒に対する教育を行う特別支援学校の各教科の改善・充実を図っている。

3 各教科の改訂の要点

各教科の改訂の要点は次のとおりである。

○ 育成を目指す資質・能力の三つの柱に基づき，各教科の目標や内容を構造的に示した。その際，小学校，中学校及び高等学校の各教科等の目標や内容等との連続性や関連性を整理した。

○ 各段階における育成を目指す資質・能力を明確にするため，段階ごとの目標を新設した。

○ 各段階間の円滑な接続を図るため，各段階の内容のつながりを整理し，段階間で系統性のある内容を設定した。

○ 社会の変化に対応した内容の充実を図るため，例えば，国語科における資料を活用して自分の考えを表現，社会科における社会生活ときまり，我が国の国土の様子と国民生活，数学科におけるデータの活用，音楽科や美術科における創意工夫を生かした表現，保健体育科におけるオリンピック・パラリンピックなどの国際大会の意義や役割，職業科における勤労の意義，家庭科における消費生活・環境などを充実した。

○ 高等部の生徒のうち高等部の2段階に示す各教科の内容を習得し目標を達成している者については，高等部に相当する学校段階までの小学校学習指導要領等における各教科等の目標及び内容の一部を取り入れることができるよう規定した。（第1章第2節第8款の2参照）

4 各教科の構成と履修

高等部の各教科は，各学科に共通する各教科，主として専門学科において開設される各教科及び学校設定教科で構成されている。

各学科に共通する各教科は，国語，社会，数学，理科，音楽，美術，保健体育，職業，家庭，外国語及び情報の11教科で構成されている。

外国語と情報については，各学校の判断により必要に応じて設けることができる教科であるが，その他の教科は，全ての生徒に履修させることとなっている。

主として専門学科において開設される各教科は，家政，農業，工業，流通・サービス及び福祉の5教科で構成されている。また，学校設定教科は，学校が独自

に設けることができる教科である。

　各教科について，各学校が指導計画を作成する際には，個々の生徒の知的障害の状態，生活年齢，学習状況や経験等を踏まえながら，第1章第2節第2款の3の(4)のオに示すとおり，各教科の目標の系統性や内容の関連及び各教科間の関連性を踏まえ，生徒の実態等に即した指導内容を選択・組織し，具体的な指導内容を設定する必要がある。

● 5　段階の考え方

　学年ではなく，段階別に内容を示している理由は，本解説第5章第1節の1に示すとおり，発達期における知的機能の障害が，同一学年であっても，個人差が大きく，学力や学習状況も異なるからである。そのため，段階を設けて示すことにより，個々の生徒の実態等に即して，各教科の内容を精選して，効果的な指導ができるようにしている。

　従前の各教科は，各教科の目標の下に，2つの段階の内容が示されていた。今回の改訂では，各段階における育成を目指す資質・能力を明確にすることから，段階ごとの目標を新設して示している。

　知的障害者である生徒に対する教育を行う特別支援学校には，学校教育法施行令第22条の3に規定する「一知的発達の遅滞があり，他人との意思疎通が困難で日常生活を営むのに頻繁に援助を必要とする程度のもの」，「二知的発達の遅滞の程度が前号に掲げる程度に達しないもののうち，社会生活への適応が著しく困難なもの」である生徒が在学している。

　こうした生徒の知的機能の障害の状態と適応行動の困難性等を踏まえ，各教科の各段階は，基本的には，知的発達，身体発育，運動発達，生活行動，社会性，職業能力，情緒面での発達等の状態を考慮して目標を定め，小学部1段階から高等部2段階へと7段階にわたり構成している。

　各段階の内容は，各段階の目標を達成するために必要な内容として，生徒の生活年齢を基盤とし，知的能力や適応能力及び概念的な能力等を考慮しながら段階毎に配列している。生徒の成長とともに，生活したり，学習したりする場やその範囲が広がっていくことや，それらのことと関連して，特に高等部においては，生徒自らが主体的に，将来の生活を見据えて，必要とされる基本的な生活習慣や社会性，職業能力等を身に付けていく段階から，それらを踏まえてより実用的かつ発展的な内容を習得することをねらいとする段階などを念頭に置き，より深い理解や学習へと発展し，学習や生活を質的に高めていくことのできる段階の構成としている。

○　各段階の構成

【高等部　1段階】

　　中学部2段階やそれまでの経験を踏まえ，生活年齢に応じながら，主として卒業後の家庭生活，社会生活及び職業生活などとの関連を考慮した，基礎的な内容を示している。

　　この段階では，主として生徒自らが主体的に学び，卒業後の生活を見据えた基本的な生活習慣，社会性及び職業能力等を身に付けられるようにしていくことをねらいとする内容を示している。

【高等部　2段階】

　　高等部1段階を踏まえ，比較的障害の程度が軽度である生徒を対象として，卒業後の家庭生活，社会生活及び職業生活などとの関連を考慮した，発展的な内容を示している。

　　この段階では，主として生徒自らが主体的に学び，卒業後の実際の生活に必要な生活習慣，社会性及び職業能力等を習得することをねらいとする実用的かつ発展的な内容を示している。

第2節　指導の特徴について

● 1　知的障害のある生徒の学習上の特性等

　知的障害のある生徒の学習上の特性としては，学習によって得た知識や技能が断片的になりやすく，実際の生活の場面の中で生かすことが難しいことが挙げられる。そのため，実際の生活場面に即しながら，繰り返して学習することにより，必要な知識や技能等を身に付けられるようにする継続的，段階的な指導が重要となる。生徒が一度身に付けた知識や技能等は，着実に実行されることが多い。

　また，成功経験が少ないことなどにより，主体的に活動に取り組む意欲が十分に育っていないことが多い。そのため，学習の過程では，生徒が頑張っているところやできたところを細かく認めたり，称賛したりすることで，生徒の自信や主体的に取り組む意欲を育むことが重要となる。

　さらに，抽象的な内容の指導よりも，実際的な生活場面の中で，具体的に思考や判断，表現できるようにする指導が効果的である。

　これらの教育的対応に加え，教材・教具，補助用具やジグ等を含めた学習環境の効果的な設定をはじめとして，生徒への関わり方の一貫性や継続性の確保などの教育的対応や在籍する生徒に対する周囲の理解などの環境的条件も整え，知的障害のある生徒の学習活動への主体的な参加や経験の拡大を促していくことも大切である。そうすることにより，例えば，卒業後の就労等の進路先では，物事にひたむきに取り組む態度や誠実さといった学びに向かう力や人間性が十分発揮されやすい。また，近年では，タブレット端末等の情報機器等を有効に活用することにより，生徒のもつ能力や可能性が更に引き出され，様々に学習活動が発展し，豊かな進路選択の可能性が広がることで，自立と社会参加が促進されていくことなどがある。

　生徒の多様な学びの可能性を引き出すためには，学校だけでなく，生徒に関わる家族や支援者，家庭等での様子など生徒を取り巻く環境や周囲の理解なども視野に入れた生徒の確実な実態把握が必要である。特に，知的障害の程度が極めて重度である場合は，本来もっている能力を十分に把握できない場合があるため，より詳細な実態把握が必要である。また，視覚障害，聴覚障害，肢体不自由や病弱など，他の障害を併せ有することも多いので，より一層のきめ細かな配慮が必要となる。

第1節
各教科の
基本的な考え方

第2節
指導の特徴
について

● 2　知的障害のある生徒の教育的対応の基本

知的障害のある生徒の学習上の特性等を踏まえ，学習環境面を含めた生徒一人一人の確実な実態把握に基づき，次のような教育的対応を基本とすることが重要である。

(1) 第1章第2節第2款の3の(4)のオ及び(5)のアの(ウ)に示すとおり，生徒の知的障害の状態，生活年齢，学習状況や経験等を考慮して教育的ニーズを的確に捉え，育成を目指す資質・能力を明確にし，指導目標を設定するとともに，指導内容のより一層の具体化を図る。

(2) 望ましい社会参加を目指し，日常生活や社会生活に生きて働く知識及び技能，習慣や学びに向かう力が身に付くよう指導する。

(3) 職業教育を重視し，将来の職業生活に必要な基礎的な知識や技能，態度及び人間性等が育つよう指導する。その際に，多様な進路や将来の生活について関わりのある指導内容を組織する。

(4) 生活の課題に沿った多様な生活経験を通して，日々の生活の質が高まるよう指導するとともに，よりよく生活を工夫していこうとする意欲が育つよう指導する。

(5) 自発的な活動を大切にし，主体的な活動を促すようにしながら，課題を解決しようとする思考力，判断力，表現力等を育むよう指導する。

(6) 生徒が，自ら見通しをもって主体的に行動できるよう，日課や学習環境などを分かりやすくし，規則的でまとまりのある学校生活が送れるようにする。

(7) 生活に結び付いた具体的な活動を学習活動の中心に据え，実際的な状況下で指導するとともに，できる限り生徒の成功経験を豊富にする。

(8) 生徒の興味や関心，得意な面に着目し，教材・教具，補助用具やジグ等を工夫するとともに，目的が達成しやすいように，段階的な指導を行うなどして，生徒の学習活動への意欲が育つよう指導する。

(9) 生徒一人一人が集団において役割が得られるよう工夫し，その活動を遂行できるようにするとともに，活動後には充実感や達成感，自己肯定感が得られるように指導する。

(10)生徒一人一人の発達の側面に着目し，意欲や意思，情緒の不安定さなどの課題に応じるとともに，生徒の生活年齢に即した指導を徹底する。

知的障害者である生徒に対する教育を行う特別支援学校においては，生徒の知的障害の状態等に即した指導を進めるため，各教科，道徳科，総合的な探究の時間，特別活動及び自立活動（以下，「各教科等」という。）それぞれに，各教科等の時間を設けて指導を行う場合と，総合的な探究の時間を除く各教科等を合わせ

て指導を行う場合がある。

　いずれの場合においても，カリキュラム・マネジメントの視点から，生徒一人一人の教育的ニーズに応じた指導目標及び指導内容等を設定し，指導を行うことが重要である。

　各学校においては，生徒の知的障害の状態，生活年齢，学習状況や経験等に応じた指導が適切に行われるよう指導計画を作成し，指導を行う必要がある。

● 3　指導の形態について

(1) 教科別に指導を行う場合

　知的障害者である生徒に対する教育を行う特別支援学校においては，特別支援学校高等部学習指導要領に示す知的障害者である生徒に対する教育を行う特別支援学校の各教科を基に各教科の内容の指導を行うこととなるが，教科ごとの時間を設けて指導を行う場合は，「教科別の指導」と呼ばれている。

　指導を行う教科やその授業時数の定め方は，対象となる生徒の実態によっても異なる。したがって，教科別の指導を計画するに当たっては，教科別の指導で扱う内容について，一人一人の生徒の実態に合わせて，個別的に選択・組織しなければならないことが多い。その場合，一人一人の生徒の興味や関心，生活年齢，学習状況や経験等を十分に考慮することが大切である。

　また，指導に当たっては，第2章第2節第1款及び第2款における各教科の目標及び第1款における各教科の段階の目標を踏まえ，生徒に対しどのような資質・能力の育成を目指すのかを明確にしながら，指導を創意工夫する必要がある。その際，生活に即した活動を十分に取り入れつつ学んでいることの目的や意義が理解できるよう段階的に指導する必要がある。

　教科別の指導を一斉授業の形態で進める際，生徒の個人差が大きい場合もあるので，それぞれの教科の特質や指導内容に応じて更に小集団を編成し個別的な手立てを講じるなどして，個に応じた指導を徹底する必要がある。

　さらに，個別の指導計画の作成に当たっては，他の教科，道徳科，総合的な探究の時間，特別活動及び自立活動との関連，また，各教科等を合わせて指導を行う場合との関連を図るとともに，生徒が習得したことを適切に評価できるように計画する必要がある。

(2) 道徳科，特別活動，自立活動の時間を設けて指導を行う場合

　従前は「領域別に指導を行う場合」と示していたが，特別の教科　道徳（道徳科）が位置付いたことから，このような示し方をしている。

　道徳科，特別活動，自立活動の時間を設けて指導を行う際には，次のこと

に留意する必要がある。また，高等部では総合的な探究の時間を設けて指導を行うこととなる。

ア　特別の教科　道徳

　道徳科の指導に当たっては，個々の生徒の興味や関心，生活に結び付いた具体的な題材を設定し，実際的な活動を取り入れたり，視聴覚機器を活用したりするなどの一層の工夫を行い，生徒の生活や学習の文脈を十分に踏まえた上で，道徳的実践力を身に付けるよう指導することが大切である。（本解説第6章参照）

イ　特別活動

　特別活動の指導に当たっては，個々の生徒の実態，特に学習上の特性等を十分に考慮し，適切に創意工夫する必要がある。

　特別活動の指導を計画するに当たっては，各教科，道徳科，自立活動及び総合的な探究の時間との関連を図るとともに，障害のある人と障害のない人が共に生きる社会の実現に向けて高等学校等の生徒等及び地域の人々と活動を共にする機会を積極的に設けるよう配慮することが大切である。（本解説第8章参照）

ウ　自立活動

　知的障害のある生徒は，全般的な知的発達の程度や適応行動の状態に比較して，言語，運動，動作，情緒等の特定の分野に，顕著な発達の遅れや特に配慮を必要とする様々な状態が知的障害に随伴して見られる。

　顕著な発達の遅れや特に配慮を必要とする様々な知的障害に随伴する状態とは，例えば，言語面では，発音が明瞭でなかったり，言葉と言葉を滑らかにつないで話すことが難しかったりすること，運動動作面では，走り方がぎこちなく，安定した姿勢が維持できないことや衣服のボタンかけやはさみなどの道具の使用が難しいこと，情緒面では，失敗経験が積み重なり，自信がもてず絶えず不安が多いことなどである。また，てんかんや心臓疾患なども，随伴する状態等として挙げられる。

　このような状態等に応じて，各教科の指導などのほかに，自立活動の内容の指導が必要である。

　知的障害のある生徒の自立活動の考え方は，他の障害を有する場合の考え方と同じである。自立活動の指導は，個別の指導計画に基づいて，学習上の特性等を踏まえながら指導を進める必要がある。特に，自立活動の時間の指導では，個々の生徒の知的障害の状態等を十分考慮し，個人あるいは小集団

で指導を行うなど，指導目標及び指導内容に即して効果的な指導を進めるようにすることが大切である。（特別支援学校教育要領・学習指導要領解説自立活動編（幼稚部・小学部・中学部）第3章の2の(4)参照）

(3) 各教科等を合わせて指導を行う場合

　各教科等を合わせて指導を行う場合とは，各教科，道徳科，特別活動及び自立活動の一部又は全部を合わせて指導を行うことをいう。各教科等を合わせて指導を行う際には，各教科等で育成を目指す資質・能力を明確にした上で，第1章第2節第3款の1の(1)に留意しながら，効果的に実施していくことができるようにカリキュラム・マネジメントの視点に基づいて計画（Plan）－実施（Do）－評価（Check）－改善（Action）していくことが必要である。高等部においても，知的障害者である生徒に対する教育を行う特別支援学校においては，生徒の学校での生活を基盤として，将来の生活を見据えた学習を生活の流れに即して学んでいくことが効果的であることから，従前から，日常生活の指導，生活単元学習，作業学習などとして実践されてきており，それらは「各教科等を合わせた指導」と呼ばれている。

　各教科等を合わせて指導を行うことに係る法的な根拠は，学校教育法施行規則第130条第2項に，特別支援学校において，知的障害者である児童若しくは生徒又は複数の種類の障害を併せ有する児童若しくは生徒を教育する場合において特に必要があるときは，各教科，特別の教科である道徳，外国語活動，特別活動及び自立活動の全部又は一部について，合わせて授業を行うことができるとされていることである。

　なお，高等部においては，総合的な探究の時間を適切に設けて指導をすることに留意する必要がある。

　各学校において，各教科等を合わせて指導を行う際は，生徒の知的障害の状態，生活年齢，学習状況や経験等に即し，次に示す事項を参考とすることが有効である。また，各教科等を合わせて指導を行う場合においても，各教科等の目標を達成していくことになり，育成を目指す資質・能力を明確にして指導計画を立てることが重要となる。

【各教科等を合わせた指導の特徴と留意点】
ア　日常生活の指導

　日常生活の指導は，生徒の日常生活が充実し，高まるように日常生活の諸活動について，知的障害の状態，生活年齢，学習状況や経験等を踏まえながら計画的に指導するものである。

　日常生活の指導に当たっては，以下のような点を考慮することが重要で

ある。

（ア）日常生活や学習の自然な流れに沿い，その活動を実際的で必然性のある状況下で取り組むことにより，生活や学習の文脈に即した学習ができるようにすること。

（イ）毎日反復して行い，望ましい生活習慣の形成を図るものであり，繰り返しながら取り組むことにより習慣化していく指導の段階を経て，発展的な内容を取り扱うようにすること。

（ウ）できつつあることや意欲的な面を考慮し，適切な支援を行うとともに，生活上の目標を達成していくために，学習状況等に応じて課題を細分化して段階的な指導ができるものであること。

（エ）指導場面や集団の大きさなど，活動の特徴を踏まえ，個々の実態に即した効果的な指導ができるよう計画されていること。

（オ）学校と家庭等とが連携を図り，生徒が学校で取り組んでいること，また家庭等でこれまで取り組んできたことなどの双方向で学習状況等を共有し，指導の充実を図るようにすること。

イ　生活単元学習

生活単元学習は，生徒が生活上の目標を達成したり，課題を解決したりするために，一連の活動を組織的・体系的に経験することによって，自立や社会参加のために必要な事柄を実際的・総合的に学習するものである。

生活単元学習では，広範囲に各教科等の目標や内容が扱われる。

生活単元学習の指導では，生徒の学習活動は，実際の生活上の目標や課題に沿って指導目標や指導内容を組織されることが大切である。

生活単元学習の指導計画の作成に当たっては，以下のような点を考慮することが重要である。

（ア）単元は，実際の生活から発展し，生徒の知的障害の状態や生活年齢等及び興味や関心を踏まえたものであり，個人差の大きい集団にも適合するものであること。

（イ）単元は，必要な知識や技能の習得とともに，思考力，判断力，表現力等や学びに向かう力，人間性等の育成を図るものであり，生活上の望ましい態度や習慣が形成され，身に付けた指導内容が現在や将来の生活に生かされるようにすること。

（ウ）単元は，生徒が指導目標への意識や期待をもち，見通しをもって，単元の活動に意欲的に取り組むものであり，目標意識や課題意識，課題の解決への意欲等を育む活動をも含んだものであること。

（エ）単元は，一人一人の生徒が力を発揮し，主体的に取り組むとともに，

学習活動の中で様々な役割を担い，集団全体で単元の活動に協働して取り組めるものであること。

（オ）単元は，各単元における生徒の指導目標を達成するための課題の解決に必要かつ十分な活動で組織され，その一連の単元の活動は，生徒の自然な生活としてのまとまりのあるものであること。

（カ）単元は，各教科等に係る見方・考え方を生かしたり，働かせたりすることのできる内容を含む活動で組織され，生徒がいろいろな単元を通して，多種多様な意義のある経験ができるよう計画されていること。

生活単元学習の指導を計画するに当たっては，一つの単元が，2，3日で終わる場合もあれば，1学期間など長期にわたる場合もあるため，年間における単元の配置，各単元の構成や展開について組織的・体系的に検討し，評価・改善する必要がある。

ウ 作業学習

作業学習は，作業活動を学習活動の中心にしながら，生徒の働く意欲を培い，将来の職業生活や社会自立に必要な事柄を総合的に学習するものである。

とりわけ，作業学習の成果を直接，生徒の将来の進路等に直結させることよりも，生徒の働く意欲を培いながら，将来の職業生活や社会自立に向けて基盤となる資質・能力を育むことができるようにしていくことが重要である。

作業学習の指導は，高等部では職業科，家庭科及び情報科並びに主として専門学科において開設される各教科及び学校設定教科のうち専門教育に関するものの目標及び内容が中心となる。

作業学習で取り扱われる作業活動の種類は，農耕，園芸，紙工，木工，縫製，織物，金工，窯業，セメント加工，印刷，調理，食品加工，クリーニングなどのほか，事務，販売，清掃，接客なども含み多種多様である。作業活動の種類は，生徒が自立と社会参加を果たしていく社会の動向なども踏まえ，地域や産業界との連携を図りながら，学校として検討していくことが大切である。

作業学習の指導に当たっては，以下のような点を考慮することが重要である。

（ア）生徒にとって教育的価値の高い作業活動等を含み，それらの活動に取り組む意義や価値に触れ，喜びや完成の成就感が味わえること。

（イ）地域性に立脚した特色をもつとともに，社会の変化やニーズ等にも対応した永続性や教育的価値のある作業種を選定すること。

（ウ）個々の生徒の実態に応じた教育的ニーズを分析した上で，段階的な指導ができるものであること。

（エ）知的障害の状態等が多様な生徒が，相互の役割等を意識しながら協働して取り組める作業活動を含んでいること。

（オ）作業内容や作業場所が安全で衛生的，健康的であり，作業量や作業の形態，実習時間及び期間などに適切な配慮がなされていること。

（カ）作業製品等の利用価値が高く，生産から消費への流れと社会的貢献などが理解されやすいものであること。

　高等部の職業科に示す「産業現場等における実習」（一般に「現場実習」や「職場実習」とも呼ばれている。）を，他の教科等と合わせて実施する場合は，作業学習として位置付けられる。その場合，「産業現場等における実習」については，現実的な条件下で，生徒の職業適性等を明らかにし，職業生活ないしは社会生活への適応性を養うことを意図するとともに，働くことに関心をもつことや，働くことの良さに気付くことなど，将来の職業生活を見据えて基盤となる力を伸長できるように実施していくことに留意したい。さらに，各教科等の目標や広範な内容が包含されていることに留意する必要がある。

　「産業現場等における実習」は，これまでも企業等の協力により実施され，大きな成果が見られるが，実施に当たっては，保護者，事業所及び公共職業安定所（ハローワーク）などの関係機関等との密接な連携を図り，綿密な計画を立て，評価・改善することが大切である。また，実習中の巡回指導についても適切に計画し，生徒の状況を把握するなど柔軟に対応する必要がある。

● 4　指導内容の設定と授業時数の配当

　第1章第2節第2款の3の(5)のアの(ウ)には，各教科等の一部又は全部を合わせて指導を行う場合には，授業時数を適切に定めることが示されている。各教科等の一部又は全部を合わせて指導を行う場合において，取り扱われる教科等の内容を基に，生徒の知的障害の状態や経験等に応じて，具体的に指導内容を設定し，指導内容に適した時数を配当するようにすることが大切である。

　指導に要する授業時数をあらかじめ算定し，関連する教科等を教科等別に指導する場合の授業時数の合計と概ね一致するように計画する必要がある（本解説第2編第2部第1章第3節の3の(5)のアの(ウ)）。

● 5　学習評価について

　学習評価は，一つの授業や単元，年間を通して，生徒がどのように学ぶことができたのかや，成長したのかを見定めるものであり，各教科の目標に準拠した評価の観点による学習評価を行うことが重要である。

　また，学習評価は生徒にとって，自分の成長を実感し学習に対する意欲を高める上で有効であり，教師にとって，授業計画や単元計画，年間指導計画等を見直し改善する上でも，効果的に活用していくことが重要である。

　このような評価は教師が相互に情報を交換し合いながら適時，適切に評価に関する情報を積み上げ，組織的・体系的に取り組んでいくことが重要である。

　なお，各教科等を合わせて指導を行う場合においても，各教科の目標に準拠した評価の観点による学習評価を行うことが必要である。

第2節
指導の特徴
について

第3節　各教科における改善の要点

知的障害者である生徒に対する教育を行う特別支援学校の各教科の改善の要点は次のとおりである。

○　知的障害者である生徒に対する教育を行う特別支援学校の各教科の目標や内容について，小学校等との各教科等の目標や内容の連続性・関連性を整理し，充実・改善を図ったこと。

○　各段階において，育成を目指す資質・能力を明確にすることで計画的な指導が行われるよう，教科の目標に基づき，各段階の目標を示したこと。

1　各教科の目標の示し方

今回の改訂では，高等部卒業時までに育成を目指す資質・能力を明確にした上で，高等部段階における教科の目標について育成を目指す資質・能力の三つの柱（「知識及び技能」，「思考力，判断力，表現力等」，「学びに向かう力，人間性等」）で構造的に示した。

国語の場合，教科の目標は次のとおりである。

【高等部　国語科の例】

> 1　目　標
>
> 　言葉による見方・考え方を働かせ，言語活動を通して，国語で理解し表現する資質・能力を次のとおり育成することを目指す。
>
> (1)　社会生活に必要な国語について，その特質を理解し適切に使うことができるようにする。
>
> (2)　社会生活における人との関わりの中で伝え合う力を高め，思考力や想像力を養う。
>
> (3)　言葉がもつよさを認識するとともに，言語感覚を養い，国語を大切にしてその能力の向上を図る態度を養う。

はじめに，国語科で育成を目指す資質・能力である「国語で理解し表現する資質・能力」であることを示し，その後に，三つの柱で目標を示している。(1)は「知識及び技能」，(2)は「思考力，判断力，表現力等」，(3)は「学びに向かう力，人間性等」である。これを踏まえ，段階ごとに，三つの柱に即し段階の目標を示している。

第5章
知的障害者である生徒に対する教育を行う特別支援学校

知的障害のある生徒の場合，障害の程度や発達の状態等により，日常生活に関連のある話し言葉の意味や表す内容を理解したり，相手に伝えたい内容や事柄を言葉を使って表現したり，そのために必要な言葉の使い方を理解し使うといった資質・能力を育むことを目標としている。

　このように，各教科の目標は，知的障害のある生徒の学習上の特性や生活との関連の視点を踏まえて改訂している。

● 2　各教科の内容の改訂について

　今回の改訂では，目標と同様に育成を目指す資質・能力の三つの柱に沿った整理を踏まえ，各教科の内容を構造的に示した。

　また，知的障害のある生徒の実態が多様であることから，知的障害のある生徒の学びの連続性を確保するため，小学校等の各教科との内容構成を概ね同じにしたり，各段階の目標の系統性や内容の連続性について小学校等の内容を参考に充実したり，関連を分かりやすくし目標及び内容の系統性を整理した。

　内容として取り扱う範囲は，従前の特別支援学校高等部学習指導要領及び同解説で示されている内容に概ね基づくものとしている。

　その上で，コンピュータや情報通信ネットワーク等の生徒を取り巻く生活環境の変化や主権者として求められる資質・能力など社会の変化に対応して充実が必要な内容及び小学校等の各教科の内容との連続性の観点から特に必要な内容については，新たに取り入れて内容の充実を図っている。

● 3　指導計画の作成と内容の取扱い

　全教科に共通する内容の取扱いは，従前のとおり，第2章第2節第3款の「指導計画の作成と各教科全体にわたる内容の取扱い」において示している。

　今回の改訂では，第2章第2節第1款及び第2款に示した各教科においても，指導計画の作成と内容の取扱いについて，新たに示した。ここでは，各教科における指導計画の作成に当たって配慮する事項と内容の取扱い上配慮する事項を示している。各教科の配慮事項に留意しながら，知的障害のある生徒の学習上の特性を踏まえ，育成を目指す資質・能力が育まれるように指導計画を作成していくことが必要である。

● 4　各教科等に係る総則における共通的事項の改訂

　今回の改訂において，知的障害者である生徒に対する教育を行う特別支援学校

の各教科等の取扱いについて，新たに示した事項は次のとおりである。各教科等の取扱いに関して共通となる事項であるので留意が必要である。

○　**卒業までに履修させる各教科等**

　各学科に共通する各教科等について，総合的な学習の時間に替え，総合的な探究の時間を示した。（第1章第2節第2款の3の(2)のアの(イ)の㋐）

○　**総合的な探究の時間の授業時数**

　総合的な探究の時間に充てる授業時数は，各学校において，生徒や学校の実態に応じて，適切に定めることを示した。（第1章第2節第2款の3の(2)のイの(カ)）

○　**内容等の取扱い**

　各教科の指導に当たっては，各教科の各段階に示す内容を基に，生徒の知的障害の状態や経験等に応じて，具体的に指導内容を設定するものとし，その際，高等部の3年間を見通して計画的に指導することを示した。（第1章第2節第2款の3の(4)のオ）

○　**指導計画の作成等に当たっての配慮事項**

　各教科，道徳科，特別活動及び自立活動の一部又は全部を合わせて指導を行う場合，各教科，道徳科，特別活動及び自立活動に示す内容を基に，生徒の知的障害の状態や経験等に応じて，具体的に指導内容を設定することを示した。また，各教科等の内容の一部又は全部を合わせて指導を行う場合には，授業時数を適切に定めることを示した。（第1章第2節第2款の3の(5)のアの(ウ)）

○　**重複障害者等に関する教育課程の取扱い**

　知的障害者である生徒に対する教育を行う特別支援学校の高等部に就学する生徒のうち，高等部の2段階に示す各教科の内容を習得し目標を達成している者については，高等学校学習指導要領第2章に示す各教科・科目，中学校学習指導要領第2章に示す各教科又は小学校学習指導要領第2章に示す各教科及び第4章に示す外国語活動の目標及び内容の一部を取り入れることができるものとした。また，主として専門学科において開設される各教科の内容を習得し目標を達成している者については，高等学校学習指導要領第3章に示す各教科・科目の目標及び内容の一部を取り入れることができるものとした。（第1章第2節第8款の2）

第4節　各学科に共通する各教科

● 第1　国語

1　国語科の改訂の要点

　言葉は，生徒の学習活動を支える重要な役割を果たすものであり，全ての教科等における資質・能力の育成や学習の基盤となるものである。このため，高等部の国語科においては，中学部で培った力や態度を踏まえ，「生活に必要な国語についての理解を深め，伝え合う力を高めるとともに，それらを適切に活用する能力と態度を育てる」ことを目標としてきたところである。

　また，中学部での学習の状況を踏まえ，高等部では，生徒の生活や学習の広がりに応じて具体的な題材や，興味・関心，意欲を喚起する題材を用い，具体的な場面における言語活動を通して社会生活に必要な国語を確実に身に付けていくことが大切である。

　このため，今回の改訂では，本解説第5章第3節で述べるよう育成を目指す資質・能力の三つの柱に基づき，目標及び内容について以下の改善を行った。

(1) 目標の構成の改善

　国語科において育成を目指す資質・能力を「国語で理解し表現する資質・能力」と規定するとともに，「知識及び技能」，「思考力，判断力，表現力等」，「学びに向かう力，人間性等」の三つの柱で整理した。また，このような資質・能力を育成するためには，生徒が「言葉による見方・考え方」を働かせることが必要であることを示している。

　また，今回の改訂では，生徒の実態に応じた指導が充実するよう各段階の目標を新たに設定し，教科の目標と同様に，「知識及び技能」，「思考力，判断力，表現力等」，「学びに向かう力，人間性等」の三つの柱で整理した。

(2) 内容の構成の改善

　三つの柱に沿った資質・能力の整理を踏まえ，従前，「聞くこと・話すこと」，「書くこと」，「読むこと」の3領域で構成していた内容を，〔知識及び技能〕及び〔思考力，判断力，表現力等〕に構成し直した。

　〔知識及び技能〕及び〔思考力，判断力，表現力等〕の構成は，以下のとおりである。

第3節
各教科における
改善の要点

第4節
各学科に共通
する各教科

〔知識及び技能〕
ア　言葉の特徴や使い方に関する事項
イ　情報の扱い方に関する事項
ウ　我が国の言語文化に関する事項

〔思考力，判断力，表現力等〕
A　聞くこと・話すこと
B　書くこと
C　読むこと

　「知識及び技能」と「思考力，判断力，表現力等」は，国語で理解し表現する上で共に必要となる資質・能力である。したがって，国語で理解し表現する際には，聞くこと・話すこと，書くこと，読むことの「思考力，判断力，表現力等」のみならず，言葉の特徴や使い方，情報の扱い方，我が国の言語文化に関する「知識及び技能」が必要となる。

　この〔知識及び技能〕に示されている言葉の特徴や使い方などの「知識及び技能」は，個別の事実的な知識や一定の手順のことのみを指しているのではない。国語で理解したり表現したりする様々な場面の中で生きて働く「知識及び技能」として身に付けるために，思考・判断し表現することを通じて育成を図ることが求められるなど，「知識及び技能」と「思考力，判断力，表現力等」は，相互に関連し合いながら育成される必要がある。

　こうした「知識及び技能」と「思考力，判断力，表現力等」の育成において大きな原動力となるのが「学びに向かう力，人間性等」である。「学びに向かう力，人間性等」については，教科及び段階の目標においてまとめて示し，指導事項のまとまりごとに示すことはしていない。教科及び段階の目標において挙げられている態度等を養うことにより，「知識及び技能」と「思考力，判断力，表現力等」の育成が一層充実することが期待される。

　〔思考力，判断力，表現力等〕の領域について，小・中・高等学校の国語科では，「A話すこと・聞くこと」としているが，高等部の国語科では，「A聞くこと・話すこと」としている。これは，知的障害のある生徒が国語を獲得する過程をより重視していることから，「聞くこと」を先に位置付けているものである。

(3) 内容の改善・充実
　今回の改訂では，育成を目指す資質・能力の三つの柱で目標を整理したことを踏まえ，社会生活に必要な国語を確実に身に付けていくことができるよう，これまでの国語科の内容や解説等に示された事項について，その系統性を整理して示

した。

　まず，〔知識及び技能〕について「(1)言葉の特徴や使い方に関する事項」では，「言葉の働き」，「話し言葉と書き言葉」，「語彙」，「文や文章」，「言葉遣い」，「音読」に関する内容を整理し，系統的に示した。「(2)情報の扱い方に関する事項」では，「情報と情報との関係」，「情報の整理」の二つの系統で構成した。「(3)我が国の言語文化に関する事項」では，「伝統的な言語文化」，「書写」，「読書」に関する内容を整理し，系統的に示した。

　次に，〔思考力，判断力，表現力等〕については，3領域における学習過程に沿って内容を構成した。「A聞くこと・話すこと」では，「話題の設定」，「内容の把握」，「内容の検討」，「構成の検討」，「表現」，「話合い」を示した。「B書くこと」では，「題材の設定」，「情報の収集」，「内容の検討」，「構成の検討」，「記述」，「推敲」，「共有」を示した。「C読むこと」では，「構造と内容の把握」，「精査・解釈」，「考えの形成」を示した。ここに示す学習過程は指導の順序性を示すものではないため，アからオまでの指導事項を必ずしも順番に指導する必要はない。

　なお，〔知識及び技能〕及び〔思考力，判断力，表現力等〕に示す各段階の内容には，生徒の社会生活に関連のある場面や言語活動，行動と併せて示しているものがある。このため，知的障害のある生徒の国語科では，小・中・高等学校国語科のように言語活動例を示していない。なお，国語科の目標が達成されるよう，教師が生徒の実態に応じた場面や言語活動を創意工夫して設定し，授業改善を図ることが重要である。

2　国語科の目標

> 1　目　標
> 　言葉による見方・考え方を働かせ，言語活動を通して，国語で理解し表現する資質・能力を次のとおり育成することを目指す。
> (1)　社会生活に必要な国語について，その特質を理解し適切に使うことができるようにする。
> (2)　社会生活における人との関わりの中で伝え合う力を高め，思考力や想像力を養う。
> (3)　言葉がもつよさを認識するとともに，言語感覚を養い，国語を大切にしてその能力の向上を図る態度を養う。

　教科の目標では，まず国語科において育成を目指す資質・能力を国語で理解し表現する資質・能力とし，国語科が国語で理解し表現する言語能力を育成する教

科であることを示している。

　今回の改訂において示す「国語で理解し表現する資質・能力」とは，国語で表現された内容や事柄を理解する資質・能力，国語を使って内容や事柄を表現する資質・能力であるが，そのために必要となる国語の使い方を理解する資質・能力，国語を使う資質・能力を含んだものである。

　「言葉による見方・考え方を働かせ」るとは，生徒が学習の中で，対象と言葉，言葉と言葉との関係を，言葉の意味，働き，使い方等に着目して捉えたり問い直したりして，言葉への自覚を高めることであると考えられる。様々な事象の内容を自然科学や社会科学等の視点から理解することを直接の学習目的としない国語科においては，言葉を通じた理解や表現及びそこで用いられる言葉そのものを学習対象としている。このため，「言葉による見方・考え方」を働かせることが，国語科において育成を目指す資質・能力をよりよく身に付けることにつながることとなる。

　また，言語能力を育成する中心的な役割を担う国語科においては，言語活動を通して資質・能力を育成する。言語活動を通して，国語で理解し表現する資質・能力を育成するとしているのは，この考え方を示したものである。

　今回の改訂では，他教科等と同様に，国語科において育成を目指す資質・能力を「知識及び技能」，「思考力，判断力，表現力等」，「学びに向かう力，人間性等」に三つの柱で整理し，それぞれに整理された目標を(1)，(2)，(3)に位置付けている。

　(1)は，「知識及び技能」に関する目標を示したものである。社会生活において必要な国語の特質について理解し，それを適切に使うことができるようにすることを示している。中学部では「日常生活や社会生活に必要な国語」としており，高等部では日常生活に必要な国語も含め生徒の生活や学習の広がりに対応して必要な国語の特質について理解し適切に使うことを意図している。具体的には，内容の〔知識及び技能〕に示されている言葉の特徴や使い方，話や文章に含まれている情報の扱い方，我が国の言語文化に関する「知識及び技能」のことである。

　(2)は，「思考力，判断力，表現力等」に関する目標を示したものである。社会生活における人と人との関わりの中で，思いや考えを伝え合う力を高め，思考力や想像力を養うことを示している。具体的には，内容の〔思考力，判断力，表現力等〕に示されている「A聞くこと・話すこと」，「B書くこと」，「C読むこと」に関する「思考力，判断力，表現力等」のことである。

　「伝え合う力を高め」るとは，人間と人間との関係の中で，互いの考えなどを尊重し，言語を通して理解したり表現したりする力を高めることである。「思考力や想像力を養う」とは，言語を手掛かりとしながら論理的に思考する力や豊か

に想像する力を養うことである。知的障害のある生徒の場合，具体的な活動や場面の状況などを手掛かりとしながら，中学部までの学習を踏まえ，「思考力，判断力，表現力等」を育成することが求められる。

（3）は，「学びに向かう力，人間性等」に関する目標を示したものである。言葉がもつよさを認識するとともに，言語感覚を養い，国語を大切にしてその能力の向上を図る態度を養うことを示している。

「言葉がもつよさ」には，言葉によって自分の考えを形成したり新しい考えを生み出したりすること，言葉から様々なことを感じたり，感じたことを言葉にしたりすることで心を豊かにすることなどがある。こうしたことをよさとして認識することを示している。

「言語感覚」とは，言語で理解したり表現したりする際の正誤・適否・美醜などについての感覚のことである。聞いたり話したり書いたり読んだりする具体的な言語活動の中で，相手，目的や意図，場面や状況などに応じて，どのような言葉を選んで表現するのが適切であるかを直観的に判断したり，話や文章を理解する場合に，そこで使われている言葉が醸し出す味わいを感覚的に捉えたりすることができることである。言語感覚を養うことは，一人一人の生徒の言語活動を充実させ，自分なりのものの見方や考え方を形成することに役立つ。こうした言語感覚の育成には，多様な場面や状況における学習の積み重ねや，継続的な読書などが必要であり，そのためには，国語科の学習を他教科等の学習や学校の教育活動全体と関連させていくカリキュラム・マネジメント上の工夫も大切である。さらに，生徒を取り巻く言語環境を整備することも，言語感覚の育成に極めて重要である。

「国語を大切にしてその能力の向上を図る態度を養う」ことを求めているのは，我が国の歴史の中で育まれてきた国語が，人間としての知的な活動や文化的な活動の中枢をなし，一人一人の自己形成，社会生活の向上，文化の創造と継承などに欠かせないからである。国語を大切にして，国語に対する関心を高め，聞いたり話したり書いたり読んだりすることが，生徒一人一人の言語能力を更に向上させていく。その中で，国語を大切にして，国語そのものを一層優れたものに向上させていこうとする意識や態度も育っていくのである。

3 各段階の目標及び内容

(1) 1段階の目標と内容

ア 目標

○1段階

(1) 目 標

ア 社会生活に必要な国語の知識や技能を身に付けるとともに，我が国の言語文化に親しむことができるようにする。

イ 筋道立てて考える力や豊かに感じたり想像したりする力を養い，社会生活における人との関わりの中で伝え合う力を高め，自分の思いや考えをまとめることができるようにする。

ウ 言葉がもつよさを認識するとともに，幅広く読書をし，国語を大切にして，思いや考えを伝え合おうとする態度を養う。

〈1段階の生徒の姿〉

1段階の生徒は，身近な事物や人だけでなく，職業生活につながる地域や社会における事物や人との関わりが増えてくる。このような生活を通して様々な言葉に触れることで，言葉には，考えたことや思ったことを表す働きがあることに気付き，相手や目的に応じて言葉を選んだり言葉の使い方に気を付けたりして伝え合おうとする段階である。

このため，国語科の指導においては，生徒の生活の広がりに伴う事物や人との関わりの中で，伝える目的や内容を明確にしたり，伝え方を工夫したりすることについて体験的に学ぶことを通して，社会生活に必要な国語を身に付けることが大切である。

〈1段階の目標〉

① 知識及び技能のア

「社会生活に必要な国語の知識や技能を身に付ける」とは，1段階の生徒の生活の広がりに伴い，日常生活における身近な人や事物との関わりだけでなく，職業生活につながる地域や社会における人や事物との関わりの中で必要とされる言葉を理解したり，適切に使ったりすることができるようになることを示している。

② 思考力，判断力，表現力等のイ

考える力については，中学部では「順序立てて考える力」，高等部では「筋道立てて考える力」の育成に重点を置いている。「筋道立てて考える力」を養うこ

とで，相手や目的を意識したり，話の中心を明確にしたりして構成や内容などを考えることができるようになることを示している。

　高等部では，生活場面や相手の広がりに応じた言葉の量や質の高まりが求められ，考える力や感じたり想像したりする力を養うこと，社会生活における人との関わりの中で伝え合う力を高め自分の思いや考えをまとめることができるようにすることを系統的に示している。

③　学びに向かう力，人間性等のウ

　言葉がもつよさについては，中学部では「気付く」こと，高等部では「認識する」ことに重点を置いている。読書については，中学部では「親しむ」こと，高等部では「幅広く」読書することに重点を置いている。

　「言葉がもつよさを認識する」とは，言葉の働きや我が国の言語文化に触れ，その良さを認識し，言葉に対する意識を高めていくことである。「幅広く読書をし」とは，生徒の生活や学習の広がりに応じて様々な文章や本があることを知り，読書の幅を広げていく態度を示している。

イ　内容
〔知識及び技能〕

> （2）内　容
> 〔知識及び技能〕
> ア　言葉の特徴や使い方に関する次の事項を身に付けることができるよう指導する。
> 　（ア）社会生活に係る人とのやり取りを通して，言葉には，考えたことや思ったことを表す働きがあることに気付くこと。
> 　（イ）相手を見て話したり聞いたりするとともに，間の取り方などに注意して話すこと。
> 　（ウ）漢字と仮名を用いた表記や送り仮名の付け方を理解して文や文章の中で使うとともに，句読点の使い方を意識して打つこと。
> 　（エ）表現したり理解したりするために必要な語句の量を増し，話や文章の中で使うとともに，言葉には，性質や役割による語句のまとまりがあることを理解すること。
> 　（オ）接続する語句の役割，段落の役割について理解すること。
> 　（カ）日常よく使われる敬語を理解し使うこと。
> 　（キ）文章の構成や内容の大体を意識しながら音読すること。
> 　イ　話や文章の中に含まれている情報の扱い方に関する次の事項を身に

付けることができるよう指導する。

(ｱ) 考えとそれを支える理由や事例，全体と中心など，情報と情報との関係について理解すること。

(ｲ) 比較や分類の仕方，辞書や事典の使い方などを理解し使うこと。

ウ　我が国の言語文化に関する次の事項を身に付けることができるよう指導する。

(ｱ) 生活に身近なことわざや慣用句などを知り，使うこと。

(ｲ) 書くことに関する次の事項を取り扱うこと。

㋐　文字の組み立て方を理解し，形を整えて書くこと。

(ｳ) 幅広く読書に親しみ，読書が，必要な知識や情報を得ることに役立つことに気付くこと。

①　言葉の特徴や使い方に関する事項のア

(ｱ) は，言葉の働きに関する事項である。中学部までの指導を踏まえ，日常的に用いている言葉の働きと同様に，場を広げた社会生活で用いる言葉にも思考や感情を表す働きがあるということに気付くことを示している。「考えたことや思ったことを表す働き」とは，思考や感情を表出する働きと他者に伝える働きの両方を含むものである。色々な場面で周りの人と言葉を用いてやり取りすることを通して，これまで身に付けてきた言葉には，自分の思いや考えをまとめたり，自分が考えたことや思ったことを周りの人に表現したり伝達したりする働きがあることを実感できるようにすることが大切である。

(ｲ) は，話し言葉と書き言葉に関する事項である。話したり聞いたりする際に視線を意識することや，間の取り方などの話し方に注意することを示している。話したり聞いたりする際に視線を意識することによって，話したことが聞き手に伝わっているかなど，聞き手の反応を見ながら話すことや話を聞こうとする意志を示したりすることができる。こうしたことの基盤として，相手を見て話したり聞いたりすることを示しており，１段階の指導においては，会話の中で丁寧に繰り返し，意識できるように指導することが大切である。

「間の取り方など」は，言葉の抑揚や強弱などを含め，話し手が一方的に話すのではなく，話の内容を聞き手にとって聞き取りやすくしたり，理解してもらったりするために大切な要素である。その際，生徒が会話の中で適切な「間の取り方」を理解できるよう，段階的に指導を行う工夫も必要である。

(ｳ) は，文や文章の中で漢字や仮名を使い分けたり，送り仮名や仮名遣いに注意して書いたりすることを示している。

句読点は，文の構成と関係している。特に読点は意味を明確に伝えるため主語の後，従属節の後などに適切に打つことが求められる。それらに加え，文を読み

やすくまた分かりやすくするために文脈に合わせて使うことが求められる。

　漢字と仮名を用いた表記や送り仮名の付け方を指導する際は，中学部段階までに身に付けた仮名の表記の仕方や漢字を交ぜて書くことで，文が読みやすくなったり，伝わりやすくなったりすることを体験的に理解させていくことが大切である。

　(エ)は，語彙に関する事項である。中学部までの指導を基に，生徒の活動範囲の広がりに伴い，そこで関わるより多くの人とのやり取りの中で聞いたり話したり，文章の中で書いたり読んだりすることを通して，様子や行動，気持ちや性格を表す語句などを，自分の語彙として身に付けていくことが重要である。

　「性質や役割による語句のまとまりがあることを理解する」とは，様々な語句をその特徴や使い方によって類別して捉えるということである。性質による語句のまとまりとは，物の名前を表す語句や動きを表す語句，様子を表す語句などのまとまりのことである。役割による語句のまとまりとは，文の主語になる語句，述語になる語句，修飾する語句などのまとまりのことである。

　聞いたり読んだりする際に新しい言葉に着目することや，話したり書いたりする際にいろいろな表現を使うようにするといった中学部までに身に付けた学び方を生かして，関わる相手や場の広がりの中で，語彙の量と質を豊かにしていくことが大切である。

　(オ)は，文や文章に関する事項である。「接続する語句」とは，前後の文節や文などをつなぐ働きを持つ語句，いわゆる「つなぎ言葉」のことである。なお，「なぜかというと」など，複数の語から構成される語句の中にも，接続語と同様の役割をするものがあることから，接続する語句という示し方をしている。

　「段落」は，改行によって示されるいくつかの文のまとまりである形式段落と，形式段落のいくつかが意味のつながりの上でひとまとまりになった意味段落とがある。段落には，具体例を示したり，理由を述べたりするなどの役割があり，これらの段落の役割を理解することで，内容を把握したり，必要な情報を見付けたりすることができる。

　1段階では，生徒の興味・関心，生活経験の範囲などを考慮した題材であること，数行の文で構成されるなどの大きさの段落や段落同士の関係が明確な文章から扱い，接続する語句や段落の役割の理解を促していくことが大切である。

　(カ)は，言葉遣いに関する事項である。「日常よく使われる敬語」とは，学校内や職場実習等の学校外での様々な立場の人々との関わりの中で必要となる尊敬語や謙譲語などのことである。相手や場面に応じた敬語を知り，使う経験を重ねていくことが重要である。

　(キ)は，音読に関する事項である。中学部2段階の指導を受け，より適切に内容の大体を捉えるために，文章全体の構成を意識しながら読むことを示してい

る。生徒が，簡単な構成の文章を正確に読む経験を積むことが大切である。

　なお，少しずつ黙読を活用し，文章の内容の理解を深めるような指導を行っていくことも大切である。

② 情報の扱い方に関する事項のイ

　(ア)は，情報と情報との関係に関する事項である。「理由」とは，なぜそのような「考え」をもつのかを説明するものであり，「事例」とは，考えをより具体的に説明するために挙げられた事柄や内容のことである。考えとそれを支える理由や事例との関係を正しく捉えるためには，例えば，「考え」と対応する「理由」や「事例」をノートやカードに書き出したり，文章に線を引いたりするなどして整理することなどが考えられる。

　「中心」とは，話や文章の中心的な部分のことである。話や文章の全体とその「中心」との関係を正しく捉えるためには，文相互や段落相互の関係が分かることが重要であるため，〔知識及び技能〕の「ア言葉の特徴や使い方に関する事項」の(オ)「接続する語句の役割，段落の役割について理解すること。」などと関連を図り，指導の効果を高めることが考えられる。

　(イ)は情報の整理に関する事項である。「比較」とは複数の情報を比べることである。「分類」とは，複数の情報を共通な性質に基づいて分けることである。話や文章を理解したり表現したりするためには，観点を明確にして比較したり分類したりすることで情報を整理することが重要である。

　「辞書や事典の使い方などを理解し使う」ためには，目的に応じた辞書や事典の選び方や，目次や索引の利用の仕方を指導することが重要である。このとき，手元や教室に辞書を置く，学校図書館を活用するなど，必要なときに辞書や事典を使うことができる環境を整え，国語科に限らず，他の教科等の調べる学習や日常生活の中でも積極的に利用できるようにすることが大切である。生徒の実態に応じてタブレット端末や電子辞書等の情報機器を活用することも考えられる。

③ 我が国の言語文化に関する事項のウ

　(ア)は生活の中でよく用いられるなじみのあることわざや慣用句などの意味を知り，ふさわしい場面で使うようにすることに関する内容を示している。ことわざは，生活経験などにおいてありがちなことを述べたり，教訓を述べたりするものである。例えば，「塵も積もれば山となる」，「善は急げ」などである。慣用句は，「水に流す」，「羽を伸ばす」などのように，二つ以上の語が結び付いて元の意味とは違った特定の意味を表すものである。

　知的障害のある生徒の場合，これらの意味を自分の経験や既習事項と結び付けながら知り，教師等が生活の中で用いるのを繰り返し見聞きすることが大切であ

る。

　（イ）は，書くこと（書写）に関する事項である。㋐については，高等部の生徒は，生活の場の広がりから，中学部に比べ，組立て方が複雑な漢字を目にすることが多くなる時期であることや，漢字を交ぜることで文が読みやすくなったり，伝わりやすくなったりすることを体験的に理解していく時期であることを考慮して，書いた文字を自分や周りの人が読むことができるように，文字の形を整えて書けるようにすることが大切である。

　「文字の組立て方を理解して」とは，部首と他の部分の組立て方，すなわち左と右，上と下，内と外などの関係において一つの文字が組み立てられるという仕組みを理解することを示している。

　「形を整えて書く」とは，文字のおおよその形を意識するとともに，一つの文字の構成要素となる部分相互が等間隔であること，左右対称であること，同一方向であることなどを考えて書くことである。

　（ウ）の「幅広く読書に親し」むとは，様々な文章や本があることを知り，読書する本や文章の種類，分野，活用の仕方など，自分の読書の幅を広げていくことである。「読書が，必要な知識や情報を得ることに役立つことに気付く」ためには，読書によって，疑問に思っていたことが解決したり，新しい世界に触れて自分の興味が広がったりする楽しさを味わうことが大切である。

　また，読書によって知識や情報を得るための基盤として，学校図書館などの施設の利用方法や，必要な本などの選び方を身に付けることも大切である。

　知的障害のある生徒の場合には，読書の目的を意識したり，読書記録を残したりして，読書をする前と後の自分の変化に気付くような読みを積み重ねることが大切である。小説，詩，新聞，雑誌，歴史小説，伝記，観察記録文，紀行文，料理や工作の作り方などの多くの種類の本に触れることにより，自らの興味・関心に気付かせることも重要である。

〔思考力，判断力，表現力等〕
A　聞くこと・話すこと

> 〔思考力，判断力，表現力等〕
> A　聞くこと・話すこと
> 　聞くこと・話すことに関する次の事項を身に付けることができるよう指導する。
> 　ア　社会の中で関わる人の話などを，話し手が伝えたいことの中心に注意して聞き，話の内容を捉えること。
> 　イ　目的に応じて，話題を決め，集めた材料を比較するなど伝え合うた

めに必要な事柄を選ぶこと。
　ウ　話の中心が明確になるよう話の構成を考えること。
　エ　相手に伝わるように，言葉の抑揚や強弱，間の取り方などを工夫すること。
　オ　目的や進め方を確認し，司会などの役割を果たしながら話し合い，互いの意見の共通点や相違点に着目して，考えをまとめること。

　アは，社会生活における様々な場面で聞く話について，話の内容や話し方に関心をもち，事柄の順序など，話の組立て方を意識しながら，話の要点を聞き，話の内容を捉えることを示している。このとき，一対一の対面的なやり取りだけではなく，集会等での講話や校内放送が自分に向けた話であることや，テレビ放送やラジオ放送などには自分の生活に生かすことができる情報が含まれていることを意識できるようにすることが大切である。

　また，話を聞く際には，目的に応じて，重要な語句は何か判断しながら聞いて必要な内容を記録したり，聞いた後に話の内容を振り返り，分からない点や確かめたい点を質問したり，同じ話を聞いた周囲の人と内容を確かめ合ったりすることも大切である。

　イの「目的に応じて，話題を決め」るとは，中学部までの身近な人との関わりを基に社会生活における人との関わりの中で，生徒が自分や相手が興味・関心をもっていることから話題を決めることを示している。このときの「目的」としては，例えば，説明や報告をする，知りたいことを聞く，互いの思いや考えを伝え合うことなどが考えられる。

　「集めた材料を比較する」とは，集めた材料が話題と合っているか確かめることに重点を置いている。

　ウは，「話の中心が明確になるよう話の構成を考える」とは，自分の伝えたいことの中心が聞き手に分かりやすくなるよう話の構成を考えることを示している。例えば，最初に話の中心を決め，その後に話の中心に合わせた説明や事例などを挙げたり，どのような順番で伝えるか検討したりすることなどが考えられ，このとき，話の中心からずれないように内容を膨らませていくことが重要である。

　エは，相手に伝わるように，相手との親疎や人数，目的や場の状況などに応じて，声の出し方や言葉遣い，視線などに気を付けて話すことを示している。指導に当たっては，学級での話合いや集会での発表，産業現場等における実習での自己紹介など，具体的な場面を通して，実践できるようにすることが大切である。

　オの「目的や進め方を確認し」て話し合うとは，話し合う目的や必要性を意識するとともに，話合いの目的を達成するための進め方などを互いに確認し合うこ

とを示している。「司会などの役割を果たしながら話し合い」とは，司会者，提案者，参加者などの役割に応じて，話合いの話題や流れを踏まえて発言をすることを示している。

「互いの意見の共通点や相違点に着目して，考えをまとめる」とは，互いの意見の共通点や相違点に着目し，一つの結論を出したり，話し合われたことに対する自分の考えをまとめたりすることである。このとき，話し合われた意見を丸で囲んだり，線で結んだりして共通点や相違点を分かりやすく示す工夫や，結論に対する自分の考えだけではなく，話合いの経過に伴う自分の考えの変化等について記録するなどの工夫が考えられる。

B　書くこと

> B　書くこと
>   書くことに関する次の事項を身に付けることができるよう指導する。
> ア　相手や目的を意識して，書くことを決め，集めた材料を比較するなど，伝えたいことを明確にすること。
> イ　書く内容の中心を決め，内容のまとまりで段落をつくったり，段落相互の関係に注意したりして，文章の構成を考えること。
> ウ　自分の考えとそれを支える理由や事例との関係を明確にして，書き表し方を工夫すること。
> エ　間違いを正したり，相手や目的を意識した表現になっているかを確かめたりして，文や文章を整えること。
> オ　書こうとしたことが明確になっているかなど，文章に対する感想や意見を伝え合い，自分の文章のよいところを見付けること。

アの「相手や目的を意識して」とは，例えば，保護者や教師などの身近な大人や友達，地域の人々まで広がる多様な相手のうちの誰に対して，何のために書くのかといった相手や目的を意識することを示している。

「材料」とは，伝え合う内容を構成する体験や，本や文章を調べたり聞いたりすることによって得た情報のことであり，書く内容を考える際の素材となるものである。「集めた材料を比較する」とは，集めた材料を，共通点や相違点に着目しながら比べて，伝えたいことが明確になるように書く材料を整理することである。例えば，同じような材料を比較して，どちらが自分の書きたい事柄に合っているかを考えることである。こうした整理を通して，伝えたいことを明確にすることが重要である。

イは，書こうとしている材料の中から，中心に述べたいことを一つに絞ること

によって，中心となる事柄や，それに関わる他の書きたい事柄を明らかにし，それを基に「内容のまとまりで段落をつく」ることを示している。

「段落相互の関係に注意したりして，文章の構成を考える」とは，段落と段落との関係に気を付けて文章の構成を考えることである。段落相互の関係としては，例えば，考えとそれを支える理由や，考えとそれを具体的に述べる事例といった関係などがある。構造図を活用するなどして，中心になる事柄，その説明や事例といった文章の構造や効果を視覚的に捉えられるようにすることも有効である。

ウの「自分の考えとそれを支える理由」を記述する際には，「なぜなら〜」，「〜のためである」などの表現を用いて，理由を示すことを明確にすることが重要である。

「事例」とは，書き手の考えをより具体的に説明するために挙げられた事柄や内容のことである。考えを支える事例を記述する際には，「例えば〜」，「〜などがある」などの表現を用いて，自分の考えを具体的に説明することが必要である。

エは，主語と述語の関係の明確さ，長音，拗音，促音，撥音，助詞などの表記の仕方のほかに，敬体と常体などの文末表現の使い方などに注意しながら，自分が書いた一文一文を丁寧に読み返し，間違いを正しく改めることを示している。「相手や目的を意識した表現になっているかを確かめたりして」とは，書く相手や目的に照らして，構成や書き表し方が適切なものとなっているかを確かめることである。例えば，相手の立場や年齢，相手との関係に応じた文末表現になっているかなどについて見直すことが重要である。

なお，指導に当たっては，生徒自身が間違いなどを正したり，よりよい表現に書き直したりすることによって整った文章になることが実感できるように，例えば，下書きと推敲後の文章を比べるなどの工夫をすることが考えられる。

オは，中学部2段階のオを受けて，感想や意見を伝え合い，自分の文章の良いところを見付けることを示している。1段階においては，書こうとしたことが明確になっているかなどの観点から，自分の文章のよいところを見付けることに重点を置いている。

「文章に対する感想や意見を伝え合い」とは，互いの書いた文章を読み合ったり，音読し合ったりして，その内容や表現について，感想や意見を述べ合うことである。その際，書き手が書こうとしたことが明確に表現されているところを見付けることなどが重要である。「自分の文章のよいところを見付ける」際には，記述の仕方などで工夫したこと，なぜそのような考えに至ったのかについてのきっかけなどを共有することも大切である。

C　読むこと

> C　読むこと
> 　読むことに関する次の事項を身に付けることができるよう指導する。
> ア　登場人物の行動や心情などについて，叙述を基に捉えること。
> イ　段落相互の関係に着目しながら，考えとそれを支える理由や事例との関係などについて，叙述を基に捉えること。
> ウ　登場人物の心情や情景について，場面と結び付けて具体的に想像すること。
> エ　目的を意識して，中心となる語や文を見付けて要約すること。
> オ　文章を読んで理解したことに基づいて，感想や考えをもつこと。

　アは，物語全体の登場人物の行動や心情を捉えることを示している。登場人物の行動の背景には，そのときの，あるいはその行動に至るまでの心情があることが多い。登場人物の行動や会話，地の文などの叙述から心情が表れている部分を選び取るなどの活動だけでなく，読み進める生徒の心情の変化や自らの経験も手掛かりとして，登場人物の心情を捉えていくことが重要である。

　イは，段落相互の関係に着目しながら，文章の構造を捉え，内容を把握することを示している。「段落相互の関係」とは，考えとその事例，結論とその理由といった関係などのことである。なお，「事例」とは，書き手の考えを具体的に説明するために挙げられた事柄や内容のことである。文章の構造を捉えることが内容を把握したり，文章の効果について検討したりすることにつながる。指導においては，構造図を活用するなど，文章の構造や効果を視覚的に捉える工夫も必要である。

　ウの「登場人物の心情や情景について，場面と結び付けて具体的に想像する」とは，場面とともに描かれる登場人物の心情や情景を具体的に思い描くことである。場面ごとの心情や情景について叙述を基に大まかに押さえた上で，前後の場面の叙述を中心に複数の場面を結び付けながら，心情や情景の変化を見いだして想像していくことも重要である。

　エは，目的を意識して，文章の構造や内容を基に，必要な情報を見付けて要約することを示している。「要約する」とは，文章全体の内容を正確に把握した上で，元の文章の構成や表現をそのまま生かしたり自分の言葉を用いたりして，文章の内容を短くまとめることである。文章の内容を端的に説明するといった要約する目的を意識して，内容の中心となる語や文を選んで，要約の分量などを考えて要約することが重要である。例えば，順番を表す言葉や考えや理由などを表す言葉などを手掛かりに中心となる語や文を選んで短くまとめるなど，具体的な課

題を設定することが必要である。

　題材としては，生徒の興味・関心，生活経験の範囲などにより，伝記，観察記録文，紀行文，旅行等の諸案内，趣味の工作や料理の作り方などを取り上げ，生徒が主体的に読む活動に取り組むよう工夫することが大切である。

　オは，文章の内容や構造を捉え，読んで感じたことや分かったことを基に，自分の体験や既習の内容などと結び付けて自分の考えを形成することを示している。ここには，疑問点や更に知りたい点などを見いだすことも含まれる。文章を読む前と後の自分の考えの変化に気付くことができるよう読みの視点を確認し，印を付ける，簡単なメモを残すなど，考えながら読むための手立てを身に付けることが重要である。

(2) 2段階の目標と内容
ア　目標

○2段階
(1) 目　標
　ア　社会生活に必要な国語の知識や技能を身に付けるとともに，我が国の言語文化に親しんだり理解したりすることができるようにする。
　イ　筋道立てて考える力や豊かに感じたり想像したりする力を養い，社会生活における人との関わりの中で伝え合う力を高め，自分の思いや考えを広げることができるようにする。
　ウ　言葉がもつよさを認識するとともに，進んで読書をし，国語を大切にして，思いや考えを伝え合おうとする態度を養う。

〈2段階の生徒の姿〉

　2段階の生徒は，将来の職業生活や家庭生活を見据えて，地域や社会における事物や人との関わりを広げ，繰り返しながら，言葉に相手とのつながりをつくる働きがあることに気付き，相手や目的に応じて活用しようとする段階である。

　このため，国語科の指導においては，相手や場面，状況に応じて自ら多様な人々や社会と関わろうとする中で，意図や目的を共有して話し合ったり，効果的に伝えるために表現方法を工夫したり，生活の中で適切に国語を活用したりする経験を積み重ねることを通して，卒業後の生涯にわたる様々な生活場面や社会生活に必要な国語を身に付けることが大切である。

〈2段階の目標〉
① 知識及び技能のア
　「我が国の言語文化に親しんだり理解したりする」とは，1段階では「我が国の言語文化に親しむ」ことをねらい，2段階では我が国の言語文化に親しんだり理解したりすることができるようにすることを示している。

② 思考力，判断力，表現力等のイ
　自分の思いや考えについては，中学部1段階では「もつ」こと，中学部2段階から高等部1段階では「まとめる」こと，高等部2段階では「広げる」ことができるようにすることに重点を置いている。
　知的障害のある生徒の中には，自分の考えと他者の考えとを比べる際，同じかどうか，あるいは正しいか正しくないかなど，一方のみを選択しなければならないと考えてしまう場合も見られる。生徒の興味・関心や必然性などを考慮しながら，他者の考えを一部取り入れたり，似ているところと異なるところを見付けて取り入れたりするなど，考えを広げる力を育てることが大切である。

③ 学びに向かう力，人間性等のウ
　読書については，1段階では「幅広く」，2段階では「進んで」読書をすることに重点を置いている。読書の楽しさや自分にとっての有効性を実感しながら，日常生活の中で主体的に読書をする態度を示している。このような態度を育成することは，卒業後の生涯学習への意欲を高めることにもつながるものである。

イ　内容
〔知識及び技能〕

> (2) 内　容
> 〔知識及び技能〕
> 　ア　言葉の特徴や使い方に関する次の事項を身に付けることができるよう指導する。
> 　　(ア)社会生活に係る人とのやり取りを通して，言葉には，相手とのつながりをつくる働きがあることに気付くこと。
> 　　(イ)話し言葉と書き言葉に違いがあることに気付くこと。
> 　　(ウ)文や文章の中で漢字と仮名を使い分けて書くこと。
> 　　(エ)表現したり理解したりするために必要な語句の量を増し，話や文章の中で使うとともに，語彙を豊かにすること。
> 　　(オ)文と文との接続の関係，話や文章の構成や種類について理解するこ

と。

　　　　　(カ) 日常よく使われる敬語を理解し使い慣れること。

　　　　　(キ) 文章を音読したり，朗読したりすること。

　　　イ　話や文章の中に含まれている情報の扱い方に関する次の事項を身に
　　　　付けることができるよう指導する。

　　　　　(ア) 原因と結果など，情報と情報との関係について理解すること。

　　　　　(イ) 情報と情報との関係付けの仕方を理解し使うこと。

　　　ウ　我が国の言語文化に関する次の事項を身に付けることができるよう
　　　　指導する。

　　　　　(ア) 親しみやすい古文などの文章を音読するなどして，言葉の響きやリ
　　　　　　ズムに親しむこと。

　　　　　(イ) 生活の中で使われる慣用句，故事成語などの意味を知り，使うこと。

　　　　　(ウ) 書くことに関する次の事項を取り扱うこと。

　　　　　　㋐　用紙全体との関係に注意して，文字の大きさや配列などを決め
　　　　　　　て書くこと。

　　　　　　㋑　目的に応じて使用する筆記具を選び，その特徴を生かして書く
　　　　　　　こと。

　　　　　(エ) 日常的に読書に親しみ，読書が，自分の考えを広げることに役立つ
　　　　　　ことに気付くこと。

①　言葉の特徴や使い方に関する事項のア

　(ア)の「相手とのつながりをつくる働きがあることに気付く」とは，周りの人
と言葉を用いたやり取りを繰り返す中で，言葉には人間関係を構築する働きがあ
るということに気付くことを示している。社会生活における様々な人と交わす挨
拶などの日常会話などを通して，言葉には，人との好ましい関係を新しく築き，
継続させる働きがあることを，具体的な経験を通して気付くことができるように
することが重要である。また，こうした言葉の働きが，相手の行動を促す働きに
つながっていくことを見通して，呼び掛けや依頼などの場面を意図的に設定し指
導を行うことが大切である。

　(イ)の「話し言葉と書き言葉に違いがあることに気付く」とは，話し言葉と書
き言葉，それぞれの特色や役割に気付くことを示している。音声は，発せられた
途端に消えていくため，話し言葉はそのままでは遡って内容を確認することがで
きない。その一方，即時的な聞き手とのやり取りを通して，表現及び理解が進め
られるという特質がある。

　書き言葉については，読み手が文や文章を繰り返し確認することができる。使
用される語彙や，文及び文章の構造なども話し言葉と違いがある。また，意味の

違いを漢字の使い分けで表すこともできる。

指導に当たっては，伝えたい場面や目的に合わせて実際に相手とやり取りを繰り返す中で，話し言葉と書き言葉の違いに気付き，それぞれの特質に応じた使い方を意識できるようにしていくことが大切である。

(ウ)の「漢字と仮名を使い分けて書くこと」とは，「漢字仮名交じり文」という日本語の表記の仕方を踏まえ，文や文章の読みやすさや意味の通りやすさを考えて，漢字と仮名を適切に使い分けることである。このことは，高等部の生徒が，様々な社会とのつながりの中で，手紙や履歴書，掲示物など実践的な文や文章を適切に書いていくためにも重要である。

書いた文を読み返したり，比べたりすることによって，漢字が加わった文の方が読みやすくなったり，意味が伝わりやすくなったりすることへの気付きを促し，知っている漢字を進んで使うようにするといったことが大切である。

(エ)は，社会生活の中で表現したり理解したりするために必要な語句に加え，思考に関わる語句の量を増し，話や文章の中で使うことを通して，言葉への関心を高め，更に語彙を豊かにしていくことを示している。

「思考に関わる語句」とは，「だから」，「しかし」のように情報と情報との関係を表す語句，「考える」，「だろう」のように文の中の述部などとして現れる思考そのものに関わる語句などを指す。これらの語句を話や文章の中で使うことができるようにすることが重要である。

「語彙を豊かにする」とは，自分の語彙を量と質の両面から充実させることである。言葉を知り，繰り返し使うことを通して語句の意味や使い方の理解を図ることに加え，自分の考えを広げ，深めることに重点を置き，語彙の量と質を豊かにしていくことができるように指導することが大切である。

(オ)の「文と文との接続の関係」とは，前の文と後の文とのつながりのことである。文と文との関係を捉え，接続する語句を選択することが重要である。「話や文章の構成」とは，「始め－中－終わり」，「序論－本論－結論」などの話や文章の組み立てのことである。

「話や文章の種類」とは，紹介，提案，案内，指示書や説明書など，生徒が社会生活の中で触れる話や文章の種類のことである。これらは，複数の段落で構成された文を適切に読んだり，自分の考えなどを表したりする上で重要である。生徒が筋道立てて考え，それを説明する際の論の進め方を理解すること，生活の中で関わる機会の多い紹介，提案，案内，指示書や説明書などの特徴を理解し，文章作成に生かせるような指導を行うことが大切である。

(カ)は，決まった敬語だけでなく，相手や場面に応じて適切な敬語を使うことに慣れるようにすることを示している。2段階においては，会話の中だけでなく，公的な場面で改まった言葉遣いをすることの他，手紙や作業等の報告書を書

いたり入力したりする際に相手や目的に応じた語句を選んで用いることなどを具体的に指導していくことが大切である。

（キ）は，文章の構成や内容を理解して音声化することに加え，自分の思いや考えが聞き手に伝わるように音読や朗読をすることを示している。「音読」では，これまで身に付けてきた，声の大きさや抑揚，間の取り方といった音読の技能を生かすことが重要である。「朗読」は，読者として自分が思ったことや考えたことを踏まえ，聞き手に伝えようと表現性を高めて，文章を声に出して読むことである。

②　情報の扱い方に関する事項のイ

（ア）は，情報と情報との関係に関する事項である。「原因」とは，ある物事や状態を引き起こす基になるものを指し，「結果」とは，ある原因によってもたらされた事柄や状態を指している。原因と結果の関係について理解するためには，例えば，ある事象がどのような原因によって起きたのかを把握したり明らかにしたりするなど，様々な情報の中から原因と結果の関係を見いだし，結び付けて捉えることができるようにすることが重要である。

指導に当たっては，「原因」や「結果」を表す語句や文についてイラストや写真などで具体的に示し，相互の関係を捉えやすくするなどの工夫が考えられる。

（イ）は情報の整理に関する事項である。「情報と情報との関係付けの仕方」としては，例えば，複雑な事柄などを分解して捉えたり，多様な内容や別々の要素などをまとめたり，類似する点を基にして他のことを類推したり，一定のきまりを基に順序立てて系統化したりすることなどが挙げられる。関連する複数の語句を丸や四角で囲んだり，語句と語句を線でつないだりして図示することや，語句を書き出したカードを操作して分類・整理するなどの方法によって情報を整理することができることを理解させるといったことが考えられる。

③　我が国の言語文化に関する事項のウ

（ア）は，生徒が言葉のリズムを実感しながら読めるもの，音読することによって内容の大体を知ることができるような親しみやすい古文などの文章を声に出して読むことを示している。その際，心地よい響きやリズムを味わうとともに，昔の人と現代の人の暮らしや考え方の共通点やつながりを見いだすなど，古文が読んで楽しいものであることを実感させるようにすることが大切である。また，古典への興味・関心を高めるために，能，狂言，人形浄瑠璃，歌舞伎，落語などを鑑賞したり，年中行事や地域に伝わる祭事などと関連させて扱ったりすることも考えられる。

（イ）は，1段階の（ア）を受けて，生活の中で使われる生徒自身にとってなじみ

の薄い慣用句，故事成語などの意味を知り，使うようにすることに関する内容を示している。故事成語とは，「矛盾」，「五十歩百歩」などのように中国の故事に由来する熟語である。これらによって，先人の知恵や教訓，機知に触れることができる。これらの意味を知り，周りの人が使ったときに，その意図を捉え場面を理解したり，日常生活で用いたりしようとすることが大切である。

（ウ）は，書くこと（書写）に関する事項である。

㋐の「用紙」とは，原稿用紙，便箋，履歴書などの書式に対応した用紙，半紙，画用紙や模造紙などの白紙に始まり，それらに準ずる布や金属，ガラスなどといった用材全般のことを指す。「文字の大きさ」とは，中学部までは，漢字と仮名の文字相互の相対的な大きさの関係であったのに対して，高等部では，主に用紙全体との関係から判断される文字の大きさを指している。例えば，用紙全体からはみださずに書く，逆に余白をつくり過ぎずに書くといったことである。「配列」では，用紙全体との関係から考えられる文字の位置，字間，行間などの効果的な在り方について考えることが重要である。

㋑の「目的に応じて」とは，生活や学習活動において文字を書く様々な場面における目的のことである。例えば，多くの生徒に伝えるために大きく読みやすく書くことや，お世話になった人にお礼の気持ちを伝えるために丁寧に整った文字で書くことなどである。「使用する筆記具を選び，その特徴を生かして書く」とは，鉛筆，フェルトペン，毛筆，ボールペン，筆ペンなどから選択することが考えられる。筆記具全体の形状，書く部分の材質や形状，色などの特徴を生かして書くことを示している。これらの筆記具に適した用材の選択にも配慮する必要がある。例えば，横断幕を書くときには，大きく書ける毛筆と墨で書きやすい布を選ぶことが考えられる。

（エ）「日常的に読書に親し」むとは，読書の楽しさや有効性を実感しながら，日常生活の中で主体的，継続的に読書を行うことである。「読書が，自分の考えを広げることに役立つことに気付く」とは，読書によって新たな事柄や考えを知ることや，自分とは異なる立場で物事を考えることができるようになることに気付くことである。本などの中の言葉は，時間や空間を超えて読者に伝わり，様々な物事を理解したり，書き手の多様なものの見方や考え方に触れたりすることを可能にする。

知的障害のある生徒の場合には，読書を通して自分や周りの人の変化に気付いたり，読書の意義を考えたりしていくことが大切である。

61

A　聞くこと・話すこと

〔思考力，判断力，表現力等〕

A　聞くこと・話すこと

　聞くこと・話すことに関する次の事項を身に付けることができるよう指導する。

　ア　社会の中で関わる人の話などについて，話し手の目的や自分が聞きたいことの中心を捉え，その内容を捉えること。

　イ　目的や意図に応じて，話題を決め，集めた材料を比較したり分類したりして，伝え合う内容を検討すること。

　ウ　話の内容が明確になるように，話の構成を考えること。

　エ　資料を活用するなどして，自分の考えが伝わるように表現を工夫すること。

　オ　互いの立場や意図を明確にしながら，計画的に話し合い，考えを広げたりまとめたりすること。

　アは，1段階の内容を受けて，話し手が伝えたいことの中心だけでなく，自分が聞きたいことの中心を明確にして聞くことを示している。「自分が聞きたいことの中心」を明確にして聞くためには，どのような目的で聞くのか，自分が聞いたことは何かなどをよく確かめて聞くことが重要である。

　イは，1段階の内容である「目的に応じ」ることに加えて，場面や状況を考慮して話題を決めることを示している。「集めた材料を比較したり分類したりして，伝え合う内容を検討する」とは，集めた材料を，共通点や相違点に着目しながら比べたり，共通する性質に基づいて分けたりして，話す目的や意図に応じて内容ごとにまとめることなどを通じて，伝え合うことを明確にしていくことを示している。

　ウは，1段階のウで取り上げた「話の中心が明確になるよう」に加えて，事実と感想，意見とを区別したり，詳しい説明を付け加えたりして，自分の立場や結論などが明確になるように話の内容を構成することを示している。

　エの「資料を活用する」とは，実物や画像，映像などを用いたりするなどして，音声言語による説明に補足したり，伝えたいことを強調したりすることなどを示している。「表現を工夫する」とは，1段階のエ「言葉の抑揚や強弱，間の取り方などを工夫すること」に加えて，聞き手の興味・関心や情報量などを予想して，補足説明が必要な箇所や言葉だけでは伝わりにくい内容について，どのような資料を用意すればよいか考えたり，資料の提示の仕方について検討したりして話すことを示している。

このとき，自分が説明している様子を記録した映像等を見たり，説明を聞いた他者からの感想を活用したりしながら表現の工夫について考えられるようにすることが大切である。

オの「互いの立場や意図を明確に」するとは，話題に対してどのような考えをもっているかを互いに明らかにするとともに，話合いを通して達成しようとすることや，相手や目的，状況などを踏まえて，話合いの方法に関する意識を明確にすることを示している。

「計画的に話し合」うとは，話合いを始める前に，話合いの内容，順序，時間配分等を事前に検討することに加えて，意見を一つにまとめるために話し合うのか，互いの考えを広げるために話し合うのかといった話合いの目的や方向性を検討することも含んでいる。

「考えを広げたりまとめたりする」とは，話合いを通して複数の視点から検討し，自分の考えを広げたり，互いの意見の共通点や相違点，利点や問題点等をまとめたりすることを示している。

指導に当たっては，大人が会議等を行っている様子を提示して，どのように話し合っているか気付くことができるようにすることや，話合いの目的等に応じた議事の取り方を示すなどの工夫が考えられる。

B　書くこと

> B　書くこと
> 　書くことに関する次の事項を身に付けることができるよう指導する。
> ア　目的や意図に応じて，書くことを決め，集めた材料を比較したり分類したりして，伝えたいことを明確にすること。
> イ　筋道の通った文章となるように，文章全体の構成を考えること。
> ウ　目的や意図に応じて簡単に書いたり詳しく書いたりするとともに，事実と感想，意見とを区別して書いたりするなど，自分の考えが伝わるように書き表し方を工夫すること。
> エ　引用したり，図表やグラフなどを用いたりして，自分の考えが伝わるように書き表し方を工夫すること。
> オ　文章全体の構成や書き表し方などに着目して，文や文章を整えること。
> カ　文章全体の構成が明確になっているかなど，文章に対する感想や意見を伝え合い，自分の文章のよいところを見付けること。

アの「目的や意図に応じて」とは，1段階で意識してきた相手や目的に加え，

場面や状況を考慮することなども含んだものである。

「集めた材料を比較したり分類したりして，伝えたいことを明確にする」とは，集めた材料を，共通点や相違点に着目しながら比べたり，共通する性質に基づいて分けたりして，書く目的や意図に応じて内容ごとにまとめることなどを通じて，伝えたいことが明確になるように書く材料を整理することである。書く内容を決めたら，書く材料を集め，事実なのか，感想なのか，意見なのかなどを整理し，事柄ごとに書きまとめ，その中で最も伝えたいことはどれか考えるなど，段階的に指導を行う工夫も考えられる。

なお，情報を収集する対象や手段としては，本や文章，パンフレットやリーフレット，雑誌や新聞，音声や映像，インタビューやアンケートなど様々なものが考えられる。

イは，1段階のイを受けて，文章全体の構成を考えることに重点を置いている。「筋道の通った文章」とは，相手に分かりやすく伝わるように，伝えたいことや知らせたいことを明確にし，首尾一貫した展開となるよう，論の進め方に注意して組み立てた文章のことである。

文章全体の構成を考える際には，それぞれの段落の内容としてどのようなことを書けばよいのかを考えたり，自分の考えを一貫して述べたりすることなどに注意したりすることが大切である。

知的障害のある生徒の場合には，構成メモなどで段落相互の関係を意識させ，順番を表す言葉や接続を表す言葉，考えや理由などを表す言葉などを用いて，文章として構成していくことができるよう，指導を工夫することも必要である。その際，例えば，〔知識及び技能〕のアの(オ)「話や文章の構成や種類」と関連付けて指導することも有効である。

ウ「目的や意図に応じて簡単に書いたり詳しく書いたりする」とは，書く目的や意図を明確にした上で，簡単に書く部分と詳しく書く部分を決め，書き表し方を工夫することを示している。

「事実と感想，意見とを区別して書いたりする」には，事実を客観的に書くこととともに，その事実と感想や意見との関係を捉えて書くことが重要である。事実と感想，意見とを明確に区別して書くためには，文末表現に注意することも重要である。

エの「引用」して書くとは，本や文章などから必要な語句や文を抜き出して書くことである。引用する場合は，まず何のために引用するのかという目的を明確にすることが必要である。原文に正確に引用することや，引用した部分と自分の考えとの関係などを明確にすることなどに注意することも必要である。

「図表やグラフなどを用いたり」とは，示すべき事実が，図解したり，表形式やグラフ形式で示したりした方が分かりやすい場合に，図表やグラフなどを用い

て自分の考えが伝わるように書き表し方を工夫することを示している。なお，引用した文章や図表等の出典については必ず明記するとともに，引用部分が適切な量になるようにすることが必要である。このことは，著作権を尊重し，保護するために必要なことであり，指導に当たっては十分留意することが求められる。

オは，ア，イ，ウ，エの指導事項を観点に，文や文章を推敲することである。文章全体を見たときに，内容や表現に一貫性があるか，目的や意図に照らして適切な構成や記述になっているか，事実と感想，意見とが区別して書かれているか，引用の仕方，図表やグラフなどの用い方は適切かといったことなどが推敲の観点となる。例えば，報告文であれば，日時や場所，内容が書かれているか，事実と感想が書き分けられているか，相手に応じた書式や言葉遣いになっているかなどの項目を示しながら，一文一文を丁寧に読み返し推敲させるなどの指導の工夫が考えられる。

カは1段階のオを受けて，目的や意図に応じた文章全体の構成が明確になっているかなどの観点から，自分の文章のよいところを見付けることに重点を置いている。また，読み合ったり，音読し合ったり，見比べたりして，互いの書いた文章のよいところを見付け，具体的に感想や意見を述べ合うことを通して，自分の表現に生かそうとすることが大切である。

C 読むこと

> C 読むこと
>   読むことに関する次の事項を身に付けることができるよう指導する。
> ア 登場人物の相互関係や心情などについて，描写を基に捉えること。
> イ 事実と感想，意見などとの関係を叙述を基に押さえ，文章全体の構成を捉えて要旨を把握すること。
> ウ 人物像を具体的に想像したり，表現の効果を考えたりすること。
> エ 目的を意識して，文章と図表などを結び付けるなどして，必要な情報を見付けること。
> オ 文章を読んで理解したことに基づいて，自分の考えをまとめること。

アの「登場人物の相互関係や心情など」には，登場人物の性格や情景なども含まれる。「描写」とは，物事の様子や場面，行動や心情などを，読み手が想像できるように描いたものである。登場人物の心情は，直接的に描写されているだけでなく，登場人物相互の関係に基づいた行動や会話，情景などを通して暗示的に表現されている場合もある。このような表現の仕方にも注意し，想像を豊かにしながら読むことが大切である。その際，暗示的な表現に生徒が気付けるように，

出来事の前と後，明と暗，悲しいとうれしいなどの比較が可能な場面を取り上げたり，音読を通して，表現されている心情を想像させたりするなどの指導の工夫が必要である。

イは，1段階のイを受けて，事実と感想，意見などとの関係を押さえた上で，文章全体の構成を捉え，要旨を把握することを示している。「要旨」とは，書き手が文章で取り上げている内容の中心となる事柄や，書き手の考えの中心となる事柄などである。「要旨を把握する」ためには，文章の各部分だけを取り上げるのではなく，叙述を基に，文章における事実と感想，意見などとの関係を押さえ，全体を通してどのように構成されているのかを捉えることが重要である。

ウは，登場人物の相互関係などを手掛かりに，その人物像を具体的に思い描くことや，優れた叙述に着目しながら，様々な表現の効果について考えることを示している。

登場人物の人物像を具体的に想像するためには，登場人物の行動や会話，様子などを表している複数の叙述を結び付け，それらを基に性格や考え方などを総合的に判断していくことが必要である。その際，自分や友達や周りの人達と比べたり，これまで読んできた作品の登場人物と比較したりして，人物像を捉えていくことも考えられる。また，必要に応じて，国語辞典を活用し，人物や性格を表す言葉の習得を図ることも重要である。

「表現の効果を考え」るとは，想像した人物像と関わらせながら，様々な表現が読み手に与える効果について自分の考えを明らかにしていくことである。読んで感じたことや考えたことを手掛かりに，感動やユーモアなどを生み出す優れた叙述，メッセージや題材を意識させる表現などに着目しながら読むことが重要である。

エの「目的を意識して，必要な情報を見付ける」とは，書き手の述べたいことを知るために読む，読み手の知りたいことを調べるために読む，知的欲求を満たすために読む，自分の表現に生かすために読むなどの目的を意識して，文章の中から必要な情報を取捨選択したり，整理したり，再構成したりすることである。必要な情報は，目的に応じて変わるため，読む目的を意識して読み進めることが重要である。

「文章と図表などを結び付けるなどして」読むとは，文章中に用いられている図表などが，文章のどの部分と結び付くのかを明らかにすることによって，必要な情報を見付けることである。生活の中で使われる用具や器具，コンピューター等の情報機器，医薬品などの説明書を読み取り，生活の中で適切に利用することも大切である。また生活に必要な納品書，請求書，領収書，広報や回覧板などの意味が分かることやファクシミリ，電子メールに書かれた内容を読み取ることも必要である。

オは，1段階のオを受けて，文章を読んで自分の考えをまとめることを示している。2段階においては，感想や考えをもつことに加えて，それらをまとめることに重点を置いているため，考えとその理由や事例などを整理することが重要である。

4　指導計画の作成と内容の取扱い
(1) 指導計画作成上の配慮事項

3　指導計画の作成と内容の取扱い
(1) 指導計画の作成に当たっては，次の事項に配慮するものとする。
　ア　単元など内容や時間のまとまりを見通して，その中で育む資質・能力の育成に向けて，生徒の主体的・対話的で深い学びの実現を図るようにすること。その際，言葉による見方・考え方を働かせ，言語活動を通して，言葉の特徴や使い方などを理解し自分の思いや考えを深める学習の充実を図ること。
　イ　2の各段階の内容の〔知識及び技能〕に示す事項については，〔思考力，判断力，表現力等〕に示す事項の指導を通して指導することを基本とすること。
　ウ　2の各段階の内容の〔思考力，判断力，表現力等〕の「A聞くこと・話すこと」に関する指導については，高等部卒業後の生活に必要な話し言葉を身に付け，活用できるよう指導すること。
　エ　2の各段階の内容の〔思考力，判断力，表現力等〕の「B書くこと」に関する指導については，筆記具を用いる技能の指導に偏ることなく，文章を書く場面を設けるよう工夫すること。
　オ　2の各段階の内容の〔思考力，判断力，表現力等〕の「C読むこと」に関する指導については，発達の段階に応じた様々な文章に接し，日常生活において読書活動を活発に行うようにするとともに，他教科等における読書の指導や学校図書館等における指導との関連を図るようにすること。

　アの事項は，国語科の指導計画の作成に当たり，生徒の主体的・対話的で深い学びの実現を目指した授業改善を進めることとし，国語科の特質に応じて，効果的な学習が展開できるように配慮すべき内容を示したものである。
　選挙権年齢や成年年齢の引き下げなど，生徒にとって政治や社会が一層身近なものとなる中，学習内容を人生や社会の在り方と結び付けて深く理解し，これからの時代に求められる資質・能力を身に付け，生涯にわたって能動的に学び続け

ることができるようにするためには，これまでの学校教育の蓄積も生かしながら，学習の質を一層高める授業改善の取組を活性化していくことが求められている。

指導に当たっては，(1)「知識及び技能」が習得されること，(2)「思考力，判断力，表現力等」を育成すること，(3)「学びに向かう力，人間性等」を涵養することが偏りなく実現されるよう，単元など内容や時間のまとまりを見通しながら，生徒の主体的・対話的で深い学びの実現に向けた授業改善を行うことが重要である。

主体的・対話的で深い学びは，必ずしも１単位時間の授業の中で全てが実現されるものではない。単元など内容や時間のまとまりの中で，例えば，主体的に学習に取り組めるよう学習の見通しを立てたり学習したことを振り返ったりして自身の学びや変容を自覚できる場面をどこに設定するか，対話によって自分の考えなどを広げたり深めたりする場面をどこに設定するか，学びの深まりをつくりだすために，生徒が考える場面と教師が教える場面をどのように組み立てるか，といった視点で授業改善を進めることが求められる。また，生徒や学校の実態に応じ，多様な学習活動を組み合わせて授業を組み立てていくことが重要であり，単元など内容や時間のまとまりを見通した学習を行うに当たり基礎となる「知識及び技能」の習得に課題が見られる場合には，それを身に付けるために，生徒の主体性を引き出すなどの工夫を重ね，確実な習得を図ることが必要である。

主体的・対話的で深い学びの実現に向けた授業改善を進めるに当たり，特に「深い学び」の視点に関して，各教科等の学びの深まりの鍵となるのが「見方・考え方」である。各教科等の特質に応じた物事を捉える視点や考え方である「見方・考え方」を，習得・活用・探究という学びの過程の中で働かせることを通じて，より質の高い深い学びにつなげることが重要である。

国語科は，様々な事物，経験，思い，考え等をどのように言葉で理解し，どのように言葉で表現するか，という言葉を通じた理解や表現及びそこで用いられる言葉そのものを学習対象としている。言葉による見方・考え方を働かせるとは，生徒が学習の中で，対象と言葉，言葉と言葉との関係を，言葉の意味，働き，使い方等に着目して捉えたり問い直したりして，言葉への自覚を高めることであると考えられる。この「対象と言葉，言葉と言葉との関係を，言葉の意味，働き，使い方等に着目して捉えたり問い直したり」するとは，言葉で表される話や文章を，意味や働き，使い方などの言葉の様々な側面から総合的に思考・判断し，理解したり表現したりすること，また，その理解や表現について，改めて言葉に着目して吟味することを示したものと言える。

なお，このことは，話や文章を理解したり表現したりする際に必要となるものであるため，これまでも国語科の授業実践の中で，生徒が言葉に着目して学習に

取り組むことにより「知識及び技能」や「思考力，判断力，表現力等」が身に付くよう，授業改善の創意工夫が図られてきたところである。国語科において授業改善を進めるに当たっては，言葉の特徴や使い方などの「知識及び技能」や，自分の思いや考えを深めるための「思考力，判断力，表現力等」といった指導事項に示す資質・能力を育成するため，これまでも国語科の授業実践の中で取り組まれてきたように，生徒が言葉に着目し，言葉に対して自覚的になるよう，学習指導の創意工夫を図ることが期待される。

　イは，〔知識及び技能〕に示す事項は〔思考力，判断力，表現力等〕に示す事項の指導を通して行うことを基本とすることを示している。特に，知的障害のある生徒の学習上の特性を踏まえると，言葉の特徴やきまりなど，特定の〔知識及び技能〕の事項を取り上げて指導した場合，身に付けた事項が断片的であったり，生活に生かされなかったりすることが考えられる。このため，〔知識及び技能〕に示す事項は，生徒の実態等に応じて具体的な場面や言語活動を設定し，〔思考力，判断力，表現力等〕に示す事項の指導を通して行うことが必要である。

　ウの事項で示す「高等部卒業後の生活に必要な話し言葉」とは，例えば，就労先における上司や同僚とのやり取り，買い物や施設利用の際のやり取りなどで用いられる話し言葉が挙げられる。相手や場面などに応じて言葉を選んだり使い分けたりすることなどの活用ができるように指導することが大切である。このため，指導計画を作成する際は，生徒の実態に応じて話し言葉を活用する活動を計画的に設定することが大切である。

　エの事項について，高等部卒業後の生活においては，様々な場面や目的に応じて書く力が必要となる。このため，指導計画を作成する際は，生徒の実態に応じて文章を書く活動を計画的に設定するなどの工夫が必要である。

　オの事項について，生徒が読む図書の選定に当たっては，人間形成のため幅広く，偏りがないようにし，豊かな人間性の育成に資するよう配慮する必要がある。特に，高等部の生徒については，生涯学習への意欲を高めることも重要であるため，読書活動を活発に行うようにすることが大切である。また，他教科等における読書の指導や学校図書館等における指導との関連を図り，読書が学習や生活に役立つことを実感させることが大切である。

(2) 内容の取扱いについての配慮事項

(2)　2の各段階の内容の取扱いについては，次の事項に配慮するものとする。
　ア　2の各段階の内容のうち，文字に関する事項については，次のとおり取り扱うこと。

（ア）生活場面や関わる相手が多様になることに応じて，平仮名，片仮名，漢字，ローマ字などの文字を取り扱うようにすること。

（イ）これまでに学習した句読点の使い方や長音，撥音などの表記について，高等部においても正しくより適切に用いることができるよう引き続き指導すること。

イ　2の内容の指導に当たっては，学校図書館などを目的をもって計画的に利用しその機能の活用を図るようにすること。その際，本などの種類や配置，探し方について指導するなど，生徒が必要な本を選ぶことができるよう配慮すること。

ウ　教材の取扱いについては，次の事項に留意すること。

（ア）生徒の障害の状態や特性及び心身の発達の段階等に応じ，興味・関心のある話題や身近な題材から，高等部卒業後の生活に関連する題材まで，様々な種類や形式の文，文章を取り扱う機会を設けること。

アは，文字に関する事項についての配慮事項を示したものである。

（ア）は，生徒の生活場面や関わる相手の広がりに応じ，中学部までの学習状況を踏まえながら，平仮名，片仮名，漢字，ローマ字などの文字を取り扱うことを示している。

（イ）は，中学部までに学習した表記について，高等部においても正しく，より適切に用いることができるよう継続して指導することを示している。文字を読んだり書いたりすることは，生徒の社会生活や卒業後の生活においても重要な資質・能力の一つであることから，国語科において計画的・意図的に取り扱うとともに，他教科等や学校の教育活動全体を通して取り扱うことが重要である。

イは，学校図書館などの活用に関する配慮事項を示したものである。2の内容の指導に当たっては，学校図書館などを利用する目的を明確にした上で計画的に利用し，これらの機能の活用を図ることが必要である。学校図書館などを利用する際には，生徒が必要な本や資料などを選ぶことができるよう，中学部までの学習状況を踏まえ，引き続き本などの種類や配置，探し方について指導することが重要である。

ウは，教材の取扱いについての留意事項を示している。

（ア）は，国語科で扱う題材や教材について，生徒の興味や関心のあるものから高等部卒業後の生活に関連するものまで，様々な種類や形式の文や文章を取り扱うことを示している。

1　社会科の改訂の要点

(1) 目標の改訂の要点

①　教科の目標の改善

　高等部社会科では，中学部の社会科で学んだ内容を更に深め，自分たちの住んでいる地域社会を中心とした社会の様子，働き，移り変わりなどについての学習活動を通して，社会生活をより快適に送るための能力や態度，さらには卒業後の社会生活を送るために必要な様々な能力の習得を目標としてきたところである。

　今回の改訂においては，従前の目標の「社会の様子，働きや移り変わりについての関心と理解を一層深め，社会生活に必要な能力と態度」を，「社会的な見方・考え方を働かせ，社会的事象について関心をもち，具体的にその意味や意義，特色や相互の関連を考察する活動を通して，グローバル化する国際社会に主体的に生きる平和で民主的な国家及び社会の形成者に必要な公民としての資質・能力」と改め，生徒が社会との関わりを意識し，具体的な活動や体験を通して，国家及び社会を形成する一員として生きていくための資質・能力の育成を目指すことを明確にした。

②　段階の目標の新設

　今回の改訂では，「(1) 知識及び技能」，「(2) 思考力，判断力，表現力等」，「(3) 学びに向かう力，人間性等」の三つの柱で整理し，教科の目標と段階の目標との関係を明確にした。

(2) 内容の改訂の要点

　内容は，従前の「集団生活と役割・責任」，「きまり」，「公共施設」，「社会的事象」，「我が国の地理・歴史」，「外国の様子」を「社会参加ときまり」，「公共施設の役割と制度」，「我が国の国土の自然環境と国民生活」，「産業と生活」，「我が国の国土の様子と国民生活，歴史」，「外国の様子」に改めた。

　「社会参加ときまり」，「公共施設の役割と制度」，「我が国の国土の自然環境と国民生活」の2段階，「産業と生活」の2段階の(イ)，「我が国の国土の様子と国民生活，歴史」，「外国の様子」については，㋐は「知識及び技能」に関わる事項である。㋑は「思考力，判断力，表現力等」に関わる事項である。「我が国の国土の自然環境と国民生活」の1段階，「産業と生活」の(ア)については，㋐と㋑が「知識及び技能」も関わる事項である。㋒と㋓が「思考力，判断力，表現力等」に関わる事項である。

(3) 指導計画の作成と内容の取扱いの改訂の要点
① 指導計画の作成に当たっての配慮事項の新設

　指導計画の作成に当たっては，各教科等との関連を図り，指導の効果を高めるようにするとともに，特に特別支援学校中学部社会科の学習を踏まえ，系統的・発展的に指導できるように示している。

② 内容の取扱いについての配慮事項の新設

　内容の取扱いについては，従前の「生徒にとって生活に即した分かりやすいものとなるようにできるだけ具体的な内容を取り上げて，指導する必要がある。」ことは引き続き踏襲するが，目標の達成に向けて，新たに内容を選択・実施する際の配慮事項などを示している。

2　社会科の目標

> 1　目　標
> 　社会的な見方・考え方を働かせ，社会的事象について関心をもち，具体的に考察する活動を通して，グローバル化する国際社会に主体的に生きる平和で民主的な国家及び社会の形成者に必要な公民としての資質・能力の基礎を次のとおり育成することを目指す。
> (1) 地域や我が国の国土の地理的環境，現代社会の仕組みや働き，地域や我が国の歴史や伝統と文化及び外国の様子について，様々な資料や具体的な活動を通して理解するとともに，情報を適切に調べまとめる技能を身に付けるようにする。
> (2) 社会的事象の特色や相互の関連，意味を多角的に考えたり，自分の生活と結び付けて考えたり，社会への関わり方を選択・判断したりする力，考えたことや選択・判断したことを適切に表現する力を養う。
> (3) 社会に主体的に関わろうとする態度や，よりよい社会を考え学習したことを社会生活に生かそうとする態度を養うとともに，多角的な思考や理解を通して，地域社会に対する誇りと愛情，地域社会の一員としての自覚，我が国の国土と歴史に対する愛情，我が国の将来を担う国民としての自覚，世界の国々の人々と共に生きていくことの大切さについての自覚などを養う。

　高等部社会科の目標は，中学部との系統性を踏まえて，「社会的な見方・考え方を働かせ，社会的事象について関心をもち，具体的にその意味や意義，特色や相互の関連を考察する活動を通して，グローバル化する国際社会に主体的に生きる平和で民主的な国家及び社会の形成者に必要な公民としての資質・能力の基礎

を次のとおり育成することを目指す」という柱書部分と,「知識及び技能」,「思考力,判断力,表現力等」,「学びに向かう力,人間性等」の三つの柱に沿った資質・能力に関わる具体的な目標で構成されている。

「社会的事象」とは,社会における物事や出来事をいう。

「社会的な見方・考え方」は,中学部社会科,高等部社会科において,社会的事象の意味や意義,特色や相互の関連を考えたり,社会に見られる課題を把握して,その解決に向けて社会への関わり方を選択・判断したりする際の「視点や方法（考え方）」であると考えられる。

「グローバル化する国際社会」とは,人,もの,資本,情報,技術などが国境を越えて自由に移動したり,組織や企業,国家など様々な集合体の役割が増大したりしていく国際社会を指している。

「公民としての資質・能力の基礎」は,「知識及び技能」,「思考力,判断力,表現力等」,「学びに向かう力,人間性等」の三つの柱に沿って整理した高等部社会科の目標(1)から(3)までに示す資質・能力の全てが結び付いて育まれるものであると考えられる。高等部では社会的義務や責任を果たそうとすること,また,自他の人格を尊重し合い,社会生活の様々な場面で多面的に考えることなどの態度や能力を含むものである。

(1)は「知識及び技能」に関する目標を示している。高等部社会科における「知識」は,地域や我が国の地理的環境,地域や我が国の歴史や伝統と文化,現代社会の仕組みや働きを通して,社会生活についての総合的な理解を図るためのものであるということができる。「技能」は,「社会的事象について調べまとめる技能」である。具体的には,調査活動や諸資料の活用など手段を考えて問題解決に必要な社会的事象に関する情報を集める技能,集めた情報を「社会的事象の見方・考え方」に沿って読み取る技能,読み取った情報を問題解決に沿ってまとめる技能などであると考えられる。

(2)は「思考力,判断力,表現力等」に関する目標を示している。

「社会的事象の特色」とは,他の事象等と比較・分類したり総合したりすることで捉えることのできる社会的事象の特徴や傾向,そこから見いだすことのできるよさなどであり,それは,生産の特色,地理的環境の特色などに表されるものである。

「社会的事象の相互の関連」とは,比較したり関連付けたりして捉えることのできる事象と事象のつながりや関わりなどであり,それは,生産・販売する側の工夫と消費者の工夫との関連,関係機関の相互の連携や協力などに表されるものである。

「社会的事象の意味」とは,社会的事象の仕組みや働きなどを地域の人々や国民の生活と関連付けることで捉えることができる社会的事象の社会における働

き，国民にとっての役割などであり，それは，産業が国民生活に果たす役割，情報化が国民生活に及ぼす影響，国民生活の安定と向上を図る政治の働きなどに表されるものである。

「社会への関わり方を選択・判断したりする力」とは，社会的事象の仕組みや役割を学んだ上で，習得した知識などの中から自分たちに協力できることなどを選び出し，自分の意見や考えとして決めるなどして，判断することである。

「考えたことや選択・判断したことを適切に表現する力」とは，思考・判断したことをその理由や根拠を示しながら説明したり，目的や場面，状況等に応じて話し合ったり，どのようにしたら受け手に伝わるのかを意識して，発表したりする力などのことである。その際，資料等を用いて図表などに表したりする表現力や，調べたことや理解したことの言語による表現力を育成することも併せて考えることが大切である。

(3)は「学びに向かう力，人間性等」に関する目標を示している。「学びに向かう力，人間性等」は，「社会に主体的に関わろうとする態度や，よりよい社会を考え学習したことを社会生活に生かそうとする態度」と，「多角的な思考や理解を通して」涵養される自覚や愛情などである。

「社会に主体的に関わろうとする態度や，よりよい社会を考え学習したことを社会生活に生かそうとする態度」とは，対象となる社会的事象について，社会生活との関連を考えたり理解したりすることで，よりよい社会を実現し，維持していくために，生徒一人一人が学んだことを生かして社会生活を送ろうとすることである。

「多角的な思考や理解を通して」涵養される自覚や愛情などは，各段階の内容に応じて涵養される地域社会に対する誇りと愛情，地域社会の一員としての自覚，我が国の国土と歴史に対する愛情，我が国の将来を担う国民としての自覚，世界の国々の人々と共に生きていくことの大切さについての自覚などである。

3　各段階の目標及び内容
(1)　1段階の目標と内容
ア　目標

○1段階
(1) 目　標
　　学習の問題を追究・解決する活動を通して，次のとおり資質・能力を育成することを目指す。
　ア　我が国の国土の様子と国民生活，自然環境の特色，先人の業績や優れた文化遺産，社会参加するためのきまり，公共施設の役割と制

度，農業や水産業の現状，産業と経済との関わり，外国の様子について，様々な資料や具体的な活動を通して，社会生活との関連を踏まえて理解するとともに，情報を適切に調べまとめる技能を身に付けるようにする。

イ　社会的事象の特色や相互の関連，意味を多角的に考える力，自分の生活と結び付けて考える力，社会への関わり方を選択・判断する力，考えたことや選択・判断したことを表現する力を養う。

ウ　社会に主体的に関わろうとする態度や，よりよい社会を考え学習したことを社会生活に生かそうとする態度を養うとともに，多角的な思考や理解を通して，地域社会に対する誇りと愛情，地域社会の一員としての自覚，我が国の国土に対する愛情，我が国の歴史や伝統を大切にして国を愛する心情，我が国の産業の発展を願い我が国の将来を担う国民としての自覚や平和を願う日本人として世界の国々の人々と共に生きることの大切さについての自覚を養う。

　1段階の目標の「学習の問題を追究・解決する活動」とは，社会的な見方・考え方を働かせて，社会生活に関することや社会生活のきまり，公共施設の役割，制度の仕組み，我が国の自然環境と国民生活に関すること，我が国の農業や水産業における食料生産や産業と経済，我が国の国土の様子や歴史上の主な事象，外国の文化や習慣等について，それらの意味や意義，特色や相互の関連を具体的に理解することのできる学習活動のことである。

　アは，「知識及び技能」に関わる事項である。

　「社会生活との関連を踏まえて理解する」とは，中学部2段階で扱う主に自分たちが生活している都道府県の範囲から，我が国の国民としての生活との関連に範囲を広げ，主権者として求められる資質・能力を育成する観点から，日本や外国の社会生活などに見られる諸課題について，国民としての自分との関連として考えることを通して，理解できるようにするということである。

　「情報を適切に調べまとめる」の「適切に」とは，情報の出典や作成時期，作成者を確かめたり，聞き取り調査やコンピュータなど集める手段の特性に留意したりして情報を集めること，資料の特性に留意して情報を読み取ること，必要な情報を整理して白地図や年表，図表などに効果的にまとめることなどを指している。

　例えば，修学旅行等の機会を利用して自分たちの地域以外で調査活動を行ったり，地図・年表・統計・新聞や図書・文書・音声・画像（動画・静止画）・現物資料などから様々な情報を集めたりして，必要な情報を選んで，分類・整理していく活動が考えられる。

イは，「思考力，判断力，表現力等」に関わる事項である。

「社会への関わり方を選択・判断する力，考えたことや選択・判断したことを表現する力」とは，社会的事象を知識として得るだけではなく，その社会的事象が我が国の社会生活とどのように関わっているのかについて，複数の立場や意見を踏まえて，自分が考えたことを説明したり，話し合ったりする力のことである。

ウは，「学びに向かう力，人間性等」に関わる事項である。

「社会に主体的に関わろうとする態度や，よりよい社会を考え学習したことを社会生活に生かそうとする態度」とは，対象となる社会的事象について，社会生活との関連を考えたり理解したりすることで，よりよい社会を実現し，維持していくために，生徒一人一人が学んだことを生かして社会生活を送ろうとすることである。

「地域社会に対する誇りと愛情」を養うとは，地域社会についての理解を踏まえて，自分たちの生活している地域社会としての市区町村に対する誇りと愛情を養うようにすることである。

「地域社会の一員としての自覚」を養うとは，地域社会についての理解を踏まえて，自分も地域社会の一員であるという自覚や，これからの地域の発展を実現していくために共に努力し，協力しようとする意識などを養うようにすることである。

「我が国の国土に対する愛情」を養うとは，我が国の国土についての理解を踏まえて，国民生活の舞台である我が国の国土の自然などに対する愛情を養うようにすることである。

「我が国の歴史や伝統を大切にして国を愛する心情」を養うとは，我が国の歴史についての理解を踏まえて，国家及び社会の発展に貢献した先人によってつくり出された歴史や伝統を大切にして国を愛する心情を養うようにすることである。

「我が国の将来を担う国民としての自覚」を養うとは，我が国の政治についての理解を踏まえて，国家及び社会の一員としての自覚をもつとともに，主権者として将来にわたって我が国の政治に関わろうとする意識や，社会の担い手として平和で民主的な国家及び社会を築き上げようとする意識などを養うようにすることである。

「平和を願う日本人として世界の国々の人々と共に生きていくことの大切さについての自覚」を養うとは，国際社会における我が国の役割についての理解を踏まえて，我が国はこれからも国際社会の一員として，平和な国際社会の実現を目指して努力を続けていくことが必要であるという自覚や，そのためには平和を願う日本人として世界の国々の人々と共に生きていくことが大切であるという自覚

を養うようにすることである。

「多角的な思考や理解を通して」とは，これらの愛情や自覚は，現在及び過去の社会の仕組みやよさ，課題への理解に基づくものであり，学習活動を通して複数の立場や意見を踏まえて考え理解したことを基に涵(かん)養されるものであることを示している。

イ　内容

(2) 内　容

ア　社会参加ときまり

(ア) 社会参加するために必要な社会生活に関わる学習活動を通して，次の事項を身に付けることができるよう指導する。

㋐　地域の人々と互いに協力することの大切さを理解し，自分の役割や責任を果たすための知識や技能を身に付けること。

㋑　社会生活の中で状況を的確に判断し，自分の役割と責任について考え，表現すること。

(イ) 社会生活を営む上で大切な法やきまりに関わる学習活動を通して，次の事項を身に付けることができるよう指導する。

㋐　社会生活を営む上で大切な法やきまりがあることを理解すること。

㋑　社会生活を営む上で大切な法やきまりの意義と自分との関わりについて考え，表現すること。

アの「社会参加ときまり」は，中学部社会科の「ア　社会参加ときまり」に関連するものである。従前の「集団生活と役割・責任」を，より広い範囲を視野に入れ，社会に主体的に関わろうとする資質・能力を育むために「社会参加」と改め，従前の「きまり」と統合することにより，社会参加ときまりとの関係をより一体的に指導できるようにした。

そのうち1段階は，社会参加に必要な役割や責任を理解し，周囲の人々と互いに協力することの意義を指導する。さらに，様々な法やきまりを知り，自分の生活との関わりについて指導する。

(ア)の㋐の「地域の人々と互いに協力することの大切さを理解」するとは，地域の中で自分の役割や責任を果たす際に，周囲のことを考えながら行動したり，周囲と役割などを調整したりすることの大切さを理解することである。ここでは，周囲のことを考えることを通して，自分の役割や責任を果たすためには周囲の人々との協力が必要不可欠であることが分かるようにすることが大切である。

(ア)の㋑の「自分の役割と責任について考え」とは社会生活の中での自分の立ち位置を認識し，自分がなすべき役割とその行動が及ぼす影響について積極的に考えることである。中学部では身近な集団生活の中での自分の役割を考え，行動することを学習するが，高等部では更に範囲を広げ，学校以外の集団への参加を見据えた学習にしていくことが大切である。例えば，地域の清掃やボランティアに参加する活動を通してこれらのことを具体的に学ぶことが考えられる。

(イ)の㋐の「社会生活を営む上で大切な法やきまり」については，自分たちの社会生活と結び付けながら，日本国憲法や，法律や条例について扱うことが考えられる。

(イ)の㋑の「社会生活を営む上で大切な法やきまりの意義と自分との関わりについて考え」とは，社会生活に必要な法について，それらを守ることが快適で安心，安全な生活につながること，法を守らないことが社会の秩序を乱すことにもつながることを自分の生活に基づいて考えることである。

実際の指導に当たっては，法律の名前や役割を覚える指導になったりすることのないよう，例えば，道路交通法などを取り上げ，法律がある生活と法律がない生活を比較し，どのような違いがあるかを調べ，まとめるなどの活動を通して法やきまりの意義について実感を伴って考えられるよう指導することが大切である。

イ　公共施設の役割と制度

(ア) 公共施設の役割に関わる学習活動を通して，次の事項を身に付けることができるよう指導する。

㋐　生活に関係の深い公共施設や公共物の役割とその必要性を理解すること。

㋑　生活に関係の深い公共施設や公共物の利用の仕方を調べ，適切な活用を考え，表現すること。

(イ) 制度に関わる学習活動を通して，次の事項を身に付けることができるよう指導する。

㋐　我が国の政治の基本的な仕組みや働きについて理解すること。

㋑　国や地方公共団体の政治の取組について調べ，国民生活における政治の働きを考え，表現すること。

イの「公共施設の役割と制度」は，中学部社会科の「イ　公共施設と制度」に関連するものである。従前の「公共施設」を行政等が提供するサービスや，「社会的事象」に含まれていた政治や生活に関係の深い制度についての内容も合わせ

て，「公共施設の役割と制度」と改めた。

　そのうち1段階は，生活に関係の深い公共施設や公共物の役割，我が国の政治の仕組みを知り，自分の生活との関連について考えられるよう指導する。

　(ｱ)の㋐の「生活に関係の深い公共施設や公共物の役割とその必要性を理解する」の「生活に関係の深い公共施設」とは，中学部で挙げた，市（区）役所や町（村）役場（以下，「市役所」という。），学校，公園，公民館，コミュニティセンター，図書館，児童館，体育館，美術館，博物館，資料館，文化会館，消防署，警察署，交番，裁判所などのほかに，公共職業安定所などが挙げられる。また，「公共物」とは，学校の共有備品，電車やバスなどの交通機関などの公共のためのものを指す。

　実際の指導に当たっては，それらの公共施設や公共物は，それぞれに様々な機能を有しており，社会生活をより快適に営むのに必要なものであることを知ることが大切である。その際には，実際に公共施設を見学したり，資料を通したりして，公共施設の役割や機能を知り，現在や将来の自分の生活における適切な利用の仕方について考えることが重要である。

　例えば，公共職業安定所では，求職登録や職業相談を受けること，市役所では，住民票の取得や福祉サービスの利用申請，年金の申請を行うことなど，現在や将来の生活での利用を考えながら公共施設の役割と必要性について知ることが大切である。

　(ｲ)の㋐の「我が国の政治の基本的な仕組みや働きについて理解する」とは，我が国の政治には国会に立法，内閣に行政，裁判所に司法という三権があること，それらは相互に関連し合ってそれぞれの役割を果たしていることなどを基に，我が国の政治の仕組みについて理解することである。また，国や地方公共団体の政治は国民生活と密接な関係をもっていること，それらの政治は国民主権の考え方を基本として，国民の願いを実現し国民生活の安定と向上を図るために大切な働きをしていることなどを基に，国や地方公共団体の政治の働きについて理解することである。

　例えば，国会において，選挙で選出された国会議員によって話し合われ，多数決によって法律や予算が決められることなど国会，内閣，裁判所の具体的な役割について取り上げることも大切である。

　実際の指導に当たっては，抽象的にならないように，政策や法令，予算などについて具体的な事例を取り上げて，国や地方公共団体の政治と自分たちの生活のつながりについて関心がもてるようにすることが大切である。

　また，「ア　社会参加ときまり」と関連付けて指導することが大切である。

ウ　我が国の国土の自然環境と国民生活

(ｱ) 我が国の国土の自然環境と国民生活との関連に関わる学習活動を通して，次の事項を身に付けることができるよう指導する。

㋐　自然災害は国土の自然条件などと関連して発生していることや，自然災害が国土と国民生活に影響を及ぼすことを理解すること。

㋑　関係機関や地域の人々の様々な努力により公害の防止や生活環境の改善が図られてきたことを理解するとともに，公害が国土の環境や国民の生活に影響を及ぼすことを理解すること。

㋒　災害の種類や発生の位置や時期，防災対策などに着目して，国土の自然災害の状況を捉え，自然条件との関連を考え，表現すること。

㋓　公害の発生時期や経過，人々の協力や努力などに着目して，公害防止の取組を捉え，その働きを考え，表現すること。

ウの「我が国の国土の自然環境と国民生活」は，中学部社会科の「ウ　地域の安全」を発展させた内容である。中学部で学んだ地域防災の範囲を広げ，我が国の自然環境とそれに由来する自然災害への対応，公害の防止に見られる，国土の環境と人々の生活や産業との密接な関連について指導する。

国土の自然災害に関する内容については，㋐と㋒を関連付けて指導する。例えば，災害の種類や発生の位置や時期，防災対策などに着目して，地図帳や各種の資料で調べ，まとめ，国土の自然災害の状況を捉え，自然条件との関連を考え，表現することを通して，自然災害は国土の自然条件などと関連して発生していることや，自然災害が国土と国民生活に影響を及ぼすことを理解できるようにすることである。また，公害の防止と生活環境に関する内容については，㋑と㋓を関連付けて指導する。例えば，公害の発生時期や経過，人々の協力や努力などに着目して，地図帳や各種の資料で調べ，まとめ，公害防止の取組を捉え，その働きを考え，表現することを通して，関係機関や地域の人々の様々な努力により公害の防止や生活環境の改善が図られてきたこと，公害が国土の環境や国民の生活に影響を及ぼすことを理解できるようにすることである。

(ｱ) の㋐の「自然災害は国土の自然条件などと関連して発生していること」を理解することとは，我が国では，国土の地形や気候などとの関係から地震災害，津波災害，風水害，火山災害，雪害などの様々な自然災害が起こりやすいこと，自然災害はこれまで度々発生しこれからも発生する可能性があることなどを基に，国土の自然災害の状況について理解することである。

(ｱ) の㋑の「関係機関や地域の人々の様々な努力により公害の防止や生活環境の改善が図られてきたことを理解する」とは，我が国では，産業の発展，生活様

式の変化や都市化の進展により公害が発生して国民の健康や生活環境が脅かされてきたこと，関係機関をはじめ多くの人々の努力や協力により公害の防止や生活環境の改善が図られてきたことなどを基に，公害防止の取組と国民生活の関連について理解することである。

(ア)の㋒の「災害の種類や発生の位置や時期，防災対策などに着目して，国土の自然災害の状況を捉え，自然条件との関連を考え，表現すること」とは，社会的事象の見方・考え方を働かせ，国土の自然災害の状況について，例えば，これまでに我が国においてどのような自然災害が，いつどこで発生したか，自然災害による被害をどのように減らす対策をとっているかなどの問いを設けて調べたり，自然災害と国土の自然条件を関連付けて考えたりして，調べたことや考えたことを表現することである。

(ア)の㋓の「公害の発生時期や経過，人々の協力や努力などに着目して，公害防止の取組を捉え，その働きを考え，表現すること」とは，社会的事象の見方・考え方を働かせ，公害防止の取組について，例えば，どのような公害がいつごろ発生したか，それはどのように広がり，その後どのように改善したか，人々はどのように協力してきたかなどの問いを設けて調べたり，公害防止の取組と国土の環境や国民の健康な生活を関連付けて考えたりして，調べたことや考えたことを表現することである。

ここでは，中学部の内容の「ウ　地域の安全」とのねらいの違いに留意する必要がある。中学部では，県内などで発生した自然災害を取り上げ，地域の関係機関や人々による自然災害への対処や備えを通して地域社会について理解することに，高等部では，国土において発生する様々な自然災害を取り上げて，自然災害と国土の自然条件との関連を通して国土の地理的環境を理解することに，それぞれねらいがあることに留意することが大切である。また，気象条件など，理科における学習内容との関連を図った指導を工夫することも大切である。

エ　産業と生活

(ア) 我が国の農業や水産業における食料生産に関わる学習活動を通して，次の事項を身に付けることができるよう指導する。

㋐　我が国の食料生産は，自然条件を生かして営まれていることや，国民の食料を確保する重要な役割を果たしていることを理解すること。

㋑　食料生産に関わる人々は，生産性や品質を高めるよう努力したり輸送方法や販売方法を工夫したりして，良質な食料を消費地に届けるなど，食料生産を支えていることを理解すること。

> ⓦ　生産物の種類や分布，生産量の変化などに着目して，食料生産の概要を捉え，食料生産が国民生活に果たす役割を考え，表現すること。
> ㋑　生産の工程，人々の協力関係，技術の向上，輸送，価格や費用などに着目して，食料生産に関わる人々の工夫や努力を捉え，その働きを考え，表現すること。

エの「産業と生活」は，中学部社会科の「エ　産業と生活」に関連するものである。従前の「社会的事象」を，食料生産や工業生産，経済活動，産業と情報のかかわり等も含めた「産業と生活」と改めた。

ここでは，生産の盛んな地域を具体的に取り上げながら，我が国の食料生産や工業生産の概要や生産を支える人々の工夫や努力を理解し，それらが国民生活の安定と向上につながっていることを指導する。

そのうち1段階は，我が国の食糧生産の概要と人々の努力，国民生活と食糧生産のつながりを指導する。

(ｱ)の「我が国の農業や水産業における食料生産」とは，米，野菜，果物などの農産物や畜産物を生産する農業や，魚介類を採ったり養殖したりする水産業を指している。

(ｱ)の㋐の「我が国の食料生産は，自然条件を生かして営まれていることや，国民の食料を確保する重要な役割を果たしていることを理解する」とは，我が国では様々な食料を生産していること，それぞれの土地や気候を生かして食料の生産地が広がっていること，食料生産は国民の食生活を支えていること，食料の生産量は国民生活と関連して変化していることなどを基に，我が国の食糧生産の概要と役割について理解することである。

(ｱ)の㋑の「食料生産に関わる人々は，生産性や品質を高めるよう努力したり輸送方法や販売方法を工夫したりして，良質な食料を消費地に届けるなど，食料生産を支えていることを理解する」とは，農業や水産業の盛んな地域の人々が，新鮮で良質な物を生産し出荷するために生産性や品質を高めるなど様々な工夫や努力を行っていること，生産し輸送，販売する工程で費用が発生すること，輸送方法や販売方法を工夫することにより収益を上げていることなどを基に，食料生産に関わる人々の工夫や努力について理解することである。

(ｱ)の㋒の「生産物の種類や分布，生産量の変化などに着目して，食料生産の概要を捉え，食料生産が国民生活に果たす役割を考え，表現する」とは，社会的事象の見方・考え方を働かせ，食料生産の概要について，例えば，どこでどのようなものが生産されているか，生産量はどのように変化しているかなどの問いを設けて調べたり，食料生産と国民生活を関連付けて考えたりして，調べたことや

考えたことを表現することである。

（ア）の④の「生産の工程，人々の協力関係，技術の向上，輸送，価格や費用などに着目して，食料生産に関わる人々の工夫や努力を捉え，その働きを考え，表現する」とは，社会的事象の見方・考え方を働かせ，食料生産に関わる人々の工夫や努力について，例えば，食料はどのように生産されているか，人々はどのように協力して生産しているか，食料生産の技術はどのように向上してきたか，食料はどのように運ばれるか，食料の価格はどのように決まるかなどの問いを設けて調べたり，食料生産に関わる人々の工夫や努力とその土地の自然条件や需要を関連付けて考えたりして，調べたことや考えたことを表現することである。

例えば，実際にスーパーマーケットに並ぶ商品やファミリーレストランで提供される食事を取り上げ，店頭に並ぶまでの過程を調べたり，商品の価格には何が含まれているのかを考えたりすることなどが大切である。これらを通して，生産から販売にかかわる人々の工夫や努力をとらえることができるようにする。

その際，見学や聞き取りなどから情報を収集したり，インターネットで生産者や加工業者，販売者が発信している情報を活用したりする活動などが考えられる。

オ　我が国の国土の様子と国民生活，歴史
　（ア）我が国の国土の様子と国民生活に関わる学習活動を通して，次の事項を身に付けることができるよう指導する。
　　㋐　我が国の国土の地形や気候の概要を理解するとともに，人々は自然環境に適応して生活していることを理解すること。
　　㋑　地形や気候などに着目して，国土の自然などの様子や自然条件から見て特色ある地域の人々の生活を捉え，国土の自然環境の特色やそれらと国民生活との関連を考え，表現すること。
　（イ）我が国の歴史上の主な事象に関わる学習活動を通して，次の事項を身に付けることができるよう指導する。
　　㋐　我が国の歴史上の主な事象を手掛かりに，関連する先人の業績，優れた文化遺産などを理解すること。
　　㋑　世の中の様子，人物の働きや代表的な文化遺産などに着目して，我が国の歴史上の主な事象を捉え，世の中の様子の変化を考え，表現すること。

オの「我が国の国土の様子と国民生活，歴史」は，中学部社会科の「オ　我が国の地理や歴史」に関連するものである。我が国の国土に関する地理的な事象，

歴史や伝統と文化，それらと社会生活との関連について，具体的な活動を通して知り，考えられるように指導する。

(ア)の㋐の「我が国の国土の地形や気候の概要を理解する」とは，我が国の地形は全体としてみると山がちで平野が少ないこと，我が国の気候には四季の変化が見られること，国土の南と北，太平洋側と日本海側では気候が異なることなどを基に，我が国の国土の自然環境について理解することである。

「人々は自然環境に適応して生活していることを理解する」とは，我が国には地形や気候などの自然条件から見て特色ある地域があること，人々は自然条件の中で工夫しながら生活していること，人々は自然条件を生かして野菜や果物，花卉(き)の栽培，酪農，観光などの産業を営んでいることなどを基に，我が国の国土の様子と国民生活について理解することである。

(ア)の㋑の「地形や気候などに着目して，国土の自然などの様子や自然条件から見て特色ある地域の人々の生活を捉え，国土の自然環境の特色やそれらと国民生活との関連を考え，表現する」とは，社会的事象の見方・考え方を働かせ，国土の自然などの様子や自然条件から見て特色ある地域の人々の生活について，例えば，我が国の地形や気候にはどのような特色があるか，人々は地形条件や気候条件をどのように生かしているかなどの問いを設けて調べたり，国土の位置と地形や気候を関連付けて国土の特色を考えたり，国土の自然環境と国民生活の関連を考えたりして，調べたことや考えたことを表現することである。

ここでは，中学部社会科の２段階で学習した自分たちの住んでいる都道府県に関する学習から広げていくようにする必要がある。例えば「自分の地域と自然環境が違う地域にはどのような特色があるのであろうか」という問いを設けて，自然や文化の様子，家の作り，気候の特色を生かした農業や水産業，土地利用の工夫とともに，生活する人々の願い等，自分たちの住んでいる地域と他の地域との違いについて，分かったことを他者に対してわかりやすく表現することが考えられる。その際には，写真等の資料を基に予想を立てたり，修学旅行等の機会に実際に観察や調査をしたりして，具体的に理解できるようにすることが大切である。

(イ)の㋐の「関連する先人の業績，優れた文化遺産などを理解する」とは，我が国が歩んできた歴史の中で，その時期の世の中の様子を形づくったり，国家や社会の変化に大きな影響を及ぼしたりした先人の働きとともに，各時代の人々によって生み出され，今日まで保存・保護されてきた文化遺産などの大切さを理解することである。

(イ)の㋑の「世の中の様子，人物の働きや代表的な文化遺産などに着目して，我が国の歴史上の主な事象を捉え，世の中の様子の変化を考え，表現する」とは，社会的事象の見方・考え方を働かせ，我が国の歴史上の主な事象について，例えば，世の中の様子，人物の働きや代表的な文化遺産などに関する問いを設け

て調べたり，世の中の様子の変化を考えたりして，調べたことや考えたことを表現することである。

ここでは，生徒の興味・関心のある歴史的な事象を取り上げることが望ましい。通史として歴史的事象を網羅的に取り扱うものではないことに留意する必要がある。

実際の指導に当たっては，人物の肖像画や伝記，エピソード（逸話）などの具体的な資料を用いたり，修学旅行等で実際に訪問した地域の博物館等で見たり聞いたり体験したりして理解した歴史的事象と関連させながら，考え表現する学習などが考えられる。

カ　外国の様子

(ｱ) グローバル化する世界と日本の役割に関わる学習活動を通して，次の事項を身に付けることができるよう指導する。

㋐　異なる文化や習慣を尊重し合うことが大切であることを理解すること。

㋑　外国の人々の生活の様子などに着目して，日本の文化や習慣との違いについて考え，表現すること。

カの「外国の様子」は，従前の「外国の様子」の内容を引き継いでいる。中学部社会科の２段階で，日本と他の国との大まかな違いについて学習してきたこととの連続性をもって，日本と他の国との文化や習慣の違いについて理解し，尊重し合うことができるように指導する。

(ｱ)の㋐の「異なる文化や習慣を尊重し合うことが大切であることを理解する」とは，外国の文化や習慣を背景とした人々の生活の様子には違いがあること，その違いがその国の文化や習慣を特徴付けていることなどに触れ，異なる文化や習慣を尊重し合うことの大切さを理解することである。

(ｱ)の㋑の「日本の文化や習慣との違いについて考え，表現する」とは，例えば，その国の人々の生活や文化は，日本と比べてどのような違いがあるのかについて調べたり，互いの国の文化や習慣を理解し合うためにはどうすればよいかを考えたりして，調べたことや考えたことを表現することなどが考えられる。

文化や習慣を理解するには，例えば，衣服等を題材に取り上げて，気候の暑い国と寒い国とを比べて，その相違点を見付けたり，どうして違うのかという問いを立てて調べたりする学習活動によって，その国の地理的環境，気候，産業等の特色に応じていることを理解したり，調べたことを手がかりに，更に関心を深めようとしたりすることが大切である。

実際の指導に当たっては，外国の方々に教えてもらいながら，その国の衣服を着用してみる等，交流活動を行うことも考えられる。

(2) 2段階の目標と内容
ア　目標

○2段階
(1) 目標

　学習の問題を追究・解決する活動を通して，次のとおり資質・能力を育成することを目指す。

ア　我が国の国土の様子と国民生活，自然環境の特色，先人の業績や優れた文化遺産，社会参加するためのきまり，公共施設の役割と制度，工業の現状，産業と情報との関わり，外国の様子について，様々な資料や具体的な活動を通して，社会生活との関連を踏まえて理解するとともに，情報を適切に調べまとめる技能を身に付けるようにする。

イ　社会的事象の特色や相互の関連，意味を多角的に考える力，自分の生活と結び付けて考える力，社会への関わり方を選択・判断する力，考えたことや選択・判断したことを適切に表現する力を養う。

ウ　社会に主体的に関わろうとする態度や，よりよい社会を考え学習したことを社会生活に生かそうとする態度を養うとともに，多角的な思考や理解を通して，地域社会に対する誇りと愛情，地域社会の一員としての自覚，我が国の国土に対する愛情，我が国の歴史や伝統を大切にして国を愛する心情，我が国の産業の発展を願い我が国の将来を担う国民としての自覚や平和を願う日本人として世界の国々の人々と共に生きることの大切さについての自覚を養う。

　2段階の目標の「学習の問題を追究・解決する活動」とは，社会的な見方・考え方を働かせて，社会生活に関することや社会生活のきまり，公共施設の役割，制度の仕組み，我が国の自然環境と国民生活に関すること，我が国の工業生産や産業・情報，我が国の国土の様子や歴史上の主な事象，グローバル化する世界と日本の役割等について，それらの意味や意義，特色や相互の関連を具体的に理解することのできる学習活動のことである。

　アの「様々な資料や具体的な活動を通して，社会生活との関連を踏まえて理解する」とは，特に2段階では，卒業後の社会生活を踏まえて，主権者として求められる資質・能力を育成する観点から，社会に見られる課題を把握して，その解

決に向けて，自分たちの行動や生活の仕方や，これからの社会の発展などよりよい社会の在り方などについて理解することが大切である。

イの「自分の生活と結び付けて考える力，社会への関わり方を選択・判断する力，考えたことや選択・判断したことを適切に表現する力」とは，社会的事象を知識として得るだけではなく，その社会的事象が自分の生活や我が国の社会生活とどのように関わっているのかについて，複数の立場や意見を踏まえて，自分が考えたことを説明したり，話し合ったりする力のことである。その際に，受け手に向けた分かりやすさや，相手や他者の立場を考えることなどに留意することが大切である。

ウは，「学びに向かう力，人間性等」に関わる事項である。

「社会に主体的に関わろうとする態度や，よりよい社会を考え学習したことを社会生活に生かそうとする態度」とは，対象となる社会的事象について，社会生活との関連を考えたり理解したりすることで，よりよい社会を実現し，維持していくために，生徒一人一人が学んだことを生かして社会生活を送ろうとすることである。

「地域社会に対する誇りと愛情」を養うとは，地域社会についての理解を踏まえて，自分たちの生活している地域社会としての市区町村に対する誇りと愛情を養うようにすることである。

「地域社会の一員としての自覚」を養うとは，地域社会についての理解を踏まえて，自分も地域社会の一員であるという自覚や，これからの地域の発展を実現していくために共に努力し，協力しようとする意識などを養うようにすることである。

「我が国の国土に対する愛情」を養うとは，我が国の国土についての理解を踏まえて，国民生活の舞台である我が国の国土の自然などに対する愛情を養うようにすることである。

「我が国の歴史や伝統を大切にして国を愛する心情」を養うとは，我が国の歴史についての理解を踏まえて，国家及び社会の発展に貢献した先人によってつくり出された歴史や伝統を大切にして国を愛する心情を養うようにすることである。

「我が国の将来を担う国民としての自覚」を養うとは，我が国の政治についての理解を踏まえて，国家及び社会の一員としての自覚をもつとともに，主権者として将来にわたって我が国の政治に関わろうとする意識や，社会の担い手として平和で民主的な国家及び社会を築き上げようとする意識などを養うようにすることである。

「平和を願う日本人として世界の国々の人々と共に生きることの大切さについての自覚」を養うとは，国際社会における我が国の役割についての理解を踏まえ

て，我が国はこれからも国際社会の一員として，平和な国際社会の実現を目指して努力を続けていくことが必要であるという自覚や，そのためには平和を願う日本人として世界の国々の人々と共に生きていくことが大切であるという自覚を養うようにすることである。

「多角的な思考や理解を通して」とは，これらの愛情や自覚は，現在及び過去の社会の仕組みやよさ，課題への理解に基づくものであり，学習活動を通して複数の立場や意見を踏まえて考え理解したことを基に涵養<ruby>涵<rt>かん</rt></ruby>されるものであることを示している。

イ　内容

> **(2) 内　容**
>
> 　ア　社会参加ときまり
>
> 　　(ア) 社会参加するために必要な社会生活に関わる学習活動を通して，次の事項を身に付けることができるよう指導する。
>
> 　　　㋐　社会の中で互いに協力しながら，社会生活に必要な知識や技能を身に付けること。
>
> 　　　㋑　社会生活の中で状況を的確に判断し，国民としての権利及び義務，それに伴う責任について考え，表現すること。
>
> 　　(イ) 社会生活を営む上で大切な法やきまりに関わる学習活動を通して，次の事項を身に付けることができるよう指導する。
>
> 　　　㋐　社会の慣習，生活に関係の深い法やきまりを理解すること。
>
> 　　　㋑　社会の慣習，生活に関係の深い法やきまりの意義と自分との関わりについて考え，表現すること。

　2段階は，社会の中で協力することの意義を理解し，国民としての権利と義務について理解できるよう指導する。さらに，1段階で学習した法についての理解を深め，自分との関わりについて考え，社会の一員として自分がすべきことを考え，表現できるよう指導する。

　(ア)の㋐の「社会の中で互いに協力しながら」とは，学校や地域社会の中で自分の立場や役割を理解し，相手の立場や役割も理解しながら行動することである。ここでは，周囲と互いに協力することを通して，集団生活の中で自分が果たす役割の重要性に気付き，協力することのよさや意義を理解することが大切である。

　(ア)の㋑の「国民としての権利及び義務，それに伴う責任について考え」とは，社会生活に関係の深い法やきまりを学習することを通して，日本国憲法や法

によって権利が保障され，義務を課せられること，その結果が身近な生活にも影響を与えることを考えることである。例えば，日本国憲法の下，選挙で代表を選ぶ権利を行使することにより，選挙で選ばれた代表によって決められたきまりには従うことが求められ，それが自分の生活の安定や向上にもかかわってくることを，模擬選挙や校内の生徒会選挙などの具体的活動を通して学習することが考えられる。また，国民は権利を行使する一方で，勤労や納税の義務などを果たす必要があることなどの義務が定められていることについて学習することが考えられる。その際，「イ　公共施設の役割と制度」の内容と関連させながら学習することが大切である。

　(イ)の㋐の「社会の慣習，生活に関係の深い法やきまりを理解する」とは，例えば，自動車を運転するためには自動車運転免許が必要であること，職業によっては資格が必要になること，18歳以上の国民には全て選挙権が与えられることなどを理解することである。ここでは，理念のみの学習にならないよう，社会生活を送る上で必要な身近な法やきまりを取り上げ，自分の生活に役立てていこうとする意欲につなげていくことが大切である。

　(イ)の㋑の「社会の慣習，生活に関係の深い法やきまりの意義と自分との関わりについて考え，表現する」とは，様々な法やきまりがあり，それらの法やきまりがあることによって秩序ある社会生活が成り立っていることを具体的に調べ，まとめ，考え，表現することである。例えば，日本国憲法が自分たちの生活にどのように生かされているかを調べる活動を通して，日本国憲法が国民生活に果たす役割を考えるといった学習をすることが大切である。具体的には，「自分が住みたいところに住む」「自由に職業を選ぶ」ということが，日本国憲法で保障されていることを調べ，それらについて考え，表現することが考えられる。

　イ　公共施設の役割と制度
　(ア) 公共施設の役割に関わる学習活動を通して，次の事項を身に付けることができるよう指導する。
　　㋐　地域における公共施設や公共物の役割とその必要性を理解すること。
　　㋑　地域における公共施設や公共物の利用の仕方を調べ，適切な活用を考え，表現すること。
　(イ) 制度に関わる学習活動を通して，次の事項を身に付けることができるよう指導する。
　　㋐　生活に関係の深い制度について理解すること。
　　㋑　生活に関係の深い制度について調べ，その活用を考え，表現する

こと。

　　2段階は，1段階で学習した公共施設や公共物についての理解を深め，地域社会における役割や必要性について考え，国民生活を支える重要な機能があることを表現できるよう指導する。

　　また，生活に関係の深い制度について理解し，現在や将来の生活においてそれらの制度を活用することで，自分の生活が快適になったり，社会全体が円滑に営まれたりすることにつながるということを考え，表現できるよう指導する。

　　(イ)の㋐の「生活に関係の深い制度」とは，自分たちの社会生活に関係する制度のことである。例えば，選挙，租税，年金，保険，福祉に関する制度などが挙げられる。

　　租税に関する制度では，税金が国や地方公共団体によって行われている施策に使われていることを知ることなどを具体的に取り上げることが考えられる。例えば，健康や生活を守ること，道路や住宅などの整備，教育や科学技術の振興などにあてられ，自分たちの生活や国民生活の向上と安定のために重要な役割を果たしていることを理解できるようにする必要がある

　　年金については，国民年金や厚生年金などに加え，障害年金の仕組みや手続きなどについても理解を深め，自分の生活との関連について考えられるようにする。

　　さらに，療育手帳や身体障害者手帳等を活用して援助を受けたり，福祉サービスを利用したりすることなど，生活の中での福祉制度の活用についても取り上げながら理解を深めていくことが大切である。

　　これらの生活に関係の深い制度を理解し活用することで，快適な社会生活につながることを指導することが大切である。

　　その際には，「ア　社会参加ときまり」と関連付けて指導することが大切である。

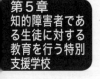

ウ　我が国の国土の自然環境と国民生活
　(ア) 我が国の国土の自然環境と国民生活との関連に関わる学習活動を通して，次の事項を身に付けることができるよう指導する。
　　㋐　自然災害から国土を保全し国民生活を守るために国や県などが様々な対策や事業を進めていることを理解すること。
　　㋑　国土の環境保全について，自分たちにできることなどを考え，表現すること。

2段階は，1段階の学習を踏まえ，㋐と㋑を関連付けて指導する。例えば，災害の種類や発生の位置や時期，防災対策などに着目して，地図帳や各種の資料で調べ，まとめ，国土の環境保全について，自分たちにできることなどを考え，表現することを通して，自然災害から国土を保全し国民生活を守るために国や県などが様々な対策や事業を進めていることを理解できるようにすることである。

　（ア）の㋐の「自然災害から国土を保全し国民生活を守るために国や県などが様々な対策や事業を進めていることを理解する」とは，国や県などは，砂防ダムや堤防，防潮堤の建設，津波避難場所の整備，ハザードマップの作成など，自然災害の種類や国土の地形や気候に応じた対策や事業を進めていることなどを基に，国土の自然災害への対策や事業について理解することである。

　（ア）の㋑の指導に当たっては，国民の一人として，国土の自然環境，国民の健康や生活環境の維持・改善に配慮した行動が求められるなど国民一人一人の協力の必要性に気付くようにすることが大切である。その際，一度破壊された環境を取り戻すためには長い時間と多くの人の努力や協力が必要であることに気付くようにするともに，例えば，自分たちには何ができるかなどと，自分たちに協力できることを考えたり，表現したりして，国土の環境保全への関心を高めるように配慮することが大切である。

エ　産業と生活
（ア）我が国の工業生産に関わる学習活動を通して，次の事項を身に付けることができるよう指導する。
　㋐　我が国では様々な工業生産が行われていることや，国土には工業の盛んな地域が広がっていること及び工業製品は国民生活の向上に重要な役割を果たしていることを理解すること。
　㋑　工業生産に関わる人々は，消費者の需要や社会の変化に対応し，優れた製品を生産するよう様々な工夫や努力をして，工業生産を支えていることを理解すること。
　㋒　工業の種類，工業の盛んな地域の分布，工業製品の改良などに着目して，工業生産の概要を捉え，工業生産が国民生活に果たす役割を考え，表現すること。
　㋓　製造の工程，工場相互の協力関係，優れた技術などに着目して，工業生産に関わる人々の工夫や努力を捉え，その働きを考え，表現すること。
（イ）我が国の産業と情報との関わりに関わる学習活動を通して，次の事項を身に付けることができるよう指導する。

㋐　大量の情報や情報通信技術の活用は様々な産業を発展させ，国民生活を向上させていることを理解すること。
　　㋑　情報の種類，情報の活用の仕方などに着目して，産業における情報活用の現状を捉え，情報を生かして発展する産業が国民生活に果たす役割を考え，表現すること。

　2段階は，我が国の工業生産の概要と人々の努力，国民生活と工業生産のつながりを指導する。また，情報や情報通信技術の活用と産業や国民生活の向上について指導する。

　(ア)の「我が国の工業生産」とは，我が国における工場での生産活動であり，原材料を加工しその形や性質を変えたり，部品を組み立てたりして生活や産業に役立つ製品を作り出している工業を指している。

　(ア)の㋐の「我が国では様々な工業生産が行われていること」を理解することとは，自分たちの身の回りには様々な工業製品があること，我が国では様々な種類の工業生産が行われていることなどを基に，我が国の工業生産の概要について理解することである。

　「工業製品は国民生活の向上に重要な役割を果たしていることを理解する」とは，工業製品の改良と国民生活の向上とは深い関わりがあること，工業製品は国民生活はもとより，農業や水産業，工業などの中で使われていることなどを基に，我が国の工業生産の役割について理解することである。

　(ア)の㋑の「工業生産に関わる人々は，消費者の需要や社会の変化に対応し，優れた製品を生産するよう様々な工夫や努力をして，工業生産を支えていることを理解する」とは，工場で働く人々は優れた製品を生産するために様々な工夫や協力をしていること，工業生産には様々な工場が関連していること，我が国の工業生産は優れた技術を生かして消費者の需要や社会の発展に応える研究開発などの努力を行っていることなどを基に，工業生産に関わる人々の工夫や努力について理解することである。

　例えば，自動車産業に着目して，部品製造と組み立て工場との関係や，産業用ロボットの活用などを取り上げながら，工業生産の方法や技術革新などについて指導することが考えられる。

　(ア)の㋒の「工業の種類，工業の盛んな地域の分布，工業製品の改良などに着目して，各種の工業生産の概要を捉え，工業生産が国民生活に果たす役割を考え，表現する」とは，社会的事象の見方・考え方を働かせ，工業生産の概要について，例えば，日本はどのような工業が盛んか，工業の盛んな地域はどのように広がっているか，工業製品はどのように改良されてきたかなどの問いを設けて調べたり，工業製品と国民生活を関連付けて考えたりして，調べたことや考えたこ

とを表現することである。

(ア)の㋓の「製造の工程，工場相互の協力関係，優れた技術などに着目して，工業生産に関わる人々の工夫や努力を捉え，その働きを考え，表現する」とは，社会的事象の見方・考え方を働かせ，工業生産に関わる人々の工夫や努力について，例えば，工業製品はどのようにしてつくられているか，工場はどのように関連し合っているか，どのような技術を生かして生産しているかなどの問いを設けて調べたり，工業生産と国民生活を関連付けて考えたりして，調べたことや考えたことを表現することである。

(イ)の「我が国の産業と情報との関わり」とは，放送，新聞などの産業が多種多様な情報を収集・選択・加工して提供していることや，販売，運輸，観光，医療，福祉などに関わる産業が，販売情報や交通情報等の大量の情報やインターネットなどで情報を瞬時に伝える情報通信技術などを活用していることを指している。

(イ)の㋐の「大量の情報や情報通信技術の活用は様々な産業を発展させ，国民生活を向上させていることを理解する」とは，多様で大量の情報を情報通信技術で瞬時に収集・発信し，それらを活用することで産業が変化し発展していること，国民がコンピュータや携帯電話などの情報通信機器を利用することにより，いつでも，どこでも様々なサービスを享受でき，生活が向上していることなどを基に，情報や情報通信技術を活用する産業の役割について理解することである。その際，高度に情報化した社会においては，自他の個人情報の保護や適切な扱いが必要であることなどに触れることが大切である。

(イ)の㋑の「情報の種類，情報の活用の仕方などに着目して，産業における情報活用の現状を捉え，情報を生かして発展する産業が国民生活に果たす役割を考え，表現する」とは，社会的事象の見方・考え方を働かせ，産業における情報活用の現状について，例えば，その産業ではどのような情報を集めているか，情報をどのように活用しているかなどの問いを設けて調べたり，情報を活用した産業の変化や発展と国民生活を関連付けて考えたりして，調べたことや考えたことを表現することである。

実際の指導に当たっては，インターネットや様々なメディアなどを具体的に取り上げ，そこから得られる様々な情報の活用により，生活がどのように向上するかについて考えるなど，自分の生活との関わりについて考えることが大切である。例えば，インターネットを活用した商品の購入や，ICカードでの交通機関の利用などから生活の変化等を取り上げることが考えられる。

オ　我が国の国土の様子と国民生活，歴史

(ｱ) 我が国の国土の様子と国民生活に関わる学習活動を通して，次の事項を身に付けることができるよう指導する。

㋐　世界における我が国の国土の位置，国土の構成，領土の範囲などを大まかに理解すること。

㋑　世界の大陸と主な海洋，主な国の位置，海洋に囲まれ多数の島からなる国土の構成などに着目して，我が国の国土の様子を捉え，その特色を考え，表現すること。

(ｲ) 我が国の歴史上の主な事象に関わる学習活動を通して，次の事項を身に付けることができるよう指導する。

㋐　我が国の歴史上の主な事象を手掛かりに，世の中の様子の変化を理解するとともに，関連する先人の業績，優れた文化遺産を理解すること。

㋑　世の中の様子，人物の働きや代表的な文化遺産などに着目して，我が国の歴史上の主な事象を捉え，世の中の様子の変化を考え，表現すること。

２段階は，我が国の国土の様子や世の中の変化について考えられるように指導する。

(ｱ) の㋐の「世界における我が国の国土の位置，国土の構成，領土の範囲などを大まかに理解する」とは，世界の大陸と主な海洋の位置や広がりと主な国の位置，それらと我が国との位置関係，我が国の国土を構成する主な島の名称と位置，我が国の北端，南端，東端，西端の島などを含めた6,800以上の島を含む我が国の領土の範囲などを基に，我が国の国土の概要や特色について理解することである。

(ｱ) の㋑の「世界の大陸と主な海洋，主な国の位置，海洋に囲まれ多数の島からなる国土の構成などに着目して，我が国の国土の様子を捉え，その特色を考え，表現する」とは，社会的事象の見方・考え方を働かせ，我が国の国土の様子について，例えば，我が国は世界のどこに位置しているか，国土はどのような島々から成り立っているか，我が国の領土はどの範囲かなどの問いを設けて調べたり，調べたことを総合して我が国の国土の特色を考えたりして，調べたことや考えたことを表現することである。

(ｲ) の㋐の「世の中の様子の変化を理解する」とは，ある時代の歴史的事象を基に，他の時代や現代とを比較し，どのように人々の生活などが変化をしているかを理解することである。

(イ)の㋑の「世の中の様子，人物の働きや代表的な文化遺産などに着目して，我が国の歴史上の主な事象を捉え，世の中の様子の変化を考え，表現する」とは，社会的事象の見方・考え方を働かせ，我が国の歴史上の主な事象について，例えば，世の中の様子，人物の働きや代表的な文化遺産などに関する問いを設けて調べたり，世の中の様子を考えたりして，調べたことや考えたことを表現することである。

カ　外国の様子
(ア) グローバル化する世界と日本の役割に関わる学習活動を通して，次の事項を身に付けることができるよう指導する。
㋐　我が国は，平和な世界の実現のために国際連合の一員として重要な役割を果たしたり，諸外国の発展のために援助や協力を行ったりしていることを理解すること。
㋑　地球規模で発生している課題の解決に向けた連携・協力などに着目して，国際社会において我が国が果たしている役割を考え，表現すること。

2段階は，世界の中で日本が果たしている役割について考えられるように指導する。

(ア)の㋐の「我が国は，平和な世界の実現のために国際連合の一員として重要な役割を果たしたり，諸外国の発展のために援助や協力を行ったりしていることを理解する」とは，国際連合は，平和な国際社会の実現のための大きな役割を果たしていること，我が国は，国際連合の一員としてユニセフやユネスコの活動に協力していることなど，平和な国際社会の実現のために大きな役割を果たしていることや，我が国が教育や医学，農業などの分野で諸外国の発展に貢献していること，今後も国際社会の平和と発展のために果たさなければならない責任と義務があることなどを基に，グローバル化する国際社会における我が国の役割について理解することである。

(ア)の㋑の「国際社会において我が国が果たしている役割を考え，表現する」とは，例えば，地球規模で発生している課題の解決策と我が国の国際協力の様子を関連付けて，我が国が国際社会において果たしている役割を考え，表現することである。

4 指導計画の作成と内容の取扱い

(1) 指導計画作成上の配慮事項

> 3 指導計画の作成と内容の取扱い
>
> (1) 指導計画の作成に当たっては，次の事項に配慮するものとする。
>
> ア 単元など内容や時間のまとまりを見通して，その中で育む資質・能力の育成に向けて，生徒の主体的・対話的で深い学びの実現を図るようにすること。その際，生活に即した具体的で分かりやすい内容を取り上げ，社会的事象の見方・考え方を働かせ，事象の特色や意味などを考え，説明したり表現したりするなど，自ら意欲的に取り組むことのできる活動の充実を図ること。
>
> イ 各教科等との関連を図り，指導の効果を高めるようにするとともに，中学部の社会科の学習との関連を踏まえて，系統的，発展的に指導できるようにすること。
>
> ウ コンピュータや情報通信ネットワークなどを活用して，情報の収集やまとめなどを行うようにすること。

アの事項は，社会科の指導計画の作成に当たり，生徒の主体的・対話的で深い学びの実現を目指した授業改善を進めることとし，社会科の特質に応じて，効果的な学習が展開できるように配慮すべき内容を示したものである。

選挙権年齢や成年年齢の引き下げなど，生徒にとって政治や社会が一層身近なものとなる中，学習内容を人生や社会の在り方と結び付けて深く理解し，これからの時代に求められる資質・能力を身に付け，生涯にわたって能動的に学び続けることができるようにするためには，これまでの学校教育の蓄積も生かしながら，学習の質を一層高める授業改善の取組を活性化していくことが求められている。

指導に当たっては，(1)「知識及び技能」が習得されること，(2)「思考力，判断力，表現力等」を育成すること，(3)「学びに向かう力，人間性等」を涵養することが偏りなく実現されるよう，単元など内容や時間のまとまりを見通しながら，生徒の主体的・対話的で深い学びの実現に向けた授業改善を行うことが重要である。

主体的・対話的で深い学びは，必ずしも1単位時間の授業の中で全てが実現されるものではない。単元など内容や時間のまとまりの中で，例えば，主体的に学習に取り組めるよう学習の見通しを立てたり学習したことを振り返ったりして自身の学びや変容を自覚できる場面をどこに設定するか，対話によって自分の考えなどを広げたり深めたりする場面をどこに設定するか，学びの深まりをつくりだ

すために，生徒が考える場面と教師が教える場面をどのように組み立てるか，といった視点で授業改善を進めることが求められる。また，生徒や学校の実態に応じ，多様な学習活動を組み合わせて授業を組み立てていくことが重要であり，単元のまとまりを見通した学習を行うに当たり基礎となる「知識及び技能」の習得に課題が見られる場合には，それを身に付けるために，生徒の主体性を引き出すなどの工夫を重ね，確実な習得を図ることが必要である。

主体的・対話的で深い学びの実現に向けた授業改善を進めるに当たり，特に「深い学び」の視点に関して，各教科等の学びの深まりの鍵となるのが「見方・考え方」である。各教科等の特質に応じた物事を捉える視点や考え方である「見方・考え方」を，習得・活用・探究という学びの過程の中で働かせることを通じて，より質の高い深い学びにつなげることが重要である。

これらのことを踏まえて，社会科の指導計画を作成するに当たり，次の事項に配慮するようにする。

主体的な学びの実現については，生徒が社会的事象から学習問題を見いだし，その解決への見通しをもって取り組むようにすることが求められる。そのためには，学習対象に対する関心を高め問題意識をもつようにするとともに，予想したり学習計画を立てたりして，追究・解決方法を検討すること，また，学習したことを振り返り，学習成果を吟味したり新たな問いを見いだしたりすること，さらに，学んだことを基に自らの生活を見つめたり社会参加に向けて生かしたりすることが必要である。

対話的な学びの実現については，学習過程を通じた様々な場面で生徒相互の話合いや討論などの活動を一層充実させることが求められる。また，実社会で働く人々から話を聞いたりする活動についても今後一層の充実が求められる。

「社会的事象の見方・考え方」は，社会的事象の特色や相互の関連，意味を考えたり，社会に見られる課題を把握して，その解決に向けて社会への関わり方を選択・判断したりする際の「視点や方法（考え方）」である。位置や空間的な広がり，時期や時間の経過，事象や人々の相互の関係などに着目するほかにも，視点は多様にあることに留意することが必要である。

生徒が社会的事象の見方・考え方を働かせ，調べ考え表現する授業を実現するためには，教師の教材研究に基づく学習問題の設定や発問の構成，地図や年表，統計など各種資料の選定や効果的な活用，学んだ事象相互の関係を整理する活動などを工夫することが大切である。

イの「系統的・発展的に指導できるようにする」とは，社会科と各教科等との関連を考慮して適切に指導し，学習したことが一層密接に結び付くようにすることである。例えば，自然災害について学習する際には，より指導の効果を高めることができるよう，理科の「B地球・自然」の学習と関連させることなどが考え

られる。

　指導計画の作成に当たっては，社会参加のためにどのような力を身に付けさせたいかを明確にし，生徒の資質・能力の育成に必要な内容を，各教科等の特質に応じて教科相互の関連を図り，単元など内容や時間のまとまりを見通して，組織的に配列することが大切である。また，各段階の内容については，学校ごとに創意工夫を加え，生徒の障害の状態や特性及び心身の発達の段階等並びに学校や地域の実態に応じて，系統的・発展的な指導が進められるよう指導内容を具体的に組織，配列する必要がある。

　ウの「コンピュータや情報通信ネットワークなどを活用して，情報の収集やまとめなどを行う」とは，生徒のもてる力を引き出すために，紙媒体や具体物だけでなく，映像や画像，地図などを活用したり，インターネットを活用したりして，実際的で具体的な活動を通して調べ学習や多様な他者との交流を行うことである。様々な学習上の困難に対し，コンピュータや情報通信ネットワークなどを活用することで，学習意欲を引き出したり，注意や集中を高めたりと，機器の使用により，主体的に活動できるような設定が必要である。その際，障害特性を踏まえて活用することが大切である。

　指導計画の作成に当たっては，生徒が課題解決のために目的意識をもってコンピュータや情報通信ネットワークを利用するような学習を設定すること，生徒一人一人が自分の課題に応じてコンピュータを活用できるような環境と時間の確保，効果的に活用するための場面や活動を想定することなどが大切である。

(2) 内容の取扱いについての配慮事項

> (2)　2の各段階の内容の取扱いについては，次の事項に配慮するものとする。
> ア　各学校においては，地域の実態を生かして，生徒が興味・関心をもって学習に取り組めるようにするとともに，観察や見学，聞き取りなどの調査活動を含む具体的な体験を伴う学習を通し，自分の生活と結び付けて考えたことをまとめることで将来の社会生活に生かせるようにすること。

　アの「観察や見学，聞き取りなどの調査活動を含む具体的な体験を伴う学習」では，知的障害のある生徒の特性として，学習によって得た知識や技能が断片的になりやすく，実際の生活の場で応用されにくいことから，実際的・具体的な内容の指導が必要である。したがって，実際に観察したり，見学へ行ったり，人に会って話を聞くなど，具体的な体験を通して興味・関心を高め，活動から得られ

た具体的な情報をまとめることにより，深い理解につなげるようにすることである。その際，位置や空間的な広がりの視点や時期や時間の経過の視点，事象や人々の相互関係の視点から，それぞれの問いを設定して，社会的事象について調べて，その様子や現状などを捉えることが大切である。また，学習内容・活動に応じた振り返りの場面を設定し，生徒が伝えたいことを主体的に表現できるよう促すとともに，得た知識を自分の生活に結び付けて考えられるようにすることも大切である。

イ　2の内容については，次の事項について配慮するものとする。

(ア) 日本国憲法が基本的人権の尊重，国民主権及び平和主義を基本的原則としていることについて触れること。

(イ) 情報を適切に調べまとめる技能が身に付くよう，地図帳や地球儀，各種の資料で調べ，まとめる活動を取り入れること。

(ウ) アについては，身近な生活の中でのきまりから日本国憲法まで幅広く取り上げ，秩序ある社会生活を保つためには，それらを遵守することが大切であることに気付くようにするとともに，主体的に社会参加するための基礎的な力を養うこと。

(エ) イについては，選挙などの国民の政治参加の方法や意味についても取り上げること。また，地域の公共施設について，その地域にある意味や，それらの利用がよりよい社会生活を送ることにつながることなどを考えることができるようにすること。

(オ) ウについては，我が国の豊かな自然環境が国民生活に多くの恩恵を与えている一方で，地震災害，津波災害，風水害，火山災害，雪害などの自然災害と，大気の汚染，水質の汚濁などの公害を取り上げ，自然災害や生活環境に関心をもち，日常生活の中で必要な注意事項を考えることにより，環境保全のためには国民一人一人の協力が必要であることに気付くようにすること。

(カ) エの(ア)の「食料生産」，「工業生産」については，食料生産や工業の盛んな地域の具体的事例を通して調べることとし，稲作のほか，野菜，果物，畜産物，水産物などの中から，また，金属工業，機械工業，化学工業，食料品工業などの中から，それぞれ一つを取り上げること。また，消費者や生産者の立場などから多角的に考えて，これからの産業の発展について自分の考えをまとめることができるようにすること。

(キ) 2段階のオの(ア)のⓐの「領土の範囲」については，竹島や北方領土，尖閣諸島が我が国の固有の領土であることに触れること。

（ク）カについては，我が国や諸外国には国旗があることを理解し，それを尊重する態度を養うようにすること。

（ケ）社会的事象については，生徒の考えが深まるよう様々な見解を提示するよう配慮し，多様な見解のある事柄，未確定な事柄を取り上げる場合には，有益適切な教材に基づいて指導するとともに，特定の事柄を強調し過ぎたり，一面的な見解を十分な配慮なく取り上げたりするなどの偏った取扱いにより，生徒が多角的に考えたり，事実を客観的に捉え，公正に判断したりすることを妨げることのないよう留意すること。

イは，２の内容の各項目について，配慮事項を示している。

イの（ア）は，日本国憲法が基本的人権の尊重，国民主権及び平和主義を基本的原則としていることについて，関連する条文などを根拠に調べることが大切である。さらに，このようにして調べたことを手掛かりに，我が国の民主政治を捉えることができるようにすることが大切である。

イの（イ）は，「情報を適切に調べまとめる技能」とは，我が国の国土や産業などに関する情報を地図帳や地球儀，統計などの各種の基礎的資料を通して適切に集めて，読み取り，まとめる技能や，我が国の政治や歴史，グローバル化する国際社会における我が国の役割などに関する情報を，地図帳や地球儀，統計や年表などの各種の基礎的資料を通して適切に集めて，読み取り，まとめる技能を示している。これらの技能が身に付くよう，必要な情報を収集したり，収集した情報を読み取ったり，読み取った情報を分類・整理してまとめたりする学習活動を構成することが大切である。その際，情報を収集する手段や情報の内容，資料の特性等に応じて，繰り返し生徒が身に付けるように指導することが大切である。

なお，「適切に」とは，情報の出典や作成時期，作成者を確かめたり，聴き取り調査やコンピュータなど集める手段の特性に留意したりして情報を集めること，資料の特性に留意して情報を読み取ること，必要な情報を整理して白地図や年表，図表などに効果的にまとめることなどを指している。

具体的には，例えば，地図帳や地球儀などを用いて，我が国の各地域の名称や外国の名称，位置，形状を調べたり，写真や立体模型，統計資料などを用いたりして，社会的事象の概要や傾向，変化，特徴などの情報を集め，白地図や図表などに整理してまとめることなどを学習活動として取り入れることが考えられる。

イの（ウ）は，小学部生活科の「ケ　きまり」や中学部社会科の「ア　社会参加ときまり」で取り上げた身近な生活の中でのきまりやきまりの意義を想起し，社会の中で法やきまりを遵守することが，秩序ある円滑な社会生活を送るために必要であることを具体的に指導することが大切である。

イの(エ)は，公職選挙法の改正に伴い，18歳から選挙権を行使できることを踏まえ，選挙は国民の代表者を選出する大切な仕組みであること，国民は代表者を選出するため，選挙権を行使する必要があること，自身の考えで投票をしてよいことなど具体的に指導することが大切である。

また，公共施設について，市役所や公共職業安定所などが地域にある意味や，その適切な活用について考えるように指導することが大切である。

イの(オ)は，自然災害について，我が国で過去に発生した地震災害，津波災害，風水害，火山災害，雪害などの自然災害を国土の自然条件と関連付けて取り上げて指導することを示している。なお，風水害とは，豪雨，洪水，高潮，崖崩れや土石流などによる土砂災害，突風や竜巻などによる災害を指している。

また，環境基本法では，公害として，大気の汚染，水質の汚濁，騒音，振動，地盤の沈下及び悪臭が挙げられている。事例の選択に当たっては，例えば，生活様式の変化や都市化の進展などがもたらした都市・生活型の公害，産業がもたらした公害などが考えられる。

ここでは，国民の一人として，国土の自然環境，国民の健康や生活環境の維持・改善に配慮した行動が求められるなど国民一人一人の協力の必要性に気付くようにすることが大切である。その際，一度破壊された環境を取り戻すためには長い時間と多くの人の努力や協力が必要であることに気付くようにするともに，例えば，自分たちには何ができるかなどと，自分たちに協力できることを考えたり選択・判断したりして，国土の環境保全への関心を高めるように配慮することが大切である。

イの(カ)の「食料生産」については，食料生産の盛んな地域の具体的事例を通して調べるようにする。その際，国民の主食を確保する上で重要な役割を果たしている「稲作」については必ず取り上げる。また，国民の食生活と関わりの深い「野菜，果物，畜産物，水産物など」については，それらの中から一つを選択して取り上げるようにする。「工業生産」については，工業の盛んな地域の具体的事例を通して調べるようにする。具体的事例については，「金属工業，機械工業，化学工業，食料品工業など」の中から一つを選択して取り上げるようにする。

ここでは，学習したことを基に，生産性や品質を高める工夫を消費者や生産者の立場に立って多角的に考え，これからの農業や水産業における食料生産の発展に向けて自分の考えをまとめることができるよう指導することが大切である。また，消費者や生産者の立場，人々の安全，環境，価格，利便性，バリアフリーなどに対する願いが工業生産により実現されることや，優れた技術やその向上が我が国の工業をより発展させること，工業生産を通した我が国と外国との関わり方など，我が国の工業の発展について自分の考えをまとめることが大切である。

イの（キ）は,「領土の範囲」について指導する際の配慮事項を示したものである。

領土の範囲について指導する際には,竹島や北方領土（歯舞群島,色丹島,国後島,択捉島),尖閣諸島は一度も他の国の領土になったことがない領土という意味で我が国の固有の領土であることなどに触れて説明することが大切である。

また,竹島や北方領土の問題については,我が国の固有の領土であるが現在大韓民国やロシア連邦によって不法に占拠されていることや,我が国は竹島について大韓民国に対し繰り返し抗議を行っていること,北方領土についてロシア連邦にその返還を求めていることなどについて触れるようにする。

さらに,尖閣諸島については,我が国が現に有効に支配する固有の領土であり,領土問題は存在しないことに触れるようにする。

その際,これら我が国の立場は,歴史的にも国際法上も正当であることを踏まえて指導するようにする。

イの（ク）は,「カ　外国の様子」の学習においては,国旗について関連して指導するようにすることを示している。

国旗の指導については,国際社会においては,国旗が重んじられていることに気付かせるとともに,これを尊重する態度を養うことが大切である。また,諸外国の国旗についても同様にこれを尊重する態度を養い,国際社会に生きる日本人としての自覚と資質を育成することが大切である。

イの（ケ）は,各段階の指導において,社会的事象について多面的に考えたり,事実を客観的に捉え,公正に判断したりすることのできる生徒の育成を目指す際の留意点を示したものである。

社会科が学習の対象にしている社会的事象の捉え方は,それを捉える観点や立場によって異なることから,これらについて,一面的な見解を十分な配慮なく取り上げた場合,ともすると恣意的な考えや判断に陥る恐れがある。

とりわけ,「多様な見解のある事柄,未確定な事柄」については,一つの意見が絶対的に正しく,他の意見は誤りであると断定することは困難であり,社会科では学習問題の解決に向けて,一つの結論を出すこと以上に話合いの過程が大切であることを踏まえ,取り上げる教材が一方的であったり一面的であったりすることのないよう留意して指導することにより,生徒が多角的に考えたり,事実を客観的に捉え,公正に判断したりできるようにすることが必要である。

また,「有益適切な教材」である資料などに基づいて多角的に考えることを重視して,そのよりどころとなる資料に関しては,その資料の出典や用途,作成の経緯等を含め,十分に吟味した上で使用することが必要である。

このことに関して,平成27年3月4日付け初等中等教育局長通知「学校における補助教材の適切な取扱いについて」（26文科初第1257号）に記されているよ

うに，諸資料を補助教材として使用することを検討する際には，その内容及び取扱いに関して，

① 教育基本法，学校教育法，学習指導要領等の趣旨に従っていること，

② その使用される学年の児童生徒の心身の発達の段階に即していること，

③ 多様な見方や考え方のできる事柄，未確定な事柄を取り上げる場合には，特定の事柄を強調し過ぎたり，一面的な見解を十分な配慮なく取り上げたりするなど，特定の見方や考え方に偏った取扱いとならないこと，

に十分留意することが必要である。

　この通知の趣旨を踏まえ，各段階の指導においては，生徒の障害の状態や特性及び心身の発達の段階等を考慮して，社会的事象を公正に判断できるよう配慮することが大切である。社会的事象を公正に判断するとは，決して独りよがりの判断ではなく，社会的事象の意味について，複数の立場や意見を踏まえて多角的に考え，総合的に理解した上で判断することである。

　これらのことに配慮して，「社会に主体的に関わろうとする態度や，よりよい社会を考え学習したことを社会生活に生かそうとする態度を養うとともに，多角的な思考や理解を通して，地域社会に対する誇りと愛情，地域社会の一員としての自覚，我が国の国土と歴史に対する愛情，我が国の将来を担う国民としての自覚，世界の国々の人々と共に生きていくことの大切さについての自覚などを養う」ことをねらう社会科の目標が実現できるようにすることが大切である。

● 第3　数学

1　数学科の改訂の要点

(1) 目標の改訂の要点

　各学部段階を通じて，実社会との関わりを意識した数学的活動の充実等を図っており，高等部数学科の目標についても，「知識及び技能」，「思考力，判断力，表現力等」，「学びに向かう力，人間性等」の三つの柱で整理して示した。また，このような資質・能力を育成するためには，生徒が「数学的な見方・考え方」を働かせて，数学的活動に取り組めるようにする必要があることを示した。

　なお，「見方・考え方」とは，生徒が各教科等の特質に応じた物事を捉える視点や考え方のことである。

　また，生徒の数量的な感覚を豊かにするために，生活の中で数量にかかわる具体的・体験的な活動などに重点を置いて指導に当たる重要性があることについては，基本的にはこれまでの理念を引き継いでいる。

(2) 内容の改訂の要点

①　内容の構成及び配列の改善の方向性

　数学科の内容については，指導事項のまとまりごとに，生徒が身に付けることが期待される資質・能力を三つの柱に沿って示すことにしつつ，特に「学びに向かう力，人間性等」については，教科の目標及び各段階の目標において全体として示すこととし，指導事項のまとまりごとに内容を示すことはしていない。

　知識及び技能や思考力，判断力，表現力等については，特に思考力，判断力，表現力等がこれまで十分に示されていなかったことから，これを追加するとともに，知識及び技能と思考力，判断力，表現力等とに分けて記述することにした。また，思考力，判断力，表現力等については主なものを記述するとともに，「数学的な見方・考え方」の数学的な見方に関連するものを，例えば，「～に注目して」，「～に着目して」などという文言により記述した。

第5章
知的障害者である生徒に対する教育を行う特別支援学校

　さらに，指導事項のそれぞれのまとまりについて，数学的な見方・考え方や育成を目指す資質・能力に基づき，中学部数学科や小学校算数科との連続性・関連性を整理し，内容の系統性を見直し，領域を全体的に整理し直した。結果として「A数と計算」，「B図形」，「C変化と関係」及び「Dデータの活用」の四つの領域とした。

　なお，各段階には，生徒が，基礎的・基本的な知識及び技能を確実に身に付けたり，思考力，判断力，表現力等を高めたり，数学を学ぶことの楽しさを実感したりするための問題発見・解決の過程として〔数学的活動〕を新たに設けた。

② 指導内容の充実

引き続き，数や式，表，グラフといった数学的な表現を用いて，筋道を立てて考え表現することを重視し，内容を充実した。

なお，現代の社会においては，多くの人が，データを手にすることができるようになってきており，データを読み取ったり，表現したりするような場面も多くみられるようになってきている。そのため，今回の改訂では，データの取扱いを充実させている。

また，金銭の価値や処理に親しむことについては，内容の取扱いで触れることとした。

(3) 指導計画の作成と内容の取扱いの要点

「3指導計画の作成と内容の取扱い」を新たに設け，「指導計画作成上の配慮事項」，「内容の取扱いについての配慮事項」，「数学的活動の指導に当たっての配慮事項」によって構成した。

「指導計画作成上の配慮事項」では，単元など内容や時間のまとまりを見通して，その中で育むべき資質・能力の育成に向けて，数学的活動を通して，生徒の主体的・対話的で深い学びの実現を図ることについて示した。また，段階間の指導内容を円滑に接続するための計画的な指導を行うことや各領域間の関連を図ることについて示した。

「内容の取扱いについての配慮事項」では，思考力，判断力，表現力等を育成するため，具体物，図，言葉，数，式，表，グラフなどを用いて考えたり，説明したり，互いに自分の考えを表現し伝え合ったりするなどの学習活動を積極的に取り入れることや各領域で取り扱う内容の基礎的な事項との関連に配慮することについて示した。

「数学的活動の指導に当たっての配慮事項」では，数学的活動が基礎的・基本的な知識及び技能を確実に身に付けたり，思考力，判断力，表現力等を高めたり，数学を学ぶことの楽しさを実感したりするために，重要な役割を果たすものであることから，各段階の内容に示す事項については，生徒が数学的活動を行う中で指導するようにすることとした。数学的活動の一層の充実に伴い，その指導の配慮事項として，数学的活動を楽しめるようにするとともに，数学を生活に活用することなどについて実感する機会を設けることについて示した。

2　数学科の目標

1　目　標
　　数学的な見方・考え方を働かせ，数学的活動を通して，数学的に考え

る資質・能力を次のとおり育成することを目指す。

(1) 数量や図形などについての基礎的・基本的な概念や性質などを理解するとともに，日常の事象を数学的に解釈したり，数学的に表現・処理したりする技能を身に付けるようにする。

(2) 日常の事象を数理的に捉え見通しをもち筋道を立てて考察する力，基礎的・基本的な数量や図形などの性質を見いだし統合的・発展的に考察する力，数学的な表現を用いて事象を簡潔・明瞭・的確に表現したり目的に応じて柔軟に表したりする力を養う。

(3) 数学的活動の楽しさや数学のよさを実感し，数学的に表現・処理したことを振り返り，多面的に捉え検討してよりよいものを求めて粘り強く考える態度，数学を生活や学習に活用しようとする態度を養う。

　高等部数学科においては，小学部算数科，中学部数学科の学習を踏まえて，数量や図形などについての基礎的・基本的な概念や性質を確実に習得し，日常生活の事象を，数学的に捉えて表現したり，処理したりする資質・能力の育成を目指す。

　今回の改訂では，目標の冒頭に「数学的な見方・考え方を働かせ，数学的活動を通して，数学的に考える資質・能力を育成」することとし，資質・能力の三つの柱に合わせて，(1)では知識及び技能に関する目標，(2)では思考力，判断力，表現力等に関する目標，(3)では学びに向かう力，人間性等に関する目標を示した。小学部，中学部及び小・中学校，高等学校でも同様な示し方としている。

　この資質・能力の三つの柱は，相互に関連をもちながら全体として達成されるべきであることに配慮する必要がある。ここでは大きく六つに分けて説明する。

① 「数学的な見方・考え方を働かせ」について

　数学的に考える資質・能力を育成するための基本的な考え方は，数学的な見方・考え方を働かせ，数学的活動を通して，数学の学習指導を行うことである。

　「数学的な見方・考え方」については，高等部数学科において育成を目指す資質・能力の三つの柱を明確にしたことに合わせて，以下のように位置付けと意味を整理している点に配慮する必要がある。

　今回，「数学的な見方・考え方」を，数学的に考える資質・能力の三つの柱である「知識及び技能」，「思考力，判断力，表現力等」及び「学びに向かう力，人間性等」の全てに働かせることとしている。「数学的な見方・考え方」は，数学の学習において，どのような視点で物事を捉え，どのような考え方で思考していくのかという，物事の特徴や本質を捉える視点や，思考の進め方や方向性を意味しており，数学の学習が創造的に行われるために欠かせないものである。また，「数学的な見方・考え方」は，数学の学習の中で働かせるだけではなく，現在そ

して将来の生活においても重要な働きをする。数学の学びの中で鍛えられた見方・考え方を働かせながら，世の中の様々な物事を理解し，思考し，よりよい社会や自らの人生を創り出していくことが期待される。

「数学的な見方」は，事象を数量や図形及びそれらの関係についての概念等に着目してその特徴や本質を捉えることであり，また，「数学的な考え方」は，目的に応じて数，式，図，表，グラフ等を活用し，根拠を基に筋道を立てて考え，問題解決の過程を振り返るなどして既習の知識及び技能等を関連付けながら統合的・発展的に考えることである。こうしたことから，数学科における「数学的な見方・考え方」とは，「事象を数量や図形及びそれらの関係などに着目して捉え，根拠を基に筋道を立てて考え，統合的・発展的に考えること」と整理することができる。この「数学的な見方・考え方」は，新しい課題に当面した生徒が，その課題を自らの問題として捉え，既習事項を結び付けて解決し，新しい概念を形成していく中で働かせていくものである。そして，生徒一人一人が目的意識をもって問題解決に取り組む数学の学習を重ねることを通して，更に豊かで確かなものとなっていく。

② 「数学的活動を通して」について

数学的活動とは，作業的・体験的な活動のみならず，「事象を数理的に捉えて，数学の問題を見いだし，問題を自立的・協働的に解決する過程を遂行すること」である。数学的活動においては，単に問題を解決するのみならず，問題解決の結果や過程を振り返って，結果を捉え直したり，新たな問題を見いだしたりして，統合的・発展的に考察を進めていくことが大切である。この問題解決に当たる様々な局面で，数学的な見方・考え方が働き，解決していく過程を通して数学的に考える資質・能力の育成を図ることができる。

このような数学的活動は，小学部における教育，中学部における教育，高等部における教育を通じて，資質・能力の育成を目指して行う活動である。そこで，目標に「数学的活動を通して，数学的に考える資質・能力を育成することを目指す」と示すことにした。

③ 「数学的に考える資質・能力を育成すること」について

「数学的に考える資質・能力」とは，数学科の教科目標に示された三つの柱で整理された数学教育で育てていく力のことである。これらの資質・能力は，「数学的な見方・考え方」を働かせた数学的活動によって育成されるもので，数学の学習はもとより，日常生活や他教科等の学習での問題解決に生きて働くものである。また，育成された資質・能力は「数学的な見方・考え方」の成長にも大きな影響を与えるものである。

以下の④から⑥で，数学科で育成を目指す資質・能力の三つの柱についてそれぞれ解説する。

④　「数量や図形などについての基礎的・基本的な概念や性質などを理解するとともに，日常の事象を数学的に解釈したり，数学的に表現・処理したりする技能を身に付けるようにする」について

　　数学の学習で生徒が身に付ける基礎的・基本的な概念や性質は，生活や学習の基盤となり欠くことができないものである。それらは他の教科等における学習はもとより，様々な活動の基となるものである。また，様々な問題解決を通して「数学的な見方・考え方」が更に豊かで確かなものとなっていく際にも欠かせない。したがって，基礎的・基本的な概念や性質についての気付きや理解に裏付けられた知識及び技能が，日常生活における事象を数学的に表現し，数学的に処理して問題を解決することに役立てられるようにすることが大切である。そのため，基礎的・基本的な概念や性質についての理解に基づいて，日常生活における事象を見つめ，そこに潜む数学的な問題を発見できたことや，身に付けた知識及び技能を使って問題を解決できたことを実感できるようにしていくことが重要である。

⑤　「日常の事象を数理的に捉え見通しをもち筋道を立てて考察する力，基礎的・基本的な数量や図形などの性質を見いだし統合的・発展的に考察する力，数学的な表現を用いて事象を簡潔・明瞭・的確に表現したり目的に応じて柔軟に表したりする力を養う」について

　　これらの力は，基礎的・基本的な概念及び意味や性質などを生かしながら日常の事象や数学の学習場面から見いだした問題の解決に取り組み，常によりよいものを求めて粘り強く考えていくとともに，数学的に表現・処理したことを振り返り，そのよさに気付き学習したことを活用していく際に発揮される。したがって，事象を数学的に考えていく過程で，注意深く観察し，観察に当たって観点としたことや見いだした数量や図形の性質などを表したり，考えたことの結果や判断などについての理由を明らかにして筋道立てて考えたり，順序よく説明したりすることが大切になる。そこで，数学的な表現を用いることによって事象をより簡潔，明瞭かつ的確に表すことができるということを実感し，自分の考えを組み立てたり，新たな事柄に自ら気付いたりできるようにしていくことが重要である。それぞれの考えを分かりやすく伝え合い，相互に理解し合うために数学的な表現を柔軟に用いようとすることで，数学的な表現の質は一層高まり，数学の学習が充実する。

⑥　「数学的活動の楽しさや数学のよさを実感し，数学的に表現・処理したことを振り返り，多面的に捉え検討してよりよいものを求めて粘り強く考える態度，数学を生活や学習に活用しようとする態度を養う」について

　　この部分は，主として数学科における態度及び情意面に関わる目標を述べている。「数学的活動の楽しさ」を実感するという部分は，例えば，数学を日常の事

象と結び付ける活動，具体物を扱った操作的・作業的な活動，実際の数や量の大きさを実験・実測するなどの体験的な活動，表や図，グラフなどからきまりを発見するなどの探求的な活動，解決した問題から新しい問題をつくるなどの発展的な活動を含んだ数学的な活動を通して，生徒が活動の楽しさを味わうことをねらいとしている。後半では，「数学のよさを実感」することが挙げられている。数学のよさを実感するということは，数学を学習することの意義に気付き，数学の価値を味わうことであり，学習意欲の喚起や学習内容の深い理解につながる。そのため，生徒が主体的に数学の学習に関われるようにすることが重要である。

数学を生活や学習に活用しようとする態度とは，数学の学習で身に付けた資質・能力を生活や学習の中で用いようとすることである。ここでいう「生活や学習」の「生活」については，家庭や学校での生活，地域社会での生活はもとより，将来の社会生活も含められる。また，「学習」は，他教科等の学習はもとより，数学の学習にも含めて考えることが大切である。「活用」の中には，既習の内容を活用して新しい数学の知識及び技能などを生み出すことが含まれる。

これらを実現していくためには，数学で学んだことについて活用する機会を意図的に設定したり，活用を重視した創造的な学習展開を用意したりする必要がある。生徒自らが「数学的な見方・考え方」を働かせて，筋道を立てて考えたり，統合的・発展的に考えたりする学習が期待される。

3 各段階の目標及び内容
(1) 1段階の目標と内容
ア 目標

○1段階

(1) 目　標

A　数と計算

ア　整数，小数，分数及び概数の意味と表し方や四則の関係について理解するとともに，整数，小数及び分数の計算についての意味や性質について理解し，それらを計算する技能を身に付けるようにする。

イ　数の表し方の仕組みや数を構成する単位に着目し，数の比べ方や表し方を統合的に捉えて考察したり，数とその表現や数量の関係に着目し，目的に合った表現方法を用いて計算の仕方を考察したりするとともに，数量の関係を簡潔に，また一般的に表現する力を養う。

ウ　数量について数学的に表現・処理したことを振り返り，多面的

に捉え検討してよりよいものを求めて粘り強く考える態度，数学
のよさに気付き学習したことを生活や学習に活用しようとする態
度を養う。

1段階の「数と計算」では，整数の乗法及び除法，小数の加法及び減法，乗法
及び除法，分数の表し方と加法及び減法，概数，四則の関係について指導する。

整数については，中学部で学習した十，百，千を単位としたまとまりに着目し
た学習を踏まえながら，数の範囲を万，億，兆に広げて扱う。

1段階の整数の乗法は，2位数や3位数に1位数や2位数をかける乗法の計算
のことである。ここでは，乗法九九などの基本的な計算を基にして考える。ま
た，整数の除法は，除数が1位数や2位数で被除数が2位数や3位数の除法のこ
とである。

小数については，十進位取り記数法によって，整数と同じ仕組みで表されてい
ることの理解を深めることができるようにする。1段階の小数の加法及び減法で
は，小数点を揃えて整数と同様に計算することができるようにする。また，小数
の乗法及び除法は，乗数や除数が小数である場合について計算することができる
ようにする。

分数については，単位分数に着目し，大きさを比べたり計算したりすることが
できるようにする。1段階の分数の加法及び減法は，同分母の分数の計算のこと
である。

「概数」とは，四捨五入等によって表されるおよその数のことである。概数の
意味を理解し，数を手際よく捉えたり処理したりすることができるように指導す
る。また，場面の意味に着目して数の捉え方を考え，目的に応じて概数を用いる
ことができるように指導する。

「四則の関係」とは，乗法，除法を加法，減法より先に計算すること，（ ）の
中を先に計算することなど，計算の順序についてのきまりなどのことである。計
算の順序についてのきまりがあることを理解できるように指導し，数量の関係を
捉え，四則を混合させたり，（ ）を用いたりして一つの式に表すことができる
ようにする。

この内容は，2段階の整数の性質及び構成，分数の意味，整数，小数と分数の
関係などにつながっていくものである。

B　図形
ア　図形の形や大きさが決まる要素や立体を構成する要素の位置関係，
図形の合同や多角形の性質について理解し，図形を作図したり，三角

形，平行四辺形，ひし形，台形の面積を求めたりする技能を身に付け
るようにする。
イ　図形を構成する要素や図形間の関係に着目し，構成の仕方を考察し
たり，図形の性質を見いだしたりするとともに，三角形，平行四辺形，
ひし形の面積の求め方を考え，その表現を振り返り，簡潔かつ的確な
表現に高め，公式として導く力を養う。
ウ　図形や数量について数学的に表現・処理したことを振り返り，多面
的に捉え検討してよりよいものを求めて粘り強く考える態度，数学の
よさに気付き学習したことを生活や学習に活用しようとする態度を養
う。

　1段階の「図形」では，図形の形や大きさが決まる要素や図形を構成する要素
の位置関係，図形の合同，多角形の性質，図形の面積について指導する。
　「図形の形や大きさが決まる要素」とは，目的とする図形と合同な図形ができ
るとき，全ての辺や全ての角を用いなくても，図形の形や大きさが「決まる」要
素のことである。
　「図形を構成する要素の位置関係」とは，平面図形では辺どうしの平行や垂直
の位置関係のことであり，立体図形では辺や面の平行や垂直の位置関係のことで
ある。
　「図形の合同」とは，二つの図形をぴったり重ね合わせることができ，形も大
きさも同じであることであり，二つの図形が合同であるとき，対応する辺や対応
する角の大きさは，それぞれ等しいことである。図形の合同の指導では，対応す
る辺や角に着目して合同かどうかを判断したり，合同な図形を描いたりすること
を指導する。
　「多角形の性質」とは，三つ以上の直線で囲まれた図形においていつでも成り
立つような事柄のことで，例えば，三角形については，どんな三角形でも，三つ
の角の大きさを加えると180度になることなどである。
　三角形，平行四辺形，ひし形，台形の面積を求める指導では，中学部における
長方形や正方形の面積の学習を踏まえ，直線で囲まれた基本的な図形の面積につ
いて，必要な部分の長さを測り，既習の長方形や正方形などの面積の求め方に帰
着させ，計算によって求めたり，新しい公式を作り出しそれを用いて求めたりす
ることを指導する。

C　変化と関係
　ア　比例の関係や異種の二つの量の割合として捉えられる数量の比べ方，

百分率について理解するとともに，目的に応じてある二つの数量の関係と別の二つの数量とを比べたり，表現したりする方法についての技能を身に付けるようにする。

イ　伴って変わる二つの数量の関係に着目し，その変化や対応の特徴を表や式を用いて考察したり，異種の二つの量の割合を用いた数量の比べ方を考察したりする力を養う。

ウ　数量について数学的に表現・処理したことを振り返り，多面的に捉え検討してよりよいものを求めて粘り強く考える態度，数学のよさに気付き学習したことを生活や学習に活用しようとする態度を養う。

　1段階の「変化と関係」では，比例の関係，異種の二つの量の割合として捉えられる数量の比べ方及び百分率について指導する。

　比例の関係とは，例えば，一方が2倍，3倍，4倍，…になれば，それに伴って他方も2倍，3倍，4倍，…になる二つの数量の関係のことである。

　異種の二つの量の割合として捉えられる数量の比べ方とは，異種の二つの量の割合として捉えられる数量に着目して，ある二つの数量の関係と別の二つの数量の関係の特徴を見いだしてそれらの関係について比較することであり，例えば，時間当たりに移動する距離を示す速さにおいて，どちらが速いか，あるいはどちらが遅いかについて判断することである。

　百分率（パーセント，％）とは，基準量を100として，それに対する割合で表すことである。

　ここで育成される資質・能力は，2段階の比例，反比例などの考察に生かされる。

D　データの活用

ア　データを円グラフや帯グラフで表す表し方や読み取り方，測定した結果を平均する方法について理解するとともに，それらの問題解決における用い方についての技能を身に付けるようにする。

イ　目的に応じてデータを収集し，データの特徴や傾向に着目して，表やグラフに的確に表現し，それらを用いて問題解決したり，解決の過程や結果を多面的に捉え考察したりする力を養う。

ウ　データの活用について数学的に表現・処理したことを振り返り，多面的に捉え検討してよりよいものを求めて粘り強く考える態度，数学のよさに気付き学習したことを生活や学習に活用しようとする態度を養う。

1段階の「データの活用」では，円グラフや帯グラフ，測定した結果を平均する方法について指導する。

　「円グラフや帯グラフ」とは，事象にある数量の関係を割合で捉え，基準量と比較量との関係を表したグラフである。ここでは，身の回りの事象から目的に応じたデータを収集し，数量の関係を割合で捉えたほうが分かりやすい場合について，円グラフや帯グラフを用いて表したり読み取ったりするなど，それらを用いて問題解決したり，解決過程や結果を多面的に考察したりする。

　「測定した結果を平均する」とは，ならして同じ大きさにすることで，それを妥当な数値として示すことである。

　「多面的に捉える」とは，読み取ったデータや結論について，別の観点から見直してみることで，異なる結論が導きだせないかどうかを考察することである。

　この内容は，2段階での量的データに関する分布の中心や散らばりについての学習の素地となるものである。

イ　内容

A　数と計算
　ア　整数の表し方に関わる数学的活動を通して，次の事項を身に付けることができるよう指導する。
　（ア）次のような知識及び技能を身に付けること。
　　㋐　万の単位を知ること。
　　㋑　10倍，100倍，1000倍，$\frac{1}{10}$の大きさの数及びその表し方の理解を深めること。
　　㋒　億，兆の単位について知り，十進位取り記数法についての理解を深めること。
　（イ）次のような思考力，判断力，表現力等を身に付けること。
　　㋐　数のまとまりに着目し，大きな数の大きさの比べ方や表し方を統合的に捉えるとともに，それらを日常生活に生かすこと。

○　整数の表し方

　整数の表し方に関わる指導では，十進位取り記数法による表現を基に，単位を万，億，兆に広げて表現することができるようにするとともに，整数を10倍，100倍，1000倍，$\frac{1}{10}$にした大きさの数について，数字の並び方は変わらないことや対応する数字の単位の大きさはそれぞれ10倍，100倍，1000倍，$\frac{1}{10}$にした関係になっていることに気付き，理解できるようにする。

また，こうした活動を通して，どのような大きな数でも，用いる数字は0，1，2，3，4，5，6，7，8，9の10個で表すことができ，その考えのよさについても理解できるようにするとともに，例えば500や700は百を単位とすると5や7とみられることや500＋700は5＋7とみられるなど，数の相対的な見方を活用して，数を捉えたり，数の大きさを比較したり，計算の仕方を考えたりできるようにする。

　大きな数の指導に際しては，例えば，1万の大きさは，1000が10個集まった大きさ，9999より1大きい数，5000と5000を合わせた数，100の100倍であるなど，多面的な見方を通して大きさを捉えられるようにする。

　数の表し方については，例えば，1万より大きい数については，万を単位として十万，百万，千万，1億より大きい数については，億を単位として十億，百億，千億，1兆より大きい数については，兆を単位として十兆，百兆，千兆のように，十，百，千を用いて表せるようにする。

　また，整数を10倍，100倍などにする操作を通し，数を比較したり，大きさを相対的に捉えたりする。例えば，234を10倍すると，百の位の2が千の位に，十の位の3が百の位に，一の位の4が十の位にくるという関係性を見いだすことや数を相対的な見方で捉えることで，その大きさのおよそをつかむことができるようにする。

　「大きな数の大きさの比べ方や表し方を統合的に捉える」こととは，これまで学んできた一，十，百，千という4桁の数のまとまりに着目し，その繰り返しに気付き，更に大きな数についても同じように考えられるようにすることである。

　万を超える大きさの数になると，その大きさを実感的につかむことが難しくなってくる。日常生活の具体的な場面を取り上げるように配慮するとともに，例えば，10000kgの重さは，体重1000kgの象が10頭分と捉えることができるように配慮することも必要である。

イ　整数及び小数の表し方に関わる数学的活動を通して，次の事項を身に付けることができるよう指導する。

（ア）次のような知識及び技能を身に付けること。

　㋐　ある数の10倍，100倍，1000倍，$\frac{1}{10}$，$\frac{1}{100}$などの大きさの数を，小数点の位置を移してつくること。

（イ）次のような思考力，判断力，表現力等を身に付けること。

　㋐　数の表し方の仕組みに着目し，数の相対的な大きさを考察し，計算などに有効に生かすこと。

○　整数及び小数の表し方

整数及び小数の表し方の指導では，整数と小数がともに十進位取り記数法によって表されていることが理解できるようにするとともに，小数点の位置を移動して10倍，100倍，1000倍，$\frac{1}{10}$，$\frac{1}{100}$などの大きさの数をつくることができるようにする。

また，こうした活動を通して，十進法としての特徴をまとめて理解できるようにし，そのよさに気付くようにする。

10倍，100倍，…したときの位の移動は，小数点の移動とも捉えることができる。このことを十進位取り記数法の考えと関連付けられるようにすることが大切である。例えば，24.85 ÷ 100のような計算の場合，筆算をするのではなく，$\frac{1}{100}$の大きさの数は小数点が左へ二つ移動することから0.2485であると計算の結果を考えることができるようにする。

ウ　概数に関わる数学的活動を通して，次の事項を身に付けることができるよう指導する。

(ア) 次のような知識及び技能を身に付けること。

　㋐　概数が用いられる場面について知ること。

　㋑　四捨五入について知ること。

　㋒　目的に応じて四則計算の結果の見積りをすること。

(イ) 次のような思考力，判断力，表現力等を身に付けること。

　㋐　日常の事象における場面に着目し，目的に合った数の処理の仕方を考えるとともに，それを日常生活に生かすこと。

○　概数

概数の指導では，概数の意味を理解し，数を手際よく捉えたり処理したりするとともに，場面の意味に着目して数の捉え方を考え，目的に応じて概数を用いることができるようにする。

また，こうした活動を通して，概数を用いると数の大きさが捉えやすくなることや，物事の判断や処理が容易になること，見通しを立てやすくなることなどのよさに気付き，目的に応じて自ら概数で事象を把握しようとすることができるようにする。

概数が用いられる場合には，次のようなものがある。

①　野球場の入場者数を約何万何千と概数で表現して伝えるように，詳しい数値が分かっていても，目的に応じて数を丸めて表現する場合。

②　都市の人口を棒グラフを用いて比較するように，棒の長さなどで数のおよ

その大きさを表す場合。

③　ある時点での日本の人口のように，真の値を把握することが難しく，概数で代用する場合。

「四捨五入」とは，例えば，42948を四捨五入して千の位までの概数を表す場合，千の一つ下の位である百の位にある数「9」を見て，切り上げになると判断し，43000と表すことである。数直線のような図を用いて，概数にしても，数の大きさが大きくは変わらないことを実感的に理解できるように配慮することが大切である。

「目的に応じて用いる」とは，何のために見当を付けるのかそのねらいを明らかにし，ねらいに応じた詳しさの概数にしたり，切り上げや切り捨てを用いて大きく見積もったり，小さく見積もったりすることである。

「目的に合った数の処理の仕方を考えるとともに，それを日常に生かす」とは，例えば，ある物を千円で買うことができるかどうかを見積もる場合，値段を大きくみて（切り上げて）概算するように，どの程度の概数にすればよいか，目的に合った数の処理の仕方を考え判断することである。「どの位までの概数にするのか」「切り上げるのか，切り捨てるのか，四捨五入するのか」ということを，生徒自らが判断する場面やそれが適切であるかどうかを振り返る場面を設けることが大切である。

エ　整数の加法及び減法に関わる数学的活動を通して，次の事項を身に付けることができるよう指導する。

（ア）次のような知識及び技能を身に付けること。

　㋐　大きな数の加法及び減法の計算が，2位数などについての基本的な計算を基にしてできることを理解すること。また，その筆算の仕方について理解すること。

　㋑　加法及び減法の計算が確実にでき，それらを適切に用いること。

（イ）次のような思考力，判断力，表現力等を身に付けること。

　㋐　数量の関係に着目し，計算の仕方を考えたり，計算に関して成り立つ性質を見いだしたりするとともに，その性質を活用して，計算を工夫したり，計算の確かめをしたりすること。

○　**整数の加法及び減法**

　整数の加法及び減法の指導では，2位数及び簡単な3位数の加法及び減法の計算を基にして，3位数や4位数の加法及び減法の計算ができるようにして，必要な場面でそれらの計算を活用できるようにする。

また，こうした活動を通して，例えば，幾つかの数をまとめたり，順序を変えたりなど，計算に関して成り立つ性質に気付き，活用することができるようにする。

　大きな数の加法及び減法については，例えば，154 ＋ 172の計算を考える場合，54 ＋ 72 ＝ 126と同様に，一の位どうしを加えた4 ＋ 2 ＝ 6と，十の位どうし（10のまとまり）を加えた50 ＋ 70 ＝ 120と，百の位どうし（100のまとまり）を加えた100 ＋ 100 ＝ 200をあわせて326と計算することができる。その際，2位数の加法及び減法の筆算の仕方を基に3位数や4位数の大きな数の加法及び減法についても位を揃えて筆算により計算できるようにする。

　「数量の関係に着目し，計算の仕方を考える」とは，3位数や4位数の大きな数の加法及び減法の計算は，2位数の加法及び減法における計算の仕方を基にして，十進位取り記数法による数の表し方や数を十や百などを単位としてみる見方に着目し，数を百の位，十の位，一の位に分けて捉え，位ごとに足したり引いたり，既習の数の見方や計算の仕方を活用したりすることで，未習の計算の仕方を見付け出していくことである。例えば，568 ＋ 437の計算を考える場合，まず，百の位どうしを足して900になるため，答えが900より大きくなると見通しを立てる。実際に計算する際は，68 ＋ 37のような2位数の加法における計算の仕方を基に，百の位，十の位，一の位に分けて捉え，位ごとに計算する。その際，繰り上がりの1の処理の仕方を考えると十の位は「3と6と繰り上がりの1を合わせて10」，百の位は「4と5と繰り上がりの1を合わせて10」となるように，ここでは，位ごとに計算すると1位数どうしの計算に帰着できること，加法では，ある位の数が10集まったら，1繰り上がること，減法では，ある位の数どうしが引けないときは，1繰り下げて計算するという計算の仕組みが2位数の計算と同じであることに気付くことができるようにする。

　「計算に関して成り立つ性質を見いだしたりするとともに，その性質を活用して，計算を工夫したり，計算の確かめをしたりする」とは，例えば，足して100になる数の組み合わせに着目すると387 ＋ 75 ＋ 25を387 ＋（75 ＋ 25）と計算することができるなど，幾つかの数をまとめたり，順序を変えたりなど計算に関して成り立つ性質を活用して計算を工夫したり確かめたりすることである。

オ　整数の乗法に関わる数学的活動を通して，次の事項を身に付けることができるよう指導する。

　（ア）次のような知識及び技能を身に付けること。

　　㋐　2位数や3位数に1位数や2位数をかける乗法の計算が，乗法九九などの基本的な計算を基にしてできることを理解すること。また，

その筆算の仕方について理解すること。

　　　㋑　乗法の計算が確実にでき，それを適切に用いること。

　　　㋒　乗法に関して成り立つ性質について理解すること。

　（イ）次のような思考力，判断力，表現力等を身に付けること。

　　　㋐　数量の関係に着目し，計算の仕方を考えたり，計算に関して成り

　　　　立つ性質を見いだしたりするとともに，その性質を活用して，計算

　　　　を工夫したり，計算の確かめをしたりすること。

○　整数の乗法

　整数の乗法の指導では，例えば，23×4の計算は，23を$20 + 3$とみて，20×4と3×4に分けて考えることで計算できるという乗法が乗法九九などの基本的な計算を基にしてできていることを理解し，筆算に結び付けることができるようにする。

　また，こうした活動を通して，乗法が用いられる場面を判断し，的確に用いることができるようにするとともに，交換法則$a \times b = b \times a$，分配法則$a \times (b \pm c) = a \times b \pm a \times c$，結合法則$(a \times b) \times c = a \times (b \times c)$などの性質を活用して，計算を工夫したり確かめたりすることができるようにする。

　乗数が2位数の計算は，例えば，23×45の計算の場合，乗数の45を$40 + 5$とみて，23×40と23×5に分けるとよい。ここでも分配法則を活用しているが，乗数が1位数の場合は，被乗数を位ごとに分けるのに対して，乗数が2位数の場合は，乗数を位ごとに分けて計算する。

　指導に当たっては，生徒が自らその計算の仕方を考えることができるよう指導することが大切である。例えば，18×4の計算を考える場合，乗法の意味に基づき，$18 + 18 + 18 + 18 = 72$と考えることができる。また，18を$9 + 9$とみて，9×4と9×4を合わせて$36 + 36 = 72$と考えることもできる。筆算に結び付く考えは，18を$10 + 8$とみて，10×4と8×4に分けて，$40 + 32 = 72$と考えることである。このようなことを図で表現し，式と関連付けられるようにする。また，乗数が2位数の計算の仕方を考えるときには，分配法則を活用する場合に，乗数を位ごとに分けて計算する必要がある。何十をかける乗数が既習であることを念頭に置き，計算の仕方を考えさせる必要がある。

　「計算に関して成り立つ性質を見いだしたりするとともに，その性質を活用して，計算を工夫」するとは，例えば，$4 \times 7 \times 25$の場合，交換法則を用いて，$4 \times 7 \times 25$を$7 \times 4 \times 25$とする。つぎに，結合法則を用いて先に4×25を計算し，7にその積100をかけることで700を得るなど，乗法の計算に関して成り立つ性質を活用して，計算の工夫をすることである。

カ　整数の除法に関わる数学的活動を通して，次の事項を身に付けること
　ができるよう指導する。
（ア）次のような知識及び技能を身に付けること。
　㋐　除数が1位数や2位数で被除数が2位数や3位数の場合の計算が，
　　基本的な計算を基にしてできることを理解すること。また，その筆
　　算の仕方について理解すること。
　㋑　除法の計算が確実にでき，それを適切に用いること。
　㋒　除法について，次の関係を理解すること。
　　（被除数）＝（除数）×（商）＋（余り）
　㋓　除法に関して成り立つ性質について理解すること。
（イ）次のような思考力，判断力，表現力等を身に付けること。
　㋐　数量の関係に着目し，計算の仕方を考えたり，計算に関して成り
　　立つ性質を見いだしたりするとともに，その性質を活用して，計算
　　を工夫したり，計算の確かめをしたりすること。

○　**整数の除法**

　整数の除法の指導では，例えば，72÷3や962÷4などのような2位数や3位
数を1位数で割る場合を取り上げ，筆算形式について理解できるようにするとと
もに，除数が2位数の場合についても計算できるようにする。

　また，こうした活動を通して，多数桁の除法が基本的な計算を基にしてできて
いることを理解したり，例えば，350÷50は35÷5として考えるなど，数量の関
係に着目し計算について考えたり，計算の確かめをしたりすることができるよう
にする。

　除数が1位数の場合には，例えば，72÷3の場合，72を70と2に分け，70を
10のまとまり7個とみて，7÷3＝2あまり1と計算する。これは10のまとまり
が2個できて10のまとまりが1個あまることを意味している。そこであまりの
10と2を合わせた12について3で割ると4になることから，結果として72÷3
の商は20と4を合わせた24となる。

　除数が2位数の場合には，数の相対的な大きさについての理解をしながら，各
段階の商の見当を付けていく。例えば，171÷21の場合，10を基準とみるとお
よそ17÷2とみることができ，商がおよそ8であると見当を付けることができ
る。計算の見積りはここで生かされる。なお，見当を付けた商が大きかったり，
小さかったりして修正しなければならない場合，見当を付けた商を修正していく
手順を丁寧に取り扱うことが重要である。

　「それを適切に用いる」こととは，例えば，「96mのリボンは，24mのリボン

の何倍の長さでしょう。」などのように「基準量」,「比較量」から「倍」を求める場合や「黄色のリボンの長さは72mで, 白いリボンの長さの4倍です。白いリボンの長さは何mでしょう。」のように「比較量」,「倍」から「基準量」を求める場合についても除法を用いて考えるなど, 必要な場面で活用できるようにすることである。また, 例えば, 重さが4kg, 長さが2mである棒の1mの重さを求める場合, 2kgで400円のものの1kgの値段を求める場合など, 比例関係を仮定できる, 伴って変わる二つの数量がある場合にも用いられる。このような場合も, 図を用いるなどして等分除や包含除とみられることに気付かせることが必要である。

余りのある除法については, 被除数, 除数, 商, 余りの間の関係を調べ, 次のような式の形に表すことを指導する。

（被除数）＝（除数）×（商）＋（余り）

余りは除数より小さいことに注意をする必要がある。また, 被除数, 除数, 商, 余りの関係を, 計算の確かめなどに用いることができるようにする。

「除法に関して成り立つ性質」とは, 除数及び被除数に同じ数をかけても, 同じ数で割っても商は変わらないということである。これを式で表すと次のようになる。

$a \div b = c$ のとき, $(a \times m) \div (b \times m) = c$, $(a \div m) \div (b \div m) = c$

「計算を工夫したり, 計算の確かめをしたりする」とは, 例えば, $6000 \div 30$ の計算は除数と被除数を10で割ることで, $600 \div 3$ として考えたり, $300 \div 25$ の計算は除数と被除数に4をかけることで, $1200 \div 100$ と考えたりするなど, 除数に関しての性質を用いながら計算の工夫を考えることである。

キ　小数とその計算に関わる数学的活動を通して, 次の事項を身に付けることができるよう指導する。

（ア）次のような知識及び技能を身に付けること。

㋐　ある量の何倍かを表すのに小数を用いることを知ること。

㋑　小数が整数と同じ仕組みで表されていることを知るとともに, 数の相対的な大きさについての理解を深めること。

㋒　小数の加法及び減法の意味について理解し, それらの計算ができること。

㋓　乗数や除数が整数である場合の小数の乗法及び除法の計算ができること。

（イ）次のような思考力, 判断力, 表現力等を身に付けること。

㋐　数の表し方の仕組みや数を構成する単位に着目し, 計算の仕方を

考えるとともに，それを日常生活に生かすこと。

○ **小数の計算**

　小数とその計算の指導では，小数が整数と同じ仕組みで表されていることを理解するとともに，ある量の何倍かを表すのに小数を用いることを理解できるようにする。また，小数の加法及び減法，乗数や除数が整数である場合の乗法や除法についての計算ができるようにする。

　さらに，こうした活動を通して，身の回りにある小数で表された量に気付き，それらの量を合わせたり，差を求めたりしながら，日常生活で生かすことができるようにする。

　「ある量の何倍かを表すのに小数を用いることを知る」とは，中学部までに，ある量の二つ分のことをある量の２倍というなどと，「倍」の意味を「幾つ分」として捉えてきたことを，ある量の何倍かを表すのに小数を用いてもよいことを理解できるようにすることである。例えば，4mを基にすると，8mは4mの二つ分なので２倍に当たり，12mは4mの３倍に当たる。このとき，10mは4mの２倍と３倍との間の長さであり，整数では表せない。２倍の8mに対して2mのはしたがあるので小数を用いて表すことを考える。基準となる１に対する大きさ4mを10等分し，0.1に当たる大きさである0.4mを用いると，2mは0.4mの五つ分に当たる。このことから10mは4mを１としたときちょうど2.5に位置付いていることが分かる。そこで，そのことを「10mは4mを１とすると2.5に当たる」といい，これを2.5倍の意味として指導する。8mは4mを１とすると２に当たるので，今まで２倍としていたこととも整合的な意味となっている。

　小数の位については，$\frac{1}{100}$や$\frac{1}{1000}$などを単位とした小数を用いることにより，$\frac{1}{10}$の単位に満たない大きさを表すことができることを理解できるようにする。また，小数についても，整数と同様に十進位取り記数法によっているため，ある位の右の位は$\frac{1}{10}$の大きさの単位にしており，ある位の左の位は，10倍の大きさを単位にしていることを理解できるようにする。小数の大小比較や計算についても整数と同じ考え方でできることに気付くことが大切である。

　また，例えば，1.68は0.01が168集まった数とみるように，小数の場合についても，ある位の単位に着目してその幾つ分とみるなど，数の相対的な大きさについて理解を深めておくことが大切である。このような見方を養っておくことは，小数の意味についての理解を深めるばかりではなく，小数の乗法及び除法の計算の仕方を考える上で有効に働く。

　小数の加法及び減法の計算は，小数点を揃えて位ごとに計算し，小数の仕組みの理解の上に立って行うようにし，整数と同じ原理，手順でできることを理解できるようにする。例えば，3.7 + 2.48の筆算をするとき，0.01を基にすると，整

数のときと同じ原理で計算することができる。ただし，末尾を揃えて計算する誤答が多くみられるため，小数点を基に位を揃えて書き，空位を0と考えれば，位ごとに計算できることを理解することが大切である。

　乗数や除数が整数である場合についての小数の乗法及び除法の計算は，乗法については，例えば，0.1×3のような場合である。0.1×3は0.1＋0.1＋0.1の意味であり，整数×整数の場合と同様に，累加の簡単な表現として，乗法による表現を用いていることを理解できるようにする。さらに，乗法の意味は，基準にする大きさとそれに対する割合から，その割合に当たる大きさを求める計算と考えることができ，除法の意味は，乗法の逆で，割合を求める場合と基準にする大きさを求める場合で説明できる。

　「数を構成する単位に着目」することとは，例えば，1.2×4の計算では，1.2は0.1を単位とするとその12個分であるから，12×4で，0.1が48個分と考えることができたり，31.6÷4の計算では，31.6は0.1の316個分であることから，316÷4で0.1の79個分と考えたりすることである。

ク　小数の乗法及び除法に関わる数学的活動を通して，次の事項を身に付けることができるよう指導する。

　(ア) 次のような知識及び技能を身に付けること。

　　㋐　乗数や除数が小数である場合の小数の乗法及び除法の意味について理解すること。

　　㋑　小数の乗法及び除法の計算ができること。

　　㋒　余りの大きさについて理解すること。

　　㋓　小数の乗法及び除法についても整数の場合と同じ関係や法則が成り立つことを理解すること。

　(イ) 次のような思考力，判断力，表現力等を身に付けること。

　　㋐　乗法及び除法の意味に着目し，乗数や除数が小数である場合まで数の範囲を広げて乗法及び除法の意味を捉え直すとともに，それらの計算の仕方を考えたり，それらを日常生活に生かしたりすること。

○　小数の乗法と除法

　小数の乗法の意味の指導では，例えば，1mの長さが80円の布を2m買ったときの代金は，80×2という式で表せるが，同じ布を今度は0.8mや2.5m買ったときの代金についてどのようにして求めたらいいかを考える活動などを通して，これまで学習した整数の乗法の意味を基にして，乗数が小数の場合も，それぞれ80×0.8や80×2.5と，式の形は同じに表すことができることが理解できるよう

にする。

　また，こうした活動を通して，乗法を乗数が小数の場合にも用いることができるようにしたり，除法との関係も考えて，より広い場面や意味に用いることができるようにしたりして一般化していくことを指導する。

　小数の除法の意味の指導では，除法は乗法の逆として，割合を求める場合と，基準にする大きさを求める場合とがあることを確かめることから，除数が小数の場合にも整数と同じように当てはまることが理解できるようにする。

　例えば，Bを「基準にする大きさ」，pを「割合」，Aを「割合に当たる大きさ」とすると，次のような二つの場合である。

　①　$p = A \div B$

　これは，AはBの何倍であるかを求める考えであり，除法の意味としては，pが整数の場合には，いわゆる包含除の考えに当たる。例えば，「9mの赤いリボンを1.8mずつ切り取ると何本できるか」や「9mの赤いリボンは，1.8mの青いリボンの何倍になるか」という場合である。

　式は，$9 \div 1.8$となる。

　②　$B = A \div p$

　これは，基準にする大きさを求める考えであり，除法の意味としては，pが整数の場合には，いわゆる等分除の考えに当たる。例えば，「2.5mで200円の布は，1mではいくらになるか」という場合である。

　式は，$200 \div 2.5$となる。

　これらの式は，Bやpが整数の場合だけでなく，小数の場合にもそのまま当てはまると考えていくことが大切である。

　小数の乗法及び除法の計算の指導では，小数も整数と同じ十進位取り記数法で表現されているから，乗法や除法の計算は，単位，すなわち小数点の位置に着目してこれを移動し，整数に置き換えれば，整数の計算と同様な考え方で積や商を求めることができることが理解できるようにする。

　小数の乗法や除法の計算の仕方は，計算に関して成り立つ性質を用いて，整数の乗法や除法に直して考えることができる。小数の乗法については，乗数を10倍すると積も10倍になることなどの乗法に関して成り立つ性質を生かして，生徒が既習の整数の乗法に直して考えられるようにする。

　小数の除法については，「除法の計算で，除数及び被除数に同じ数をかけても商は変わらない」という除法に関して成り立つ性質を生かして，計算の仕方を考えられるようにする。例えば，$7.2 \div 2.4$の計算は，$(7.2 \times 10) \div (2.4 \times 10) = 72 \div 24$と考えることができる。また，$0.1 \div 0.04$の計算は，$(0.1 \times 100) \div (0.04 \times 100) = 10 \div 4$と考えることができる。

　なお，小数を割る計算の場面で，被除数の最小の位で割り切れないときは，割

り進むことができることを指導する。例えば，0.5÷0.4＝1.25となる。

また，小数の除法で余りのある場合は，余りの小数点の位置に誤りが多いので注意を要する。その際には，余りが表す大きさを考えさせ，余りは除数より小さいことや，（被除数）＝（除数）×（商）＋（余り）の式に当てはめて，商，除数，余りの大きさの関係を捉えることなどについて指導する。

計算に関して成り立つ性質の小数への適用については，整数の乗法及び除法に関して成り立つ関係や法則が，小数の場合でも成り立つことを確かめるようにする。例えば，30×2.5と30×2＋30×0.5をそれぞれ計算すると結果は等しくなる。

一般に，小数の場合でも，□×（△＋○）＝□×△＋□×○という分配法則が成り立つことが分かる。

こうした計算に関して成り立つ性質を活用して，計算の仕方を考えたり，計算の結果を確かめたりできるようにすることが大切である。

ケ　分数とその計算に関わる数学的活動を通して，次の事項を身に付けることができるよう指導する。

（ア）次のような知識及び技能を身に付けること。

　㋐　等分してできる部分の大きさや端数部分の大きさを表すのに分数を用いることについて理解すること。また，分数の表し方について知ること。

　㋑　分数が単位分数の幾つ分かで表すことができることを知ること。

　㋒　簡単な場合について，分数の加法及び減法の意味について理解し，それらの計算ができることを知ること。

　㋓　簡単な場合について，大きさの等しい分数があることを知ること。

　㋔　同分母の分数の加法及び減法の計算ができること。

（イ）次のような思考力，判断力，表現力等を身に付けること。

　㋐　数のまとまりに着目し，分数でも数の大きさを比べたり，計算したりできるかどうかを考えるとともに，分数を日常生活に生かすこと。

　㋑　数を構成する単位に着目し，大きさの等しい分数を探したり，計算の仕方を考えたりするとともに，それを日常生活に生かすこと。

○　分数とその計算

分数とその計算の指導では，分数の意味や表し方について理解できるようにするとともに，単位分数に着目して，大きさの等しい分数を探したり，計算の仕方

を考えたりすることができるようにする。

　また，こうした活動を通して，例えば，時刻や時間の計算についても，分母が60や6の分数の計算として処理できるなど，分数の計算が日常の生活にも使えることに気付き，分数を用いた数の処理や分数の見方を日常生活に生かすようにする。

　単位分数とは，$\frac{1}{3}$，$\frac{1}{4}$，$\frac{1}{5}$のように，分子が1である分数のことである。例えば，$\frac{2}{3}$は$\frac{1}{3}$の二つ分であり，1より小さい分数である。また，$\frac{4}{3}$は$\frac{1}{3}$の四つ分であり，1より大きい分数である。

　分数の加法及び減法については，$\frac{1}{5}+\frac{2}{5}$といった同分母で，和が1までの真分数どうしの加法及び減法が理解できるようにするとともに，その考え方を基に，和が1より大きい同分母の分数の加法及び減法の計算ができるようにする。その際，真分数，仮分数，帯分数の意味と用語についても取り扱う。

　また，こうした活動を通して，真分数の考え方を基に，仮分数や帯分数の加法及び減法についても考えることができることに気付き，計算できるようにする。

　真分数とは，$\frac{1}{2}$，$\frac{3}{5}$のように分子が分母より小さい分数，仮分数とは，$\frac{2}{2}$，$\frac{7}{5}$のように分子と分母が等しいか，分子が分母より大きい分数，帯分数とは，$1\frac{2}{5}$のように整数と真分数を合わせた形の分数のこと。$1\frac{2}{5}$は，1と$\frac{2}{5}$を加えた分数である。

　分数の加法及び減法の計算の指導に当たっては，単位分数の個数を求めることを理解できるようにする。例えば，$\frac{3}{5}+\frac{4}{5}$の計算では，$\frac{1}{5}$が7個あるので，結果は$\frac{7}{5}$となるが，$\frac{7}{10}$と考える生徒がいることがある。このようなときは，$\frac{3}{5}$Lと$\frac{4}{5}$Lを合わせた量を求めていたことや，図を用いて，1Lがどこに当たるのか，$\frac{1}{5}$Lがどこに当たるのかを確認しながら丁寧にすすめていく必要がある。

　「大きさの等しい分数」とは，例えば，$\frac{1}{2}$と$\frac{2}{4}$のように，表し方が違っても大きさの等しい分数のことである。同分母どうしの場合は，分子の大きさで，数の大きさを比べることができるが，分母が異なる場合であっても，$\frac{1}{2}$と$\frac{2}{4}$，$\frac{4}{8}$などの場合は，テープの図などを用いたり，数直線上の並べた分数を観察したりしながら，大きさの等しい分数を探すようにする。簡単な場合とは，数直線上に表した複数の分数について，その位置に着目し，位置が等しいことから，大きさが等しく表し方の違う分数があることを知るという程度である。

　「数のまとまりに着目し，分数でも数の大きさを比べたり計算したりできるかどうかを考える」とは，単位分数の個数に着目することによって，分数の大きさを比べ，整数と同じように，分数でも計算ができるかどうかを考えることである。例えば，帯分数どうしの加法及び減法の計算は，$1\frac{1}{5}+2\frac{3}{5}$の場合，$(1+2)+\left(\frac{1}{5}+\frac{3}{5}\right)$のように整数部分と分数部分に分け，それぞれ計算した後に合わせるという考え方と，$\frac{6}{5}+\frac{13}{5}$のように帯分数を仮分数に直してから計算するという

考え方がある。このように，これまで学習したことと関連付けながら考えることで，他にも生かそうとする態度や習慣が生まれることにも留意する。

コ　数量の関係を表す式に関わる数学的活動を通して，次の事項を身に付けることができるよう指導する。
（ア）次のような知識及び技能を身に付けること。
　㋐　四則の混合した式や（　）を用いた式について理解し，正しく計算すること。
　㋑　公式についての考え方を理解し，公式を用いること。
　㋒　数量を□，△などを用いて表し，その関係を式に表したり，□，△などに数を当てはめて調べたりすること。
　㋓　数量の関係を表す式についての理解を深めること。
（イ）次のような思考力，判断力，表現力等を身に付けること。
　㋐　問題場面の数量の関係に着目し，数量の関係を簡潔に，また一般的に表現したり，式の意味を読み取ったりすること。
　㋑　二つの数量の対応や変わり方に着目し，簡単な式で表されている関係について考察すること。

○　**数量の関係を表す式**

　数量の関係を表す式の指導では，四則の混合した式や（　）を用いた式について計算のきまりを理解することや，数量の関係を一般的に捉え，式にまとめて用いることができるようにする。また，数量の関係を□や△などの記号を用いて式に表し，□や△に数を当てはめて調べることや，式の中にある二つの数量の対応や変化の特徴を読み取ることができるようにする。

　また，こうした活動を通して，数量の関係を式に表したり，式を読み取ったりするとともに，伴って変わる二つの数量の対応や変化の特徴について表などを用いて調べ，考察することができるようにする。

　公式とは，数量の関係を簡潔かつ一般的に表したもののことである。高等部1段階で取り扱う公式とは，一般に公式と呼ばれるものだけに限らず，具体的な問題で立式するときに自然に使っているような一般的な関係を言葉でまとめて式で表したものも指している。公式については，数量を言葉で表しているということの理解と，言葉で表されているものにはいろいろな数が当てはまるということの理解が大切である。

　「数量を□，△などを用いて表し，その関係を式に表したり，□や△などに数を当てはめて調べたりする」とは，例えば，正方形の一辺の長さと周りの長さの

間の関係を□×４＝△と一般的な形で表すなど，変量を□，△などを用いて式に表すことである。指導に当たっては，□，△などの記号にはいろいろな数が当てはまり，□，△の一方の大きさが決まれば，それに伴って，他方の大きさが決まることについても理解できるように配慮する必要がある。

「数量の関係を表す式についての理解を深める」とは，式の中にある二つの数量の対応や変化の関係の仕方にどんな特徴があるかを，表などを用いて調べながら，伴って変わる二つの数量の関係を読み取ったり，対応の関係や変化の関係を，□や△などの記号や言葉を用いたりして表すことである。

「問題場面の数量の関係に着目し，式の意味を読み取ったりする」とは，例えば，「500円玉をもって買い物に行き，150円のジュースと260円のパンを買いました。おつりはいくらですか」という問題の場合，数量の関係に着目することで，次のように式に表すことができる。

・ジュースとパンをまとめて買った場合

$500-(150+260)=90$

・ジュースとパンを別々に買った場合

・$500-150=350$

$350-260=90$

さらに，もしも，500円玉１枚ではなく，100円玉５枚もって行ったとすると，$(200-150)+(300-260)=90$と表すこともできる。場面を変えると，どんな式になるかを考え，伝えあったりしながら，数量の関係や思考の過程を表したり，式を読み取ったりすることである。

「二つの数量の対応や変わり方に着目し，簡単な式で表されている関係について考察」するとは，例えば，□＝２＋△，□＝２×△，□＝３×△＋１などの式で，△に１，２，３，…を入れたときの□が幾つになるかを調べ，表に表し，伴って変わる二つの数量の変化の仕方について，表を使って考察することである。

サ　計算に関して成り立つ性質に関わる数学的活動を通して，次の事項を身に付けることができるよう指導する。

(ｱ) 次のような知識及び技能を身に付けること。

㋐　四則に関して成り立つ性質についての理解を深めること。

(ｲ) 次のような思考力，判断力，表現力等を身に付けること。

㋐　数量の関係に着目し，計算に関して成り立つ性質を用いて計算の仕方を考えること。

○　計算に関して成り立つ性質

　計算に関して成り立つ性質の指導では，これまで指導してきた数と計算の範囲において，四則に関して成り立つ性質について，□や△などの記号を用いた式で一般的に表し，理解するとともに，小数の加法に関しても成り立つことを確かめられるようにする。

　四則に関して成り立つ性質とは，交換法則，分配法則，結合法則であり，次の式で表される法則である。

（交換法則）　□＋△＝△＋□

　　　　　　　□×△＝△×□

（分配法則）　□×（△＋○）＝□×△＋□×○

　　　　　　　□×（△－○）＝□×△－□×○

　　　　　　　（□＋△）×○＝□×○＋△×○

　　　　　　　（□－△）×○＝□×○－△×○

（結合法則）　□＋（△＋○）＝（□＋△）＋○

　　　　　　　□×（△×○）＝（□×△）×○

　また，整数に関して，交換法則，結合法則，分配法則を活用して計算を簡単に行う工夫をしたり，乗法の筆算形式の中に分配法則を見付けたりするなど，四則に関して成り立つ性質についての理解を深め，必要に応じて活用することができるようにする。

　計算に関して成り立つ性質を活用する際には，「たし算では，たされる数とたす数を入れ替えて計算しても答えは等しいから。」というように言葉で理由を説明させるなどして，少しずつ筋道を立てて考えられるようにすることが大切である。

B　図形
　ア　平面図形に関わる数学的活動を通して，次の事項を身に付けることができるよう指導する。
　　(ｱ) 次のような知識及び技能を身に付けること。
　　　㋐　平行四辺形，ひし形，台形について知ること。
　　　㋑　図形の形や大きさが決まる要素について理解するとともに，図形の合同について理解すること。
　　　㋒　三角形や四角形など多角形についての簡単な性質を理解すること。
　　　㋓　円と関連させて正多角形の基本的な性質を知ること。
　　　㋔　円周率の意味について理解し，それを用いること。

(イ) 次のような思考力，判断力，表現力等を身に付けること。

㋐　図形を構成する要素及びそれらの位置関係に着目し，構成の仕方を考察し図形の性質を見いだすとともに，その性質を基に既習の図形を捉え直すこと。

㋑　図形を構成する要素及び図形間の関係に着目し，構成の仕方を考察したり，図形の性質を見いだし，その性質を筋道を立てて考え説明したりすること。

○　**平面図形**

平面図形に関わる指導では，平行四辺形，ひし形，台形について指導する。図形を構成する要素である辺の平行や垂直の関係や辺の長さなどに着目して，四角形を弁別したり作図したりする活動などを通して，向かい合った二組の辺が平行な四角形を平行四辺形といい，四つの辺の長さが等しい四角形をひし形といい，向かい合った一組の辺が平行な四角形を台形ということが理解できるようにする。このとき図形の置き方を変えても，その図形が何か判断できるようにする。そして，各々の四角形の性質についても理解できるようにする。平行四辺形には，向かい合う辺の長さが等しい，向かい合う角の大きさが等しいなどの性質がある。ひし形には，二組の向かい合う角がそれぞれ等しいという性質がある。こうした図形の性質を調べる活動を通して，既習の図形について捉え直すことができるようにしていく。

平面図形について，図形が「決まる」という意味を理解し，合同な図形を能率的にかくことができるように指導する。図形が決まることについては，目的とする図形と合同な図形ができることを指している。

図形の合同に関わる指導では，形も大きさも同じ図形をぴったり重ねる活動などを通して，図形の合同について理解できるようにする。また，合同な図形を見付けたり，かいたり，つくったりする活動を通して，図形の形や大きさが一つに決まる要素について理解できるようにする。

さらに，図形を構成する要素及び図形間の関係に着目して，図形の構成の仕方を考えたり，図形の性質について考察したりして，与えられた図形と合同な図形をいかに構成すればよいかを考察できるようにする。

「図形間の関係に着目し，構成の仕方を考察」するとは，具体的な操作を行って二つの図形をぴったり重ねることができない場合でも，ぴったり重なることを説明できないかを考えることである。その際，図形を構成する要素に着目して，対応する辺の長さや角の大きさが等しいかどうかを考えていくことで，ぴったり重なるという具体的な操作を，対応する辺の長さや角の大きさが等しいことに置き換えて考えられるようにすることが重要である。

多角形については，ある図形について，いつでも成り立つ事柄を図形の性質といい，例えば，三角形については，どんな三角形でも，三つの角の大きさを加えると180度になり，また，四角形については，どんな四角形でも，四つの角の大きさを加えると360度になるという性質がある。この四角形の性質は，三角形の三つの角の大きさを加えると180度になるという性質を用いて説明することができる。さらに，五角形についても，三角形のこの性質を用いると，五つの角の大きさを加えると540度になることが分かる。このように，三角形や四角形など多角形の性質について理解できるようにする。

正多角形には，円の内側にぴったり入る（円に内接する），円の外側にぴったり接する（円に外接する）などの性質がある。この性質を基に，正多角形を円と組み合わせて作図をする活動を通して，正多角形の性質を，円の性質と関連付けて理解できるようにする。

円周率については，円について直径の長さと円周の長さとの間の関係を調べる活動などを通して，円周の長さは直径の長さが常に同じ比率の関係になっていることに気付かせ，何倍になるかとの見通しを立てさせる。例えば，円に内接する正六角形と円に外接する

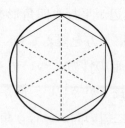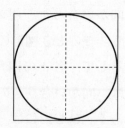

正方形を利用すれば，円周の長さは，正六角形の周りの長さ（半径の6倍）より大きく，正方形の周りの長さ（直径の4倍）より小さいという見通しをもつことができる。実際に幾つかの円について，直径の長さと円周の長さを測定するなどして帰納的に考えることにより，どんな大きさの円についても，円周の長さの直径の長さに対する割合が一定であることを理解できるようにする。この割合のことを円周率という。円周率を指導することにより，直径の長さから円周の長さを，また，逆に円周の長さから直径の長さを計算によって求めることができるなど，直径の長さ，円周の長さ，円周率の関係について理解できるようにする。

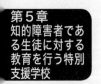

イ　立体図形に関わる数学的活動を通して，次の事項を身に付けることができるよう指導する。

（ア）次のような知識及び技能を身に付けること。

㋐　立方体，直方体について知ること。

㋑　直方体に関連して，直線や平面の平行や垂直の関係について理解すること。

㋒　見取図，展開図について知ること。

㋔　基本的な角柱や円柱について知ること。
　（イ）次のような思考力，判断力，表現力等を身に付けること。
　　㋐　図形を構成する要素及びそれらの位置関係に着目し，立体図形の
　　　平面上での表現や構成の仕方を考察し，図形の性質を見いだすとと
　　　もに，日常の事象を図形の性質から捉え直すこと。

○　立体図形

　立体図形に関わる指導では，立方体，直方体について，模型や具体物を調べる
活動を通して，それを構成する要素（頂点，辺，面）に着目し，辺と辺，辺と
面，面と面の平行及び垂直の関係について考察していくようにする。こうした活
動を通して，立方体や直方体についての理解を深め，空間についての感覚を豊か
にする。直方体の辺や面については，向かい合う面は平行になることや隣り合う
面は垂直になること，12本の辺のうち4本ずつ三組の辺がそれぞれ平行になる
ことや一つの辺が二つの面に垂直であること，また一つの頂点に集まる三つの辺
が互いに垂直であることなどについて理解できるようにする。そして，立体図形
を平面図形に表したり，逆に平面図形から立体図形を構成したりする活動を通し
て，立体図形を平面上にいかに表現するか，また逆に，平面上に表現された図か
らいかに立体図形を構成できるかを考察するとともに，日常の事象を図形の性質
から数学的に捉え直すことができるようにする。

　見取図や展開図は，立体図形を平面上に表現するための方法である。このこと
のよさが分かるように指導することが大切である。その際，平面図形との関連に
も配慮する。例えば，一つの立体図形から，一通りではなく幾つかの展開図をか
くことができることを，実際に数種類の展開図から立体を作って同じになること
を確かめたり，立体を切り開き展開図を作ってみたりする活動を通して，展開図
からできあがる立体図形を想像できるようにすることが大切である。

　基本的な角柱，円柱について，模型や具体物を観察するなどの活動を通して，
角柱や円柱の構成要素である頂点や辺や面の個数や面の形を捉えたり，辺と辺，
辺と面，面と面の平行，垂直の関係を捉えたりすることができるようにする。こ
うした活動を通して図形を構成する要素である底面，側面に着目し，図形の性質
を見いだすとともに，その性質を基に既習の図形を捉え直すことができるように
する。また，見取図や展開図をかくことを通して，辺と辺，辺と面，面と面のつ
ながりや位置関係を調べることができるようにし，角柱や円柱についての理解を
深め，空間についての感覚を豊かにする。

ウ　ものの位置に関わる数学的活動を通して，次の事項を身に付けること
　　ができるよう指導する。
　(ア) 次のような知識及び技能を身に付けること。
　　㋐　ものの位置の表し方について理解すること。
　(イ) 次のような思考力，判断力，表現力等を身に付けること。
　　㋐　平面や空間における位置を決める要素に着目し，その位置を数を
　　　　用いて表現する方法を考察すること。

○　ものの位置

　ものの位置に関わる指導では，実際に学校や教室の中で身近にあるものの位置
を数学的に表現する活動を通して，平面の上にあるものの位置を表すには，横と
縦の二つの要素が必要になることを理解できるようにしていく。こうした活動を
通して，平面上にあるものの位置は二つの要素で，また，空間の中にあるものの
位置の表し方について三つの要素で特定できることを知り，その位置を表現する
には数をどのように活用すればよいかを考察していく。

　平面上の位置を表すには，どのような要素に着目すればよいかを考えさせるた
めに，例えば，自分の下駄箱の位置を特定するには，どのようにすればよいかを
考えさせ，まずは基準となる位置をどこかに定める必要があることに気付くよう
にさせる。そして，基準となる位置から，幾つ目にあるかを考えていく。一列し
かない場合は，右から何番目といった一つの要素だけで表すことができるが，左
右，上下の平面的な広がりがあるときは，一つの要素だけでは表せない。そこ
で，左右，上下の二つの方向から表現していく必要性があることに気付くことが
できるようにする。そして，下駄箱の位置で用いた考えを発展させることで，平
面上の位置を定める方法として，基準点を定め，縦，横の２方向からどのくらい
の距離にあるかに着目することができるようにする。そして，体育館の床に旗を
置く場合，体育館の四隅の一点を基にして，横に3m，縦に4m進むことを，例
えば（横3m，縦4m）のように表すことができるようにする。

　さらに，３次元の位置についても，発展的に考えていくことができる。平面上
での位置の定め方から類推し，縦，横，高さの３方向からどのくらいの距離にあ
るのかによって，その位置が特定できることを導くことができる。教室を直方体
と考えれば，天井からつり下げた飾りが，床の四隅の一点を基にして，横に
3m，縦に4m，高さ2mの位置にある場合，例えば（横3m，縦4m，高さ
2m）のようにして表せることを理解できるようにする。

エ　平面図形の面積に関わる数学的活動を通して，次の事項を身に付けることができるよう指導する。

(ｱ) 次のような知識及び技能を身に付けること。

㋐　三角形，平行四辺形，ひし形，台形の面積の計算による求め方について理解すること。

(ｲ) 次のような思考力，判断力，表現力等を身に付けること。

㋐　図形を構成する要素などに着目して，基本図形の面積の求め方を見いだすとともに，その表現を振り返り，簡潔かつ的確な表現に高め，公式として導くこと。

○　平面図形の面積

平面図形の面積に関わる指導では，長方形や正方形の面積の学習を踏まえ，三角形や平行四辺形，ひし形及び台形の面積についても，長方形や正方形の面積の求め方に帰着して計算によって求めることができるようにする。その際，図形の一部を移動して，計算による求積が可能な図形に等積変形させたり，既習の計算による求積が可能な図形の半分であるとみたり，既習の計算による求積が可能な図形に分割して考えたりする中で，数学的な見方・考え方を働かせて，生徒が自ら工夫して面積を求めることができるようにすることが大切である。そして，計算による求め方を通して公式にして，三角形や平行四辺形，ひし形及び台形の面積は公式で求められることを理解し，それらを公式を使って求められるようにする。

三角形，平行四辺形，ひし形，台形というように，面積の計算による求め方を繰り返し考えることで，基本図形の面積の求め方を見いだすだけでなく，その表現を振り返り，簡潔かつ的確な表現に高め，公式をつくりだしていく資質・能力の育成を目指すことが大切である。

C　変化と関係

ア　伴って変わる二つの数量に関わる数学的活動を通して，次の事項を身に付けることができるよう指導する。

(ｱ) 次のような知識及び技能を身に付けること。

㋐　簡単な場合について，比例の関係があることを知ること。

(ｲ) 次のような思考力，判断力，表現力等を身に付けること。

㋐　伴って変わる二つの数量を見いだして，それらの関係に着目し，表や式を用いて変化や対応の特徴を考察すること。

○　伴って変わる二つの数量

　比例の関係があることについての指導では，例えば，「横の長さが6cmと決まっている場合の長方形の縦の長さと面積の関係」について，表に数量を当てはめていく活動を通して，表を用いて一方が2倍，3倍，4倍になるとき，それに伴って他方も2倍，3倍，4倍になる二つの数量の関係を見いだし，この関係を比例の関係として捉えることができるようにする。

　また，こうした活動を通して，比例の関係が，これまでに学習してきた乗法の場面と深く関わっていることに気付き，「縦の長さが2倍，3倍，4倍，…になれば，面積も2倍，3倍，4倍，…になる」などと表現できるようにする。

　「簡単な場合について，比例の関係があることを知る」とは，表を用いて一方が2倍，3倍，4倍，…になれば，それに伴って他方も2倍，3倍，4倍，…になる二つの数量の関係について知ることである。

　「伴って変わる二つの数量を見いだして，それらの関係に着目」するとは，ある数量の大きさを知りたいが，その数量を直接考察することが難しいような場合に，他の関係し合っている数量に注目して，それらの関係と同じ関係を成り立たせることができる，ある数量を求めるために，一方の数量を決めれば他方の数量が決まるかどうか，あるいは，一方の数量は他方の数量に伴って一定のきまりに従って変化するかといった見方から二つの数量に着目することである。

　「表や式を用いて変化の特徴を考察」するとは，伴って変わる二つの数量の関係について，変化や対応の規則性を見付けだし，それらの関係を表や式で表し，変化や対応についてのさらなる特徴を見いだしていくことである。ここでは，変化や規則性が，他の数値の間においても成り立つかどうかを確かめることが大切になる。また，関数の考え方を生かして問題を解決した後に，問題解決過程を振り返り，見いだしたきまりを基に，数値を変えるなどして問題場面の条件を変更することで，変化や対応の特徴を発展的に考察できるようにしていくことも大切である。

イ　異種の二つの量の割合として捉えられる数量に関わる数学的活動を通して，次の事項を身に付けることができるよう指導する。
　（ア）次のような知識及び技能を身に付けること。
　　　㋐　速さなど単位量当たりの大きさの意味及び表し方について理解し，それを求めること。
　（イ）次のような思考力，判断力，表現力等を身に付けること。
　　　㋐　異種の二つの量の割合として捉えられる数量の関係に着目し，目

的に応じて大きさを比べたり，表現したりする方法を考察し，それらを日常生活に生かすこと。

○　異種の二つの量の割合として捉えられる数量

　速さなど単位量当たりの大きさの意味及び表し方についての指導では，例えば，人の速さや乗り物が移動する速さを比べる活動を通して，単位時間当たりに移動する長さ（距離）を基に比較することができるようにする。

　また，こうした活動を通して，異種の二つの量の割合として捉えられる数量があることに気付き，割合を用いることで能率的に比べたり表現したりすることができるようにする。

　「速さなど単位量当たりの大きさの意味及び表し方について理解し，それを求める」とは，速さを，一定の長さを移動するのにかかる時間や，単位時間当たりに移動する長さとして捉え，それぞれを数値化することである。その上で，一般的に速さについては，速いほど大きな数値を対応させた方が都合がよいため，時間を単位量として単位時間当たりの長さで比べることが多く，（速さ）＝（長さ）÷（時間）として表すことができる。この他，例えば，米の収量を比較するのに，1a当たりの収量で比べたり，人口の疎密を比べるのに1km^{2}当たりの人口で比べたりする。

　「異種の二つの量の割合として捉えられる数量の関係に着目し，目的に応じて大きさを比べたり表現したりする方法を考察し，それらを日常生活に生かす」とは，一つの量だけでは比較することができない事象に着目し，そのような量についてどのようにすれば比べられるのか，数値化できるかということを考え，例えば，速さであれば，単位時間当たりに移動する長さとして捉えたり，一定の長さの移動に要する時間として捉えたりするなど，目的に応じた処理の仕方を工夫することである。その際，どちらか一方の量を揃えて，もう一方の量の大小で比べると比べやすいことに気付かせるようにする。

ウ　二つの数量の関係に関わる数学的活動を通して，次の事項を身に付けることができるよう指導する。
　(ア) 次のような知識及び技能を身に付けること。
　　㋐　ある二つの数量関係と別の二つの数量の関係を比べる場合に割合を用いる場合があることを理解すること。
　　㋑　百分率を用いた表し方を理解し，割合などを求めること。
　(イ) 次のような思考力，判断力，表現力等を身に付けること。
　　㋐　日常の事象における数量の関係に着目し，図や式などを用いて，

135

ある二つの数量の関係と別の二つの数量の関係との比べ方を考察し，
　　それを日常生活に生かすこと。

○　二つの数量の関係

　　ある二つの数量の関係と別の二つの数量の関係の比べ方の指導では，割合が小
数で表される場合に考察の対象を広げ，ある二つの数量の関係と別の二つの数量
の関係を比べる場合に割合を用いる場合があることや，百分率を用いた表し方を
理解し，割合などを求めることができるようにする。そして，ある二つの数量の
関係と別の二つの数量の関係において，比例関係が前提としてあれば，基準にす
る大きさが異なる場合に，割合を用いて数量の関係どうしを比べることができる
ようにする。

　　百分率を用いた表し方の指導では，「定価の20％引き」，「降水確率20％」な
ど，日常生活の中で用いられている百分率をチラシやテレビなどから見つける活
動などを通して，百分率が日常生活の中で用いられている割合の便利な表現であ
ることに気付き，身近な事象の関係を百分率で表すことができるようにする。ま
た，実際の問題の場面などで，計算機等を用いて百分率を求めることができるよ
うにする。

　　「ある二つの数量の関係と別の二つの数量の関係を比べる場合に割合を用いる
場合があることを理解」するとは，基準量を1として，比較量を割合として小数
で表すことで，資料の全体と部分，あるいは，部分と部分の関係どうしを比べる
場合があることを知り，そのような比べ方ができることである。なお，割合は，
「Bを基にしたAの割合」，「Bの□倍がA」など，様々な表現で示されるため，
割合を示す表現の中から，基準量や比較量を明確にすることも必要となる。

　　「百分率を用いた表し方を理解し，割合などを求める」とは，割合をなるべく
整数で表すために，基準量を100として，それに対する割合で表す方法を知り，
百分率を求めたり，用いたりすることができるようにする。

　　「日常の事象における数量の関係に着目」するとは，資料の全体と部分の関係
どうし，部分と部分の関係どうしを比べる場面で，二つの数量の関係に着目す
る。すなわち，比べる対象を明確にし，比べるために必要となる二つの数量の関
係を，比例関係を前提に，割合でみてよいかを判断することである。

　　「図や式などを用いて，ある二つの数量の関係と別の二つの数量の関係との比
べ方を考察し，それを日常生活に生かす」とは，二つの数量の関係を，得られた
割合の大小から判断したり，割合を使って計算をした結果から問題を解決したり
することである。例えば，日常生活において，打率やシュート率，勝率など「ど
ちらの方が上手なのだろうか」と割合を用いて比べることや，「10％の増量」，
「1割引」など割合を用いて考えることなどがある。

第5章
知的障害者であ
る生徒に対する
教育を行う特別
支援学校

D　データの活用

　ア　データの収集とその分析に関わる数学的活動を通して，次の事項を
　　　身に付けることができるよう指導する。

　　(ｱ)　次のような知識及び技能を身に付けること。

　　　㋐　数量の関係を割合で捉え，円グラフや帯グラフで表したり，読
　　　　んだりすること。

　　　㋑　円グラフや帯グラフの意味やそれらの用い方を理解すること。

　　　㋒　データの収集や適切な手法の選択など統計的な問題解決の方法
　　　　を知ること。

　　(ｲ)　次のような思考力，判断力，表現力等を身に付けること。

　　　㋐　目的に応じてデータを集めて分類整理し，データの特徴や傾向
　　　　に着目し，問題を解決するために適切なグラフを選択して読み取
　　　　り，その結論について多面的に捉え考察すること。

○　**データの収集とその分析**

　データの収集とその分析の指導では，数量の関係を割合で捉え，基準量と比較量との関係を円グラフや帯グラフで表すことができるようにする。また，例えば，「このクラスは，風邪をひいている人が多い。」といった生徒自身の気付きから「学部（学年）によって風邪をひいている生徒の割合はどのように違うのか。」というような問題を設定するなど，身の回りの事象について，その事象の因果関係や傾向を漠然と捉えるだけではなく，データに基づいて判断する統計的な問題解決の方法を知り，その方法で考察していくことができるようにする。

　また，こうした活動を通して，質的データや量的データについて，全体と部分，部分と部分の間の関係を調べると特徴が捉えやすい事象があることに気付くようにする。

　帯グラフについては，「3　指導計画の作成と内容の取扱い」の(2)のウの(ｼ)では，「複数の帯グラフを比べることにも触れるものとする」と示している。複数のデータについて項目の割合を比較するには，帯グラフが便利である。例えば，ある項目間の比較について，年次変化を合わせて分析する場合などである。ただし，複数の帯グラフを用いる際には，各帯グラフの合計が異なっている場合があり，そのような場合には，割合が小さくなっていても実際のデータとしては大きいなど，見た目では比較ができない場合があるため注意が必要である。

　「統計的な問題解決の方法」とは，

　①　身の回りの事象について，興味・関心や問題意識に基づき，統計的に解決
　　　可能な問題を設定すること

② 見通しを立て，どのようなデータを，どのように集めるかについて計画を立てること
③ データを集めて分類整理すること
④ 目的に応じて，観点を決めてグラフや表に表し，データの特徴や傾向をつかむこと
⑤ 問題に対する結論をまとめるとともに，さらなる問題を見いだすこと

である。その際には，自分たちが学習した分析方法の中でどれを用いて分析するかを計画の段階で視野に入れたり，分析に合わせたデータの集め方などを考えたりすることも大切である。

「データの特徴や傾向に着目し，問題を解決するために適切なグラフを選択して読み取る」とは，データの種類や項目の数を考え，目的に応じて，これまで学習してきている簡単な表や二次元の表，棒グラフ，折れ線グラフ，円グラフ，帯グラフといった表現から適切なものを選択して表してみることで，データの特徴や傾向をつかみ読み取っていくようにすることである。

「結論について多面的に捉え考察」するとは，自分たちが出した結論やデータについて，別の観点から見直してみることで，異なる結論が導きだせないかどうかを考察できるようにすることである。そのためには，割合でみていたものを量で見直してみたり，観点を変えて整理し直してみたりすることが必要となる。

イ 測定した結果を平均する方法に関わる数学的活動を通して，次の事項を身に付けることができるよう指導する。

(ア) 次のような知識及び技能を身に付けること。

[ア] 平均の意味や求め方を理解すること。

(イ) 次のような思考力，判断力，表現力等を身に付けること。

[ア] 概括的に捉えることに着目し，測定した結果を平均する方法について考察し，それを学習や日常生活に生かすこと。

○ 測定した結果を平均する方法

測定した結果を平均する方法の指導では，生徒が形式的に計算できればよいということではなく，その意味を理解することが必要である。例えば，歩測によってある長さを調べる場合，何度か往復して歩数を何回か測り，およその大きさを捉える活動などを通して，多いところから少ないところへ移動しならすという方法や，全てを足しあわせたのち等分する方法と平均の意味を関連させて理解できるようにする。

また，こうした活動を通して，測定には必ず誤差が伴うことに気付き，それを

考慮に入れながら測定し，測定した結果を平均することで，測定する対象がもつ真の値に近い値を得るということを理解できるようにする。

「概括的に捉える」とは，何らかの対象を測定した結果について，全体の傾向を把握したいような場合に，平均の考え方を用いて，それを妥当な数値として示し，全体の傾向を捉えることである。

平均の考えを他の学習場面をはじめ，日常生活に生かすことができるようにする。

ウ　数学的活動

〔数学的活動〕
ア　内容の「Ａ数と計算」，「Ｂ図形」，「Ｃ変化と関係」及び「Ｄデータの活用」に示す学習については，次のような数学的活動に取り組むものとする。
　(ｱ) 日常の事象から数学の問題を見いだして解決し，結果を確かめたり，日常生活等に生かしたりする活動
　(ｲ) 数学の学習場面から数学の問題を見いだして解決し，結果を確かめたり，発展的に考察したりする活動
　(ｳ) 問題解決の過程や結果を，図や式などを用いて数学的に表現し伝え合う活動

「日常の事象から数学の問題を見いだして解決し，結果を確かめたり，日常生活等に生かしたりする活動」とは，これまでの数学的活動での経験を踏まえて，日常生活における問題を数学を用いて解決できるように数理的に捉え，それを既習事項を活用しながら解決し，その結果を確かめるとともに日常生活などに生かすことである。日常生活でのできごとを生徒自らが数学の学習と結び付けて数理的に表現・処理する活動を通して，数学を利用することのよさを実感し，数学的な見方・考え方を働かせながら，既習の知識及び技能等を進んで活用していけるようにすることが大切である。

「数学の学習場面から数学の問題を見いだして解決し，結果を確かめたり，発展的に考察したりする活動」とは，これまでの学習経験を踏まえて，数学の問題に主体的に関わり自ら問題を見いだし，既習事項を基にして考えたり判断したりすることで解決が可能になったり，その結果を適切に表現したり処理したりするとともにそれを発展的に考察することである。数学の学習場面から自ら問題を見いだすために，事象を観察するとともに既習事項との関連を意識させるなどして問題解決の入口を丁寧に扱うことが大切である。また，これまでの学習で使用し

139

てきた具体物，図，数，式，表やグラフなどを活用して問題を解決し，その結果を確かめるだけでなく，それを発展的に考察する活動を位置付けることで，自ら数学を学び続け，数学を創ることの楽しさを実感できるようにすることが大切である。

「問題解決の過程や結果を，図や式などを用いて数学的に表現し伝え合う活動」とは，これまでの数学的活動を踏まえて，これまでの学習で使用してきた図や式などを活用して自ら取り組んでいる問題解決の過程やその結果を分かりやすく表現し，他者と伝え合うなど対話的に学ぶことである。問題解決における思考の過程や判断の結果などを数学的に表現するためには，図や式などを適切に用いて的確に表現する必要がある。また，思考した過程や結果などを数学的な表現を用いて伝え合う機会を設け，数学的に表現することのよさを実感できるようにすることも大切である。さらに，対話的に伝え合うことにより，お互いの考えをよりよいものにしたり，新たなことを見いだしたりする機会が生まれることを経験できるようにする。

(2) 2段階の目標と内容
ア 目標

○2段階
(1) 目　標
　A　数と計算
　ア　整数の性質，分数の意味，文字を用いた式について理解するとともに，分数の計算についての意味や法則について理解し，それらを計算する技能を身に付けるようにする。
　イ　数とその表現や計算の意味に着目し，発展的に考察して問題を見いだしたり，目的に応じて多様な表現方法を用いながら，数の表し方や計算の仕方などを考察したりするとともに，数量の関係を簡潔かつ一般的に表現する力を養う。
　ウ　数量について数学的に表現・処理したことを振り返り，多面的に捉え検討してよりよいものを求めて粘り強く考える態度，数学のよさを実感し，学習したことを生活や学習に活用しようとする態度を養う。

　2段階の「数と計算」では，整数の性質，分数の意味，分数の計算，文字を用いた式について指導する。
　「整数の性質」とは，整数を偶数と奇数に類別することや約数，倍数という観

点で類別することである。ここでは，整数をある観点で整数の集合に類別したり，乗法的な構成に着目して集合を考えたりするなど，より数学的な視点から整数を捉え直し，様々な場面に活用するとともに，数に対する感覚がより豊かになるように指導していく。

「分数の意味」とは，数を構成する単位に着目し，数の相等及び大小関係について考察することや分数の表現に着目し，除法の結果の表し方を振り返ることであり，1段階で学習した分数の意味や表し方についての理解を更に深め，分数の意味をまとめることである。

「分数の計算」とは，異分母の分数の加法及び減法や，分数の乗法及び除法の計算をすることである。

「文字を用いた式」とは，a，xなどの文字を使って未知の数量や任意の数を表すとともに，数量の関係に着目し簡潔かつ一般的な式に表したり，式から具体的な事柄を読み取ったりすることである。

B　図形
ア　平面図形を縮小したり，拡大したりすることの意味や，立体図形の体積の求め方について理解し，縮図，拡大図を作図したり，円の面積や立方体，直方体，角柱，円柱の体積を求めたりする技能を身に付けるようにする。
イ　図形を構成する要素や図形間の関係に着目し，構成の仕方を考察したり，図形の性質を見いだしたりするとともに，円の面積や立方体，直方体，角柱，円柱の体積の求め方を考え，その表現を振り返り，簡潔かつ的確な表現に高め，公式として導く力を養う。
ウ　図形や数量について数学的に表現・処理したことを振り返り，多面的に捉え検討してよりよいものを求めて粘り強く考える態度，数学のよさを実感し，学習したことを生活や学習に活用しようとする態度を養う。

2段階の「図形」では，平面図形を縮小したり，拡大したりすることの意味や，縮図，拡大図の作図の仕方，円の面積や立方体，直方体，角柱，円柱の体積の求め方について指導する。

「平面図形を縮小したり，拡大したりすることの意味」とは，二つの図形の大きさを問題にしないで，形だけが同じであるかどうかの観点で図形を捉えることである。ここでは，二つの図形間の関係に着目し，合同についての考え方を基に，二つの図形が拡大，縮小の関係にあるのかについて考察し，縮図や拡大図を

作図することを指導する。

　円の面積については，円が曲線で囲まれた図形であることから，これまでに学習した基本図形の求積方法を活用して近似値を求めたり，面積を求める公式をつくり上げたりすることを指導する。

　「立方体や直方体の体積」とは，3次元に広がりをもつ空間領域の大きさを表す量である。ここでは，面積などと同じように，単位の大きさを決めるとその幾つ分として数値化して捉え，単位や測定の意味を知り，体積を求める。また，角柱や円柱の体積について，必要な部分の長さを測り，計算によって体積を求め，新しい公式を導きだしていく。

C　変化と関係

ア　比例や反比例の関係，比について理解するとともに，伴って変わる二つの数量を見いだし，それらの関係について表や式を用いて表現したり，目的に応じて比で処理したりする方法についての技能を身に付けるようにする。

イ　伴って変わる二つの数量の関係に着目し，目的に応じて表や式，グラフを用いて変化や対応の特徴を考察したり，比例の関係を前提に二つの数量の関係を考察したりする力を養う。

ウ　数量について数学的に表現・処理したことを振り返り，多面的に捉え検討してよりよいものを求めて粘り強く考える態度，数学のよさを実感し，学習したことを生活や学習に活用しようとする態度を養う。

　2段階の「変化と関係」では比例や反比例の関係，比について指導する。

　比例の関係とは，二つの数量A，Bがあり，一方の数量が2倍，3倍，4倍，…と変化するのに伴って，他方の数量も2倍，3倍，4倍，…と変化し，一方が$\frac{1}{2}$，$\frac{1}{3}$，$\frac{1}{4}$，…と変化するのに伴って，他方も$\frac{1}{2}$，$\frac{1}{3}$，$\frac{1}{4}$，…と変化するということである。ここでは，二つの数量について，一方がm倍になればそれと対応する他方の数量もm倍になるという関係を見いだしたり，この関係に着目して問題を解決したりする。

　「反比例の関係」とは，二つの数量A，Bがあり，一方の数量が2倍，3倍，4倍，…と変化するのに伴って，他方の数量$\frac{1}{2}$，$\frac{1}{3}$，$\frac{1}{4}$，…と変化し，一方が$\frac{1}{2}$，$\frac{1}{3}$，$\frac{1}{4}$，…と変化するのに伴って，他方が2倍，3倍，4倍，…と変化するということである。ここでは，二つの数量について，一方がm倍になればそれと対応する他方の数量は$\frac{1}{m}$になるという関係を見いだしたり，この関係に着目して問題を解決したりする。

「比」とは，二つの数量の大きさを比較しその割合を表す場合に，どちらか一方を基準量とすることなく，簡単な整数などの組を用いて表す方法のことである。その際，$a:b$を比の値である$\frac{a}{b}$で表すことを指導する。

> D　データの活用
> ア　量的データの分布の中心や散らばりの様子からデータの特徴を読み取る方法を理解するとともに，それらを問題解決における用い方についての技能を身に付けるようにする。
> イ　目的に応じてデータを収集し，データの特徴や傾向に着目して，表やグラフに的確に表現し，それらを用いて問題解決したり，解決の過程や結果を批判的に捉え考察したりする力を養う。
> ウ　データの活用について数学的に表現・処理したことを振り返り，多面的に捉え検討してよりよいものを求めて粘り強く考える態度，数学のよさを実感し，学習したことを生活や学習に活用しようとする態度を養う。

　2段階の「データの活用」は，量的データの分布の中心や散らばりの様子から特徴を読み取る方法について指導する。
　「量的データの分布の中心や散らばりの様子から特徴を読み取る」とは，度数分布を表す表や柱状グラフなど，量的データの分布を表す表やグラフから，中央値，最頻値などの的確な代表値を選択し，読み取りながら特徴を捉えることである。ここでは，身の回りの事象から設定した問題について，目的に応じてデータを収集し，データの特徴や傾向に着目して適切な手法を選択して分析を行い，それらを用いて問題解決したり，解決の過程や結果を批判的に考察したりする。

イ　内容

> A　数と計算
> ア　整数の性質及び整数の構成に関わる数学的活動を通して，次の事項を身に付けることができるよう指導する。
> （ア）次のような知識及び技能を身に付けること。
> 　㋐　整数は，観点を決めると偶数と奇数に類別されることを理解すること。
> 　㋑　約数，倍数について理解すること。
> （イ）次のような思考力，判断力，表現力等を身に付けること。

㋐　乗法及び除法に着目し，観点を決めて整数を類別する仕方を考えたり，数の構成について考察したりするとともに，日常生活に生かすこと。

○　**整数の性質**

ここでは，整数そのものを考察の対象として，例えば，０以上の整数全体を二つに類別する仕方を考えていく。０，１，２，３，４，…を順に二つに分けていくと，１，３，５…の集合と，０，２，４，６，…の集合に分けられることに気付けるようにする。そして，それぞれを乗除を観点にその性質について考えることで，前者は「２で割って１余る数」とも言えるし，「２をかけて作った数＋１」ともいうことができ，後者は「２で割ると商が整数となり，割り切れる数」でもあるし，「２に整数をかけてできた数」でもあることが理解できるようにする。このように乗法や除法に着目した観点で，整数全体を類別する仕方を考えることで，整数は，偶数又は奇数の２種類に類別され，全ての整数の集合は，偶数と奇数の二つの集合に類別されるということが理解できるようにする。

約数や倍数については，乗法を用いて，例えば，８×□で表される整数の集合（８の倍数）を考えることから，九九の学習での「８の段」で表される範囲を超えて，無限に続いていくことを見いだすことで倍数について理解できるようにする。また，別の数で，例えば，12×□で表される整数の集合を考えていくと，先ほどの８の倍数と共通の数があることに気付けるようにし，24は，８の倍数でもあり，12の倍数でもあることが理解できるようにする。

また，除法に着目して約数を考えていくことも，同様である。例えば，12を割り切ることができる整数を考えることから，１，２，３，４，６，12は12の約数であることが理解できるようにする。

二つの整数の公約数や公倍数については，例えば，８の約数と12の約数を見付けることから，８の約数は｛1，２，４，８｝であり，12の約数は｛1，２，３，４，６，12｝であることから，８と12の両方の約数である｛1，２，4｝を公約数ということを理解できるようにする。また，最大公約数は，公約数の中で最大の数であることを理解させ，８と12の最大公約数は４であることに気付かせるようにする。

また，８の倍数と12の倍数を比べることから，８の倍数の｛8，16，24，32，…｝と，12の倍数の｛12，24，36，48，…｝に共通する数を見つけると，｛24，48，72，…｝となることに気付かせ，それを８と12の公倍数ということを理解できるようにする。また，最小公倍数は，公倍数の中で最小の数であるから，24であることに気付かせるようにする。

イ　分数に関わる数学的活動を通して，次の事項を身に付けることができ
　るよう指導する。

（ア）次のような知識及び技能を身に付けること。

　　㋐　整数及び小数を分数の形に直したり，分数を小数で表したりする
　　　こと。

　　㋑　整数の除法の結果は，分数を用いると常に一つの数として表すこ
　　　とができることを理解すること。

　　㋒　一つの分数の分子及び分母に同じ数を乗除してできる分数は，元
　　　の分数と同じ大きさを表すことを理解すること。

　　㋓　分数の相等及び大小について知り，大小を比べること。

（イ）次のような思考力，判断力，表現力等を身に付けること。

　　㋐　数を構成する単位に着目し，数の相等及び大小関係について考察
　　　すること。

　　㋑　分数の表現に着目し，除法の結果の表し方を振り返り，分数の意
　　　味をまとめること。

○　分数

　ここでは，分数の意味について，その観点の置き方によって，様々な捉え方が
できることを指導する。例えば，$\frac{2}{3}$について，次のように様々な捉え方ができる。

① 具体物を3等分したものの二つ分の大きさを表す。

② $\frac{2}{3}$L，$\frac{2}{3}$mのように，測定したときの量の大きさを表す。

③ 1を3等分したもの（単位分数である$\frac{1}{3}$）の二つ分の大きさを表す。

④ AはBの$\frac{2}{3}$というように，Bを1としたときのAの大きさの割合を表す。

⑤ 整数の除法「$2 \div 3$」の結果（商）を表す。

　このような様々な捉え方を具体的に確かめることから，分数の意味が理解でき
るようにする。

　小数を分数の形に表すことについては，例えば，0.13は，0.01の13個分，すな
わち$\frac{1}{100}$の13個分にあたるので，$\frac{13}{100}$と表すことができることを確かめさせ，
分母として10，100，1000などを用いることが理解できるようにする。

　分数を整数や小数に表すことについては，例えば，$\frac{1}{4}$は$1 \div 4$とみて，0.25と
表すことができることを計算して確かめることから分数には，例えば，$\frac{1}{3}$は0.333
…のように有限小数では表せないものもあることに気付かせるようにする。

　こうした学習を通して，分子と分母によって表される分数の表現に着目し，は
したの大きさ，量の大きさ，割合など，これまでの分数の意味について振り返り
ながら，分数には商を表す意味もあるというように，分数の意味を拡張して考え

ることができるようにする。

　整数の除法の結果は，分数を用いると常に一つの数として表すことができることを理解することについては，二つの整数の除法について，商を小数まで割り進めても割り切れない場合（$4 \div 3 = 1.333\cdots$）があることを確かめることから，必ずしも計算の結果を整数や有限小数で表すことができるとは限らないことに気付かせるようにする。このとき，$a \div b$（a，bは整数でbは0でない）の商を$\frac{a}{b}$という分数で表すと，どのようなときでも除法の結果を一つの数で表すことができることを理解させる。その際，$6 \div 3 = 2$や$2 \div 4 = 0.5$のように商が整数や小数になる場合も分数で表すことができることを理解できるようにする。

　分数の相等や大小については，大きさの等しい分数の表し方は幾通りもあり，例えば，$\frac{1}{2}$，$\frac{2}{4}$，$\frac{3}{6}$，$\frac{4}{8}$，…は同じ大きさを表す分数であることを確かめることから，一つの分数の分子及び分母に同じ数を乗除してできる分数は，元の分数と同じ大きさを表していることを，具体的な操作を行って気付くようにさせる。例えば，$\frac{2}{3} = \frac{2 \times 2}{3 \times 2} = \frac{4}{6}$となり，$\frac{4}{6} = \frac{4 \div 2}{6 \div 2} = \frac{2}{3}$となる。このように分数は，同じ大きさの表し方が幾通りもあることが特徴であることに気付かせ，この特徴は，$a \div b$が$\frac{a}{b}$であることから分かるように，除法に関して成り立つ性質と同じであることが理解できるようにする。

　「約分」とは，分数の分子及び分母をそれらの公約数で割って，分母の小さい分数にすることである。約分した分数は，元の分数と同じ大きさを表す。約分の指導に際しても，数直線や図などを活用することが大切である。

　このように，同じ大きさを表す分数の指導を通して，数についての感覚を豊かにするように配慮することが大切である。

　また，幾つかの分数の相等や大小は，共通な分母に揃えることで比べられることに気付かせ，実際に分数の相等と大小が分かるように指導する。分母が違う分数を分母が共通な分数に直すことを通分という。二つの分数を通分するときは，分母として，二つの分母の最小公倍数を用いると簡潔に表すことができることを理解できるようにする。

　通分の指導に当たっては，形式的に操作するだけでなく，その意味をよく理解し，大きさの等しい分数に着目できるようにすることが大切である。

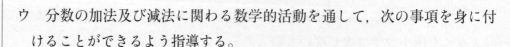

ウ　分数の加法及び減法に関わる数学的活動を通して，次の事項を身に付けることができるよう指導する。

（ア）次のような知識及び技能を身に付けること。

　㋐　異分母の分数の加法及び減法の計算ができること。

（イ）次のような思考力，判断力，表現力等を身に付けること。

㋐　分数の意味や表現に着目し，計算の仕方を考えること。

○　**分数の加法，減法**

2段階では，異分母の分数の加法及び減法の計算の仕方を考え，それらの計算ができるようにする。

分母が異なる分数の加法や減法は，通分することにより，分母が同じ分数の加法や減法として計算することができることを，例えば，

$$\frac{1}{2}+\frac{1}{3}=\frac{1\times 3}{2\times 3}+\frac{1\times 2}{3\times 2}=\frac{3}{6}+\frac{2}{6}=\frac{5}{6}$$

という計算の仕方を考えることから，通分することによって単位分数の個数に着目して考えることができることに気が付かせるようにする。これは，単位を揃えて計算するという加法や減法の計算の基本になる考え方であり，このことを確実に身に付けられるようにする。

分母の異なる分数の加法及び減法について，分母と分子を用いて表現された分数の意味や大きさに着目して，分母の異なる分数の大きさを比べる場合に用いた方法を振り返り，通分を用いた計算の仕方を自ら考え出すことができるようにすることが大切である。

エ　分数の乗法及び除法に関わる数学的活動を通して，次の事項を身に付けることができるよう指導する。

(ｱ) 次のような知識及び技能を身に付けること。

㋐　乗数や除数が整数や分数である場合も含めて，分数の乗法及び除法の意味について理解すること。

㋑　分数の乗法及び除法の計算ができること。

㋒　分数の乗法及び除法についても，整数の場合と同じ関係や法則が成り立つことを理解すること。

(ｲ) 次のような思考力，判断力，表現力等を身に付けること。

㋐　数の意味と表現，計算について成り立つ性質に着目し，計算の仕方を多面的に捉え考えること。

○　**分数の乗法，除法**

これまで学習した分数の加法及び減法の計算の仕方を基にして，分数の乗法及び除法の計算の仕方を考える活動を通して，分数の乗法及び除法についても，整数の場合と同じ関係や法則が成り立つことに気付かせ，それらの計算ができるようにする。このとき，数の意味と表現，計算に関して成り立つ性質に着目し，多面的に捉え計算の仕方を考えることができるようにする。

分数の乗法の意味は，基準にする大きさとそれに対する割合から，その割合に当たる大きさを求める計算であると考えられる。Bを「基準にする大きさ」，pを「割合」，Aを「割合に当たる大きさ」とするとき，$B \times p = A$と表すことができるということである。

　分数の除法の意味は，割合を求める場合（$A \div B = p$）と基準にする大きさを求める場合（$A \div p = B$）の二つの場合が考えられるが，いずれにしても乗法の逆であると捉えられるようにする。

　分数の乗法及び除法の計算については，除法の計算は逆数を用いることによって乗法の形に置き換えることができることを指導する。例えば，$\frac{2}{5} \div \frac{3}{4}$の計算は，除数の$\frac{3}{4}$の逆数は$\frac{4}{3}$であることから，$\frac{2}{5} \times \frac{4}{3}$と表すことができる。

　また，整数や小数の乗法や除法を分数の場合の計算にまとめることも指導する。

　例えば，$5 \div 2 \times 0.3 = \frac{5}{1} \times \frac{1}{2} \times \frac{3}{10} = \frac{5 \times 1 \times 3}{1 \times 2 \times 10}$と分数の形にまとめて表すことができる。

　分数の計算については，真分数や仮分数の計算を中心に扱い，帯分数を含む計算については，生徒の実態によって扱うものとする。分数の乗法及び除法については，帯分数で表すよりも仮分数で表す方が計算を進めやすくなる。このことに生徒が気付くことができる程度でよく，いたずらに複雑な計算を指導するのではなく，分数の計算を生活や今後の学習へ活用できるようにすることを重視する。計算に当たっては，計算機を活用するなどして，数と計算についての意味の理解を深めることが重要である。

　計算に関して成り立つ性質の分数への適用については，分数についても整数や小数の場合と同じように交換法則，結合法則，分配法則が成り立つことを理解できるようにする。

　また，乗数が2倍，3倍，4倍，…になると積も2倍，3倍，4倍，…になるという乗法の性質や，除数及び被除数に同じ数をかけても，同じ数で割っても商は変わらないという除法の性質が，分数の乗法及び除法についても成り立つことを理解できるようにする。

　「分数の意味や表現に着目」するとは，分数の意味に基づいて$\frac{a}{b}$を$\frac{1}{b} \times a$と捉えたり，$a \div b$を$\frac{a}{b}$とみたり，$\frac{a}{b}$を$a \div b$とみたりするなど分数を除法の結果と捉えたりすることなどである。

　「計算に関して成り立つ性質に着目」することとは，乗法に関して成り立つ性質や除法に関して成り立つ性質，交換法則，結合法則などの四則に関して成り立つ性質に着目することである。

　このように，数の意味と表現，計算に関して成り立つ性質に着目することで，多面的に捉えて，筋道を立てて計算の仕方を考えるなどして，数学的な見方・考

え方を伸ばしていくよう指導する。

オ　数量の関係を表す式に関わる数学的活動を通して，次の事項を身に付けることができるよう指導する。

（ア）次のような知識及び技能を身に付けること。

　㋐　数量を表す言葉や□，△などの代わりに，a，xなどの文字を用いて式に表したり，文字に数を当てはめて調べたりすること。

（イ）次のような思考力，判断力，表現力等を身に付けること。

　㋐　問題場面の数量の関係に着目し，数量の関係を簡潔かつ一般的に表現したり，式の意味を読み取ったりすること。

○　数量の関係を表す式

　これまでの，数量の関係を□，△を用いて表してきた学習を基に，□，△の代わりにa，xなどの文字を用いて，数量の関係や法則を簡潔かつ一般的に表現することができるように指導する。

　文字が未知の数量を表す場合について，その処理の仕方は，□や△を用いた場合と同様なので，□，△などの代わりに，a，xなどの文字を用いて式に表し，文字の使用に次第に慣れることができるようにする。文字が表す未知の数量を求めるために逆算をしたり，文字に順序よく数を当てはめたりして考察することを通して，文字には，小数や分数も整数と同じように当てはめることができることを理解させる。そして，問題解決に文字を用いた式を活用することで，数量の関係や自分の思考過程を簡潔に表現できるよさに気付き，進んで生活や学習に活用できるようにする。

　文字が変量を表す場合については，二つの数量の関係を二つの文字を用いた式に表し，一方の文字に当てはめる数を決めたときの，他方の文字に当てはまる数を求めることができるようにする。

　これらの学習を通して，数量の関係をa，xなどの文字を用いて式に表し，簡潔にしかも一般的に表現できるようにすることが大切である。

　そして，文字を用いて表した式について，具体的な事柄を読み取ったり，文字に順序よく数を当てはめたりして，問題解決に生かすようにする。例えば，底辺の長さが4cmの平行四辺形がある。この平行四辺形の高さを$a$cm，面積を$b$cm^{2}として，平行四辺形の高さと面積の数量の関係を式に表すと，$4 \times a = b$と一般的に表すことができる。この式から，高さが決まると面積も決まることや，高さと面積が比例関係になっていることを読み取らせることが大切である。また，文字には，整数だけでなく，小数や分数も当てはめることができることに着目し，数

の範囲を拡張して考えることができるようにする。

　また，計算法則などを文字を用いた式に表すこともある。この場合はいろいろな数を文字に当てはめて式が成り立つことを確認し，文字を用いた式を積極的に活用していけるように指導する。

B　図形

　ア　平面図形に関わる数学的活動を通して，次の事項を身に付けることができるよう指導する。

　（ア）次のような知識及び技能を身に付けること。

　　㋐　縮図や拡大図について理解すること。

　　㋑　対称な図形について理解すること。

　（イ）次のような思考力，判断力，表現力等を身に付けること。

　　㋐　図形を構成する要素及び図形間の関係に着目し，構成の仕方を考察したり，図形の性質を見いだしたりするとともに，その性質を基に既習の図形を捉え直したり，日常生活に生かしたりすること。

○　縮図や拡大図

　ここでは縮図や拡大図，並びに，図形の対称性の見方を指導する。実際に，縮図や拡大図をかくに当たっては，方眼の縦，横の両方の向きに同じ割合で縮小，拡大したものを用いる場合や，一つの頂点に集まる辺や対角線の長さの比を一定にしてかく場合がある。このような縮図や拡大図の意味や特徴について，作図を通して理解できるようにする。実際にかくことを通して，互いに縮図や拡大図の関係にある図形は，その対応している角の大きさは全て等しく，対応している辺の長さの比はどこでも一定であることを理解できるようにする。

　図形間の関係に着目し，構成の仕方を考察することについては，1段階で二つの図形の関係について，辺の長さ，角の大きさが全て同じになる合同について学習してきた。2段階では，大きさは異なるが，形が同じに見える図形について考察する。このような形が同じ二つの図形において，構成する要素の関係はどうなっているかを調べることを通して，角の大きさに着目すると，二つの図形では全ての角の大きさが一致していることが分かるが，辺の長さに着目すると，長さは一致していないことに気付かせる。ここで，「同じ形」をどのように捉えるかについて考える活動を通して，線分の長さの比に着目し，それが同じかどうかによって，同じ形かどうかを判断することを理解できるようにする。そして，対応している角の大きさが全て等しく，対応している辺の長さの比がどこでも一定であ

ることを見いだしていく。そしてこれを活用することで，縮図や拡大図をかくことができるようにする。

対称な図形については，図形を構成する要素どうしの関係に着目し，対称性といった観点から図形の性質を考察していくことを指導する。例えば，これまでの学習経験から，対称性については，二等辺三角形は底辺の垂直二等分線を折り目にして折り重ねたときにぴったり重なるなど，具体的な操作に関連して着目してきているので，そのことを思い出すことから，線対称の意味について観察や構成，作図などの活動を通して理解できるようにする。さらに，左右両側が同じに見えるのに，一本の直線を折り目にして二つに折ってみても，重ならない図形では，ある1点を中心に180度回転させてみることで，点，辺の長さ，角の大きさがぴったり重なり合う場合があることに気付かせ，点対称の意味について観察や構成，作図などの活動を通して理解できるようにする。このような図形では，ある1点を中心に180度回転させたとき，対応する点，対応する辺の長さ，対応する角の大きさが同じであるかどうかに着目することで，図形の性質（点対称）を見いだすことができるようにする。線対称な図形，点対称な図形，線対称かつ点対称な図形を弁別するなどの活動を通して，図形の見方を深めることが大切である。

また，観察や構成，作図などの活動を通して，均整のとれた美しさ，安定性など，図形のもつ美しさにも着目できるように指導することで，図形の理解を深め，図形に対する感覚を豊かにすることが大切である。

イ 身の回りにある形の概形やおよその面積などに関わる数学的活動を通して，次の事項を身に付けることができるよう指導する。

(ア) 次のような知識及び技能を身に付けること。

㋐ 身の回りにある形について，その概形を捉え，およその面積などを求めること。

(イ) 次のような思考力，判断力，表現力等を身に付けること。

㋐ 図形を構成する要素や性質に着目し，筋道を立てて面積などの求め方を考え，それを日常生活に生かすこと。

○ 概形やおよその面積

概形やおよその面積に関わる学習では，身の回りの具体的な形を，これまでに学習した図形を構成する要素や性質に着目して概形として捉えることと，およその面積を求めることができるように指導する。面積や体積を測定する対象となる身の回りにある図形は，必ずしも基本的な図形とは限らない。そこで，平面図形

であれば，これまでに求積してきた三角形や四角形のように測定しやすい形と捉えたり，それらの図形に分割した形として捉えたりして，およその面積を測定させ，その値が実際の面積と大きく違わないことを理解できるようにして，実際に計算して求めることができるようにする。そのためには，教室や学校内，通学路などにある身の回りの具体的な形を考察の対象として取り上げ，多様な図形の見方を働かせるようにすることが大切である。

また，立体図形についても，直方体や立方体と捉えたり，それらの立体図形に分割した形として捉えたりといった工夫をすることで，およその体積を測定することが可能になることが理解できるようにする。

なお，測定値を用いた計算に当たっては，いたずらに桁数を多く求めてもあまり意味がないことについて触れ，目的に応じて適切な桁数の計算ができるようにする。

ウ　平面図形の面積に関わる数学的活動を通して，次の事項を身に付けることができるよう指導する。

（ア）次のような知識及び技能を身に付けること。

　㋐　円の面積の計算による求め方について理解すること。

（イ）次のような思考力，判断力，表現力等を身に付けること。

　㋐　図形を構成する要素などに着目し，基本図形の面積の求め方を見いだすとともに，その表現を振り返り，簡潔かつ的確な表現に高め，公式として導くこと。

○　円の面積

円の面積は，（半径）×（半径）×（円周率）で求めることができることを理解させ，円の面積を計算によって求めることができるようにする。円の面積の求め方を考えるとき，これまで学習してきた基本図形の面積の求め方に帰着することで，計算によって求めることができないかを考えさせ，面積の大きさの見通しをもたせることが大切である。例えば，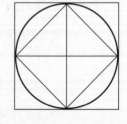円に内接したり外接したりする正方形を基にして，円の面積は，一辺の長さが半径に等しい正方形の面積の2倍と4倍の間にあると捉えたり，方眼紙に円を作図して，円の内側にある正方形の個数を数えて，およその面積を捉えたりする。その上で，円の面積の求め方を，図形を構成する要素などに着目して，既習の求積可能な図形の面積の求め方を基に考えたり説明したりすることができるようにする。

こうした学習を通して，曲線で囲まれた図形の面積を工夫して測定する能力を伸ばすとともに，円の面積を求める公式をつくる活動を通して，数学として簡潔かつ的確な表現へ高めることができるようにする。

　円の面積を求める公式については，ただ，単に公式を使いこなすだけでなく，公式が半径を一辺とする正方形の面積の3.14倍を意味していることを，図と関連付けて理解できるようにする。なお，「3 指導計画の作成と内容の取扱い」の(2)のエの(エ)では，「円周率は3.14を用いるものとする」と示しており，円の面積を求める際には，円周率は3.14を用いて処理することについて指導する。

　「図形を構成する要素などに着目し，基本図形の面積の求め方を見いだすとともに，その表現を振り返り，簡潔かつ的確な表現に高め，公式として導くこと」では，例えば，

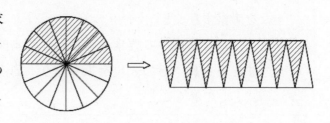

半径10cmの円の面積については，円を中心から等分して並べ替え，平行四辺形に近い形を作り，円の面積を求める方法が考えられる。この場合，等分を細かくしていけば，平行四辺形に近い形の底辺は円周の長さの半分に，高さは元の円の半径に近づくことから，円の面積は次のような式で表せる。

　　　（円の面積）＝（平行四辺形の面積）

　　　　　　　　　＝（底辺）×（高さ）

　　　　　　　　　＝（円周の長さの半分）×（半径）

$$10 \times 2 \times 3.14 \div 2 \times 10 = 314 \quad 314cm^2$$

　「面積の求め方の表現を振り返り，簡潔かつ的確な表現に高め，公式として導くこと」とは，このように円の面積の求め方を見いだしたら，式を読んで，もとの円のどこの長さに着目すると面積を求めることができるのか，振り返って考えることであり，例えば，上の例では$10 \times 2 \times 3.14 \div 2 \times 10$という式で円の面積を求めることができたことを基に考える。この式にある二つの10はもともと円の半径を意味していたことを振り返り，次の公式に導いていく。

　　　　　（円の面積）＝（半径）×（半径）×（円周率）

　なお，この公式を読むことで，円の面積が半径を一辺とする正方形の面積の3.14倍であることも気付かせるようにする。

エ　立体図形の体積に関わる数学的活動を通して，次の事項を身に付けることができるよう指導する。

　(ア) 次のような知識及び技能を身に付けること。

㋐　体積の単位（立方センチメートル（cm^3），立方メートル（m^3））について理解すること。

㋑　立方体及び直方体の体積の計算による求め方について理解すること。

㋒　基本的な角柱及び円柱の体積の計算による求め方について理解すること。

(ｲ) 次のような思考力，判断力，表現力等を身に付けること。

㋐　体積の単位や図形を構成する要素に着目し，図形の体積の求め方を考えるとともに，体積の単位とこれまでに学習した単位との関係を考察すること。

㋑　図形を構成する要素に着目し，基本図形の体積の求め方を見いだすとともに，その表現を振り返り，簡潔かつ的確な表現に高め，公式として導くこと。

○ **体積**

立体の体積も面積などと同じように，単位の大きさを決めるとその幾つ分として数値化して捉えることができるなど，立体の体積についてその単位や測定の意味を理解し，体積を求めることができるようにする。実際に1cm^3の大きさの立方体を積み重ねて，体積を求める直方体とおよそ同じ大きさにして，体積の大きさを実感したり観察したりする活動を通して，体積の大きさについての感覚を育てることが必要である。さらに，長方形などの面積の求め方と同じように，立方体や直方体の体積も，単位となる大きさに着目すると，図形の大きさを決定付ける辺の長さを基に計算で求められることが理解できるようにする。

立方体及び直方体の体積の計算による求め方についての指導では，面積を単位となる大きさを基に求めたことからの類推により，体積の単位としては，空間を隙間なく埋め尽くす立体図形が適当であり，その立体図形としては，一辺の長さが1cmや1mのように長さの単位の大きさであるものが都合がよいことに気付かせ，単位体積の立方体をきちんと敷き詰めた１段分の個数を（縦）×（横），その段の個数を（高さ）でそれぞれ表すことができることを理解できるようにする。そして，長方形の面積を求めた場合からの類推によって，縦，横，高さを測ることによって，計算で体積を求めることができることを理解し，公式をつくることができるようにする。

さらに，具体物を用いたり図を用いたりして，縦と横の長さを固定した直方体について，高さが２倍，３倍，４倍，…になるときの体積の変化を考えさせるなどして，体積の公式の意味について，「Ｃ変化と関係」の比例の学習との関連で理解を深めさせることも大切である。

角柱，円柱の体積については，立方体，直方体の場合の体積の求め方を基にして，これらの立体の体積も計算によって求めることができることを理解できるようにする。

角柱，円柱の体積の求め方を，これまでの学習した一辺が1cm立方体を基にして（縦）×（横）×（高さ）で求める考え方から，（底面積）×（高さ）と捉え直し，角柱や円柱の体積は，（底面積）×（高さ）で求めることができることを理解できるようにする。

「図形を構成する要素に着目し，基本図形の体積の求め方を見いだすとともに，その表現を振り返り，簡潔かつ的確な表現に高め，公式として導くこと」とは，角柱，円柱の体積の求め方を，図形を構成する要素などに着目して，既習の立方体，直方体の体積の求め方を基に考えたり，図形の面積の学習と関連付けたりしながら（底面積）×（高さ）という公式に導くことである。

直方体や立方体では，高さを1cmに切った立体の体積をまず考えて，その体積を高さの分だけ倍にする考えを基にして，直方体の（縦）×（横）が（底面積）に当たると捉え直し，（直方体の体積）＝（縦）×（横）×（高さ）＝（底面積）×（高さ）と考える。そして，この公式から類推して，角柱や円柱の体積を求める公式を，（角柱や円柱の体積）＝（底面積）×（高さ）と理解できるようにする。

C　変化と関係

ア　伴って変わる二つの数量に関わる数学的活動を通して，次の事項を身に付けることができるよう指導する。

(ア) 次のような知識及び技能を身に付けること。

㋐　比例の関係の意味や性質を理解すること。

㋑　比例の関係を用いた問題解決の方法について理解すること。

㋒　反比例の関係について理解すること。

(イ) 次のような思考力，判断力，表現力等を身に付けること。

㋐　伴って変わる二つの数量を見いだして，それらの関係に着目し，目的に応じて表や式，グラフを用いてそれらの関係を表現して，変化や対応の特徴を見いだすとともに，それらを日常生活に生かすこと。

○　伴って変わる二つの数量

伴って変わる二つの数量については，これまで学習したことを踏まえ，比例の関係の意味や性質を理解し，比例の関係を用いた問題解決の方法や反比例の関係

について知るとともに，日常生活において，伴って変わる二つの数量の関係を見いだして，それらの関係に着目し，目的に応じて表や式，グラフを用いて変化や対応の特徴を考察し，問題を解決することができるようにする。

「比例の関係の意味や性質を理解すること」とは，二つの数量の一方がm倍になれば，それと対応する他方の数量もm倍になるということや，二つの数量の対応している値の商に着目して，それがどこも一定になっているという関係を見いだし，$y=$（決まった数）$\times x$という形で表すことである。

「比例の関係を用いた問題解決の方法について理解すること」とは，①一つの数量を直接調べることが難しい場面において，調べやすく，かつ，その数量と比例の関係にあるとみることのできる別の数量を見いだし，②二つの数量の比例関係に着目し，その関係を表や式，グラフを用いて表現して，変化や対応の特徴を見いだし，③一方の数量がm倍ならば，他方の数量もm倍になるなど，比例の変化や対応の特徴を確認した後，それらの考えを用いて，問題の解決を行うことである。

「反比例の関係について理解すること」とは，二つの数量の一方がm倍になれば，それと対応する他方の数量が$\frac{1}{m}$倍になるということや，二つの数量の対応している値の積に着目して，それがどこも一定になっているという関係を見いだし，$x\times y=$（決まった数）という形で表すことである。

「伴って変わる二つの数量を見いだして，それらの関係に着目」するとは，調べたい数量に関係する他の数量が，比例の関係にあるとみてよいかどうかを確認し，比例の関係にあるとみることのできる数量として幾つかの候補がある場合に，どの数量に着目するかを，目的や状況を考えながら判断し，選択することである。

「目的に応じて表や式，グラフを用いてそれらの関係を表現して，変化や対応の特徴を見いだすとともに，それらを日常生活に生かすこと」とは，第一に，目的に応じた適切な表現を選択して，変化や対応の特徴を考察していくことである。例えば，表を用いて表すことで，比例の関係についての変化と対応の規則性が捉えやすくなる。グラフを用いて表せば，おおよその数量の関係が把握しやすくなるし，見通しももちやすくなる。また，式を用いて表せば，対応における規則性が簡潔かつ明瞭に示せるので，計算によって知りたい数量を求めやすくなる。第二に，例えば，比例の関係を用いると能率よく問題を解決できる場面が日常生活に様々あるので，得られた結果について，現実場面でどういう意味をもつかを考え，目的に照らして，問題解決につながるかどうかを予想することである。第三に，問題解決の方法や結果を評価し，必要に応じて，目的により適したものに改善していくことである。

イ　二つの数量の関係に関わる数学的活動を通して，次の事項を身に付けることができるよう指導する。

(ア) 次のような知識及び技能を身に付けること。

㋐　比の意味や表し方を理解し，数量の関係を比で表したり，等しい比をつくったりすること。

(イ) 次のような思考力，判断力，表現力等を身に付けること。

㋐　日常の事象における数量の関係に着目し，図や式などを用いて数量の関係の比べ方を考察し，それを日常生活に生かすこと。

○　二つの数量の関係

比の意味や比の表し方の指導では，例えば，同じ大きさのコップで３杯と５杯の２種類の液体を混ぜ合わせた液体を作ったとき，これと同じ濃さの液体を別に作ることから，６杯と10杯の割合や，９杯と15杯の割合で混ぜるなどして，等しい濃さの液体を作ることができるようにする。

また，こうした活動を通して，比の相等に気付き，比を表すことができるようにする。

「比の意味や表し方を理解し，数量の関係を比で表したり，等しい比をつくったりすること」とは，$a:b$という表し方や，$\frac{a}{b}$を$a:b$の比の値ということを知り，比の値を用いると比の相等（等しい比）を確かめることができるということを理解できるようにすることである。

「日常の事象における数量の関係に着目し，図や式などを用いて数量の関係の比べ方を考察し，それを日常生活に生かすこと」とは，第一に，比べるために必要となる二つの数量の関係を，比例の関係を前提に，割合でみてよいかを判断することである。そして，どちらか一方を基準にすることなく，簡単な整数の組としての二つの数量の関係に着目することである。これは，例えば，「水３の，凝縮液２に対する割合」で作ったジュースの濃さは，凝縮液の量を２倍，３倍，…としたときに，水の量も２倍，３倍，…にすれば濃さは変わらないと考え，それらを同じ関係とみて，３：２のように表すことである。第二に，目的に応じて，図や式を関連付けたり用いたりしながら，数量の関係を見いだし，結論を導いていくことである。考察によって得られた結果については，日常の事象に戻して，その意味を考え，必要に応じて，考察の方法や表現方法を見直すなどして，比を用いて物事を処理することの特徴やよさを振り返ることが大切である。第三に，比は，日常生活のいろいろな場面で用いられる。例えば，二つの液量を混合したり，二つの長さを組み合わせたりするなど，部分と部分の関係どうしを考察する場面，二つの数量を配分する場面で，数量の関係を比で表現し，等しい比をつく

るなどして考察した結果を活用して，課題を解決することである。日常生活において，比によって数量の関係を表現している事象を探す活動を通して，比による数量の関係への着目の仕方に親しむことが大切になる。

D　データの活用
ア　データの収集とその分析に関わる数学的活動を通して，次の事項を身に付けることができるよう指導する。
　(ア) 次のような知識及び技能を身に付けること。
　　㋐　代表値の意味や求め方を理解すること。
　　㋑　度数分布を表す表や柱状グラフの特徴及びそれらの用い方を理解すること。
　　㋒　目的に応じてデータを収集したり，適切な手法を選択したりするなど，統計的な問題解決の方法を理解すること。
　(イ) 次のような思考力，判断力，表現力等を身に付けること。
　　㋐　目的に応じてデータを集めて分類整理し，データの特徴や傾向に着目し，代表値などを用いて問題の結論について判断するとともに，その妥当性について批判的に考察すること。

○　データの収集とその分析

　データの収集とその分析の指導では，データ全体を表す指標として平均値，中央値，最頻値などの代表値の意味を理解し，用いることができるようにする。

　また，一つの数値で表すことで，データの特徴を簡潔に表すことができることに気付き，資料の特徴や代表値を用いる目的を明らかにしながら，どのような代表値を用いるべきかを判断できるようにする。

　さらに，度数分布を表す表やグラフについては，それらの特徴及びそれらの用い方を理解できるようにする。量的データを階級に分けて集計し，柱状グラフを用いて資料の分布の様子を捉えることができるようにする。

　その際，左右の広がりの範囲，山の頂上の位置，対称性など全体の特徴を直感的に捉えやすくなることに気付かせ，量的データの分布の様子や特徴を捉えるための統計的な処理の方法として活用することができるようにする。

　「代表値」とは，データの個々の値を合計し，データの個数で割った値の平均値，データの大きさの順に並べたときの中央の値の中央値，データの中で最も多く現れている値の最頻値のことである。なお，日常的には平均値を平均ということもある。一つの数値で表すことで，データの特徴を簡潔に表すことができ，複数のデータを比較することも容易になる反面，分布の形などの情報は失われてい

るので，代表値の用い方には留意する必要がある。また，例えば，ある靴メーカーが，来年，どのようなサイズの靴を多く製造するかを決める場合，今年1年間に売れた靴サイズの平均値を求め，その平均値のサイズの靴を来年，最も多く製造するようなことはしない。この場合は，最も多く売り上げがあった靴のサイズ，つまり最頻値を用いる方が望ましい。このように代表値を用いる場合は，資料の特徴や代表値を用いる目的を明らかにし，どのような代表値を用いるべきか判断する必要がある。

「度数分布を表す表」とは，分布の様子を数量的に捉えやすくするために，数量を幾つかの区間（階級という）に分けて，各区間に，それに入る度数を対応させた表である。

柱状グラフについては，棒グラフと混同して捉えてしまうことがあるため，棒グラフは質的データを集計した個数を高さで表していて，量的データの値をそのまま高さに対応させて表したものであり，横軸のラベルには質的な文字情報が表示されること，柱状グラフは，量的データの分布の様子を分析する目的から，階級に分けて集計し，度数の多さを高さに対応させて表しているため，横軸は数値軸になっていることを指導する。

統計的な問題解決の方法について，1段階で，「問題－計画－データ－分析－結論」という五つの段階を経て問題解決することとして学習してきた。2段階では，身の回りの事象について，統計的な問題解決の方法で考察していくことで，その方法への理解を深めるとともに，目的に応じてデータを収集したり，適切な手法を選択したりするなどについて理解し，このことができるようにしていく。このように，目的に応じて収集するデータが異なることや，それに応じて分析する手法も異なることを知ることが大切である。

「データの特徴や傾向に着目し，代表値などを用いて問題の結論について判断」するとは，代表値を求めたり，度数分布を表す表や柱状グラフからデータ全体の分布の様子を捉えたり，それらの特徴が表す意味を考察することである。

「妥当性について批判的に考察すること」とは，自分たちが出した結論や問題解決の過程が妥当なものであるかどうかを別の観点や立場から検討してみることや，第三者によって提示された統計的な結論が信頼できるだけの根拠を伴ったものであるかどうかを検討することである。統計的な問題解決では，解決すべき問題に対して，どのデータを用いるのかによって結論が異なることがある。また，用いるデータが同じでも，その分析の仕方や着目する点により結論が異なることがある。一方，データが少なすぎたり，公平でない比較をしたりしている場合であれば，その結論は信頼しにくいものであると言える。それらのことから，自分たちが出した結論について，また第三者によって提示された統計的な結論について，信頼できるかどうかを検討していくことが，批判的に考察するということで

ある。

> イ　起こり得る場合に関わる数学的活動を通して，次の事項を身に付ける
> 　ことができるよう指導する。
> 　(ア) 次のような知識及び技能を身に付けること。
> 　　㋐　起こり得る場合を順序よく整理するための図や表などの用い方を
> 　　　理解すること。
> 　(イ) 次のような思考力，判断力，表現力等を身に付けること。
> 　　㋐　事象の特徴に着目し，順序よく整理する観点を決めて，落ちや重
> 　　　なりなく調べる方法を考察すること。

○　起こり得る場合

　起こり得る場合の指導では，観点を決めて図や表などに順序よく整理して表すことができるようにする。

　また，起こり得る全ての場合を適切な観点から分類整理して，順序よく列挙できるようにする。

　「起こり得る場合を順序よく整理」するとは，規則に従って正しく並べたり，整理して見やすくしたりして，誤りなく全ての場合を明らかにすることである。例えば，4人が一列に並ぶ場合を考えるときには，特定のAに着目して，まずAが先頭に立つ場合を考える。2番目の位置にBが並ぶとすれば，3番目はCかDになる。次に2番目の位置にCが並ぶ場合，Dが並ぶ場合と考えを進めていく。そうすると，Aが先頭に立つ場合は，6通りであることを明らかにすることができる。Aの他にも，B，C，Dが先頭に立つことができることから，起こり得る場合を図に書いて調べると24通りであることが分かる。

A—B—C—D

A—B—D—C

A—C—B—D

A—C—D—B

A—D—B—C

A—D—C—B

　「観点を決め」るとは，あるものを固定して考えるなどのことである。例えば，大中小3種類のコインの裏表の出方を調べる場面があるとする。（大コインが表，中コインが表，小コインが表）の場合を考えたのち，大コインは表のまま変えずに，中コインと小コインの場合のみ考えていくようなことである。すると，（中コイン表，小コイン裏）（中コイン裏，小コイン表）（中コイン裏，小コ

イン裏）の四つの場合を見いだすことができ，これ以外の場合はないことが分かる。

落ちや重なりがないように考えていくことは，思考や表現の方法を工夫することや，筋道を立てて考えていくことにつながるものである。多様な考えに触れ，それぞれのよさに気付くようにすることが大切である。

ウ　数学的活動

〔数学的活動〕
ア　内容の「A数と計算」，「B図形」，「C変化と関係」及び「Dデータの活用」の学習やそれらを相互に関連付けた学習において，次のような数学的活動に取り組むものとする。
(ア) 日常の事象を数理的に捉え，問題を見いだして解決し，解決過程を振り返り，結果や方法を改善したり，日常生活等に生かしたりする活動
(イ) 数学の学習場面から数学の問題を見いだして解決し，解決過程を振り返り統合的・発展的に考察する活動
(ウ) 問題解決の過程や結果を，目的に応じて図や式などを用いて数学的に表現し伝え合う活動

「日常の事象を数理的に捉え，問題を見いだして解決し，解決過程を振り返り，結果や方法を改善したり，日常生活等に生かしたりする活動」とは，これまでの数学的活動での経験を踏まえて，日常生活における問題を数学の学習で解決するために，理想化したり単純化したりすることによって定式化して，それを既習事項を活用しながら解決し，よりよい問題解決にするために，解決過程を振り返り結果や方法を工夫・改善するとともに，それらを日常生活の課題解決などに生かすことである。日常の事象を丁寧に観察するなどして問題を見いだし，それを生徒が主体的に数学の学習と結び付けて数理的に表現・処理する活動を通して，数学を利用することのよさを実感し，数学的な見方・考え方などを働かせ，既習の知識及び技能等を進んで活用していけるようにすることが大切である。

「数学の学習場面から数学の問題を見いだして解決し，解決過程を振り返り統合的・発展的に考察する活動」とは，これまでの学習経験を踏まえて，数学の問題に主体的に関わり自ら問題を見いだし，既習事項を基にして問題解決を行い，その結果や方法を振り返るとともに，統合的・発展的に考察することで数学を創り出していくことである。数学の学習場面から自ら問題を見いだすためには，事象を観察するとともに，既習事項との関連を意識させるなどして問題解決の思考対象を明確にすることが大切である。また，これまでの学習で使用してきた具体

物，図，数，式，表やグラフなどを活用して問題解決し，その結果や方法を振り返りそれを統合的・発展的に捉え直すなどの考察も重要である。これらによって数学的な見方・考え方を成長させるとともに，自ら数学を学び続け，数学を創ることの楽しさを実感できるようにする。

「問題解決の過程や結果を，目的に応じて図や式などを用いて数学的に表現し伝え合う活動」とは，これまでの数学的活動を踏まえて，これまでの学習で使用してきた図や式などを活用して，自ら取り組んでいる問題解決の過程やその結果を分かりやすく表現し，他者と伝え合うなど対話的に学ぶことである。問題解決における思考の過程や判断の結果などを数学的に表現するためには，解決の目的に適した図や式などを用いて的確に表現する必要がある。そこでは数学的に表現することと，数学的に表現されたものを説明することを対にして考えることが大切である。また，思考した過程や結果などを数学的な表現を用いて伝え合う機会を設け，数学的に表現することのよさを実感できるようにすることも大切である。さらに，対話的に伝え合うことにより，お互いの考えをよりよいものにしたり，一人では気付くことのできなかった新たなことを見いだしたりする機会が生まれることを経験できるようにする。

4　指導計画の作成と内容の取扱い

3　指導計画の作成と内容の取扱い

(1)　指導計画の作成に当たっては，次の事項に配慮するものとする。

　ア　単元など内容や時間のまとまりを見通して，その中で育むべき資質・能力の育成に向けて，数学的活動を通して，生徒の主体的・対話的で深い学びの実現を図るようにすること。その際，数学的な見方・考え方を働かせながら，日常の事象を数学的に捉え，数学の問題を見いだし，問題を自立的，協働的に解決し，学習の過程を振り返り，概念を形成するなどの学習の充実を図ること。

この事項は，数学科の指導計画の作成に当たり，生徒の主体的・対話的で深い学びの実現を目指した授業改善を進めることとし，数学科の特質に応じて，効果的な学習が展開できるように配慮すべき内容を示したものである。

選挙権年齢や成年年齢の引き下げなど，生徒にとって政治や社会が一層身近なものとなる中，学習内容を人生や社会の在り方と結び付けて深く理解し，これからの時代に求められる資質・能力を身に付け，生涯にわたって能動的に学び続けることができるようにするためには，これまでの学校教育の蓄積も生かしながら，学習の質を一層高める授業改善の取組を活性化していくことが求められてい

る。

　指導に当たっては，(1)「知識及び技能」が習得されること，(2)「思考力，判断力，表現力等」を育成すること，(3)「学びに向かう力，人間性等」を涵養することが偏りなく実現されるよう，単元など内容や時間のまとまりを見通しながら，生徒の主体的・対話的で深い学びの実現に向けた授業改善を行うことが重要である。

　主体的・対話的で深い学びは，必ずしも1単位時間の授業の中で全てが実現されるものではない。単元など内容や時間のまとまりの中で，例えば，主体的に学習に取り組めるよう学習の見通しを立てたり学習したことを振り返ったりして自身の学びや変容を自覚できる場面をどこに設定するか，対話によって自分の考えなどを広げたり深めたりする場面をどこに設定するか，学びの深まりをつくりだすために，生徒が考える場面と教師が教える場面をどのように組み立てるか，といった視点で授業改善を進めることが求められる。また，生徒や学校の実態に応じ，多様な学習活動を組み合わせて授業を組み立てていくことが重要であり，単元のまとまりを見通した学習を行うに当たり基礎となる「知識及び技能」の習得に課題が見られる場合には，それを身に付けるために，生徒の主体性を引き出すなどの工夫を重ね，確実な習得を図ることが必要である。

　主体的・対話的で深い学びの実現に向けた授業改善を進めるに当たり，特に「深い学び」の視点に関して，各教科等の学びの深まりの鍵となるのが「見方・考え方」である。各教科等の特質に応じた物事を捉える視点や考え方である「見方・考え方」を，習得・活用・探究という学びの過程の中で働かせることを通じて，より質の高い深い学びにつなげることが重要である。

　数学科では，数学的な見方・考え方を働かせながら，日常の事象を数理的に捉え，数学の問題を見いだし，問題を自立的，協働的に解決し，学習の過程を振り返り，概念を形成するなどの学習を指導計画に適切に位置付けることが大切である。このような学習は，数学科において全く新たな学習活動なのではなく，これまでも行われてきている活動であり，本事項は，このような学習活動の質を向上させることを意図するものである。

　また，数学的な見方・考え方が学習を通して成長していくものであることに配慮し，それぞれの段階の各領域で働く数学的な見方・考え方を明らかにしておくことも大切である。

　　イ　数量や図形についての基礎的な能力の維持や向上を図るため，適宜練
　　　習の機会を設けて計画的に指導すること。また，段階間の指導内容を円
　　　滑に接続させるため，適切な反復による学習指導を進めるようにするこ

と。

「数量や図形についての基礎的な能力の維持や向上を図るため，適宜練習の機会を設けて計画的に指導すること」とは，既習事項を，学習や生活の中で生きて働く力として活用する機会を意図的に設けて指導・支援に当たるということである。数学の学習の中で既習事項の定着を図るようにしたり，他の学習の中で既習事項を活用する場面を設けたりすることができるように，各教科等の単元などの指導計画や年間指導計画等を確認したり，日常生活の中で既習事項を活用して取り組める場面を設けたりするなど積極的に配慮していくようにする。

また，「段階間の指導内容を円滑に接続させるため，適切な反復による学習指導を進めるようにする」こととは，数学的な見方・考え方の発展が途切れてしまうことのないように，既習事項を使って解決可能な課題を適切に設定することを繰り返し行うということである。適切な課題の設定とは，課題に対してつまずきはあるが，少し努力すればそのつまずきを乗り越えられるような課題の設定を繰り返し行うということであり，単に同じ課題に取り組ませ続けることが反復ではないということに十分留意する必要がある。

ウ　2の内容の「A数と計算」，「B図形」，「C変化と関係」及び「Dデータの活用」の指導の間の関連を図ること。

数学の指導に当たっては，生徒の数学的な見方・考え方を踏まえて，指導の順序性や数学的活動などについて検討することが大切である。数学の指導では，複数の領域の内容が関わりながら，学習指導が進められることに留意しながら，指導の順序性について検討する必要がある。そして，ある領域で指導した内容を，他の領域の内容の学習指導の場面で活用するなどして，複数の領域間の指導の関連を図る数学的活動を工夫することが大切になる。

なお，生徒の障害の状況や経験等に応じて，各領域の内容を選定することを前提に，生徒の興味・関心，学習活動の必要性なども考慮し，それぞれの生徒の状態に応じて同一領域における異段階の内容の一部を組み合わせたり，他の領域の内容の一部と組み合わせたりするなどして，具体的に指導内容を設定する場合がある。具体的な指導内容をよりよく身に付けることができるような数学的活動についても検討することが大切になる。

また，数学科における各領域間の指導の関連を図ることはもちろんのこと，例えば，用語の理解にあっては，国語科との関連，金銭の処理であれば数学科における数理解や職業科や家庭科と関連があることから，各教科等を横断的に見て指

導に当たることにも留意する。

(2) 2の各段階の内容の取扱いについては，次の事項に配慮するものとする。

① 「ア思考力，判断力，表現力等を育成するため，各段階の内容の指導に当たっては，具体物，図，言葉，数，式，表，グラフなどを用いて考えたり，数学的な表現を用いて説明したり，互いに自分の考えを表現し伝え合ったりするなどの学習活動を積極的に取り入れるようにすること」とは，図，数，式，表，グラフといった数学的な表現の方法について学ぶとともに，それらを活用する指導について工夫することである。

② 「イ「A数と計算」の指導に当たっては，次の(ア)及び(イ)について留意するものとする」とは，生徒が行動を通して具体物などの教具や計算機を扱うことによって，また，他教科との関連を図りながら数を取り扱うことによって，考えることの楽しさや大切さに気付くようにしていくということである。

③ 「ウ１段階の内容に示す事項については，次の(ア)から（シ）までに留意するものとする」とは，指導に当たって検討すべき観点のことである。

なお，「(ア)内容の「A数と計算」のア，イ，エ，オ及びカについては，職業科や家庭科との関連を図りながら，次の㋐についての金銭の価値や処理に親しむことを取り扱うものとする」については，他教科との関連を図りながら，生徒の数の理解に配慮し，金銭処理に関する指導を行うようにすることである。例えば，整数の表し方について，４位数までの十進位取り記数法による数の表し方及び数の大小や順序についての理解（中学部２段階）が進んでいる生徒に対して，いろいろな金種を組み合わせて，おつりのある買い物をすることができるよう，値段と代金とおつりとの関係を理解し，深めていくことである。金銭の処理の仕方については，値段にちょうどのお金を用意する場合であれば，値段を示す４位数を理解し，両替の考え方（例えば，千円札を百円硬貨10枚，百円硬貨を十円硬貨10枚に置き換えること。五百円硬貨や五十円硬貨などを，百円硬貨や十円硬貨５枚に置き換えること）を活用して，同じ価値のお金を，色々な金種を組み合わせて用意することである。また，値段に対して価値が少し大きいお金（例えば，値段が1,374円のときの1,380円や1,400円，1,500円など，きりのよい代金のこと）を用意することである。

④ 「エ２段階の内容に示す事項については，次の(ア)から(オ)までに留意す

るものとする」とは，指導に当たって検討すべき観点のことである。

> (3) 数学的活動の指導に当たっては，次の事項に配慮するものとする。
> ア　数学的活動は，基礎的・基本的な知識及び技能を確実に身に付けた
> り，思考力，判断力，表現力等を高めたり，数学を学ぶことの楽しさ
> や意義を実感したりするために，重要な役割を果たすものであること
> から，2の内容の「A数と計算」，「B図形」，「C変化と関係」及び「D
> データの活用」に示す事項については，数学的活動を通して指導する
> ようにすること。
> イ　数学的活動を楽しめるようにするとともに，数学を生活に活用する
> ことなどについて実感する機会を設けること。

① 「ア数学的活動は，基礎的・基本的な知識及び技能を確実に身に付けた
り，思考力，判断力，表現力等を高めたり，数学を学ぶことの楽しさを実感
したりするために，重要な役割を果たすものであることから，2の内容の
「A数と計算」，「B図形」，「C変化と関係」及び「Dデータの活用」に示す
事項については，数学的活動を通して指導するようにすること」とし，各領
域に示す全ての事項において，数学的活動を通した指導を行う必要があると
いうことである。

② 「イ数学的活動を楽しめるようにするとともに，数学を生活に活用するこ
となどについて実感する機会を設けること」とは，数学を学ぶことの楽しさ
や意義を実感できるようにすることであり，生徒が目的意識をもって主体的
に取り組む意欲を生活の中に広げていくことである。そのためには，数学的
活動を通して，生徒が目的意識をもって主体的に取り組み，数学に関わりの
ある様々な活動を行う必要があるということである。

1　理科の改訂の要点

(1) 目標の改訂の要点

　高等部の理科では，中学部における理科の目標や内容との関連と高等部段階の生徒の実態を考慮し，生徒の日常生活に関係の深い自然の仕組みや働き，事物や事象を対象として内容を示してきたところである。

　今回の改訂においては，目標について，「知識及び技能」，「思考力，判断力，表現力等」，「学びに向かう力，人間性等」の三つの柱で整理して示した。また，このような資質・能力を育成するためには，生徒が「理科の見方・考え方」を意識的に働かせて，繰り返し自然の事物・現象に関わるようにする必要があることを示した。

　これらを踏まえて，従前の「自然の仕組みや働きなどについての理解」を「自然の事物・現象についての基本的な理解」，「科学的な見方や考え方を養う」を「解決の方法を考える力とより妥当な考えをつくりだす力」，「自然を大切にする態度」を「自然を愛する心情を養うとともに，学んだことを主体的に生活に生かそうとする態度」へと改めた。また，中学部と同様に「観察，実験などに関する初歩的な技能を身に付ける」ことを加え，生徒が理科の見方・考え方を働かせ，観察，実験を行うことなどを通して，自然の事物・現象についての問題を科学的に解決するために必要な資質・能力の育成を目指すことを明確にした。

　各段階の目標は，生徒の発達の段階等を踏まえ，教科の目標を実現していくための具体的な指導の目標として，三つの柱から示している。

(2) 内容の改訂の要点

　内容は，従前の「人体」，「生物」，「事物や機械」，「自然」について，育成を目指す資質・能力と学びの連続性を踏まえ，内容を見通し，「生命」，「地球・自然」，「物質・エネルギー」の三つの区分に整理した。

　各区分の内容は，次のとおりとなっている。「生命」は，植物の発芽，成長，結実や動物の誕生，人の体のつくりと働き，植物の養分と水の通り道，生物と環境についてである。「地球・自然」は，流れる水の働きと土地の変化や天気の変化，土地のつくりと変化，月と太陽についてである。「物質・エネルギー」は，物の溶け方や電流の働き，燃焼の仕組み，水溶液の性質，てこの規則性，電気の利用についてである。

　内容は，（ア）「知識及び技能」，（イ）「思考力，判断力，表現力等」の柱から示している。なお，「学びに向かう力，人間性等」については，各段階の目標に，それぞれ示すこととした。

(3) 指導計画の作成と内容の取扱いの改訂の要点

「3 指導計画の作成と内容の取扱い」を新たに設け，「指導計画作成上の配慮事項」，「内容の取扱いについての配慮事項」，「事故防止，薬品などの管理」によって構成した。

「指導計画作成上の配慮事項」では，特に特別支援学校中学部理科の学習を踏まえ，系統的・発展的に指導するとともに，各教科等との関連を図り，指導の効果を高めるようにするだけでなく，学習の見通しや学習の振り返りの時間の設定や情報量の調整の必要性などについて示している。

「内容の取扱いについての配慮事項」では，考えたり説明したりする学習活動を重視することや，指導内容に応じてコンピュータ等を活用できるようにすること，災害に関する基礎的な理解が図られるようにすることなど，理科の目標の達成に向けて，実施する際の配慮事項について示している。

「事故防止，薬品などの管理」では，観察，実験などの指導に当たっての安全管理について示している。

2　理科の目標

> 1　目　標
> 　自然に親しみ，理科の見方・考え方を働かせ，見通しをもって，観察，実験を行うことなどを通して，自然の事物・現象についての問題を科学的に解決するために必要な資質・能力を次のとおり育成することを目指す。
> (1) 自然の事物・現象についての基本的な理解を図り，観察，実験などに関する初歩的な技能を身に付けるようにする。
> (2) 観察，実験などを行い，解決の方法を考える力とより妥当な考えをつくりだす力を養う。
> (3) 自然を愛する心情を養うとともに，学んだことを主体的に生活に生かそうとする態度を養う。

「自然に親しみ」とは，単に自然に触れたり，慣れ親しんだりするということだけではなく，生徒が関心や意欲をもって対象と関わることにより，自ら問題を見いだし，それを追究していく活動を行うとともに，見いだした問題を追究し，解決していく中で，新たな問題を見いだし，繰り返し自然の事物・現象に関わっていくようになることを含意している。したがって，生徒に自然の事物・現象を提示したり，自然の中に連れて行ったりする際には，生徒が対象である自然の事物・現象に関心や意欲を高めつつ，そこから問題意識を醸成するように意図的な

活動を工夫することが必要である。

「見方・考え方」とは，資質・能力を育成する過程で生徒が働かせる「物事を捉える視点や考え方」である。

問題解決の過程において，自然の事物・現象をどのような視点で捉えるかという「見方」については，「生命」を柱とした区分では，主として共通性・多様性の視点で捉えることを，「地球・自然」を柱とした区分では，主として時間的・空間的な視点で捉えることを，「物質・エネルギー」を柱とした区分では，主として質的・実体的な視点で捉えたり，量的・関係的な視点で捉えたりすることを，それぞれの区分における特徴的な視点として整理することができる。

ただし，これらの特徴的な視点はそれぞれ区分固有のものではなく，その強弱はあるものの，他の区分においても用いられる視点であることや，これら以外にも，理科だけでなく様々な場面で用いられる原因と結果をはじめとして，部分と全体，定性と定量などといった視点もあることに留意する必要がある。

問題解決の過程において，どのような考え方で思考していくかという「考え方」については，生徒が問題解決の過程の中で用いる，比較，関係付け，条件制御，多面的に考えるなどといった考え方を「考え方」として整理することができる。

中学部を通して培ってきた「比較する」，「関係付ける」という「考え方」に加え，「条件を制御する」，「多面的に考える」という「考え方」を働かせることにより問題解決を行うことができるようにすることが大切である。

「条件を制御する」とは，自然の事物・現象に影響を与えると考えられる要因について，どの要因が影響を与えるかを調べる際に，変化させる要因と変化させない要因を区別するということである。具体的には，解決したい問題について，解決の方法を考える際に，制御すべき要因と制御しない要因を区別しながら計画的に観察，実験などを行うことが考えられる。

「多面的に考える」とは，自然の事物・現象を複数の側面から考えることである。具体的には，問題解決を行う際に，解決したい問題について互いの予想や仮説を尊重しながら追究したり，観察，実験などの結果を基に，予想や仮説，観察，実験などの方法を振り返り，再検討したり，複数の観察，実験などから得た結果を基に考察をしたりすることなどが考えられる。

このような「理科の見方・考え方」を働かせ，自然の事物・現象に関わることができる生徒は，どのような視点で自然の事物・現象を捉え，どのような考え方で思考すればよいのかを自覚しながら，自然の事物・現象に関わることができるということである。それは，自然の事物・現象から問題を見いだし，予想や仮説をもち，その解決方法を考えたり，知識を関連付けてより深く理解したりすることに向かう「深い学び」を実現することになるのである。生徒の知的障害の状態

第4節
各学科に共通する各教科

等に配慮しつつも，生徒自らが「理科の見方・考え方」を意識的に働かせながら，繰り返し自然の事物・現象に関わることで，生徒の「見方・考え方」は豊かで確かなものになっていき，それに伴い，育成を目指す資質・能力が更に伸ばされていくのである。

なお，生徒は知的障害の状態等によって一律に「理科の見方・考え方」を働かせることができるわけではないことから，生徒の実態に合わせた問題解決の活動を通して，徐々にそれらを働かせることができるように指導していく必要がある。また，「見方・考え方」は，問題解決の活動を通して育成を目指す資質・能力としての「知識」や「思考力，判断力，表現力等」とは異なることに留意が必要である。

「見通しをもって」とは，生徒が自然に親しむことによって見いだした問題に対して，予想や仮説をもち，それらを基にして観察，実験などの解決の方法を考えることである。

その際，生徒の知的障害の状態等に配慮するとともに，情報量の調整を行ったり，情報の整理をサポートしたりするなどして，制御する条件の着眼点や検討の仕方などを指導していくことが必要となる。

生徒が見通しをもつことにより，予想や仮説と観察，実験の結果の一致，不一致が明確になる。両者が一致した場合には，生徒は予想や仮説を確認したことになる。一方，両者が一致しない場合には，生徒は予想や仮説，又はそれらを基にして考えた解決の方法を振り返り，それらを見直し，再検討を加えることになる。いずれの場合でも，予想や仮説又は解決の方法の妥当性を検討したという意味において意義があり，価値があるものである。このような過程を通して，生徒は，自らの考えを大切にしながらも，他者の考えや意見を受け入れ，様々な視点から自らの考えを柔軟に見直し，その妥当性を検討しようとする態度を身に付けることになると考えられる。

なお，生徒がもつ見通しは一律ではなく，生徒の発達や状況によってその精緻さなどが異なるものであることから，十分配慮する必要がある。また，数値を用いる場合には，数量概念の形成にも配慮する必要がある。

「観察，実験を行うことなど」とは，以下のような意義が考えられる。

理科の観察，実験などの活動は，生徒が自ら目的，問題意識をもって意図的に自然の事物・現象に働きかけていく活動である。そこでは，生徒は自らの予想や仮説に基づいて，観察，実験などの計画や方法を工夫して考えることになる。観察，実験などの計画や方法は，予想や仮説を自然の事物・現象で検討するための手続き・手段であり，理科における重要な検討の形式として考えることができる。

ここで，観察は，実際の時間，空間の中で具体的な自然の事物・現象の存在や

変化を捉えることである。視点を明確にもち，周辺の状況にも意識を払いつつ，その様相を自らの諸感覚を通して捉えようとする活動である。一方，実験は，人為的に整えられた条件の下で，装置を用いるなどしながら，自然の事物・現象の存在や変化を捉えることである。自然の事物・現象からいくつかの変数を抽出し，それらを組み合わせ，意図的な操作を加える中で，結果を得ようとする活動である。観察，実験は明確に切り分けられない部分もあるが，それぞれの活動の特徴を意識しながら指導することが大切である。

　なお，「観察，実験を行うことなど」の「など」には，自然の事物・現象から問題を見いだす活動，観察，実験の結果を基に考察する活動，結論を導きだす活動が含まれる。

　「自然の事物・現象についての問題を科学的に解決する」とは，自然の事物・現象についての問題を，実証性，再現性，客観性などといった条件を検討する手続きを重視しながら解決していくということと考えられる。

　このような手続きを重視するためには，主体的で対話的な学びが欠かせない。生徒は，問題解決の活動の中で，互いの考えを尊重しながら話し合い，既にもっている自然の事物・現象についての考えを，少しずつ科学的なものに変容させていくのである。

　なお，生徒の表現力や表現方法は一律でないことから，対話的な活動となるように，必要に応じて支援することも考慮しなければならない。

　「(1)自然の事物・現象についての基本的な理解」とは，既習の内容や生活経験，そして観察，実験などの結果から導き出した結論との意味付け・関係付けを行っていくといった問題解決の過程を通して，自然の事物・現象の性質や基本的な規則性などを把握していくことである。

　「(1)観察，実験などに関する初歩的な技能」とは，器具や機器などを目的に応じて工夫して扱うとともに，観察，実験の過程やそこから得られた結果を適切に記録することである。生徒が問題解決の過程において，解決したい問題に対する結論を導き出す際，重要になるのは，観察，実験の結果である。観察，実験などに関する技能を身に付けることは，自然の事物・現象についての理解や問題解決の力の育成に関わる重要な資質・能力の一つである。なお，工夫して扱うことには，障害の状態等に応じて画像記録や動画記録などを利用したり，教師等の援助を依頼したりすることも含まれる。

　また，「観察，実験など」の「など」には，観察，実験の他に自然の性質や規則性を適用したものづくりや，栽培，飼育の活動が含まれる。

　「(2)観察，実験などを行い，解決の方法を考える力とより妥当な考えをつくりだす力」とは，予想や仮説を基に観察，実験などを行い，結果を整理し，その結果を基に結論を導きだすといった問題解決の過程の中で，各段階を通して育成

を目指す問題解決の力を示している。

1段階では，主に予想や仮説を基に，解決の方法を考えるといった問題解決の力の育成を目指している。この力を育成するためには，自然の事物・現象に影響を与えると考える要因を予想し，どの要因が影響を与えるかを調べる際に，これらの条件を制御するといった考え方を用いることが大切である。2段階では，主により妥当な考えをつくりだすといった問題解決の力の育成を目指している。より妥当な考えをつくりだすとは，自分が既にもっている考えを検討し，より科学的なものに変容させることである。この力を育成するためには，自然の事物・現象を多面的に考えることが大切である。

これらの問題解決の力は，その段階で中心的に育成するものであるが，実際の指導に当たっては，中学部も含め，他の段階で掲げている問題解決の力の育成についても十分に配慮することや，内容区分や単元の特性によって扱い方が異なることにも留意する必要がある。

「(3)自然を愛する心情を養うとともに，学んだことを主体的に生活に生かそうとする態度を養う」とは，以下のように考えることができる。

生徒は，植物の結実の過程や動物の発生や成長について観察したり，調べたりする中で，生命の連続性や神秘性に思いをはせたり，自分自身を含む動植物は，互いにつながっており，周囲の環境との関係の中で生きていることを考えたりすることを通して，生命を尊重しようとする態度が育まれてくる。

理科では，このような体験を通して，自然を愛する心情を育てることが大切であることは言うまでもない。ただし，その際，人間を含めた生物が生きていくためには，水や空気，食べ物，太陽のエネルギーなどが必要なことなどの理解も同時に大切にする必要がある。

さらに，自然環境と人間との共生の手立てを考えながら自然を見直すことや実験などを通して自然の秩序や規則性などに気付くことも，自然を愛する心情を育てることにつながると考えられる。

学んだことを主体的に生活に生かそうとする態度とは，関心や意欲をもって対象と関わることによって見いだした問題を，見通しをもって追究していく過程において，生活を見直したり，学んだことを生活に当てはめてみようとしたりする態度のことである。理科では，このような態度の育成を目指していくことが大切である。

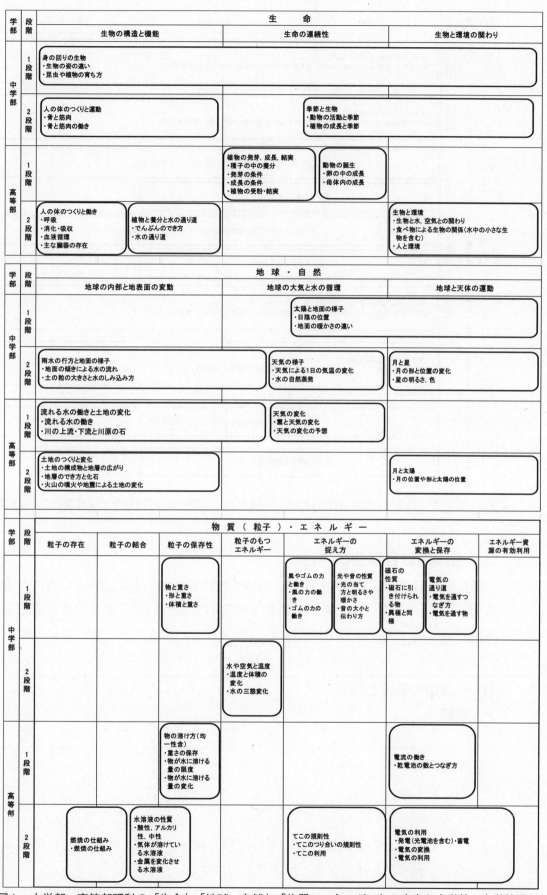

図1　中学部・高等部理科の「生命」，「地球・自然」，「物質・エネルギー」の内容と小学校・中学校理科の柱との関係性

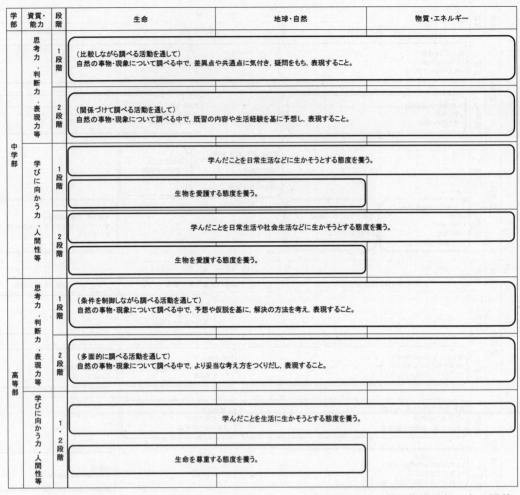

学部	資質・能力	段階	生命	地球・自然	物質・エネルギー
中学部	思考力・判断力・表現力等	1段階	（比較しながら調べる活動を通して）自然の事物・現象について調べる中で，差異点や共通点に気付き，疑問をもち，表現すること。		
		2段階	（関係づけて調べる活動を通して）自然の事物・現象について調べる中で，既習の内容や生活経験を基に予想し，表現すること。		
	学びに向かう力・人間性等	1段階	学んだことを日常生活などに生かそうとする態度を養う。		
			生物を愛護する態度を養う。		
		2段階	学んだことを日常生活や社会生活などに生かそうとする態度を養う。		
			生物を愛護する態度を養う。		
高等部	思考力・判断力・表現力等	1段階	（条件を制御しながら調べる活動を通して）自然の事物・現象について調べる中で，予想や仮説を基に，解決の方法を考え，表現すること。		
		2段階	（多面的に調べる活動を通して）自然の事物・現象について調べる中で，より妥当な考え方をつくりだし，表現すること。		
	学びに向かう力・人間性等	1・2段階	学んだことを生活に生かそうとする態度を養う。		
			生命を尊重する態度を養う。		

図2　思考力，判断力，表現力等及び学びに向かう力，人間性等に関する学習指導要領の主な記載

3　各段階の目標及び内容

　各段階の目標の違いについては，「主に予想や仮説を基に，解決の方法を考える力」（1段階）と「主にそれらの働きや関わりについて，より妥当な考えを作り出す力」（2段階）という点がある。

(1) 1段階の目標と内容
ア　目標

○1段階

(1) 目　標

　A　生命

　　ア　生命の連続性についての理解を図り，観察，実験などに関する
　　　初歩的な技能を身に付けるようにする。

　　イ　生命の連続性について調べる中で，主に予想や仮説を基に，解
　　　決の方法を考える力を養う。

ウ　生命の連続性について進んで調べ，生命を尊重する態度や学ん
　　　　だことを生活に生かそうとする態度を養う。

　アの「生命の連続性についての理解」とは，(2)のアの「植物の発芽，成長，結実」の場合，
　　・植物は，種子の中の養分を基にして発芽すること
　　・植物の種子の発芽には水，空気及び適当な温度が関係していること
　　・植物の成長には，日光や肥料などが関係していること
　　・花にはおしべやめしべなどがあり，花粉がめしべの先に付くとめしべのもと
　　　が実になり，実の中に種子ができること
など，植物の発芽，成長及び結実とそれらに関わる条件について理解することである。
　(2)のイの「動物の誕生」の場合，
　　・魚には雌雄があり，生まれた卵は日がたつにつれて中の様子が変化してかえ
　　　ること
　　・人は，受精した卵が母体内で少しずつ成長して体ができていくことや，母体
　　　内でへその緒を通して養分をもらって成長すること
など，動物の発生や成長の様子と経過についてとそれらに関わる条件について理解することである。
　イの「予想や仮説を基に，解決の方法を考える」とは，発芽，成長及び結実に関わる条件に気付き，それらを制御したり，卵や胎児の様子と時間の経過とを関係付けたりしながら，予想や仮説を確かめる方法を理解したり，検討したりして，その結果を捉えることである。
　ウの「学んだことを生活などに生かそうとする」とは，植物の発芽，成長及び結実や動物の誕生について学んだことを，様々な生活場面に当てはめて考えようとしたり，行動しようとしたりすることなどである。

　　B　地球・自然
　　ア　流れる水の働き，気象現象の規則性についての理解を図り，観察，
　　　　実験などに関する初歩的な技能を身に付けるようにする。
　　イ　流れる水の働き，気象現象の規則性について調べる中で，主に予想
　　　　や仮説を基に，解決の方法を考える力を養う。
　　ウ　流れる水の働き，気象現象の規則性について進んで調べ，学んだこ
　　　　とを生活に生かそうとする態度を養う。

アの「流れる水の働き（についての理解）」とは，
・流れる水には，土地を侵食したり，石や土などを運搬したり堆積させたりする働きがあること
・川の上流と下流によって，川原の石の大きさや形に違いがあること，また，流れる水の働きの違いによって川の様子が違うこと
・雨の降り方によって，水の速さや量が増し，地面を大きく侵食したり，石や土を多量に運搬したり堆積させたりして，土地の様子が大きく変化する場合があること
など，流れる水の働きと土地の変化との関係について理解することである。
アの「気象現象の規則性についての理解」とは，
・天気の変化は，雲の量や動きと関係があること，また，雲には様々なものがあること
・天気はおよそ西から東へ変化していくという規則性があり，映像などの気象情報を用いて予想ができること
など，天気の変化の仕方と雲の量や動きとの関係について理解することである。
イの「予想や仮説を基に，解決の方法を考える」とは，水の速さや量といった条件を制御したり，雲の量や動きと天気の変化とを関係付けたりしながら，予想や仮説を確かめる方法を理解したり検討したりして，その結果を捉えることである。
ウの「学んだことを生活に生かそうとする」とは，流れる水の働きと土地の変化や天気の変化について学んだことを，様々な生活場面に当てはめて考えようとしたり，行動しようとしたりすることなどである。

C　物質・エネルギー
　ア　物の溶け方，電流の働きについての理解を図り，観察，実験などに関する初歩的な技能を身に付けるようにする。
　イ　物の溶け方，電流の働きについて調べる中で，主に予想や仮説を基に，解決の方法を考える力を養う。
　ウ　物の溶け方，電流の働きについて進んで調べ，学んだことを生活に生かそうとする態度を養う。

アの「物の溶け方（についての理解）」とは，
・物が水に溶けてもなくならず，水と物とを合わせた重さは変わらないこと
・物が一定量の水に溶ける量には限度があること
・水溶液の温度が上昇すると，溶ける量も増えることや，高い温度で物を溶か

した水溶液を冷やすと，溶けた物が出てくること，また，水の量が増えると溶ける量も増えることや，水溶液の水を蒸発させると，溶けた物が出てくること，さらに，物が水に溶ける量やその変化は，溶かす物によって違うことなど，物の溶け方の規則性について理解することである。

アの「電流の働きについての理解」とは，

・乾電池の数やつなぎ方を変えると，電流の大きさや向きが変わり，豆電球の明るさやモーターの回り方が変わること

など，電流の大きさや向きと乾電池につないだ物の様子との関係について理解することである。

イの「予想や仮説を基に，解決の方法を考える」とは，水の温度や量などといった条件を制御したり，電流の大きさや向きと乾電池につないだ物の様子とを関係付けたりしながら，予想や仮説を確かめる方法を理解したり検討したりして，その結果を捉えることである。

ウの「学んだことを生活に生かそうとする」とは，物の溶け方や電流の働きについて学んだことを，様々な生活場面に当てはめて考えようとしたり，行動しようとしたりすることなどである。

イ　内容
A　生命

(2) 内　容

A　生命

ア　植物の発芽，成長，結実

植物の育ち方について，発芽，成長及び結実の様子に着目して，それらに関わる条件を制御しながら調べる活動を通して，次の事項を身に付けることができるよう指導する。

(ア) 次のことを理解するとともに，観察，実験などに関する初歩的な技能を身に付けること。

㋐　植物は，種子の中の養分を基にして発芽すること。

㋑　植物の発芽には，水，空気及び温度が関係していること。

㋒　植物の成長には，日光や肥料などが関係していること。

㋓　花にはおしべやめしべなどがあり，花粉がめしべの先に付くとめしべのもとが実になり，実の中に種子ができること。

(イ) 植物の育ち方について調べる中で，植物の発芽，成長及び結実とそれらに関わる条件についての予想や仮説を基に，解決の方法を考え，表現すること。

177

（内容の取扱い）

> （3）内容の取扱い
> 　ア　(2)の「A生命」のアの「植物の発芽，成長，結実」については，次
> 　　のとおり取り扱うものとする。
> 　（ア）（ア）の㋐の「種子の中の養分」については，でんぷんを扱うこと。
> 　（イ）（ア）の㋤については，おしべ，めしべ，がく及び花びらを扱うこ
> 　　と。また，受粉については，風や昆虫などが関係していることにも
> 　　触れること。

　ここでは，生徒が，発芽，成長及び結実の様子に着目して，それらに関わる条件を制御しながら，植物の育ち方を調べることを通して，植物の発芽，成長及び結実とその条件についての基本的な理解を図り，観察，実験などに関する初歩的な技能を身に付けるとともに，主に予想や仮説を基に，解決の方法を考える力や生命を尊重する態度，学んだことを生活に生かそうとする態度を育成することがねらいである。

　（ア）の「次のことを理解するとともに，観察，実験などに関する初歩的な技能を身に付けること」とは，㋐については，適当な温度下で種子に水を与えると，種子は水を吸い，根や芽を出し，発芽することから，発芽と種子の中の養分との関係に着目して，発芽前後の種子の養分の存在を比較しながら調べ，植物は，種子の中の養分を基にして発芽することを捉えるようにすることである。種子が発芽するための養分についてはでんぷんを扱う。その際，希釈したヨウ素液などを使用して，種子の中のでんぷんの存在を調べるなどの方法が考えられる。

　㋑については，身近な植物の種子の発芽の様子に着目して，例えば，水や空気の条件を一定にして，温度の条件を変えるなど，水，空気及び温度といった条件を制御しながら，種子が発芽するために必要な環境条件を調べ，発芽には水，空気及び適当な温度が関係していることを捉えるようにすることである。

　㋒については，身近な植物の成長の様子に着目して，日光や肥料などの環境条件が適した場合とそうでない場合を設定するなど，条件を制御しながら植物が成長するのに必要な環境条件を調べ，植物の成長には，日光や肥料などが関係していることを捉えるようにすることである。

　㋤については，身近な植物の花のつくりや結実の様子に着目して，おしべやめしべなどの花のつくりを調べたり，顕微鏡を使って花粉を観察したり，受粉の有無といった条件を制御しながら実のでき方を調べたりして，花にはおしべやめしべなどがあり，花粉がめしべの先に付くとめしべのもとが実になり，実の中に種

子ができることを捉えるようにすることである。また，ここで扱った植物が，自然の中では，風や昆虫などによって花粉が運ばれて受粉し結実することにも触れるようにする。

　ここで扱う対象としては，㋐，㋑では，種子が大きく，観察しやすいものを取り上げる。また，㋒では，生命尊重の立場から，成長との関係が確認できたところで実験を終了し，花壇などに植え替えるなどして，実験に利用した植物を枯らさないように配慮するようにする。さらに，㋐，㋑，㋒では，養分などの要因によって発芽や成長に関わる環境条件の制御が困難になることがないようにするため，養分の含まれていない保水性のある基質を使用することが考えられる。㋓では，花のつくりについては，おしべ，めしべ，がく及び花びらの存在を確かめるようにする。受粉と結実との関係を調べるためには，おばな，めばなのある植物を扱って，実験を行うことが考えられる。花粉の観察においては，顕微鏡を適切に操作して，花粉の特徴を捉えることが考えられる。

　ここでの指導に当たっては，発芽の条件と成長の条件について混同しやすいので，発芽と成長の意味を観察，実験を通して捉えるとともに，条件については，変える条件と変えない条件を区別して扱う必要があることを考えるようにする。また，発芽や成長の条件について調べる際には，観察，実験の方法や結果を表に整理するなど，植物の育ち方について考えたり，説明したりする活動の充実を図るようにする。

　イ　動物の誕生

　　動物の発生や成長について，魚を育てたり人の発生についての資料を活用したりする中で，卵や胎児の様子に着目して，時間の経過と関係付けて調べる活動を通して，次の事項を身に付けることができるよう指導する。

　(ア) 次のことを理解するとともに，観察，実験などに関する初歩的な技能を身に付けること。

　　　㋐　魚には雌雄があり，生まれた卵は日がたつにつれて中の様子が変化してかえること。

　　　㋑　人は，母体内で成長して生まれること。

　(イ) 動物の発生や成長について調べる中で，動物の発生や成長の様子と経過についての予想や仮説を基に，解決の方法を考え，表現すること。

（内容の取扱い）

イ　(2)の「A生命」のイの「動物の誕生」の(ア)の㋑については，人の受精に至る過程は取り扱わないこと。

ここでは，生徒が，魚を育てたり人の発生についての資料を活用したりする中で，卵や胎児の様子に着目して，時間の経過と関係付けて，動物の発生や成長を調べる活動を通して，それらについての基本的な理解を図り，観察，実験などに関する初歩的な技能を身に付けるとともに，主に予想や仮説を基に，解決の方法を考える力や生命を尊重する態度，学んだことを生活に生かそうとする態度を育成することがねらいである。

(ア)の「次のことを理解するとともに，観察，実験などに関する初歩的な技能を身に付けること」とは，㋐については，魚を育て観察する中で，魚が産んだ卵の中の様子に着目して，それらと時間の経過とを関係付けて，卵の中の変化を継続して観察して調べ，魚には雌雄があり，生まれた卵は日がたつにつれて中の様子が変化してかえることを捉えるようにすることである。その際，雌雄では体の形状が異なることや，卵の中には育つための養分が含まれていることも捉えるようにする。

㋑については，胎児の母体内での成長に着目して，それらと時間の経過とを関係付けて，胎児の成長の様子を調べ，人は，受精した卵が母体内で少しずつ成長して体ができていくことや，母体内でへその緒を通して養分をもらって成長することを捉えるようにすることである。

ここで扱う対象としては，㋐については，内部の変化の様子を捉えやすい魚の卵が適しており，これらを実体顕微鏡などを用いて観察していくようにする。㋑については，母体内の成長を直接観察することが困難なので，映像や模型，その他の資料を活用して調べるようにする。

ここでの指導に当たっては，㋐については，観察の計画を立て，継続的に調べるようにする。魚の卵の内部の変化を観察する際に，実体顕微鏡などの観察器具を適切に操作できるように指導する。また，㋑については，資料を基に調べる計画を立てるようにする。母体内での成長については，直接観察することが難しく，連続的に成長していくことを捉えにくいので，魚の卵の成長と関係付けながら捉えるようにする。

なお，ここでは，人の卵と精子が受精に至る過程については取り扱わないものとする。

B　地球・自然

> B　地球・自然
> ア　流れる水の働きと土地の変化
> 　　流れる水の働きと土地の変化について，水の速さや量に着目して，それらの条件を制御しながら調べる活動を通して，次の事項を身に付けることができるよう指導する。
> （ア）次のことを理解するとともに，観察，実験などに関する初歩的な技能を身に付けること。
> 　　㋐　流れる水には，土地を侵食したり，石や土などを運搬したり堆積させたりする働きがあること。
> 　　㋑　川の上流と下流によって，川原の石の大きさや形に違いがあること。
> 　　㋒　雨の降り方によって，流れる水の速さや量は変わり，増水により土地の様子が大きく変化する場合があること。
> （イ）流れる水の働きについて調べる中で，流れる水の働きと土地の変化との関係についての予想や仮説を基に，解決の方法を考え，表現すること。

（内容の取扱い）

> ウ　(2)の「B地球・自然」のアの「流れる水の働きと土地の変化」の(ア)の㋒については，自然災害についても触れること。

　ここでは，生徒が，流れる水の速さや量に着目して，それらの条件を制御しながら，流れる水の働きと土地の変化を調べる活動を通して，それらについての基本的な理解を図り，観察，実験などに関する初歩的な技能を身に付けるとともに，主に予想や仮説を基に，解決の方法を考える力，学んだことを生活に生かそうとする態度を育成することがねらいである。

　（ア）の「次のことを理解するとともに，観察，実験などに関する初歩的な技能を身に付けること」とは，㋐については，川を流れる水の速さと量に着目して，それらと土地の変化とを関係付けて，流れる水の働きを調べ，流れる水には，土地を侵食したり，石や土などを運搬したり堆積させたりする働きがあることを捉えるようにすることである。

　㋑については，川を流れる水の速さや量に着目して，それらと川原の石の大きさや形とを関係付けて，川の様子の違いを調べ，川の上流と下流によって，川原

181

の石の大きさや形に違いがあることを捉えるようにすることである。また，上流から下流まで，川を全体として捉え，上流では侵食の働きがよく見られ，下流では堆積の働きがよく見られることなど，流れる水の働きの違いによる川の様子の違いを捉えるようにすることである。

㋒については，雨が短時間に多量に降ったり，長時間降り続いたりしたときの川を流れる水の速さや量に着目して，水の速さや量といった条件を制御しながら，増水による土地の変化の様子を調べ，雨の降り方によって，水の速さや量が増し，地面を大きく侵食したり，石や土を多量に運搬したり堆積させたりして，土地の様子が大きく変化する場合があることを捉えるようにすることである。

ここでの指導に当たっては，野外での直接観察のほか，適宜，人工の流れをつくったモデル実験を取り入れて，流れる水の速さや量を変え，土地の変化を調べることで，流れる水の働きについて捉えるようにすることが考えられる。また，流れる水には，土地を侵食したり，石や土などを運搬したり堆積させたりする働きがあることや増水により土地の様子が大きく変化することを捉えるために，中学部2段階Bのアの「雨水の行方と地面の様子」の学習との関連を図るようにする。さらに，観察，実験の結果と実際の川の様子とを関係付けて捉えたり，長雨や集中豪雨により増水した川の様子を捉えたりするために，映像や図書などの資料を活用することが考えられる。

日常生活との関連としては，長雨や集中豪雨がもたらす川の増水による自然災害に触れるようにする。

なお，川の現地学習に当たっては，気象情報に注意するとともに，事故防止に配慮するように指導する。

イ　天気の変化

　天気の変化の仕方について，雲の様子を観測したり，映像などの気象情報を活用したりする中で，雲の量や動きに着目して，それらと天気の変化とを関係付けて調べる活動を通して，次の事項を身に付けることができるよう指導する。

(ア) 次のことを理解するとともに，観察，実験などに関する初歩的な技能を身に付けること。

　㋐　天気の変化は，雲の量や動きと関係があること。

　㋑　天気の変化は，映像などの気象情報を用いて予想できること。

(イ) 天気の変化の仕方について調べる中で，天気の変化の仕方と雲の量や動きとの関係についての予想や仮説を基に，解決の方法を考え，表現すること。

（内容の取扱い）

エ　(2)の「B地球・自然」のイの「天気の変化」の(ア)の㋑については，台風の進路による天気の変化や台風と降雨との関係及びそれに伴う自然災害についても触れること。

ここでは，生徒が，雲の量や動きに着目して，それらと天気の変化とを関係付けて，天気の変化の仕方を調べる活動を通して，それらについての基本的な理解を図り，観察，実験などに関する初歩的な技能を身に付けるとともに，主に予想や仮説を基に，解決の方法を考える力，学んだことを生活に生かそうとする態度を育成することがねらいである。

(ア)の「次のことを理解するとともに，観察，実験などに関する初歩的な技能を身に付けること」とは，㋐については，雲の量や動きに着目して，それらと天気の変化とを関係付けて，１日の雲の量や動きを調べ，天気の変化は，雲の量や動きと関係があることを捉えるようにすることである。また，実際に観察した結果から，雲の形や量，動きの多様さに触れ，雲には様々なものがあることを捉えるようにすることである。

㋑については，数日間の雲の量や動きに着目して，それらと気象衛星などから得た雲の量や動きの情報とを関係付けて，天気の変化の仕方を調べ，天気はおよそ西から東へ変化していくという規則性があり，映像などの気象情報を用いて予想ができることを捉えるようにすることである。その際，台風の進路についてはこの規則性が当てはまらないことや，台風がもたらす降雨は短時間に多量になることにも触れるようにする。

ここで扱う対象としては，雨に関係する雲として，例えば，乱層雲や積乱雲などが考えられる。

ここでの指導に当たっては，身近な自然現象としての雲の観察をすることにより，気象現象に興味・関心をもち，天気が予想できるようにする。

日常生活の関連としては，長雨や集中豪雨，台風などの気象情報から，自然災害に触れるようにする。

なお，雲を野外で観察する際には，気象情報に注意するとともに，太陽を直接見ないように指導し，事故防止に配慮するように指導する。

C　物質・エネルギー

> C　物質・エネルギー
>
> ア　物の溶け方
>
> 　　物の溶け方について，溶ける量や様子に着目して，水の温度や量などの条件を制御しながら調べる活動を通して，次の事項を身に付けることができるよう指導する。
>
> （ア）次のことを理解するとともに，観察，実験などに関する初歩的な技能を身に付けること。
>
> 　㋐　物が水に溶けても，水と物とを合わせた重さは変わらないこと。
>
> 　㋑　物が水に溶ける量には，限度があること。
>
> 　㋒　物が水に溶ける量は水の温度や量，溶ける物によって違うこと。また，この性質を利用して，溶けている物を取り出すことができること。
>
> （イ）物の溶け方について調べる中で，物の溶け方の規則性についての予想や仮説を基に，解決の方法を考え，表現すること。

（内容の取扱い）

> カ　(2)の「C物質・エネルギー」のアの「物の溶け方」については，水溶液の中では，溶けている物が均一に広がることにも触れること。

　ここでは，生徒が，物が水に溶ける量や様子に着目して，水の温度や量などの条件を制御しながら，物の溶け方の規則性を調べる活動を通して，それらについての基本的な理解を図り，観察，実験などに関する初歩的な技能を身に付けるとともに，主に予想や仮説を基に，解決の方法を考える力，学んだことを生活に生かそうとする態度を育成することがねらいである。

　（ア）の「次のことを理解するとともに，観察，実験などに関する初歩的な技能を身に付けること」とは，㋐については，物が水に溶ける量や全体の量に着目して，溶かす前の物の重さに水の重さを加えた全体の重さと，溶かした後の水溶液の重さの変化を比較しながら調べ，物が水に溶けてもなくならず，水と物とを合わせた重さは変わらないことを捉えるようにすることである。

　㋑については，物が水に溶ける量に着目して，水の温度や量といった条件を制御しながら，水に物を溶かしたときの，物の溶ける量を調べ，物が一定量の水に溶ける量には限度があることを捉えるようにすることである。

　㋒については，物が水に溶ける量に着目して，水の温度や量といった条件を制

御しながら，物の溶ける量やその変化を調べ，一定量の水を加熱したときの物の溶ける様子から，水溶液の温度が上昇すると，溶ける量も増えることや，高い温度で物を溶かした水溶液を冷やすと，溶けた物が出てくることを捉えるようにすることである。また，水の温度を一定にして，水の量を増やしたときの物の溶ける量の変化から，水の量が増えると溶ける量も増えることや，溶けた物は水溶液の中に存在することから，水溶液の水を蒸発させると，溶けた物が出てくることなどを捉えるようにすることである。さらに，それらの実験を複数の物を使って行い，物が水に溶ける量やその変化は，溶かす物によって違うことを捉えるようにすることである。

　ここで扱う対象としては，水の温度や溶かす物の違いによって，溶ける量の違いが顕著に観察できるように，水の温度によって溶ける量の変化が大きい物と変化が小さい物を用いることが考えられる。また，加熱によって分解しにくく，安全性の高い物を扱うようにする。

　ここでの指導に当たっては，例えば，有色の物を溶かしたとき，色が水溶液全体に均一に広がることから，溶けている物が均一に広がることにも触れるようにする。また，物が水に溶けても，水と物を合わせた重さは変わらないことについて，実験の結果を表や画像記録などを使って整理するなどして，定量的な実験を通して捉えるようにすることが考えられる。さらに，物が溶けるということを，図，絵及び写真などを用いて表現したり，「水溶液」という言葉を使用して説明したりするなど，物の溶け方について考えたり，説明したりする活動の充実を図るようにする。

　日常生活との関連として，水や湯に物を溶かした経験を想起させることが考えられる。

　なお，実験を行う際には，メスシリンダーや電子てんびん，ろ過器具，加熱器具，温度計などの器具の適切な操作について，安全に配慮するように指導する。

　イ　電流の働き

　　電流の働きについて，電流の大きさや向きと乾電池につないだ物の様子に着目して，それらを関係付けて調べる活動を通して，次の事項を身に付けることができるよう指導する。

　（ア）次のことを理解するとともに，観察，実験などに関する初歩的な技能を身に付けること。

　　㋐　乾電池の数やつなぎ方を変えると，電流の大きさや向きが変わり，豆電球の明るさやモーターの回り方が変わること。

　（イ）電流の働きについて調べる中で，電流の大きさや向きと乾電池につな

いだ物の様子との関係についての予想や仮説を基に，解決の方法を考え，表現すること。

（内容の取扱い）

キ　(2)の「C物質・エネルギー」のイの「電流の働き」の(ｱ)の㋐については，直列つなぎと並列つなぎを扱うものとする。

ここでは，生徒が，電流の大きさや向き，乾電池につないだ物の様子に着目して，それらを関係付けて，電流の働きを調べる活動を通して，それらについての基本的な理解を図り，観察，実験などに関する初歩的な技能を身に付けるとともに，主に予想や仮説を基に，解決の方法を考える力，学んだことを生活に生かそうとする態度を育成することがねらいである。

(ｱ)の「次のことを理解するとともに，観察，実験などに関する初歩的な技能を身に付けること」とは，㋐については，乾電池の数を１個から２個に増やしたり，つなぎ方を変えたりしたときの豆電球やモーターの動作の様子に着目して，これらの変化と電流の大きさや向きとを関係付けて電流の働きを調べ，乾電池の数やつなぎ方を変えると，電流の大きさや向きが変わり，豆電球の明るさやモーターの回り方が変わることを捉えるようにすることである。その際，例えば，簡易検流計などを用いて，これらの現象と電流の大きさや向きとを関係付けて調べるようにする。

ここでの指導に当たっては，電流の大きさや向きと乾電池につないだ物の様子について考えたことを，図，絵及び写真を用いて表現したり，「電流」，「直列つなぎ」，「並列つなぎ」という言葉を使用して説明したりするなど，電流の働きについて考えたり，説明したりする活動の充実を図るようにする。また，発光ダイオードが電流の向きによって点灯したり，点灯しなかったりすることを扱うことが考えられる。

なお，乾電池をつなぐ際には，一つの回路で違う種類の電池が混在しないよう，安全に配慮するように指導する。

（内容の取扱い）

オ　(2)の「C物質・エネルギー」の指導に当たっては，ものづくりを通して行うよう配慮すること。

電流の働きを活用したものづくりとしては，乾電池の数やつなぎ方を変えると

電流の大きさや向きが変わり，モーターの回り方が変わるという観点から，例えば，物の動きを制御することを目的とした，乾電池などを用いた自動車や回転ブランコ，クレーンなどが考えられる。

(2) ２段階の目標と内容
ア　目標

○２段階
(1) 目　標
　A　生命
　　ア　生物の体のつくりと働き，生物と環境との関わりについての理解を図り，観察，実験などに関する初歩的な技能を身に付けるようにする。
　　イ　生物の体のつくりと働き，生物と環境との関わりについて調べる中で，主にそれらの働きや関わりについて，より妥当な考えをつくりだす力を養う。
　　ウ　生物の体のつくりと働き，生物と環境との関わりについて進んで調べ，生命を尊重する態度や学んだことを生活に生かそうとする態度を養う。

　アの「生物の体のつくりと働き（について理解）」とは，(2)のアの「人の体のつくりと働き」の場合，
・人や他の動物は体内に酸素を取り入れ，体外に二酸化炭素などを出していること
・食べた物は口から，食道，胃，小腸，大腸へと移動する間に消化されていくことや，口では咀しゃくが行われ，消化された養分は腸から吸収されて血液中に入り，吸収されなかった物はふんとして肛門から排出されること
・血液が，心臓の働きで体内を巡り，養分や酸素などを体のすみずみまで運んでいることや二酸化炭素を体のすみずみから運び出していること，また，肺から心臓に戻る血液には，酸素が多く含まれ，全身から心臓に戻る血液には，二酸化炭素が多く含まれること
・呼吸には肺が関係し，消化，吸収には主に胃，小腸，大腸，肝臓が関係し，排出には腎臓が関係し，血液の循環には心臓が関係しているとともに，それらが相互に働き合って生命が維持されていること，また，これらの臓器の名称とともに，体内における位置を捉えること
など，人や他の動物の体のつくりと呼吸，消化，排出及び循環の働きについて理

解することである。

(2)のイの「植物の養分と水の通り道」の場合は，

・植物が日光に当たると自らでんぷんをつくりだしていること

・植物の根，茎及び葉には水の通り道があり，すみずみまで水が行きわたっていることや，根から吸い上げられた水は主に葉から蒸散により水蒸気として排出されていること

など，植物の体のつくり，体内の水などの行方及び葉で養分をつくる働きについて理解することである。

アの「生物と環境との関わりについて理解」とは，

・生物は水及び空気を通して周囲の環境と関わって生きていること

・植物を食べている動物がいることや，その動物も他の動物に食べられることがあること，生物には食う食われるという関係があるということ

・人は，環境と関わり，工夫して生活していること

など，生物と環境との関わりについて理解することである。

イの「より妥当な考えをつくりだす」とは，生物の体のつくりと働き，生物と環境との関わりについて，予想や仮説，観察，実験などの方法を振り返り，再検討したり，複数の観察，実験などから得た結果を基に考察をしたりすることを通して，自分が既にもっている考えを，より科学的なものに変容させることである。

ウの「学んだことを生活に生かそうとする」とは，生物の体のつくりと働き，生物と環境との関わりについて学んだことを，様々な生活場面に当てはめて考えようとしたり，行動しようとしたりすることなどである。

B　地球・自然

ア　土地のつくりと変化，月の形の見え方と太陽との位置関係についての理解を図り，観察，実験などに関する初歩的な技能を身に付けるようにする。

イ　土地のつくりと変化，月の形の見え方と太陽との位置関係について調べる中で，主にそれらの変化や関係について，より妥当な考えをつくりだす力を養う。

ウ　土地のつくりと変化，月の形の見え方と太陽との位置関係について進んで調べ，学んだことを生活に生かそうとする態度を養う。

アの「土地のつくりと変化（についての理解）」とは，

・土地は，礫，砂，泥，火山灰などからできており，幾重にも層状に重なり地

層をつくって広がっているものがあること，また，地層には化石が含まれているものがあることや，礫，砂，泥については，粒の大きさに違いがあること
・地層は，流れる水の働きや火山の噴火によってできること
・土地は，火山の噴火や地震によって変化すること
など，土地のつくりやでき方について理解することである。

アの「月の形の見え方と太陽との位置関係についての理解」とは，
・月は，日によって形が変わって見え，月の輝いている側に太陽があることや，月の形の見え方は太陽と月との位置関係によって変わること
など，月の位置や形と太陽の位置との関係について理解することである。

イの「より妥当な考えをつくりだす」とは，土地のつくりと変化や月の形の見え方と太陽との位置関係について，予想や仮説，観察，実験などの方法を振り返り，再検討したり，複数の観察，実験などから得た結果を基に考察したりすることを通して，自分が既にもっている考えを，より科学的なものに変容させることである。

ウの「学んだことを主体的に生活に生かそうとする」とは，土地のつくりと変化，月の形の見え方と太陽との位置関係について学んだことを，様々な生活場面に当てはめて考えようとしたり，行動しようとしたりすることなどである。

C　物質・エネルギー
　ア　燃焼の仕組み，水溶液の性質，てこの規則性及び電気の性質や働きについての理解を図り，観察，実験などに関する初歩的な技能を身に付けるようにする。
　イ　燃焼の仕組み，水溶液の性質，てこの規則性及び電気の性質や働きについて調べる中で，主にそれらの仕組みや性質，規則性及び働きについて，より妥当な考えをつくりだす力を養う。
　ウ　燃焼の仕組み，水溶液の性質，てこの規則性及び電気の性質や働きについて進んで調べ，学んだことを生活に生かそうとする態度を養う。

アの「燃焼の仕組み（についての理解）」とは，
・植物体が燃えるときには，空気中に含まれる酸素の一部が使われて，二酸化炭素ができること，また，酸素には物を燃やす働きがあることや，燃えた後の植物体の様子が変化すること，さらに，空気には，主に，窒素，酸素，二酸化炭素が含まれていること
など，物が燃えたときの空気の変化について理解することである。

アの「水溶液の性質（についての理解）」とは，

・水溶液には，酸性，アルカリ性及び中性のものがあること

・水溶液には，気体が溶けているものがあること

・水溶液には，金属を入れると金属が溶けて気体を発生させたり，金属の表面の様子を変化させたりするものがあること

など，溶けているものによる性質や働きの違いについて理解することである。

アの「てこの規則性（についての理解）」とは，

・力を加える位置や力の大きさを変えると，てこを傾ける働きが変わり，てこがつり合うときにはそれらの間に規則性があること

・身の回りには，てこの規則性を利用した道具があり，てこの規則性が日常生活の様々な場面で活用されていること

など，力を加える位置や力の大きさとてこの働きとの関係について理解することである。

アの「電気の性質や働きについての理解」とは，

・電気は，つくりだしたり蓄えたりすることができること

・電気は，光，音，熱，運動などに変換することができること

・発電したり，蓄電したり，変換させたりしながら利用していること

など，電気の量と働きとの関係，発電や蓄電，電気の変換について理解することである。

イの「より妥当な考えをつくりだす」とは，燃焼の仕組み，水溶液の性質，てこの規則性及び電気の性質や働きについて，予想や仮説，観察，実験などの方法を振り返り，再検討したり，複数の実験などから得た結果を基に考察をしたりすることを通して，自分が既にもっている考えを，より科学的なものに変容させることである。

ウの「学んだことを生活に生かそうとする」とは，燃焼の仕組み，水溶液の性質，てこの規則性及び電気の性質や働きについて学んだことを，様々な生活場面に当てはめて考えようとしたり，行動しようとしたりすることなどである。

イ　内容

A　生命

---

(2) 内　容

　A　生命

　　ア　人の体のつくりと働き

　　　　人や他の動物について，体のつくりと呼吸，消化，排出及び循環の働きに着目して，生命を維持する働きを多面的に調べる活動を通

して，次の事項を身に付けることができるよう指導する。

(ｱ) 次のことを理解するとともに，観察，実験などに関する初歩的な技能を身に付けること。

㋐ 体内に酸素が取り入れられ，体外に二酸化炭素などが出されていること。

㋑ 食べ物は，口，胃，腸などを通る間に消化，吸収され，吸収されなかった物は排出されること。

㋒ 血液は，心臓の働きで体内を巡り，養分，酸素及び二酸化炭素などを運んでいること。

㋓ 体内には，生命活動を維持するための様々な臓器があること。

(ｲ) 人や他の動物の体のつくりと働きについて調べる中で，体のつくりと呼吸，消化，排出及び循環の働きについて，より妥当な考えをつくりだし，表現すること。

（内容の取扱い）

(3) 内容の取扱い

ア (2)の「A生命」のアの「人の体のつくりと働き」については，次のとおり取り扱うものとする。

(ｱ) (ｱ)の㋒については，心臓の拍動と脈拍とが関係することにも触れること。

(ｲ) (ｱ)の㋓については，主な臓器として，肺，胃，小腸，大腸，肝臓，腎臓，心臓を扱うこと。

ここでは，生徒が，体のつくりと呼吸，消化，排出及び循環の働きに着目して，生命を維持する働きを多面的に調べる活動を通して，人や他の動物の体のつくりと働きについての基本的な理解を図り，観察，実験などに関する初歩的な技能を身に付けるとともに，主により妥当な考えをつくりだす力や生命を尊重する態度，学んだことを生活に生かそうとする態度を育成することがねらいである。

(ｱ)の「次のことを理解するとともに，観察，実験などに関する初歩的な技能を身に付けること」とは，㋐については，人や他の動物の呼吸の働きに着目して，吸気と呼気の成分などを基に，肺を通して血液中に酸素を取り入れ，血液中の二酸化炭素などを体外に排出する働きを多面的に調べ，人や他の動物は体内に酸素を取り入れ，体外に二酸化炭素などを出していることを捉えるようにすることである。

㋑については，人や他の動物の消化の働きに着目して，食べた物が変化し体内

第4節
各学科に共通する各教科

に取り入れられることを多面的に調べ，食べた物は口から，食道，胃，小腸，大腸へと移動する間に消化されていくことや，口では咀しゃくが行われ，消化された養分は腸から吸収されて血液中に入り，吸収されなかった物はふんとして肛門から排出されることを捉えるようにすることである。

㋒については，人や他の動物の血液の循環に着目して，心臓の動きと血液の流れを関係付けて，血液に入った養分や酸素，肺から取り入れられた酸素の行方などを多面的に調べ，血液が，心臓の働きで体内を巡り，養分や酸素などを体のすみずみまで運んでいることや二酸化炭素を体のすみずみから運び出していることを捉えるようにすることである。また，肺から心臓に戻る血液には，酸素が多く含まれ，全身から心臓に戻る血液には，二酸化炭素が多く含まれることを捉えるようにすることである。その際，人や他の動物は心臓の拍動数と脈拍数が関係することから，心臓の動きと血液の流れが関係していることに触れるようにする。

㋓については，人や他の動物の体内の臓器に着目して，呼吸，消化，吸収，排出などと臓器との関係を多面的に調べ，呼吸には肺が関係し，消化，吸収には主に胃，小腸，大腸，肝臓が関係し，排出には腎臓が関係し，血液の循環には心臓が関係していることを捉えるようにするとともに，それらが相互に働き合って生命が維持されていることを捉えるようにすることである。また，これらの臓器の名称とともに，体内における位置を捉えるようにすることである。

ここで扱う対象としては，人の体を中心とし，呼気や吸気を調べる活動では指示薬や気体検知管，気体センサーなどによる酸素や二酸化炭素の測定が，消化を調べる活動ではヨウ素液によるヨウ素デンプン反応などが考えられる。また，他の動物としては，呼吸の状態などが調べられる身近で安全な哺乳類や魚類が考えられる。体のつくりの観察については魚の解剖や標本などの活用が考えられ，その際，事前にその意義を十分説明するよう留意する。

ここでの指導に当たっては，人や他の動物の体のつくりや働きについて，個々の臓器の働きといった部分で見たり，生命を維持する働きという全体で見たりすることや，人と他の動物の体のつくりと働きを比較しながら調べることで，理解を深めるようにする。その際，映像や模型，図書，コンピュータシミュレーションなどを活用して調べたり，調べたことを図や表などに整理して伝え合ったりするなど，人や他の動物の体のつくりや働きについて考えたり，説明したりする学習活動の充実を図るようにする。

イ　植物の養分と水の通り道

　植物について，その体のつくり，体内の水などの行方及び葉で養分をつくる働きに着目して，生命を維持する働きを多面的に調べる活動を通

して，次の事項を身に付けることができるよう指導する。
(ア) 次のことを理解するとともに，観察，実験などに関する初歩的な技能を身に付けること。
㋐ 植物の葉に日光が当たるとでんぷんができること。
㋑ 根，茎及び葉には，水の通り道があり，根から吸い上げられた水は主に葉から蒸散により排出されること。
(イ) 植物の体のつくりと働きについて調べる中で，体のつくり，体内の水などの行方及び葉で養分をつくる働きについて，より妥当な考えをつくりだし，表現すること。

ここでは，生徒が，植物の体のつくりと体内の水などの行方や葉で養分をつくる働きに着目して，生命を維持する働きを多面的に調べる活動を通して，植物の体のつくりと働きについての基本的な理解を図り，観察，実験などに関する初歩的な技能を身に付けるとともに，主により妥当な考えをつくりだす力や生命を尊重する態度，学んだことを生活に生かそうとする態度を育成することがねらいである。

(ア)の「次のことを理解するとともに，観察，実験などに関する初歩的な技能を身に付けること」とは，㋐については，植物の体のつくりと葉で養分をつくる働きに着目して，葉の中のでんぷんの存在を多面的に調べ，葉の中のでんぷんの存在から，植物が日光に当たると自らでんぷんをつくりだしていることを捉えるようにすることである。その際，日光が当たっている何枚かの葉で，アルミニウム箔などを被せて遮光した葉と遮光しない葉を用いて，希釈したヨウ素液などを使用して，葉の中のでんぷんの存在を比較しながら調べるなどの方法が考えられる。

㋑については，植物の体のつくりと体内の水などの行方に着目して，植物の体内での水の通り道を多面的に調べ，植物の根，茎及び葉には水の通り道があり，すみずみまで水が行きわたっていることや，根から吸い上げられた水は主に葉から蒸散により水蒸気として排出されていることを捉えるようにすることである。その際，植物に着色した水を吸わせ，茎や葉などを切ってその体の内部のつくりを観察したり，何枚かの葉に透明な袋で覆いをして袋に付く水の量を観察したりすることなどが考えられる。蒸散により排出される水の量を調べる際には，気温が高い晴れの日を選ぶようにする。

ここで扱う対象としては，葉ででんぷんがつくられる植物を扱う。

ここでの指導に当たっては，生徒の理解の充実を図るために，観察，実験とともに，映像や模型，その他の資料を活用することが考えられる。

ウ　生物と環境

　　生物と環境について，動物や植物の生活を観察したり資料を活用した
　りする中で，生物と環境との関わりに着目して，それらを多面的に調べ
　る活動を通して，次の事項を身に付けることができるよう指導する。
　（ア）次のことを理解するとともに，観察，実験などに関する初歩的な技能
　　　を身に付けること。
　　　　㋐　生物は，水及び空気を通して周囲の環境と関わって生きているこ
　　　　　と。
　　　　㋑　生物の間には，食う食われるという関係があること。
　　　　㋒　人は，環境と関わり，工夫して生活していること。
　（イ）生物と環境について調べる中で，生物と環境との関わりについて，よ
　　　り妥当な考えをつくりだし，表現すること。

（内容の取扱い）

　イ　(2)の「A生命」のウの「生物と環境」については，次のとおり取り扱
　　うものとする。
　（ア）（ア）の㋐については，水が循環していることにも触れること。
　（イ）（ア）の㋑ついては，水中の小さな生物を観察し，それらが魚などの
　　　食べ物になっていることに触れること。

　　ここでは，生徒が，生物と水，空気及び食べ物との関わりに着目して，それら
　を多面的に調べる活動を通して，生物と持続可能な環境との関わりについて基本
　的な理解を図り，観察，実験などに関する初歩的な技能を身に付けるとともに，
　主により妥当な考えをつくりだす力や生命を尊重する態度，学んだことを生活に
　生かそうとする態度を育成することがねらいである。

　　（ア）の「次のことを理解するとともに，観察，実験などに関する初歩的な技能
　を身に付けること」とは，㋐については，動物は，水及び空気がないと生きてい
　くことができないことや，植物は水が不足すると枯れてしまうことなどから，生
　物と水及び空気との関わりに着目して，それらを多面的に調べ，生物は水及び空
　気を通して周囲の環境と関わって生きていることを捉えるようにすることであ
　る。その際，地球上の水は，海や川などから蒸発し，水蒸気や雲となり，雨とな
　るなど循環していることに触れるようにする。また，生物は酸素を吸って二酸化
　炭素をはき出しているが，植物は光が当たると二酸化炭素を取り入れて酸素を出
　すなど，生物が空気を通して周囲の環境と関わって生きていることを捉えるよう

にする。

[イ]については，様々な動物の食べ物に着目して，生物同士の関わりを多面的に調べ，植物を食べている動物がいることや，その動物も他の動物に食べられることがあること，生物には食う食われるという関係があるということを捉えるようにすることである。その際，池や川などの水を採取し，顕微鏡などを使って，水中の小さな生物を観察することにより，魚が，水中にいる小さな生物を食べて生きていることに触れるようにする。

[ウ]については，人の生活について，環境との関わり方の工夫に着目して，持続可能な環境との関わり方を多面的に調べ，人は，環境と関わり，工夫して生活していることを捉えるようにすることである。その際，人の生活が環境に及ぼす影響を少なくする工夫や，環境から人の生活へ及ぼす影響を少なくする工夫，よりよい関係をつくりだす工夫など，人と環境との関わり方の工夫について考えるようにする。

ここで扱う対象としては，[ア]については，例えば，植物が酸素を出しているかを調べるために，気体検知管や気体センサーなどを活用して，酸素や二酸化炭素の検出を行うことが考えられる。また，地球上の水や空気の存在を想起するなど，生物と環境との関わりについて考察することが考えられる。[イ]については，例えば，植物体を食べる身近な動物として，昆虫や草食性の哺乳類などを扱うとともに，動物を食べる動物として，肉食性の哺乳類や節足動物などを扱うようにし，食べ物を通した関わりについて考察するようにする。[ウ]については，例えば，科学技術を活用して水や空気など周囲の環境に与える影響を少なくする工夫や，情報を活用して環境の変化を事前に予測し受ける影響を少なくする工夫，また，人が自然に働きかけることでよりよい関係をつくりだす工夫について扱うことが考えられる。

ここでの指導に当たっては，観察，実験が行いにくい活動については，生徒の理解の充実を図るために，映像，模型及び図書などの資料を活用することが考えられる。[ア]については，水の循環や酸素，二酸化炭素の出入りを図で表現するなど，生物と環境との関わりについて考えたり，簡単な説明をしたりする活動の充実を図るようにする。[イ]については，植物は自らでんぷんをつくりだしているが，人や他の動物は植物あるいは動物を食べていることから，食べ物を通して生物が関わり合って生きていることを整理し，相互の関係付けを図って理解できるようにする。水中の小さな生物を観察する際には，顕微鏡などの観察器具を適切に操作できるように指導する。[ウ]については，これまでの理科の学習を踏まえて，自分が環境とよりよく関わっていくためにはどのようにすればよいか，日常生活に当てはめて考察するなど，持続可能な社会の構築という観点で扱うようにする。

B　地球・自然

> B　地球・自然
> ア　土地のつくりと変化
> 　　土地のつくりと変化について，土地やその中に含まれる物に着目して，土地のつくりやでき方を多面的に調べる活動を通して，次の事項を身に付けることができるよう指導する。
> （ア）次のことを理解するとともに，観察，実験などに関する初歩的な技能を身に付けること。
> 　㋐　土地は，礫〔れき〕，砂，泥，火山灰などからできており，層をつくって広がっているものがあること。また，層には化石が含まれているものがあること。
> 　㋑　地層は，流れる水の働きや火山の噴火によってできること。
> 　㋒　土地は，火山の噴火や地震によって変化すること。
> （イ）土地のつくりと変化について調べる中で，土地のつくりやでき方について，より妥当な考えをつくりだし，表現すること。

（内容の取扱い）

> ウ　(2)の「B地球・自然」のアの「土地のつくりと変化」については，次のとおり取り扱うものとする。
> （ア）（ア）の㋑については，流れる水の働きでできた岩石として礫岩〔れき〕，砂岩，泥岩を扱うこと。
> （イ）（ア）の㋒については，自然災害についても触れること。

　ここでは，生徒が，土地やその中に含まれている物に着目して，土地のつくりやでき方を多面的に調べる活動を通して，土地のつくりや変化についての基本的な理解を図り，観察，実験などに関する初歩的な技能を身に付けるとともに，主により妥当な考えをつくりだす力，学んだことを生活に生かそうとする態度を育成することがねらいである。

　（ア）の「次のことを理解するとともに，観察，実験などに関する初歩的な技能を身に付けること」とは，㋐については，崖や切り通しなどで土地やその中に含まれる物に着目して，土地のつくりを多面的に調べ，土地は，礫〔れき〕，砂，泥，火山灰などからできており，幾重にも層状に重なり地層をつくって広がっているものがあることを捉えるようにすることである。また，地層には化石が含まれている

ものがあることや，礫(れき)，砂，泥については，粒の大きさに違いがあることを捉えるようにすることである。その際，複数の地点の地層のつくりを層の構成物の粒の大きさや形，色を相互に関係付けて調べ，地層の重なりや広がりを捉えるようにする。なお，土地の構成物を調べる際には，例えば，地質ボーリングの資料を利用することが考えられる。

㋑については，土地やその中に含まれる物に着目して，粒の大きさや形や色などの特徴から，土地のでき方を多面的に調べ，地層は，流れる水の働きや火山の噴火によってできることを捉えるようにすることである。その際，地層の中に含まれる丸みを帯びた礫(れき)や砂などから，流れる水の働きによってつくられた地層であることを捉えるようにする。また，流れる水の働きでできた岩石として礫(れき)岩，砂岩，泥岩を扱うこととする。一方，火山灰や多くの穴をもつ石が地層の中に含まれていることなどから，火山の噴火によってつくられた地層もあることを捉えるようにする。

㋒については，土地の様子に着目して，火山の活動や地震による土地の変化を多面的に調べ，土地は，火山の噴火や地震によって変化することを捉えるようにすることである。その際，火山の噴火によって，溶岩が流れ出したり，火山灰が噴き出したりして変化した土地の様子や，大きな地震によって地割れが生じたり断層が地表に現れたり崖が崩れたりした様子を調べることが考えられる。

ここでの指導に当たっては，生徒が土地のつくりや変化について実際に地層を観察する機会をもつようにするとともに，映像，模型，標本などの資料を活用し，土地を構成物といった部分で見たり，地層のつくりや広がりといった全体で見たりすることで，理解を深めるようにする。また，遠足や移動教室などあらゆる機会を生かすとともに，博物館や資料館などの社会教育施設を活用することが考えられる。さらに，地層のつくりや，地層が流れる水の働きによってできる場合があることを捉えるために，中学部２段階Ｂのアの「雨水の行方と地面の様子」，高等部１段階Ｂのアの「流れる水の働きと土地の変化」の学習との関連を図るようにする。

日常生活との関連としては，火山の噴火や地震がもたらす自然災害に触れるようにする。その際，映像，図書などの資料を基に調べ，過去に起こった火山の活動や大きな地震によって土地が変化したことや将来にも起こる可能性があることを捉えるようにする。

なお，土地の観察に当たっては，それぞれの地域に応じた指導を工夫するようにするとともに，野外観察においては安全を第一に考え，事故防止に配慮するように指導する。また，岩石サンプルを採る際には，保護眼鏡を使用するなど，安全に配慮するように指導する。

イ　月と太陽

　　月の形の見え方について，月と太陽の位置に着目して，それらの位置
　関係を多面的に調べる活動を通して，次の事項を身に付けることができ
　るよう指導する。
（ア）次のことを理解するとともに，観察，実験などに関する初歩的な技能
　　を身に付けること。
　　　㋐　月の輝いている側に太陽があること。また，月の形の見え方は，
　　　　太陽と月との位置関係によって変わること。
（イ）月の形の見え方について調べる中で，月の位置や形と太陽の位置との
　　関係について，より妥当な考えをつくりだし，表現すること。

（内容の取扱い）

エ　（2）の「B地球・自然」のイの「月と太陽」の（ア）の㋐については，地
　　球から見た太陽と月との位置関係で扱うものとする。

　　ここでは，生徒が，月と太陽の位置に着目して，これらの位置関係を多面的に
調べる活動を通して，月の形の見え方と月と太陽の位置関係についての基本的な
理解を図り，観察，実験などに関する初歩的な技能を身に付けるとともに，主に
より妥当な考えをつくりだす力，学んだことを生活に生かそうとする態度を育成
することがねらいである。

　　（ア）の「次のことを理解するとともに，観察，実験などに関する初歩的な技能
を身に付けること」とは，㋐については，月と太陽の位置に着目して，月の形の
見え方と太陽の位置関係を実際に観察したり，モデルや図で表したりして多面的
に調べ，月は，日によって形が変わって見え，月の輝いている側に太陽があるこ
とや，月の形の見え方は太陽と月との位置関係によって変わることを捉えるよう
にすることである。ただし，地球から見た太陽と月の位置関係で扱うものとする。

　　ここで扱う対象としては，太陽が沈んでから見える月の他に，昼間に観察でき
る月も考えられる。また，月を観察する際には，クレーターなど，表面の様子や
模様にも目を向けて，月に対する興味・関心を高めるようにする。

　　ここでの指導に当たっては，実際に観察した月の見え方を，モデルや図によっ
て表現するなど，月の位置や太陽の位置との関係について考えたり，簡単な説明
をしたりする活動の充実を図るようにするとともに，数日後の月の見え方を予測
する活動が考えられる。また，生徒の天体に関する興味・関心を高め，理解を深
めるために，移動教室や宿泊を伴う学習の機会を生かすとともに，プラネタリウ

ムなどを活用することが考えられる。

なお，夜間の観察の際には，安全を第一に考え，事故防止に配慮するように指導する。また，昼間の月を観察し，太陽の位置を確認する際には，太陽を直接見ないようにするなど，安全に配慮するよう指導する。

C　物質・エネルギー

> C　物質・エネルギー
> ア　燃焼の仕組み
> 燃焼の仕組みについて，空気の変化に着目して，物の燃え方を多面的に調べる活動を通して，次の事項を身に付けることができるよう指導する。
> (ｱ) 次のことを理解するとともに，観察，実験などに関する初歩的な技能を身に付けること。
> ㋐　植物体が燃えるときには，空気中の酸素が使われて二酸化炭素ができること。
> (ｲ) 燃焼の仕組みについて調べる中で，物が燃えたときの空気の変化について，より妥当な考えをつくりだし，表現すること。

ここでは，生徒が，空気の変化に着目して，物の燃え方を多面的に調べる活動を通して，燃焼の仕組みについての基本的な理解を図り，観察，実験などに関する初歩的な技能を身に付けるとともに，主により妥当な考えをつくりだす力，学んだことを生活に生かそうとする態度を育成することがねらいである。

(ｱ)の「次のことを理解するとともに，観察，実験などに関する初歩的な技能を身に付けること」とは，㋐については，植物体が燃えるときの空気の変化に着目して，植物体が燃える前と燃えた後での空気の性質や植物体の変化を多面的に調べ，植物体が燃えるときには，空気中に含まれる酸素の一部が使われて，二酸化炭素ができることを捉えるようにすることである。また，酸素には物を燃やす働きがあることや，燃えた後の植物体の様子も変化していることを捉えるようにすることである。さらに，実験結果や資料を基に，空気には，主に，窒素，酸素，二酸化炭素が含まれていることを捉えるようにすることである。その際，植物体を空気中で燃やすと，空気の入れ替わるところでは燃えるが，入れ替わらないところでは燃えなくなってしまうことを，実験を通して捉えることが考えられる。

ここで扱う対象としては，燃焼の様子を観察しやすい植物体として，例えば，木片や紙などが考えられる。

ここでの指導に当たっては，日常生活の中で物を燃やす体験が少ない現状を踏

まえ，物が燃える現象を十分に観察できるような場を設定する。その際，映像を活用することなども考えられる。また，物が燃える際に，酸素の一部が使われ二酸化炭素ができることを捉える際には，二酸化炭素の有無を調べることができる石灰水や，酸素や二酸化炭素の割合を調べることのできる気体検知管や気体センサーといった測定器具などを用いることが考えられる。その際，物が燃えたときの空気の変化について，図，絵及び写真などを用いて表現したり，「酸素」，「二酸化炭素」という言葉を用いて表現したりするなど，燃焼の仕組みについて考えたり，簡単な説明をしたりする活動の充実を図るようにする。

なお，燃焼実験の際の火の取扱いや気体検知管の扱い方などについて十分指導するとともに，保護眼鏡を使用するなど，安全に配慮するように指導する。

イ　水溶液の性質

　水溶液について，溶けている物に着目して，それらによる水溶液の性質や働きの違いを多面的に調べる活動を通して，次の事項を身に付けることができるよう指導する。

(ア) 次のことを理解するとともに，観察，実験などに関する初歩的な技能を身に付けること。

　㋐　水溶液には，酸性，アルカリ性及び中性のものがあること。

　㋑　水溶液には，気体が溶けているものがあること。

　㋒　水溶液には，金属を変化させるものがあること。

(イ) 水溶液の性質や働きについて調べる中で，溶けているものによる性質や働きの違いについて，より妥当な考えをつくりだし，表現すること。

ここでは，生徒が，水に溶けている物に着目して，それらによる水溶液の性質や働きの違いを多面的に調べる活動を通して，水溶液の性質や働きについての基本的な理解を図り，観察，実験などに関する初歩的な技能を身に付けるとともに，主により妥当な考えをつくりだす力，学んだことを生活に生かそうとする態度を育成することがねらいである。

(ア)の「次のことを理解するとともに，観察，実験などに関する初歩的な技能を身に付けること」とは，㋐については，水に溶けている物に着目して，水溶液の違いを多面的に調べ，水溶液には，酸性，アルカリ性及び中性のものがあることを捉えるようにすることである。その際，水溶液には，色やにおいなどの異なるものがあることや，同じように無色透明な水溶液でも，溶けている物を取り出すと違った物が出てくることがあることなどから，水溶液の性質の違いを捉えるようにする。また，リトマス紙などを用いて調べることにより，酸性，アルカリ

性，中性の三つの性質にまとめられることを捉えるようにする。

㋑については，水に溶けている物に着目して，水溶液の性質や働きを多面的に調べ，水溶液には気体が溶けているものがあることを捉えるようにすることである。その際，水溶液を振り動かしたり温めたりすると，気体を発生するものがあることや，発生した気体を調べると，その気体特有の性質を示すものがあること，発生した気体は再び水に溶けることを捉えるようにする。さらに，水溶液を加熱すると，固体が溶けている場合と違って，何も残らないものがあることから，溶けていた気体が空気中に出ていったことを捉えるようにする。

㋒については，水溶液に溶かした金属や水溶液から取り出した物に着目して，水溶液の性質や働きの違いを多面的に調べ，水溶液には，金属を入れると金属が溶けて気体を発生させたり，金属の表面の様子を変化させたりするものがあることを捉えるようにすることである。その際，金属が溶けた水溶液から溶けている物を取り出して調べると，元の金属とは違う新しい物ができていることがあることを実験を通して捉えるようにする。

ここで扱う対象としては，水溶液については，例えば，炭酸水，薄い塩酸，薄い水酸化ナトリウム水溶液などが考えられる。㋒については，例えば，鉄やアルミニウムなど，生活の中でよく見かけるもので性質やその変化が捉えやすい金属を使用することが考えられる。

ここでの指導に当たっては，水溶液の性質や金属の質的変化について，多面的に調べた結果を表に整理したり，そこから考えたことを図や絵，文を用いて表現したりするなど，水溶液の性質について考えたり，簡単な説明をしたりする活動の充実を図るようにする。

日常生活との関連として，身の回りで使用されている酸性やアルカリ性の水溶液を調べるといった活動が考えられる。

なお，実験に使用する薬品については，その危険性や扱い方について十分指導するとともに，保護眼鏡を使用するなど，安全に配慮するように指導する。また，事故のないように配慮し管理するとともに，使用した廃液などについても，環境に配慮し適切に処理する必要があることを指導する。

ウ　てこの規則性

てこの規則性について，力を加える位置や力の大きさに着目して，てこの働きを多面的に調べる活動を通して，次の事項を身に付けることができるよう指導する。

(ア) 次のことを理解するとともに，観察，実験などに関する初歩的な技能を身に付けること。

㋐ 力を加える位置や力の大きさを変えると，てこを傾ける働きが変わり，てこがつり合うときにはそれらの間に規則性があること。

㋑ 身の回りには，てこの規則性を利用した道具があること。

(イ) てこの規則性について調べる中で，力を加える位置や力の大きさとてこの働きとの関係について，より妥当な考えをつくりだし，表現すること。

ここでは，生徒が，加える力の位置や大きさに着目して，これらの条件とてこの働きとの関係を多面的に調べる活動を通して，てこの規則性についての基本的な理解を図り，観察，実験などに関する初歩的な技能を身に付けるとともに，主により妥当な考えをつくりだす力，学んだことを生活に生かそうとする態度を育成することがねらいである。

(ア)の「次のことを理解するとともに，観察，実験などに関する初歩的な技能を身に付けること」とは，㋐については，てこを働かせたときの，力を加える位置や力の大きさに着目して，てこのつり合いの条件を制御しながら調べ，力を加える位置や力の大きさを変えると，てこを傾ける働きが変わり，てこがつり合うときにはそれらの間に規則性があることを捉えるようにすることである。その際，１カ所で支えて水平になった棒の支点から左右に等距離の位置に物をつり下げ，両側の物の重さが等しいとき，棒が水平になってつり合うことも捉えるようにする。

㋑については，身の回りの様々な道具で，力を加える位置や力の大きさに着目して，てこの規則性と道具の仕組みや働きとの関係を多面的に調べ，身の回りには，てこの規則性を利用した道具があり，てこの規則性が日常生活の様々な場面で活用されていることを捉えるようにすることである。

ここで扱う対象としては，㋐については，てこ実験器，㋑については，ペンチ，釘抜き，空き缶つぶし，トングなどが考えられる。

ここでの指導に当たっては，支点からの距離とおもりの重さとの関係を表などに整理するなど，てこの規則性について考えたり，簡単な説明したりする活動の充実を図り，これらの活動を通して，てこがつり合っている場合は，「左側の（力点にかかるおもりの重さ）×（支点から力点までの距離）＝右側の（力点にかかるおもりの重さ）×（支点から力点までの距離）」という関係式が成立することを捉えるようにする。

日常生活との関連として，てこの規則性が利用されている様々な道具を調べる際には，「支点」，「力点」，「作用点」等の言葉を用いて説明したり，どのような便利さが得られるかについて話し合ったりするなど，道具の効果とてこの規則性とを関係付けて考えられるようにする。

エ　電気の利用

発電や蓄電，電気の変換について，電気の量や働きに着目して，それらを多面的に調べる活動を通して，次の事項を身に付けることができるよう指導する。

(ア) 次のことを理解するとともに，観察，実験などに関する初歩的な技能を身に付けること。

㋐　電気は，つくりだしたり蓄えたりすることができること。

㋑　電気は，光，音，熱，運動などに変換することができること。

㋒　身の回りには，電気の性質や働きを利用した道具があること。

(イ) 電気の性質や働きについて調べる中で，電気の量と働きとの関係，発電や蓄電，電気の変換について，より妥当な考えをつくりだし，表現すること。

（内容の取扱い）

カ　(2)の「C物質・エネルギー」のエの「電気の利用」の(ア)の㋐については，電気をつくりだす道具として，手回し発電機，光電池などを扱うものとする。

ここでは，生徒が，電気の量や働きに着目して，それらを多面的に調べる活動を通して，発電や蓄電，電気の変換についての基本的な理解を図り，観察，実験などに関する初歩的な技能を身に付けるとともに，主により妥当な考えをつくりだす力，学んだことを生活に生かそうとする態度を育成することがねらいである。

(ア)の「次のことを理解するとともに，観察，実験などに関する初歩的な技能を身に付けること」とは，㋐については，身の回りにある発電，蓄電に関する道具に着目して，手回し発電機や光電池などを使って発電したり，蓄電器に電気を蓄えたりできることを多面的に調べ，電気は，つくりだしたり蓄えたりすることができることを捉えるようにすることである。

㋑については，豆電球や発光ダイオードを点灯させたり，電子オルゴールを鳴らしたり，電熱線を発熱させたり，モーターを回転させたりしたときの電気の働きに着目して，それらを多面的に調べ，電気は，光，音，熱，運動などに変換することができることを捉えるようにすることである。

㋒については，身の回りにある，電気を利用している道具の働きに着目して，

電気の利用の仕方を多面的に調べ，発電したり，蓄電したり，変換させたりしながら利用していることを捉えるようにすることである。その際，身の回りには，電気の働きを目的に合わせて制御したり，電気を効率よく利用したりしている物があることを捉えるようにする。

　ここで扱う対象としては，電気を蓄える物として，例えば，コンデンサーなどの蓄電器が考えられる。電気をつくりだしたり，蓄電器などに電気を蓄えたりすることができることについては，豆電球や発光ダイオードの点灯やモーターの回転などによって捉えるようにする。

　ここでの指導に当たっては，生徒が手回し発電機や光電池などを使って自分で電気をつくりだし，その電気を蓄えたり，変換したりすることにより，エネルギーが蓄えられることや変換されることを体験的に捉えるようにする。

　日常生活との関連としては，エネルギー資源の有効利用という観点から，電気の効率的な利用について捉えるようにする。このことについて，例えば，蓄電した電気を使って，発光ダイオードと豆電球の点灯時間を比較することが考えられる。

（内容の取扱い）

> オ　(2)の「C物質・エネルギー」の指導に当たっては，ものづくりを通して行うよう配慮すること。

　てこの規則性を活用したものづくりとしては，てこの働きを利用するという観点から，用途に応じて作用する力の大きさを制御することを目的としたてこや，物の重さを測定することを目的としたてんびんばかりなどが考えられる。

　また，電気の働きを活用したものづくりとしては，風力や太陽光といった自然エネルギーでつくりだした電気を蓄電器に蓄えて効率的に利用することを目的とした照明などが考えられる。

4　指導計画の作成と内容の取扱い

(1) 指導計画作成上の配慮事項

> 3　指導計画の作成と内容の取扱い
> 　(1) 指導計画の作成に当たっては，次の事項に配慮するものとする。
> 　　ア　単元など内容や時間のまとまりを見通して，その中で育む資質・能力の育成に向けて，生徒の主体的・対話的で深い学びの実現を図るようにすること。その際，理科の学習過程の特質を踏まえ，理科

> の見方・考え方を働かせ，見通しをもって観察，実験を行うなどの，問題を科学的に解決しようとする学習活動の充実を図ること。

この事項は，理科の指導計画の作成に当たり，生徒の主体的・対話的で深い学びの実現を目指した授業改善を進めることとし，理科の特質に応じて，効果的な学習が展開できるように配慮すべき内容を示したものである。

選挙権年齢や成年年齢の引き下げなど，生徒にとって政治や社会が一層身近なものとなる中，学習内容を人生や社会の在り方と結び付けて深く理解し，これからの時代に求められる資質・能力を身に付け，生涯にわたって能動的に学び続けることができるようにするためには，これまでの学校教育の蓄積も生かしながら，学習の質を一層高める授業改善の取組を活性化していくことが求められている。

指導に当たっては，(1)「知識及び技能」が習得されること，(2)「思考力，判断力，表現力等」を育成すること，(3)「学びに向かう力，人間性等」を涵養することが偏りなく実現されるよう，単元など内容や時間のまとまりを見通しながら，生徒の主体的・対話的で深い学びの実現に向けた授業改善を行うことが重要である。

主体的・対話的で深い学びは，必ずしも1単位時間の授業の中で全てが実現されるものではない。単元など内容や時間のまとまりの中で，例えば，主体的に学習に取り組めるよう学習の見通しを立てたり学習したことを振り返ったりして自身の学びや変容を自覚できる場面をどこに設定するか，対話によって自分の考えなどを広げたり深めたりする場面をどこに設定するか，学びの深まりをつくりだすために，生徒が考える場面と教師が教える場面をどのように組み立てるか，といった視点で授業改善を進めることが求められる。また，生徒や学校の実態に応じ，多様な学習活動を組み合わせて授業を組み立てていくことが重要であり，単元のまとまりを見通した学習を行うに当たり基礎となる「知識及び技能」の習得に課題が見られる場合には，それを身に付けるために，生徒の主体性を引き出すなどの工夫を重ね，確実な習得を図ることが必要である。

主体的・対話的で深い学びの実現に向けた授業改善を進めるに当たり，特に「深い学び」の視点に関して，各教科等の学びの深まりの鍵となるのが「見方・考え方」である。各教科等の特質に応じた物事を捉える視点や考え方である「見方・考え方」を，習得・活用・探究という学びの過程の中で働かせることを通じて，より質の高い深い学びにつなげることが重要である。

> イ　2の各段階で育成を目指す思考力，判断力，表現力等については，当
> 該段階において育成することを目指す力のうち，主なものを示したもの
> であり，実際の指導に当たっては，他の段階で掲げている力の育成につ
> いても十分に配慮すること。

　「イ各段階で育成を目指す思考力，判断力，表現力等」とは，生徒が自然の事物・現象に親しむ中で興味・関心をもち，そこから疑問を見いだし，予想や仮説を基に観察，実験などを行い，結果を整理し，その結果を基に結論を導きだすといった問題解決の過程の中で育成される問題解決の力のことである。高等部1段階では，主に予想や仮説を基に，解決の方法を考える力が，高等部2段階では，主により妥当な考えをつくりだす力が問題解決の力として示されている。

　また，生徒の障害による特性や発達の段階に対して配慮するとともに，情報量の調整を行ったり，情報の整理を支援したりするなどして，観察，実験の結果の捉え方を指導していくことが必要となる。実際の指導に当たっては，中学部で掲げている問題解決の力の育成についても十分に配慮する必要がある。

(2) 内容の取扱いについての配慮事項

> (2)　2の各段階の内容の取扱いについては，次の事項に配慮するものとする。
> ア　問題を見いだし，予想や仮説，観察，実験などの方法について考え
> たり説明したりする学習活動，観察，実験の結果を整理し考察する学
> 習活動，科学的な言葉や概念を使用して考えたり説明したりする学習
> 活動などを重視すること。
> イ　観察，実験などの指導に当たっては，指導内容に応じてコンピュー
> タや情報通信ネットワークなどを適切に活用できるようにすること。
> ウ　実験を行うに当たっては，身の回りのことや生活に関わるものを取
> り扱うこと。
> エ　生物，天気，川，土地などの指導に当たっては，野外に出掛け地域
> の自然に親しむ活動や体験的な活動を多く取り入れるとともに，生命
> を尊重し，自然環境の保全に寄与する態度を養うようにすること。
> オ　天気，川，土地などの指導に当たっては，災害に関する基礎的な理
> 解が図られるようにすること。
> カ　科学技術が日常生活や社会を豊かにしていることや理科で学習する
> ことが様々な職業などと関係していることに触れること。

キ　個々の生徒が主体的に問題を解決する活動を進めるとともに，日常
　　生活や他教科等との関連を図った学習活動，目的を設定し，計測して
　　制御するという考え方に基づいた学習活動が充実するようにすること。
　ク　博物館や科学学習センターなどと連携，協力を図ること。

　アの「科学的な言葉や概念を使用して考えたり説明したりする」とは，自らの観察記録や実験データを整理した表やグラフなどを活用しつつ科学的な言葉や概念を使用して考えたり説明したりすることである。

　イの「コンピュータや情報通信ネットワークなどを適切に活用できるようにする」とは，学習を深めていく過程で，生徒が相互に情報を交換したり，説明したりする手段として，コンピュータをはじめとする様々な視聴覚機器を活用することである。

　ウの「身の回りのことや生活に関わるものを取り扱う」とは，生徒が見通しをもって意欲的に学習活動に取り組むことができるように，生活に関連した題材を扱うことである。その際，実際の生活とどのように関連しているかについて指導することが大切である。

　エの「自然に親しむ活動や体験的な活動を多く取り入れる」とは，自然に直接関わる体験を充実するために，それぞれの地域で自然の事物・現象を教材化し，これらの積極的な活用を図ることである。例えば，生物の飼育や植物の栽培活動，校外学習などの自然に触れ合う体験活動等が考えられる。また，野外で生物を採取する場合には，必要最小限にとどめるなど，生態系の維持に配慮するとともに，生物の体のつくりと働きの精妙さを認識し，生命を尊重しようとする態度を養うことができるようにする。

　オの「災害に関する基礎的な理解が図られるようにする」とは，自然の事物・現象の働きや規則性などを理解し，自然災害に適切に対応することにつながるようにすることである。例えば，1段階Bのアの「流れる水の働きと土地の変化」，Bのイの「天気の変化」，2段階Bのアの「土地のつくりと変化」において，自然災害との関連を図りながら，学習内容の理解を深めることが重要である。

　カの「科学技術が日常生活や社会を豊かにしている（ことに触れる）」とは，理科で学習した様々な原理や法則は日常生活や社会と深く関わりをもっており，科学技術の発展を支える基礎となっていることを認識させることである。

　「理科で学習することが様々な職業などと関係していることに触れる」とは，理科で学ぶ様々な事物や現象がさまざまな職業に深く関わりをもっていることを認識させることである。特に，科学的な原理が日常的に使用する製品などに応用されていることを実感させることが大切である。

　また，生徒の進路選択との関わりの中でも理科を学ぶ意義を実感させ，理科で

学んだことが様々な職業やその後の学習と関連していることや，理科の見方・考え方が職業にも生かされることに触れることが大切である。

キの「日常生活や他教科等との関連を図った学習活動」とは，学習の成果を日常生活との関わりの中で捉え直したり，他教科等で学習した内容と関連付けて考えたりすることである。さらには，学習したことを日常生活との関わりの中で捉え直すことで，理科を学習することの有用性を感じることができ，学習に対する意欲も増進する。そのため教師は，各教科等の内容について「カリキュラム・マネジメント」を通じての相互の関連付けや横断を図り，必要な教育内容を組織的に配列し，関係する教科等の内容と往還できるようにすることが大切である。

「目的を設定し，計測して制御するという考え方に基づいた学習活動」とは，観察，実験などにおいて，その目的を明確に意識することにより，観察，実験の結果を見直し，再度観察，実験を行ったり，解決方法の修正をしたりするといった学習活動のことである。

クの「博物館や科学学習センターなどと連携，協力を図ること」とは，地域にある博物館や科学学習センター，植物園，動物園，水族館，プラネタリウムなどの施設や設備を活用することである。これらの施設や設備は，学校では体験することが困難な自然や科学に関する豊富な情報を提供してくれる貴重な存在である。これらの施設や設備の活用に際しては，適切に指導計画に位置付けるとともに，実地踏査や学芸員などとの事前の打合せなどを行い，育成を目指す資質・能力を共有し，指導の充実を図ることが大切である。

(3) 事故防止，薬品などの管理

> (3) 観察，実験などの指導に当たっては，事故防止に十分留意すること。また，環境整備に十分配慮するとともに，使用薬品の管理及び廃棄についても適切な措置をとるよう配慮すること。

「事故防止に十分留意する」とは，安全管理という観点から，加熱，燃焼，気体の発生などの実験，ガラス器具や刃物などの操作，薬品の管理，取扱い，処理などには十分に注意を払うことである。野外での観察，採集，観測などでは事前に現地調査を行い，危険箇所の有無などを十分に確認して，適切な事前指導を行い，事故防止に努めることが必要である。

「環境整備に十分配慮する」とは，生徒が活動しやすいように授業で使用する教材や教具，実験器具などを整理整頓しておくとともに，実験器具等の配置を生徒に周知しておくようにすることである。また，教材，器具等の物的環境の整備や人的支援など，長期的な展望の下，計画的に環境を整備していくことが大切で

ある。

　「使用薬品の管理及び廃棄についても適切な措置をとる」とは，地震や火災などに備えて，法令に従い，厳正に管理することである。特に，塩酸や水酸化ナトリウムなど，毒物及び劇物取締法により，劇物に指定されている薬品は，法に従って適切に取り扱うことが必要である。

第5 音楽

1 音楽科の改訂の要点

(1) 目標の改訂の要点

① 教科の目標の改善

　高等部段階における音楽科で育成を目指す資質・能力を，「生活や社会の中の音や音楽，音楽文化と豊かに関わる資質・能力」と規定し，「知識及び技能」，「思考力，判断力，表現力等」，「学びに向かう力，人間性等」について示した。また，資質・能力の育成に当たっては，生徒が「音楽的な見方・考え方」を働かせて，学習活動に取り組めるようにする必要があることを示した。このことによって，生徒が教科としての音楽を学ぶ意味を明確にした。

② 段階の目標の新設

　今回の改訂では，段階の目標を新設し，教科の目標の構造と合わせ，「(1) 知識及び技能」，「(2) 思考力，判断力，表現力等」，「(3) 学びに向かう力，人間性等」の三つの柱で整理し，教科の目標と段階の目標との関係を明確にした。

(2) 内容の改訂の要点

① 内容構成の改善

　従前は「鑑賞」，「身体表現」，「器楽」及び「歌唱」で構成されていた。

　今回の改訂では，中学部音楽科及び中学校音楽科との連続性を踏まえて，「A表現」（「歌唱」，「器楽」，「創作」，「身体表現」の四分野），「B鑑賞」の二つの領域及び〔共通事項〕で構成した。また，「A表現」，「B鑑賞」に示す各事項を，「A表現」では「知識」，「技能」，「思考力，判断力，表現力等」に，「B鑑賞」では「知識」，「思考力，判断力，表現力等」に新たに整理して示した。これによって，指導すべき内容が一層明確になるようにした。

② 学習内容，学習指導の改善・充実

ア 「知識」及び「技能」に関する指導内容の明確化

　中央教育審議会答申において，「学習内容を，三つの柱に沿って見直す」とされたことを踏まえ，三つの柱の一つである「知識及び技能」について，次のように改訂した。

　「知識」に関する指導内容については，「曲想と音楽の構造などとの関わり及び音楽の多様性について」理解することなどの具体的な内容を，歌唱，器楽，創作，身体表現，鑑賞の領域や分野ごとに事項として示した。

　「A表現」における技能に関する指導内容については，創意工夫した音楽表現をするために必要となる具体的な内容を，歌唱，器楽，創作，身体表現の分野ごとに事項として示した。このことによって，音楽科における技能は，「思考力，

判断力，表現力等」の育成と関わらせて習得できるようにすべき内容であることを明確にした。

イ　〔共通事項〕の指導内容の新設

中央教育審議会答申において，「学習内容を，三つの柱に沿って見直す」とされたこと，「『見方・考え方』は，現行の学習指導要領において，小学校音楽科，中学校音楽科で示されている表現及び鑑賞に共通して働く資質・能力である〔共通事項〕とも深い関わりがある」とされたことなどを踏まえ，〔共通事項〕を新設し，アの事項を「思考力，判断力，表現力等」に関する資質・能力，イの事項を「知識」に関する資質・能力として示した。

(3) 指導計画の作成と内容の取扱いの改訂の要点

① 　指導計画の作成に当たっての配慮事項の新設

各段階の目標及び内容の〔共通事項〕は，「A表現」及び「B鑑賞」において共通に必要となる資質・能力として示した。そのことによって，指導計画の作成に当たっては，「A表現」及び「B鑑賞」の各領域及び各分野における事項との関連を図り，十分な指導が行われるようにすることを配慮事項に明記した。

② 　内容の取扱いについての配慮事項の新設

各段階の「A表現」及び「B鑑賞」において取り扱う教材選択の観点，言語活動の充実を図るための配慮事項などについて示した。

ア　言語活動の充実

中央教育審議会答申において，言語活動が「表現及び鑑賞を深めていく際に重要な活動である」とされたことを踏まえ，次のように改訂した。

友達や教師と協働しながら，音楽表現を楽しんだり曲や演奏を聴いてその楽しさを見いだしたりしていく学習の充実を図る観点から，生徒の言語理解や発声・発語の状況等を考慮し，「音や音楽及び言葉によるコミュニケーションを図る指導を工夫すること」を「A表現」及び「B鑑賞」の指導に当たっての配慮事項として示した。

イ　「我が国や郷土の音楽」に関する学習の充実

中央教育審議会答申において，「我が国や郷土の伝統音楽に親しみ，よさを一層味わえるようにしていくこと」の「更なる充実が求められる」とされたことを踏まえ，我が国や郷土の音楽の指導に当たっての配慮事項として，「楽譜や音源等の示し方，伴奏の仕方，曲に合った歌い方や楽器の演奏の仕方などの指導方法について工夫すること」を配慮事項として示した。

2　音楽科の目標

教科の目標は次のとおりである。

---

1 目　標

　表現及び鑑賞の幅広い活動を通して，音楽的な見方・考え方を働かせ，生活や社会の中の音や音楽，音楽文化と豊かに関わる資質・能力を次のとおり育成することを目指す。

(1) 曲想と音楽の構造などとの関わり及び音楽の多様性について理解するとともに，創意工夫を生かした音楽表現をするために必要な技能を身に付けるようにする。

(2) 音楽表現を創意工夫することや，音楽を自分なりに評価しながらよさや美しさを味わって聴くことができるようにする。

(3) 音楽活動の楽しさを体験することを通して，音楽を愛好する心情と音楽に対する感性を育むとともに，音楽に親しんでいく態度を養い，豊かな情操を培う。

　この目標は，高等部段階の教育における音楽科が担うべき役割とその目指すところを示したものである。従前は，教科の目標を総括目標として一文で示していたが，今回の改訂では，育成を目指す資質・能力を整理し，生活や社会の中の音や音楽，音楽文化と豊かに関わる資質・能力を育成することを目指している。その上で，(1)は「知識及び技能」の習得，(2)は「思考力，判断力，表現力等」の育成，(3)は「学びに向かう力，人間性等」の涵(かん)養に関する目標を示す構成としている。また，このような資質・能力を育成するためには，「音楽的な見方・考え方」を働かせることが必要であることを示している。

　冒頭に示した「表現及び鑑賞の幅広い活動を通して」とは，生徒が音楽的な見方・考え方を働かせ，生活や社会の中の音や音楽，音楽文化と豊かに関わる資質・能力を育成するためには，多様な音楽活動を幅広く体験することが大切であることを示したものである。

　生徒の音楽活動とは，歌を歌ったり，楽器を演奏したり，音楽をつくったり，音楽を体の動きで表現をしたり，音や音楽を聴いたりすることなどである。学習指導要領では，このうち歌唱，器楽，創作，身体表現を「表現」領域としてまとめ，「表現」と「鑑賞」の2領域で構成している。しかしながら，これらの活動はそれぞれが個々に行われるだけではなく，相互に関わり合っていることもある。

　「幅広い活動を通して」としているのは，多様な音楽活動を通して学習が行われることを前提としているからである。ここでは，人々に長く親しまれている音楽，我が国や郷土の伝統音楽を含む我が国及び諸外国の様々な音楽を教材として扱い，生徒一人一人の個性や興味・関心を生かした楽しい音楽活動を展開してい

くことの重要性を述べている。特に音楽科の学習が，生徒の音楽活動と離れた個別の知識の習得や，技能の機械的な訓練にならないようにすることが大切である。

音楽的な見方・考え方を働かせて，生徒が思いや意図をもって音楽を表現したり，味わって聴いたりするなど，生徒一人一人の個性や興味・関心を生かした歌唱，器楽，創作，身体表現，鑑賞の活動を行うことが重要である。

「音楽的な見方・考え方」とは，「音楽に対する感性を働かせ，音や音楽を，音楽を形づくっている要素とその働きの視点で捉え，自己のイメージや感情，生活や社会，伝統や文化などと関連付けること」であると考えられる。

「音楽に対する感性」とは，音や音楽のよさや美しさなどの質的な世界を価値あるものとして感じ取るときの心の働きを意味している。生徒が，音楽を形づくっている要素や要素同士の関連を知覚し，それらの働きが生み出す特質や雰囲気を感受することを支えとして，自ら音や音楽を捉えていくとき，生徒の音楽に対する感性が働く。生徒が音楽に対する感性を働かせることによって，音楽科の学習は成立し，その学習を積み重ねていくことによって音楽に対する感性が豊かになっていく。

「音や音楽を，音楽を形づくっている要素とその働きの視点で捉え」とは，音や音楽を捉える視点を示している。音や音楽は，鳴り響く音や音楽を対象とし，音色，リズム，速度，旋律，テクスチュア，強弱，形式，構成などの音楽を形づくっている要素や要素同士の関連を知覚することと，それらの働きが生み出す特質や雰囲気を感受することとを関わらせながら，音楽がどのように形づくられ，どのような雰囲気や表情を醸し出しているのかを見いだしていく過程を通して捉えることができる。音楽科の学習では，このように音や音楽を捉えることが必要である。

一方，音や音楽は，「自己のイメージや感情，生活や社会，伝統や文化」などとの関わりの中で，人間にとって意味あるものとして存在している。したがって，音や音楽とそれらによって喚起される自己のイメージや感情との関わり，音や音楽と人々の生活や文化などとの関わり，音や音楽と伝統や文化などとの関わりなどについて考えることによって，音楽表現を創意工夫したり音楽を解釈し評価したりするなどの学習が一層深まっていく。

このように，音楽的な見方・考え方は，音楽科の特質に応じた，物事を捉える視点や考え方であり，音楽科を学ぶ本質的な意義の中核をなすものである。

生徒が自ら，音楽に対する感性を働かせ，音や音楽を，音楽を形づくっている要素とその働きの視点で捉え，捉えたことと自己のイメージや感情，生活や社会，伝統や文化などとを関連付けて考えているとき，音楽的な見方・考え方が働いている。音楽的な見方・考え方を働かせて学習をすることによって，生徒の障

害の状態や特性及び心身の発達の段階等に応じた,「知識及び技能」の習得,「思考力,判断力,表現力等」の育成,「学びに向かう力,人間性等」の涵養が実現していく。このことによって,生活や社会の中の音や音楽,音楽文化と豊かに関わる資質・能力は育成されるのである。

なお,音楽的な見方・考え方は,音楽的な見方・考え方を働かせた学習を積み重ねることによって広がったり深まったりするなどして,その後の人生においても生きて働くものとなる。

「生活や社会の中の音や音楽,音楽文化と豊かに関わる資質・能力」は,(1),(2)及び(3)に示している。ここでは,音楽科の学習を通して育成を目指す資質・能力を「生活や社会の中の音や音楽,音楽文化と豊かに関わる資質・能力」と示すことによって,生徒が教科としての音楽を学ぶ意味を明確にしている。

(1)は,「知識及び技能」の習得に関する目標を示したものである。

「曲想と音楽の構造などとの関わり及び音楽の多様性について理解する」ことが「知識」の習得に関する目標,「創意工夫を生かした音楽表現をするために必要な技能を身に付ける」ことが「技能」の習得に関する目標である。知識の習得に関する目標は,表現領域及び鑑賞領域に共通するものであり,技能の習得に関する目標は,表現領域のみに該当するものである。

「曲想と音楽の構造などとの関わり」を理解するとは,対象となる音楽固有の雰囲気や表情,味わいなどを感じ取りながら,自己のイメージや感情と音楽の構造などとの関わりを捉え,理解することである。

「音楽の多様性について理解する」とは,単に多くの音楽があることを知るだけではなく,人々の暮らしとともに音楽文化があり,そのことによって様々な特徴をもつ音楽が存在していることを理解することである。

「創意工夫を生かした音楽表現をするために必要な技能」とは,創意工夫の過程でもった音楽表現に対する思いや意図に応じて,その思いや意図を音楽で表現する際に自ら活用できる技能のことである。

技能の指導に当たっては,一定の手順や段階を追って身に付けることができるようにするのみでなく,変化する状況や課題などに応じて主体的に活用できる技能として身に付けることができるようにすることが重要である。

(2)は,「思考力,判断力,表現力等」の育成に関する目標を示したものである。

「音楽表現を創意工夫する」とは,音や音楽に対するイメージを膨らませたり他者のイメージに共感したりして,音楽を形づくっている要素の働かせ方などを試行錯誤しながら,表したい音楽表現について考え,どのように音楽で表現するかについて思いや意図をもつことである。また,思いや意図は,創意工夫の過程において,知識や技能を得たり生かしたりしながら,更に深まったり新たな思い

や意図となったりする。中学部での自分はどのように表現したいかを考えながら主体的に表現していく段階から，他者のイメージに共感したり，音楽を形づくっている要素の働かせ方などを試行錯誤したりしながら，表したい音楽表現について考え，表現していくのが高等部段階のねらいとなる。

「音楽を自分なりに評価しながらよさや美しさを味わって聴く」とは，曲想を感じ取りながら，音や音楽によって喚起された自己のイメージや感情を，音楽の構造や背景などと関わらせて捉え直し，その音楽の意味や価値などについて自分なりに評価しながら聴くことである。

(3) は，「学びに向かう力，人間性等」の涵養に関する目標を示したものである。

「音楽活動の楽しさ」とは，表現や鑑賞の活動に取り組む中で，イメージや感情が音楽によって喚起されるなどの情動の変化によってもたらされるものである。他者と一緒に歌ったり楽器を演奏したり，身体表現したり音楽を聴いたりするときに感じることがある。さらに，今まで知らなかった音楽に出会ったり，自分の演奏が聴き手に評価されたり，あるいは，音楽に対する感じ方が人によって多様であることを認識したりしたときなどにも一層の楽しさを感じることがある。

「音楽を愛好する心情」とは，生活に音楽を生かし，生涯にわたって音楽を愛好しようとする思いである。この思いは音楽のよさや美しさなどを感じ取ることによって形成される。音楽活動によって生まれる楽しさや喜びを実感したり，曲想と音楽の構造との関わりや，背景となる風土，文化や歴史などを理解したりすることを通して，音楽を愛好する心情を育てていく。

「音楽に対する感性」とは，音や音楽のよさや美しさなどの質的な世界を価値あるものとして感じ取るときの心の働きを意味している。音楽科の学習は，生徒が音や音楽の存在に気付き，それらを主体的に捉えることによって成立する。生徒が，音楽を形づくっている要素の知覚・感受を支えとして自ら音や音楽を捉えていくとき，生徒の音楽に対する感性が働く。こうした学習を積み重ねることによって，音楽に対する感性は豊かになり，「この音の方が自分にとって心地よい音だ」，「この音楽の響きには豊かさが感じられる」，といった意味付けが確かなものになっていく。そして，生徒一人一人が音や音楽をそれぞれの感じ方で味わうことにつながっていく。

「音楽に親しんでいく態度」とは，音楽科の学習が基盤となって生涯にわたって音楽に親しみ，そのことが人間的成長の一側面となるような態度のことである。そのためには，生徒が進んで様々な音や音楽及び様々な音楽活動に親しみ，音楽活動を楽しむとともに，生涯にわたって音や音楽への興味・関心をもち続け，それを更に高めていくための素地を育てていくことが求められる。

「豊かな情操を培う」とは，美しいものや優れたものに接して感動する情感豊かな心を育てることである。音楽によって培われる情操は，直接的には美的情操が最も深く関わっていると言われ，例えば，音楽を聴いてこれを美しいと感じ，更に美しさを求めようとする柔らかな感性によって育てられる豊かな心のことである。

3　各段階の目標及び内容
(1)「知識及び技能」の習得に関する目標

【1段階】
ア　曲想と音楽の構造などとの関わりについて理解するとともに，創意工夫を生かした音楽表現をするために必要な歌唱，器楽，創作，身体表現の技能を身に付けるようにする。

【2段階】
ア　曲想と音楽の構造や背景などとの関わり及び音楽の多様性について理解するとともに，創意工夫を生かした音楽表現をするために必要な歌唱，器楽，創作，身体表現の技能を身に付けるようにする。

「知識及び技能」の習得に関するもののうち，知識の習得については，表現領域及び鑑賞領域に関する目標を示している。また，全段階を通じて，曲想と音楽の構造などとの関わりなどを示している。このことは，どの段階においても，また，どの領域や分野においても知識に関する学習の方向が同一であることを示している。その上で，生徒の障害の状態や特性及び心身の発達の段階等や学習の系統性を踏まえて，1段階では，「曲想と音楽の構造などとの関わり」とし，2段階では音楽の「背景などとの関わり」が加わり，学習が質的に高まっていくように示している。

技能の習得については，表現領域に関する目標を示している。生徒の障害の状態や特性及び心身の発達の段階等や学習の系統性を踏まえて，1段階及び2段階とも「創意工夫を生かした音楽表現をするために必要な…」としている。このことは，どの段階においても，また，歌唱，器楽，創作，身体表現のどの分野においても，表現領域における技能に関する学習の方向が同一であることを示している。その上で，中学部2段階では「表したい音楽表現をするために必要な…」としていたのが，高等部1段階及び2段階では「創意工夫を生かした音楽表現をするために必要な…」とし，高等部段階の技能に関する学習がより充実するように示している。

第5章
知的障害者である生徒に対する教育を行う特別支援学校

(2)「思考力，判断力，表現力等」の育成に関する目標

> 【1段階】
> 　イ　音楽表現を創意工夫することや，音楽のよさや美しさを自分なりに
> 　　見いだしながら音楽を味わって聴くことができるようにする。
>
> 【2段階】
> 　イ　音楽表現を創意工夫することや，音楽を自分なりに評価しながらよ
> 　　さや美しさを味わって聴くことができるようにする。

　「思考力，判断力，表現力等」の育成に関する目標では，表現領域及び鑑賞領域に関する目標を示している。

　表現領域については，生徒の障害の状態や特性及び心身の発達の段階等や学習の系統性を踏まえて，1段階及び2段階とも「創意工夫すること」としている。このことは，どの段階においても，また，歌唱，器楽，創作，身体表現のどの分野においても，表現領域に関する技能に関する学習の方向が同一であることを示している。その上で，中学部2段階においては，「音楽表現を考えて表したい思いや意図をもつこと」としていたのが，高等部1段階及び2段階においては「音楽表現を創意工夫すること」とし，音楽表現に対する考えが，質的に高まっていくように示している。

　さらに，音楽の鑑賞については，1段階では「音楽のよさや美しさを自分なりに見いだしながら」，2段階では「音楽を自分なりに評価しながら」とし，曲や演奏のよさなどを見いだしていくことが，質的に高まっていくように示している。

(3)「学びに向かう力，人間性等」の涵養^{かん}に関する目標

> 【1段階】
> 　ウ　主体的・協働的に表現及び鑑賞の学習に取り組み，音楽活動の楽し
> 　　さを体験することを通して，音楽文化に親しみ，音楽経験を生かして
> 　　生活を明るく豊かなものにしていく態度を養う。
>
> 【2段階】
> 　ウ　主体的・協働的に表現及び鑑賞の学習に取り組み，音楽活動の楽し
> 　　さを体験することを通して，音楽文化に親しむとともに，音楽によっ
> 　　て生活を明るく豊かなものにしていく態度を養う。

　「学びに向かう力，人間性等」の涵養^{かん}に関する目標では，冒頭で「主体的・協

働的に表現及び鑑賞の学習に取り組み」と全段階で示している。「主体的・協働的に」とは，表現及び鑑賞の学習に取り組む姿勢，心構えなどを示している。ここでは，興味・関心を養い，高めることによって，身の回りにある音や音楽に生徒が主体的に関わっていくことのできる態度の育成を目指している。また，協働的としているのは，音楽科の学習の多くが，他者との関わりの中で行われていることを大切にしているからである。その上で，生徒の障害の状態や特性及び心身の発達の段階等を踏まえて，合唱や合奏などにおける「協同」に留まらず，表現及び鑑賞の学習において，自らの考えを他者と交流したり，互いの気付きを共有し，感じ取ったことなどに共感したりしながら，友達や教師と音楽表現を生み出したり，音楽を評価してよさや美しさを聴いたりできるようにすることを重視している。

さらに，学習の系統性を踏まえて，中学部2段階においては，「主体的に楽しく音や音楽に関わり，協働して音楽活動をする楽しさを味わいながら，様々な音楽に親しむ」としていたのが，高等部1段階及び2段階においては，「主体的・協働的に取り組み」とし，音楽活動への関わり方が質的に高まっていくように示している。

また，1段階では「音楽経験を生かして…」，2段階では「音楽によって…」とし，生徒が音楽科の学習で得た音楽経験を学校生活や家庭，地域社会での生活に生かす経験を積み重ね，生活を明るく潤いのあるものにしていく態度を育てることを求めている。

(4) 1段階の目標と内容
ア 目標

---

(1) 目　標
ア　曲想と音楽の構造などとの関わりについて理解するとともに，創意工夫を生かした音楽表現をするために必要な歌唱，器楽，創作，身体表現の技能を身に付けるようにする。
イ　音楽表現を創意工夫することや，音楽のよさや美しさを自分なりに見いだしながら音楽を味わって聴くことができるようにする。
ウ　主体的・協働的に表現及び鑑賞の学習に取り組み，音楽活動の楽しさを体験することを通して，音楽文化に親しみ，音楽経験を生かして生活を明るく豊かなものにしていく態度を養う。

今回の改訂では，ア「知識及び技能」の習得に関する目標，イ「思考力，判断力，表現力等」の育成に関する目標，ウ「学びに向かう力，人間力等」の涵養に

関する目標を示している。

　これらの目標を実現するためには，次の「イ内容」に示している資質・能力を，適切に関連付けながら育成することが重要である。

イ　内容

> (2) 内　容
>
> 　A　表　現
>
> 　　ア　歌唱の活動を通して，次の事項を身に付けることができるよう指導する。
>
> 　　　(ア) 歌唱表現についての知識や技能を得たり生かしたりしながら，歌唱表現を創意工夫すること。
>
> 　　　(イ) 次の㋐及び㋑について理解すること。
>
> 　　　　㋐　曲想と音楽の構造や歌詞の内容との関わり
>
> 　　　　㋑　声の音色や響きと発声との関わり
>
> 　　　(ウ) 創意工夫を生かした表現をするために必要な次の㋐から㋒までの技能を身に付けること。
>
> 　　　　㋐　範唱を聴いたり，ハ長調及びイ短調の楽譜を見たりして歌う技能
>
> 　　　　㋑　呼吸及び発音の仕方に気を付けて，自然で無理のない，響きのある歌い方で歌う技能
>
> 　　　　㋒　互いの歌声や副次的な旋律，伴奏を聴いて，声を合わせて歌う技能

　ここでは，1段階の歌唱に関する事項を示している。

　(ア)の事項は，歌唱分野における「思考力，判断力，表現力等」に関する資質・能力である，歌唱表現を創意工夫していくことができることをねらいとしている。

　「歌唱表現についての知識や技能」とは，(イ)及び(ウ)に示すものである。

　「知識や技能を得たり生かしたり」としているのは，歌唱表現を創意工夫するためには，その過程で新たな知識や技能を習得することと，これまでに習得した知識や技能を活用することの両方が大切となるからである。したがって，知識や技能を習得してから表現を工夫するといった，一方向のみの指導にならないように留意する必要がある。

　「歌唱表現を創意工夫する」とは，曲に対するイメージを膨らませたり他者のイメージに共感したりして，音楽を形づくっている要素の働かせ方などを試行錯

誤しながら，表したい歌唱表現について考え，どのように歌唱表現するかについて思いや意図をもつことである。また，思いや意図は，創意工夫の過程において，歌唱表現に関わる知識や技能を得たり生かしたりしながら，更に深まったり新たな思いや意図となったりする。

（イ）の事項は，歌唱分野における知識に関する資質・能力である，㋐及び㋑について理解することができるようにすることをねらいとしている。

㋐の「曲想」とは，その音楽固有の雰囲気や表情，味わいなどのことである。また曲想は，音楽の構造によって生み出されるものである。

「音楽の構造」とは，音楽を形づくっている要素そのものや要素同士の関わり方及び音楽全体がどのように成り立っているかなど，音や要素の表れ方や関係性，音楽の構成や展開の有り様などである。

㋑の「声の音色や響きと発声との関わり」とは，例えば，我が国の伝統的な歌唱や諸外国の様々な歌唱には，その曲種に応じた声の出し方などによる声の音色や響きがあり，それらは発声の仕方の違いによって生まれるものであることを理解することなどである。

（ウ）の事項は，歌唱分野における技能に関する資質・能力である，創意工夫を生かした表現をするために必要な㋐から㋒までの技能を身に付けることができるようにすることをねらいとしている。

「創意工夫を生かした表現をするために必要な」技能としているのは，㋐から㋒までの技能を，いずれも創意工夫を生かした表現をするために必要となるものとして位置付けているからである。

したがって，学習の過程において，生徒が創意工夫を生かした表現を考え，それを実現するために，必要な技能を習得することができるよう，（ア）の事項と関連を図りながら，意図的，計画的に指導を進めることが大切である。

㋐の「範唱を聴いたり」して歌う技能とは，リズムや旋律に気を付けて聴くだけではなく，音楽を形づくっている要素や表現の仕方などについて，課題意識をもって聴き，それを聴いて自分の表現がより豊かになるように聴唱することである。

「ハ長調及びイ短調の楽譜を見たりして歌う」としているのは，中学部2段階で身に付けた音の高さなどを意識して歌う技能に加え，イ短調の視唱は，ハ長調と調号が同じであるが，旋律の感じが異なることから，ハ長調と比較するなどして，イ短調の視唱の技能を育てることが必要であるからである。また，楽譜と音との関連を意識した指導の充実を図り，音楽を形づくっている要素や要素同士の関連及び音符，休符，記号や用語の指導も併せて行い，音楽の流れを感じながら読譜できるようにすることが大切である。

㋑の「呼吸及び発音の仕方に気を付けて」歌うとは，表現にふさわしい呼吸や

発音の仕方を工夫するに当たり，母音，子音，濁音，鼻濁音などの日本語のよさを生かした発音や語感に気を付け歌うことである。

「自然で無理のない，響きのある歌い方で歌う」とは，生徒一人一人の声の特徴を生かしつつも，力んで声帯を締め付けることなく，音楽的には曲想に合った自然な歌い方で歌声を響かせて歌うことである。

㋒の「互いの歌声や副次的な旋律，伴奏を聴いて，声を合わせて歌う」とは，自分の歌声だけでなく，友達の歌声や伴奏を聴きながら歌うことを意味している。ここでいう「副次的な旋律」とは，主旋律に加えて演奏される別の旋律であり，音の高さやリズムが違う旋律のことを指している。友達の歌声や伴奏を聴きながら，自分の歌声と友達の歌声を調和させるとともに，伴奏の響きや副次的な旋律の響きを聴きながら，豊かな表現になるよう指導を工夫することが重要である。

イ　器楽の活動を通して，次の事項を身に付けることができるよう指導する。

(ｱ) 器楽表現についての知識や技能を得たり生かしたりしながら，器楽表現を創意工夫すること。

(ｲ) 次の㋐及び㋑について理解すること。

㋐　曲想と音楽の構造との関わり

㋑　多様な楽器の音色と演奏の仕方との関わり

(ｳ) 創意工夫を生かした表現をするために必要な次の㋐から㋒までの技能を身に付けること。

㋐　範奏を聴いたり，ハ長調及びイ短調の楽譜を見たりして演奏する技能

㋑　音色や響きに気を付けて，旋律楽器及び打楽器を演奏する技能

㋒　各声部の楽器の音や伴奏を聴いて，音を合わせて演奏する技能

ここでは，１段階の器楽に関する事項を示している。

(ｱ)の事項は，器楽分野における「思考力，判断力，表現力等」に関する資質・能力である，器楽表現を創意工夫していくことができることをねらいとしている。

「器楽表現についての知識や技能」とは，(ｲ)及び(ｳ)に示すものである。

「知識や技能を得たり生かしたり」としているのは，器楽表現を創意工夫するためには，その過程で新たな知識や技能を習得することと，これまでに習得した知識や技能を活用することの両方が大切となるからである。したがって，知識や

技能を習得してから表現を工夫するといった，一方向のみの指導にならないように，留意する必要がある。

「器楽表現を創意工夫する」とは，曲に対するイメージを膨らませたり他者のイメージに共感したりして，音楽を形づくっている要素の働かせ方などを試行錯誤しながら，表したい器楽表現について考え，どのように器楽表現するかについて思いや意図をもつことである。また，思いや意図は，創意工夫の過程において，器楽表現に関わる知識や技能を得たり生かしたりしながら，更に深まったり新たな思いや意図となったりする。

指導に当たっては，生徒が様々な器楽表現を試しながら工夫し，どのように演奏するかについて思いや意図をもつ過程を重視することが大切となる。

(ｲ)の事項は，器楽分野における知識に関する資質・能力である，㋐及び㋑について理解することができるようにすることをねらいとしている。

㋐の「曲想」とは，その音楽固有の雰囲気や表情，味わいなどのことである。また曲想は，音楽の構造によって生み出されるものである。

「音楽の構造」とは，音楽を形づくっている要素そのものや要素同士の関わり方及び音楽全体がどのように成り立っているかなど，音や要素の表れ方や関係性，音楽の構成や展開の有り様などである。

㋑の「多様な楽器の音色と演奏の仕方との関わり」とは，例えば，様々な楽器を用いて，友達と一緒に演奏した時に，中学部２段階までに学んだ楽器の組合せを変えることに加え，自分の演奏の仕方を変えることによって，その音色が変化するといったことを理解することである。

指導に当たっては，演奏の仕方を工夫することによって楽器の音色が変わることを，演奏を通して理解できるようにすることが重要である。

(ｳ)の事項は，器楽分野における技能に関する資質・能力である，創意工夫を生かした表現をするために必要な次の㋐から㋒までの技能を身に付けることができるようにすることをねらいとしている。

「創意工夫を生かした表現をするために必要な」技能としているのは，㋐から㋒までの技能を，いずれも創意工夫を生かした音楽表現をするために必要となるものとして位置付けているからである。

したがって，技能の指導に当たっては，生徒がどのように創意工夫したいのか考えをもち，それを実現するために必要な技能を習得することの必要性を実感できるよう，(ｱ)の事項と関連を図りながら，意図的，計画的に指導を進めることが大切である。

㋐の「範奏を聴いたり」としているのは，範奏を聴いて曲や演奏のよさや美しさを判断したり，音楽を形づくっている要素を注意深く聴きながら，課題意識をもって演奏の仕方を工夫できるようにすることを大切にしているからである。こ

こで，「範奏」とは，教師や生徒による演奏を始め，音源や映像等の視聴覚教材の利用，専門家による演奏などが考えられる。

「ハ長調及びイ短調の楽譜を見たりして演奏する」としているのは，中学部２段階までに慣れ親しんだハ長調の視奏に加え，イ短調の視奏にも慣れ親しむことで，ハ長調及びイ短調の音階や調の違いを捉えて視奏できるようになることを大切にしているからである。

また，楽譜と音との関連を意識した指導の一層の充実を図り，音楽を形づくっている要素や要素同士の関わり及び音符，休符，記号や用語の指導も合わせて行い，音楽の流れを感じながら読譜できるようにすることが求められる。

㋑の「音色や響きに気を付けて，旋律楽器及び打楽器を演奏する」としているのは，中学部２段階までで扱ってきた旋律楽器及び打楽器を含めて，生徒の興味・関心，これまでの学習経験や技能，演奏効果，学校の実態を考慮して，適切なものを取り扱うようにすることが大切としているからである。その際，我が国の音楽や郷土の音楽，諸外国の音楽に対する関心を一層高めるよう配慮することが必要である。

指導に当たっては，中学部２段階より継続して取り扱う楽器について，生徒や学校の実態などを十分に考慮し，それぞれの楽器がもつ固有の音色や響きの特徴に応じた演奏の仕方が身に付くように留意する必要がある。例えば，木琴や鉄琴の演奏では，表したい思いや意図に合った音色になるようマレットで打つ強さに気を付けたり，リコーダーの演奏では，音域や表現方法にふさわしい息の吹き込み方やタンギングの仕方に気を付けたりするなど，音色や響きに応じた演奏の仕方を身に付けるようにすることが考えられる。

また，中学部２段階までに身に付けた演奏の技能を生かすことができるよう，生徒の実態を踏まえて，易しいリズムや旋律の演奏から徐々に難易度を上げるなど，継続的に取り組むようにすることが求められる。

その際，教師や友達の演奏を聴いたり見たりすることで，楽器の適切な演奏の仕方が身に付くようにすることも大切である。

㋒の「各声部」とは，主旋律や副次的な旋律などを表している。各声部の役割は，一つの曲の中でも変化することがある。それらの役割を理解し，強弱などを工夫して表現することで，全体として調和のとれた演奏になる。したがって，各声部の楽器の音や伴奏を聴いて演奏することが重要となる。

ウ　創作の活動を通して，次の事項を身に付けることができるよう指導する。

(ア) 創作表現についての知識や技能を得たり生かしたりしながら，創作表

現を創意工夫すること。
- (イ) 次の㋐及び㋑について，それらが生み出す面白さなどと関わらせて理解すること。
  - ㋐ いろいろな音の響きやそれらの組合せの特徴
  - ㋑ 音やフレーズのつなげ方や重ね方の特徴
- (ウ) 創意工夫を生かした表現で旋律や音楽をつくるために必要な，課題や条件に沿った音の選択や組合せなどの技能を身に付けること。

ここでは，1段階の創作に関する事項を示している。

(ア)の事項は，創作分野における「思考力，判断力，表現力等」に関する資質・能力である。

「創作表現についての知識や技能」とは，(イ)及び(ウ)に示すものである。

「知識や技能を得たり生かしたり」としているのは，創作表現を創意工夫するためには，その過程で新たな知識や技能を習得することと，これまでに習得した知識や技能を活用することの両方が必要になるからである。したがって，知識や技能を習得してから創作表現を創意工夫するといった，一方向のみの指導にならないように留意する必要がある。

「創作表現を創意工夫する」とは，音や音楽に対するイメージを膨らませたり他者のイメージに共感したりして，音楽を形づくっている要素の働かせ方などを試行錯誤しながら，表したい創作表現について考え，どのように創作表現するかについて思いや意図をもつことである。また，思いや意図は，創意工夫の過程において，創作表現に関わる知識や技能を得たり生かしたりしながら，更に深まったり新たな思いや意図となったりする。

指導に当たっては，音楽をつくっていく過程で，思いや意図を伝え合うことと実際に音で試すこととを繰り返しながら，表現を工夫し，思いや意図を膨らませるように促すことが大切である。

(イ)の事項は，創作分野における知識に関する資質・能力である，㋐及び㋑について，理解することができるようにすることをねらいにしている。

「それらが生み出す面白さなどと関わらせて理解すること」としているのは，創作の活動では，「この音の響きや組合せにはこのような面白さがある」，「このつなげ方や重ね方はこのような面白さがある」といった，実感を伴った理解を求めているからである。

㋐の「いろいろな音の響き」とは，音の素材や楽器そのものがもつ固有の音の響き，木，金属，皮など，それぞれの材質がもつ音の響き，音を出す道具によって変わる音の響き等を指すものである。音の響きには，音の高さ，長さ，音色，重なりなどの特徴がある。「それらの組合せ」とは，いくつかの音の響きを合わ

せることを意味している。

㋑の「音やフレーズ」としているのは，旋律や音楽をつくる際，一つ一つの音だけではなく，個々の音が組み合わされたフレーズをつなぐことも含めているためである。「音やフレーズのつなげ方」とは，音を組み合わせてつくったリズム・パターンや短い旋律を反復させたり，呼びかけ合うようにしたり，それらを変化させたりすることである。「重ね方」とは，リズム・パターンや短い旋律を同時に重ねたり，時間をずらして重ねたりすることである。

(ｳ)の事項は，創作分野における技能に関する資質・能力である，創意工夫を生かした表現で旋律や音楽をつくるために必要な課題や条件に沿った音の選択や組合せるなどの技能を身に付けることをねらいにしている。

「創意工夫を生かした表現で旋律や音楽をつくるために必要な」としているのは，技能が，生徒にとって思いや意図を表すために必要なものとなるよう指導することを求めているからである。また，創作分野における技能は，音楽をつくる際の課題や条件によって異なるものになる。したがって，ある特定の作曲法などに基づく音の選択の仕方や組合せ方を習得するものではないことに留意する必要がある。また，中学部音楽科における「音楽づくり」の学習で習得した技能を基盤にした学習となるよう留意することも大切である。

「課題や条件」とは，旋律や音楽をつくる前提として課された内容やつくる際の約束事のことであり，旋律や音楽をつくる学習をする際に必要なものである。例えば，「○○の音（楽器）を用いて，○○のような旋律をつくろう」というような場合である。したがって，指導のねらいに応じて適切な課題や条件を設定することが，授業を展開する上で重要である。「音の選択や組合せなどの技能」とは，自分の思いや意図を，旋律や音楽で表すために，適切に音を選んだり，組み合わせたりできることである。

指導に当たっては，「課題や条件」のイメージがもちにくい生徒には具体的な音の選択肢を提示したり，教師が一緒に音を出しながら説明したりすることが大切である。

エ　身体表現の活動を通して，次の事項を身に付けることができるよう指導する。
(ｱ) 身体表現についての知識や技能を得たり生かしたりしながら，身体表現を創意工夫すること。
(ｲ) 次の㋐及び㋑について理解すること。
㋐　曲想と音楽の構造との関わり
㋑　曲想と体の動きとの関わり

(ウ) 創意工夫を生かした表現をするために必要な次の㋐から㋒までの技能を身に付けること。

㋐　曲の速度やリズム，曲想に合わせて表現する技能

㋑　設定した条件に基づいて，様々な動きを組み合わせてまとまりのある表現をする技能

㋒　友達と動きを組み合わせて表現をする技能

　ここでは，1段階の身体表現に関する事項を示している。

　(ア)の事項は，身体表現分野における「思考力，判断力，表現力等」に関する資質・能力である，身体表現を創意工夫ができるようにすることをねらいとしている。

　「身体表現についての知識や技能」とは，(イ)及び(ウ)に示すものである。

　「知識や技能を得たり生かしたり」としているのは，身体表現を創意工夫するためには，その過程で新たな知識や技能を習得することと，これまでに習得した知識や技能を活用することの両方が必要となるからである。したがって，知識や技能を習得してから身体表現を創意工夫するといった，一方向のみの指導にならないように留意する必要がある。

　「身体表現を創意工夫する」とは，音や音楽に対する自分のイメージを膨らませたり他者のイメージに共感したりして，音楽を形づくっている要素の働かせ方などを試行錯誤しながら，表現したい身体表現について考え，どのように身体表現するかについて思いや意図をもつことである。また，思いや意図は，創意工夫の過程において，身体表現に関わる知識や技能を得たり生かしたりしながら，更に深まったり新たな思いや意図となったりする。

　(イ)の事項は，身体表現分野における知識に関する資質・能力である㋐及び㋑について，理解することをねらいとしている。

　㋐の「曲想」とは，その音楽固有の雰囲気や表情，味わいなどのことである。また曲想は，音楽の構造によって生み出されるものである。

　「音楽の構造」とは，音楽を形づくっている要素そのものや要素同士の関わり方及び音楽全体がどのように成り立っているかなど，音や要素の表れ方や関係性，音楽の構成や展開の有り様などである。

　㋑の「曲想と体の動きとの関わり」とは，〔共通事項〕と関わらせた指導によって，その音楽固有の雰囲気や表情，味わいなどを，生徒自身が感じ取り，感じ取ったことと体の動きとの関わりについて理解することである。したがって，教師が感じ取った曲想を伝えたり，その曲の形式などを覚えられるようにしたりする，ということに留まるものではないことに十分留意する必要がある。

　例えば，「この曲はリズミカルな明るい雰囲気がする」と感じ取った生徒が，

リズムに着目してスキップをしながら，身体表現することなどが考えられる。その際，生徒が音楽活動を通して，実感を伴って理解できるようにすることが大切である。

（ウ）の事項は，身体表現分野における技能に関する資質・能力である，創意工夫を生かした表現をするために必要な次の㋐から㋒までの技能を身に付けることができるようにすることをねらいとしている。

学習の過程において，生徒が考え工夫した表現を実現するために必要な技能であることが分かるよう，（ア）と関連を図りながら，意図的，計画的に指導を進めることが大切である。

㋐の「曲の速度やリズム，曲想に合わせて表現する技能」とは，中学部段階で身に付けた技能を基礎として，例えば，右手で旋律の動き，左手で左足に触れる動きでリズムを表現するなど，創意工夫を生かした表現をする技能のことである。

㋑の「設定した条件に基づいて，様々な動きを組み合わせてまとまりのある表現をする技能」とは，例えば，㋐で示した動きを，複数で行うことにより，統一感が感じられる動きに表すことである。

㋒の「友達と動きを組み合わせて表現をする」とは，㋐や㋑の技能を活用した動きについて，生徒が考え工夫した表現を組み合わせて動きに表すことである。

　B　鑑　賞
　　ア　鑑賞の活動を通して，次の事項を身に付けることができるよう指導する。
　　（ア）鑑賞についての知識を得たり生かしたりしながら，曲や演奏のよさなどを見いだし，曲全体を味わって聴くこと。
　　（イ）曲想及びその変化と，音楽の構造との関わりについて理解すること。

ここでは，1段階の鑑賞に関する事項を示している。

（ア）の事項は，「鑑賞」領域における「思考力，判断力，表現力等」に関する資質・能力である，「曲や演奏のよさなどを見いだし，曲全体を味わって聴くこと」ができるようにすることをねらいとしている。

「鑑賞についての知識」とは，（イ）に示すものである。

「知識を得たり生かしたり」としているのは，曲や演奏のよさなどを見いだし，曲全体を味わって聴くためには，その過程で新たな知識を習得することと，これまでに習得した知識を活用することの両方が必要となるからである。したがって，知識を習得してから曲や演奏のよさなどを見いだし，曲全体を味わって聴

くといった，一方向のみの指導にならないように留意する必要がある。

「曲全体を味わって聴く」とは，曲や演奏のよさなどについて考えをもち，曲全体を聴き深めることである。

（ア）の指導に当たっては，（イ）と関連を図った学習を通して，聴き深めていくようにすることが大切である。生徒の意識が曲や演奏の部分的なよさなどを見いだすことに留まることなく，音楽の流れを感じながら聴くことができるように留意する必要がある。

（イ）の事項は，鑑賞領域における知識に関する資質・能力である。曲想及びその変化と，音楽の構造との関わりについて理解できるようにすることをねらいとしている。

「曲想及びその変化と，音楽の構造との関わりについて理解すること」とは，曲全体の雰囲気や表情，味わいとその移り行く変化について，音楽を形づくっている要素や要素同士の関連との関係で理解することである。例えば，「ゆったりとしておだやかな感じから，動きのあるにぎやかな感じに変わったのは，低音の単独の楽器がゆっくりなテンポで演奏されていた音楽から，高音の複数の楽器が速いテンポで演奏される音楽になったから」といったことが考えられる。

指導に当たっては，生徒が感じ取った曲想及びその変化をもとにしながら，曲想を生み出している音楽の構造に目を向けるようにすることが大切である。その際，複数の楽器の音の動きを線で表したり，感じ取ったことや気付いたことを伝え合ったり，特徴的な部分を取り出して聴いて確かめたりするなど，効果的な手立てを工夫することが大切である。

(5) 2段階の目標と内容
ア　目標

（1）目　標
　ア　曲想と音楽の構造や背景などとの関わり及び音楽の多様性について理解するとともに，創意工夫を生かした音楽表現をするために必要な歌唱，器楽，創作，身体表現の技能を身に付けるようにする。

　イ　音楽表現を創意工夫することや，音楽を自分なりに評価しながらよさや美しさを味わって聴くことができるようにする。

　ウ　主体的・協働的に表現及び鑑賞の学習に取り組み，音楽活動の楽しさを体験することを通して，音楽文化に親しむとともに，音楽によって生活を明るく豊かなものにしていく態度を養う。

今回の改訂では，ア「知識及び技能」の習得に関する目標，イ「思考力，判断

力，表現力等」の育成に関する目標，ウ「学びに向かう力，人間力等」の涵養に関する目標を示している。

これらの目標を実現するためには，次の「イ内容」に示している資質・能力を，適切に関連付けながら育成することが重要である。

イ　内容

(2) 内　容
A　表　現
ア　歌唱の活動を通して，次の事項を身に付けることができるよう指導する。
(ア) 歌唱表現についての知識や技能を得たり生かしたりしながら，歌唱表現を創意工夫すること。
(イ) 次の㋐及び㋑について理解すること。
㋐　曲想と音楽の構造や歌詞の内容との関わり
㋑　声の音色や響き及び言葉の特性と発声との関わり
(ウ) 創意工夫を生かした表現をするために必要な次の㋐及び㋑の技能を身に付けること。
㋐　創意工夫を生かした表現で歌うために必要な発声，言葉の発音，身体の使い方などの技能
㋑　創意工夫を生かし，全体の響きや各声部の声などを聴きながら，他者と合わせて歌う技能

ここでは，２段階の歌唱に関する事項を示している。

(ア)の事項は，歌唱分野における「思考力，判断力，表現力等」に関する資質・能力である，歌唱表現を創意工夫することができるようにすることをねらいとしている。

「歌唱表現についての知識や技能」とは，(イ)及び(ウ)に示すものである。

「知識や技能を得たり生かしたり」としているのは，歌唱表現を創意工夫するためには，その過程で新たな知識や技能を習得することと，これまでに習得した知識や技能を活用することの両方が必要となるからである。したがって，知識や技能を習得してから表現を工夫するといった，一方向のみの指導にならないように留意する必要がある。

「歌唱表現を創意工夫する」とは，曲に対するイメージを膨らませたり他者のイメージに共感したりして，音楽を形づくっている要素の働かせ方などを試行錯誤しながら，表したい歌唱表現について考え，どのように歌唱表現するかについ

て思いや意図をもつことである。また，思いや意図は，創意工夫の過程において，歌唱表現に関わる知識や技能を得たり生かしたりしながら，更に深まったり新たな思いや意図となったりする。

(ｲ)の事項は，歌唱分野における知識に関する資質・能力である，㋐及び㋑について理解することができるようにすることをねらいとしている。

㋐の「曲想と音楽の構造や歌詞の内容との関わり」では，「曲想と音楽の構造との関わり」，「曲想と歌詞の内容との関わり」の両方の理解を求めている。「曲想と歌詞の内容との関わり」については，曲想が音楽の構造によって生み出されるものであることに配慮して学習することが大切である。また，曲想，音楽の構造，歌詞の内容は，それぞれ関連するものであることから，これらを一体的に理解する学習をすることも考えられる。また，その音楽固有の雰囲気や表情，味わいなどが，どのような音楽の構造や歌詞の内容によって生み出されているのかを捉えていくことが，この事項で求めている理解である。

㋑の「声の音色や響き及び言葉の特性と発声との関わり」では，声の音色や響き及び言葉の特性が生み出す特質や雰囲気を感受し，感受したことと発声との関わりを自分自身で捉えていく過程が必要である。したがって，教師からの説明などによって，生徒が曲種によって様々な発声の仕方や声の種類があることを知る，ということに留まるものではないことに十分留意する必要がある。

(ｳ)の事項は，歌唱分野における技能に関する資質・能力である，創意工夫を生かした表現をするために必要な㋐及び㋑の技能を身に付けることができるようにすることをねらいとしている。

㋐の「創意工夫を生かした表現で歌うために必要な発声，言葉の発音，身体の使い方などの技能」としているのは，技能が，生徒にとって思いや意図を表すために必要なものとなるよう指導することを求めているからである。したがって，発声，言葉の発音，身体の使い方などの指導に当たっては，生徒が思いや意図との関わりを捉えられるようにしながら行うことが大切であり，技能に関する指導を単独で行うことに終始することのないよう留意する必要がある。

㋑の「全体の響き」とは，いくつかの声部が関わり合って生み出される総体的な響きのことである。

「各声部の声など」としているのは，ソプラノやテノールなど各声部の声の他に，伴奏，民謡における掛け声や囃子詞（はやしことば）なども含まれるからである。

「聴きながら，他者と合わせて歌う技能」には，自分と同じ声部の他者の声や，他の声部の声などとの重なりやつながりを聴きながら歌う技能などが考えられる。「創意工夫を生かし」としているのは，㋐と同様に，生徒が思いや意図を表すために必要なものとして指導することを求めているからである。

このように，本事項では，生徒が思いや意図をもち，全体の響きや各声部の声

などを聴きながら，他者と合わせて歌う技能を身に付けられるようにすることを求めている。

イ　器楽の活動を通して，次の事項を身に付けることができるよう指導する。

(ｱ) 器楽表現についての知識や技能を得たり生かしたりしながら，器楽表現を創意工夫すること。

(ｲ) 次の㋐及び㋑について理解すること。

㋐　曲想と音楽の構造との関わり

㋑　多様な楽器の音色や響きと演奏の仕方との関わり

(ｳ) 創意工夫を生かした表現をするために必要な次の㋐及び㋑の技能を身に付けること。

㋐　創意工夫を生かした表現で演奏するために必要な奏法，身体の使い方などの技能

㋑　創意工夫を生かし，全体の響きや各声部の音などを聴きながら，他者と合わせて演奏する技能

ここでは，２段階の器楽に関する事項を示している。

(ｱ) の事項は，器楽分野における「思考力，判断力，表現力等」に関する資質・能力である，器楽表現を創意工夫することができるようにすることをねらいとしている。

「器楽表現についての知識や技能」とは，(ｲ) 及び (ｳ) に示すものである。

「知識や技能を得たり生かしたり」としているのは，器楽表現を創意工夫するためには，その過程で新たな知識や技能を習得することと，これまでに習得した知識や技能を活用することの両方が必要となるからである。したがって，知識や技能を習得してから表現を工夫するといった，一方向のみの指導にならないように留意する必要がある。

「器楽表現を創意工夫する」とは，曲に対するイメージを膨らませたり他者のイメージに共感したりして，音楽を形づくっている要素の働かせ方などを試行錯誤しながら，表したい器楽表現について考え，どのように器楽表現するかについて思いや意図をもつことである。また，思いや意図は，創意工夫の過程において，器楽表現に関わる知識や技能を得たり生かしたりしながら，更に深まったり新たな思いや意図となったりする。

(ｲ) の事項は，器楽分野における知識に関する資質・能力である，㋐及び㋑について理解することができるようにすることをねらいとしている。

㋑の「多様な楽器の音色や響きと演奏の仕方との関わり」とは，その楽器固有の音色や響きが生み出す特質や雰囲気を感受し，感受したことと，その楽器固有の演奏の仕方との関わりを自分自身で捉えていくことである。したがって，教師からの説明や範奏などによって，生徒が複数の楽器の音色や響きを判別できるようになったり，その楽器の演奏の仕方を知ったりする，ということに留まるものではないことに十分留意する必要がある。

(ウ)の事項は，器楽分野における技能に関する資質・能力である，創意工夫を生かした表現をするために必要な㋐及び㋑の技能を身に付けることができるようにすることをねらいとしている。

㋐の「創意工夫を生かした表現で演奏するために必要な」技能としているのは，技能が，生徒にとって思いや意図を表すために必要なものとなるよう指導することを求めているからである。したがって，その楽器固有の演奏方法，身体の使い方などの指導に当たっては，生徒が思いや意図との関わりを捉えられるようにしながら行うことが大切であり，技能に関する指導を単独で行うことに終始することのないよう留意する必要がある。また，身体の使い方には，姿勢や楽器の構え方，発音する際の身体の動かし方などが考えられる。その際，身体の使い方について，鏡を用いてまねしたり，写真や動画などを使ったりするなど，視覚的な工夫をすることが考えられる。

㋑の「全体の響き」とは，いくつかの声部が関わり合って生み出される総体的な響きのことである。

「各声部の音など」としているのは，例えば，アンサンブルを行う際の各声部の他に，伴奏，我が国の伝統音楽における掛け声なども，声部として含まれるからである。

「聴きながら，他者と合わせて演奏する技能」には，自分と同じ声部の他者の音や，他の声部の音などとの重なりやつながりを聴きながら演奏する技能などが考えられる。

本事項では，生徒が思いや意図をもち，全体の響きと各声部の音などを聴きながら他者と合わせて演奏する技能を身に付けられるようにすることを求めている。

ウ　創作の活動を通して，次の事項を身に付けることができるよう指導する。

(ア) 創作表現についての知識や技能を得たり生かしたりしながら，創作表現を創意工夫すること。

(イ) 次の㋐及び㋑について，表したいイメージと関わらせて理解するこ

と。

㋐ 音のつながり方の特徴

㋑ 音素材の特徴及び音の重なり方や反復，変化，対照などの構成上の特徴

(ウ) 創意工夫を生かした表現で旋律や音楽をつくるために必要な，課題や条件に沿った音の選択や組合せなどの技能を身に付けること。

ここでは，２段階の創作に関する事項を示している。

(ア)の事項は，創作分野における「思考力，判断力，表現力等」に関する資質・能力である，創作表現を創意工夫することができることをねらいとしている。

「創作表現についての知識や技能」とは，(イ)及び(ウ)に示すものである。

「知識や技能を得たり生かしたり」としているのは，創作表現を創意工夫するためには，その過程で新たな知識や技能を習得することと，これまでに習得した知識や技能を活用することの両方が必要になるからである。したがって，知識や技能を習得してから創作表現を創意工夫するといった，一方向のみの指導にならないように留意する必要がある。

「創作表現を創意工夫すること」とは，音や音楽に対する自分のイメージを膨らませたり他者のイメージに共感したりして，音楽を形づくっている要素の働かせ方などを試行錯誤しながら，表現したい創作表現について考え，どのように創作表現するかについて思いや意図をもつことである。また，思いや意図は，創意工夫の過程において，創作表現に関わる知識や技能を得たり生かしたりしながら，更に深まったり新たな思いや意図となったりする。

指導に当たっては，創意工夫する過程を大切にして，生徒の思考の流れを把握しながら適切な手立てを講ずることが大切である。

(イ)の事項は，創作分野における知識に関する資質・能力である，㋐及び㋑について，理解することができるようにすることをねらいにしている。

「表したいイメージと関わらせて理解すること」としているのは，創作の活動では，その過程において，㋐や㋑に示す，音のつながり方や音素材，構成上の特徴などと生徒が自己の内面に生じたイメージと関わらせながら学習を展開することが重要だからである。これは，学習の初期の段階から学習の対象となる音楽が存在している歌唱や器楽の学習とは異なる，創作の学習ならではの側面を踏まえたものである。

㋐の「音のつながり方」とは，音と音とがどのようにつながっているかということである。例えば，音の高さに着目すると，順次進行であるか跳躍進行であるか，上行しているか下行しているかといったことなどが考えられる。また，音の

長さに着目すると，八分音符の長さで次の音につながっているのか，二分音符や全音符の長さで次の音につながっているのかといったことが考えられる。

「音のつながり方の特徴」は，音楽を形づくっている要素のうち，旋律，リズムとの関わりが深い。音のつながり方が異なることによって感受される特質や雰囲気にも変化が生じる。例えば，順次進行であるか跳躍進行であるかによって，滑らかさを感じたり勢いを感じたりすることなどが考えられる。また，八分音符が連続してつながるのか二分音符が連続してつながるのかによって，動きを感じたり，落ち着きを感じたりすることなどが考えられる。

①の「音素材」には，声や楽器のほか，自然界や日常生活の中で聴くことのできる様々な音が含まれる。楽器の場合，材質，形状，発音原理，奏法などから様々に分類され，それぞれに特徴のある音をもっている。「音素材の特徴」は，音楽を形づくっている要素のうち，音色との関わりが深い。例えば，木，金属，皮などの素材の違いにより，そこから生まれる楽器の音の特徴が異なってくる。

「音の重なり方」とは，音と音とがどのように重なっているかということであり，音と音，旋律と旋律などの様々な重なりが考えられる。

「反復，変化，対照など」とは，音を音楽へと構成するための原理を例示したものである。その中でも「反復」は，最も基本的な原理であり，動機，旋律，リズム・パターンなどを繰り返すものや曲の中のあるまとまった部分を繰り返すものなどがある。

「構成上の特徴」である音の重なり方は，音楽を形づくっている要素のうち，テクスチュアとの関わりが深く，「反復，変化，対照」は構成，形式との関わりが深い。

(ウ)の事項は，創作分野における技能に関する資質・能力である，創意工夫を生かした表現で旋律や音楽をつくるために必要な，課題や条件に沿った音の選択や組合せなどの技能を身に付けることをねらいにしている。

「創意工夫を生かした表現で旋律や音楽をつくるために必要な」としているのは，技能が，生徒にとって思いや意図を表すために必要なものとなるよう指導することを求めているからである。したがって，ある特定の作曲法などに基づく音の選択の仕方や組合せ方を習得するものではないことに留意する必要がある。また，中学部音楽科における「音楽づくり」の学習で習得した技能を基盤にした学習となるよう留意することも大切である。

「課題や条件」とは，旋律や音楽をつくる前提として課された内容やつくる際の約束事のことであり，旋律や音楽をつくる学習をする際に必要なものである。したがって，指導のねらいに応じて適切な課題や条件を設定することが，授業を展開する上で重要である。「音の選択や組合せなどの技能」とは，自分の思いや意図を，旋律や音楽で表すために，適切に音を選んだり，組み合わせたりできる

ことである。

指導に当たっては，「課題や条件」のイメージがもちにくい生徒には具体的な音の選択肢を提示したり，教師が一緒に音を出しながら説明したりすることが大切である。

エ　身体表現の活動を通して，次の事項を身に付けることができるよう指導する。

(ｱ) 身体表現についての知識や技能を得たり生かしたりしながら，身体表現を創意工夫すること。

(ｲ) 次の㋐及び㋑について理解すること。

㋐　曲想と音楽の構造との関わり

㋑　曲想や音楽の構造と体の動きとの関わり

(ｳ) 創意工夫を生かした表現をするために必要な次の㋐から㋒までの技能を身に付けること。

㋐　曲の速度やリズム，曲想に合わせて表現する技能

㋑　設定した条件に基づいて，様々な動きを組み合わせたり，即興的に動いたりしてまとまりのある表現をする技能

㋒　友達と動きを組み合わせたり，即興的に表現したりする技能

ここでは，２段階の身体表現に関する事項を示している。

(ｱ) の事項は，身体表現分野における「思考力，判断力，表現力等」に関する資質・能力である，身体表現を創意工夫することができるようにすることをねらいとしている。

「身体表現についての知識や技能」とは，(ｲ) 及び (ｳ) に示すものである。

「知識を得たり生かしたり」としているのは，身体表現を創意工夫するためには，その過程で新たな知識や技能を習得することと，これまで習得した知識や技能を活用することの両方が必要となるからである。したがって，知識や技能を習得してから自分なりに表そうとするといった，一方向のみの指導にならないように留意する必要がある。

「身体表現を創意工夫する」とは，音や音楽に対する自分のイメージを膨らませたり他者のイメージに共感したりして，音楽を形づくっている要素の働かせ方などを試行錯誤しながら，表現したい身体表現について考え，どのように身体表現するかについて思いや意図をもつことである。また，思いや意図は，創意工夫の過程において，身体表現に関わる知識や技能を得たり生かしたりしながら，更に深まったり新たな思いや意図となったりする。

(イ)の事項は，身体表現分野における知識に関する資質・能力である㋐及び㋑を理解することをねらいとしている。

㋐の「曲想」とは，その音楽固有の雰囲気や表情，味わいなどのことである。また曲想は，音楽の構造によって生み出されるものである。

「音楽の構造」とは，音楽を形づくっている要素そのものや要素同士の関わり方及び音楽全体がどのように成り立っているかなど，音や要素の表れ方や関係性，音楽の構成や展開の有り様などである。このように，その音楽固有の雰囲気や表情，味わいなどが，どのような音楽の構造によって生み出されているのかを捉えていくことが，この事項で求めている理解である。

㋑の「曲想や音楽の構造と体の動きとの関わり」とは，〔共通事項〕と関わらせた指導によって，その音楽固有の雰囲気や表情，味わいや音楽を形づくっている要素などを生徒自身が感じ取り，感じ取ったことと体の動きとの関わりについて理解することである。したがって，教師が感じ取った曲想を伝えたり，その曲の形式などを覚えられるようにしたりする，ということに留まるものではないことに十分留意する必要がある。

例えば，「この曲の前半は，ゆったりとしていて静かな雰囲気を感じ取り，後半は躍動的で力強い雰囲気がある」と感じ取った生徒が，旋律やリズムの変化に着目して，手や身体全体をゆったりと滑らかな動きのある身体表現から，力強い動きで大きな動きに変化させながら身体表現することなどが考えられる。その際，生徒が音楽活動を通して，実感を伴って理解できるようにすることが大切である。

(ウ)の事項は，身体表現分野における技能に関する資質・能力である，創意工夫を生かした表現をするために必要な次の㋐から㋒までの技能を身に付けることができるようにすることをねらいとしている。

学習の過程において，生徒が考え工夫した表現を実現するために必要な技能であることが分かるよう，(ア)と関連を図りながら，意図的，計画的に指導を進めることが大切である。㋐の「曲の速度やリズム，曲想に合わせて表現する技能」とは，高等部１段階で身に付けた技能を基礎として，創意工夫を生かした表現をする技能のことである。

㋑の「設定した条件に基づいて，様々な動きを組み合わたり，即興的に動いたりしてまとまりのある表現をする」とは，例えば，㋐で示した動きを，複数で行うことにより，統一感が感じられる動きに表すことや，感じたままに自由に動きながら，ふさわしいと思う表現にまとめていくことである。

㋒の「友達と動きを組み合わせたり，即興的に表現したりする」とは，㋐や㋑の技能を活用して，その場で考え工夫した表現を組み合わせていくことである。

身体表現の活動の指導に当たっては，曲の特徴を捉えて，どのように表現する

かについて思いや意図をもつこと，〔共通事項〕との関連を十分に図り，友達と一緒に意欲的に身体表現の活動を進めることが大切である。

B　鑑賞

ア　鑑賞の活動を通して，次の事項を身に付けることができるよう指導する。

（ア）鑑賞についての知識を得たり生かしたりしながら，曲や演奏のよさなどについて自分なりに考え，曲全体を味わって聴くこと。

（イ）次の㋐及び㋑について理解すること。

㋐　曲想及びその変化と，音楽の構造との関わり

㋑　音楽の特徴とその背景となる文化や歴史などとの関わり

ここでは，2段階の鑑賞に関する事項を示している。

（ア）の事項は，鑑賞領域における「思考力，判断力，表現力等」に関する資質・能力である。曲や演奏のよさなどを見いだし，曲全体を味わって聴くことができるようにすることをねらいとしている。

「鑑賞についての知識」とは，（イ）に示すものである。

「知識を得たり生かしたり」としているのは，曲や演奏のよさなどを見いだし，曲全体を味わって聴くためには，その過程で新たな知識を習得することと，これまでに習得した知識を活用することの両方が必要となるからである。したがって，知識を習得してから曲や演奏のよさなどを見いだし，曲全体を味わって聴くといった，一方向のみの指導にならないように留意する必要がある。

「自分なりに考え」としているのは，高等部1段階までの「曲や演奏のよさなどを見いだす」学習を更に発展させて，自分なりの考えをもって曲全体を味わって聴くことができるような指導を大切にしているからである。

（イ）の事項は，鑑賞領域における理解に関する資質・能力である，㋐及び㋑について理解できるようにすることをねらいとしている。

㋐の事項は，鑑賞領域における知識に関する資質・能力である，曲想及びその変化と，音楽の構造との関わりについて理解できるようにすることをねらいとしている。あわせて2段階では，1段階の（イ）で得た知識を更に発展させて，（イ）の㋑の事項の理解へとつなげていくことをねらいとしている。

㋑の事項は，1段階で得た知識をより発展させた資質・能力として位置付けられている。音楽は，その背景となる文化や歴史から，直接，間接に影響を受けており，それが音楽の特徴となって表れている。1段階の（イ）の事項に加え，その背景となる文化や歴史に目を向けることは，曲想と音楽の構造を理解したり，音

楽の特徴を理解したりする上でも有効である。

　指導に当たっては，生活年齢からみた体験の広がりからその背景となる文化や歴史などを考える基盤ができていることや，卒業後の生涯を見通して地域に学習の場が広がっていくことなどを生かして，音楽への興味関心を引き出しながら，指導を工夫することが大切である。

〔共通事項〕

(1) １段階と２段階の「Ａ表現」及び「Ｂ鑑賞」の指導を通して，次の事項を身に付けることができるよう指導する。

　ア　音楽を形づくっている要素や要素同士の関連を知覚し，それらの働きが生み出す特質や雰囲気を感受しながら，知覚したことと感受したこととの関わりについて考えること。

　イ　音楽を形づくっている要素及びそれらに関わる用語や記号などについて，音楽における働きと関わらせて理解すること。

　〔共通事項〕とは，表現及び鑑賞の学習において共通に必要となる資質・能力を示したものである。１段階及び２段階の「Ａ表現」及び「Ｂ鑑賞」の指導の過程において，各事項と合わせて十分な指導が行われるよう工夫することが必要である。

　アの事項は，音楽科における「思考力，判断力，表現力等」に関する資質・能力である，音楽を形づくっている要素を知覚し，それらの働きが生み出す特質や雰囲気を感受しながら，知覚したことと感受したこととの関わりについて考えることができるようにすることをねらいとしている。

　音楽を形づくっている要素とは，「３指導計画の作成と内容の取扱い」の(2)のコに示す音色，リズム，速度，旋律，テクスチュア，強弱，形式，構成などである。生徒の障害の状態や特性及び心身の発達の段階等や指導のねらいに応じて，適切に選択したり関連付けたりして指導することが求められる。

　「知覚したことと感受したこととの関わりについて考える」とは，感受したことの理由を，音楽を形づくっている要素の働きに求めたり，音楽を形づくっている要素の働きがどのような特質や雰囲気を生み出しているのかについて考えたりすることである。

　例えば，「速度」であれば，速くなったのか，それとも遅くなったのかを聴き分けたり，「これは速度が速い」，「これは速度が遅い」と意識したりするなど，速度の特徴を客観的に聴き取るだけでなく，「だんだん慌ただしい感じになってきたのに，急にのんびりとした感じになったのは，速度がだんだん速くなった後

に，急に速度が遅くなったから」と捉えるなど，速度の変化とその働きが生み出す特質や雰囲気との関係を考えることである。

指導に当たっては，生徒が音や音楽と出会い，曲名や曲想と音楽の構造との関わりについて気付いたり，思いや意図をもって表現したり，曲のよさなどを見いだし，曲全体を味わって聴いたりすることなどの学習において，知覚したことと感受したこととの関わりについて考えることを適切に位置付けることが大切である。

4 指導計画の作成と内容の取扱い

(1) 指導計画作成上の配慮事項

音楽科の指導計画には，3年間を見通した指導計画，年間指導計画，各題材の指導計画，各授業の指導計画などがある。これらの指導計画を作成する際は，それぞれの関連に配慮するとともに，評価の計画も含めて作成する必要がある。

3　指導計画の作成と内容の取扱い

(1) 指導計画の作成に当たっては，次の事項に配慮するものとする。

ア　題材など内容や時間のまとまりを見通して，その中で育むべき資質・能力の育成に向けて，生徒の主体的・対話的で深い学びの実現を図るようにすること。その際，音楽的な見方・考え方を働かせ，他者と協働しながら，音楽表現を生み出したり音楽を聴いてそのよさなどを見いだしたりするなど，思考，判断し，表現する一連の過程を大切にした学習の充実を図ること。

この事項は，音楽科の指導計画の作成に当たり，生徒の主体的・対話的で深い学びの実現に向けた授業改善を進めることとし，音楽科の特質に応じて，効果的な学習が展開できるように配慮すべき内容を示したものである。音楽科の指導に当たっては(1)「知識及び技能」が習得されること，(2)「思考力，判断力，表現力等」を育成すること，(3)「学びに向かう力，人間性等」を涵養することが偏りなく実現されるよう，題材など内容や時間のまとまりを見通しながら，主体的・対話的で深い学びの実現に向けた授業改善を行うことが重要である。

選挙権年齢や成年年齢の引き下げなど，生徒にとって政治や社会が一層身近なものとなる中，学習内容を人生や社会の在り方と結び付けて深く理解し，これからの時代に求められる資質・能力を身に付け，生涯にわたって能動的に学び続けることができるようにするためには，これまでの学校教育の蓄積も生かしながら，学習の質を一層高める授業改善の取組を活性化していくことが求められている。

主体的・対話的で深い学びは，必ずしも１単位時間の授業の中で全てが実現されるものではない。題材など内容や時間のまとまりの中で，例えば，主体的に学習に取り組めるよう学習の見通しを立てたり学習したことを振り返ったりして自身の学びや変容を自覚できる場面をどこに設定するか，対話によって自分の考えなどを広げたり深めたりする場面をどこに設定するか，学びの深まりをつくりだすために，生徒が考える場面と教師が教える場面をどのように組み立てるか，といった視点で授業改善を進めることが求められる。

また，生徒や学校の実態に応じ，多様な学習活動を組み合わせて授業を組み立てていくことが重要であり，題材などのまとまりを見通した学習を行うに当たり，特に「深い学び」の視点に関して，各教科等の学びの深まりの鍵となるのが「見方・考え方」である。各教科等の特質に応じた，物事を捉える視点や考え方である「見方・考え方」を，習得・活用・探究という学びの過程の中で働かせることを通じて，より質の高い深い学びにつなげることが重要である。

「音楽的な見方・考え方を働かせ」るとは，生徒が自ら音楽に対する感性を働かせ，音や音楽を，音楽を形づくっている要素とその働きの視点で捉え，捉えたことと，自己のイメージや感情，生活や社会，伝統や文化などとを関連付けて考えることであり，その趣旨等は，「２音楽科の目標」で解説している。

今回の改訂では教科の目標において，音楽科の学習が，音楽活動を通して，音楽的な見方・考え方を働かせて行われることを示している。また，２の「Ａ表現」，「Ｂ鑑賞」及び〔共通事項〕の各事項では，音楽的な見方・考え方を働かせた学習にすることを前提として，その内容を示している。例えば，「曲想と音楽の構造との関わり」は，生徒が自ら，音楽に対する感性を働かせ，音や音楽を，音楽を形づくっている要素とその働きの視点で捉え，自己のイメージや感情などと関連付けることによって理解される。

指導に当たっては，生徒が音楽的な見方・考え方を働かせることができるような場面設定や発問など，効果的な手立てを講ずる必要がある。

「他者と協働しながら」が大切であることの趣旨は，３の(3)の「主体的・協働的に」で解説していることと同様である。

> イ　２の各段階の内容の「Ａ表現」のアからエまでの指導については，(ア)及び(イ)の各事項を，「Ｂ鑑賞」のアの指導については，(ア)及び(イ)の各事項を，適切に関連させて指導すること。

この事項は，２の各段階の内容の指導に当たって配慮すべきことについて示したものである。

歌唱の（イ）及び（ウ），器楽の（イ）及び（ウ），創作の（イ），身体表現の（イ）及び（ウ）では，それぞれの育成を目指す資質・能力に対して複数の事項を示している。これらについては，指導のねらいなどに応じて，一つの題材の中で複数の事項のうち一つ以上を扱うようにする。

ウ　2の各段階の内容の〔共通事項〕は，表現及び鑑賞の学習において共通に必要となる資質・能力であり，「A表現」及び「B鑑賞」の各事項の指導と併せて，十分な指導が行われるよう工夫すること。

この事項は，〔共通事項〕の取扱いについて示したものである。〔共通事項〕の取扱いについては，3の(5)で解説しているとおりである。〔共通事項〕として示した事項は，表現及び鑑賞の各活動と併せて指導することが重要であり，〔共通事項〕のみを扱う指導にならないように留意する必要がある。

エ　2の各段階の内容の「A表現」のアからエまで及び「B鑑賞」のアの指導については，適宜，〔共通事項〕を要として各領域や分野の関連を図るようにすること。

この事項は，「A表現」の歌唱，器楽，創作，身体表現の分野，並びに「B鑑賞」の指導について，適宜，各領域や分野の関連を図った指導計画を工夫することについて示したものである。各領域・分野の内容は，歌唱，器楽，創作，身体表現，鑑賞ごとに示されているが，指導計画の作成に当たっては，適宜，〔共通事項〕と有機的な関連を図り，表現及び鑑賞の各活動の学習が充実するよう，指導計画を工夫することが求められる。そのための要となるのが，表現及び鑑賞の学習において共通に必要となる資質・能力，すなわち〔共通事項〕である。

オ　国歌「君が代」は，時期に応じて適切に指導すること。

生徒が，将来国際社会において尊敬され，信頼される日本人として成長するためには，国歌を尊重する態度を養うようにすることが大切である。国歌「君が代」は，入学式や卒業式等の様々な場面において，小学部は6年間，中学部は3年間を通じて歌われるものである。一方で，生徒の障害の状態や特性及び心身の発達の段階を踏まえる必要があることから，高等部における音楽科では，国歌

「君が代」は，時期に応じて適切に指導することとし，国歌「君が代」の指導の趣旨を明確にしている。

「時期に応じて適切に指導する」とは，生徒の障害の状態や特性及び心身の発達の段階等を踏まえ，教師や友達が歌うのを聴いたり，楽器の演奏やCD等による演奏を聴いたり，みんなと一緒に歌ったり，歌詞や楽譜を見て覚えて歌ったりするなど，親しみをもてるよう，個々の生徒に即した指導の工夫を行うことを示している。

国歌「君が代」の指導に当たっては，日本国憲法の下において，日本国民の総意に基づき天皇を日本国及び日本国民統合の象徴とする我が国の末永い繁栄と平和を祈念した歌であることを踏まえることが必要である。

(2) 内容の取扱いについての配慮事項

ここでは，「(2)内容」の指導に当たって配慮すべき事項を示している。したがって，以下のアからタまでの事項については，単独で取り扱うのではなく，「イ内容」の指導と関連付けて取り扱うことが必要である。

> (2) 2の各段階の内容の取扱いについては，次の事項に配慮するものとする。
>
> ア　各段階の指導に当たっては，音や音楽との一体感を味わえるようにするため，指導のねらいに即して体を動かす活動を取り入れるようにすること。

この事項は，各段階の「A表現」及び「B鑑賞」の指導に当たって，体を動かす活動を取り入れることについて示したものである。生徒が体全体で音楽を感じ取ることを通して，音楽科の学習において大切となる想像力が育まれていくのである。このように，生徒が音楽と体の動きとの一体感を味わうことができるようにするためには，生徒が感じた印象のままに自然に体が動くことを基本として，動きを想起しやすいリズムや音の進行を用いて意図的，計画的に体を動かす活動を取り入れることが大切である。

> イ　各段階の指導に当たっては，音や音楽及び言葉によるコミュニケーションを図る指導を工夫すること。その際，生徒の言語理解や発声・発語の状況等を考慮し，必要に応じてコンピュータや教育機器も効果的に活用すること。

この事項は，各段階の「A表現」及び「B鑑賞」の指導に当たって，必要に応じてコンピュータや教育機器を効果的に活用できるよう指導を工夫することについて示したものである。例えば，生徒が自分たちの演奏を，ICレコーダーなどを活用して録音し記録することで，曲や演奏の楽しさに気付くようにすることや，音声ソフト等を活用することで，生徒が無理なく，工夫してコミュニケーションを図ったり，音楽をつくったりすることができるようにすることが考えられる。また，音量の変化を図や形などに表し，その変化を視覚的に捉えたり，楽器の音の強弱による振動の変化を触覚的に捉えたり，楽器の音色の変化によって色が変わったりするなどのように，聴覚と視覚，聴覚と触覚など，生徒が複数の感覚を関連付けて音楽を捉えていくことができるようにすることなどが考えられる。そのことが，学習を深めることに有効に働くよう，教師の活用の仕方，生徒への活用のさせ方について工夫することが大切である。

> ウ　生徒が学校内及び公共施設などの学校外における音楽活動とのつながりを意識できるような機会をつくるなど，生徒や学校，地域の実態に応じて，生活や社会の中の音や音楽，音楽文化と主体的に関わっていくことができるよう配慮すること。

この事項は，生徒が生活や社会の中の音や音楽と主体的に関わっていくことができるようにするために配慮すべきことを示したものである。音楽科の教科目標には，「生活や社会の中の音や音楽，音楽文化と豊かに関わる資質・能力」の育成を目指すことを示している。音楽科では，この目標を実現することによって，生活や社会の中の音や音楽，音楽文化と豊かに関わることのできる人を育てること，そのことによって心豊かな生活を営むことのできる人を育てること，ひいては，心豊かな生活を営むことのできる社会の実現に寄与することを目指している。したがって，音楽科の学習で学んだことやその際に行った音楽活動と，学校内外における様々な音楽活動とのつながりを生徒が意識できるようにすることは，心豊かな生活を営むことのできる社会の実現に向けて，音楽科の果たす大切な役割の一つである。

学校内の音楽活動には，音楽の授業のみではなく，特別活動における諸活動などにおいて，歌を歌ったり楽器を演奏したり音楽を聴いたりする活動も含まれる。学校外における音楽活動には，生徒が自分たちの演奏を披露するだけではなく，音楽家や地域の人々によるコンサートなどの様々な音楽活動が含まれる。例えば，歌唱や器楽で扱った，世代を超えて大切にされている日本のうた，地域で親しまれている歌を参加者と歌ったり演奏したりするなどの活動が考えられる。

その際，音楽科の学習で扱った教材曲と公共施設などの学校外における音楽活動で扱った曲との関わりに興味をもてるようにすることが大切である。

このように，生徒が音楽科の学習内容と学校内外の音楽活動とのつながりを意識できるようにするためには，例えば，授業で学んだことを音楽科の授業以外の場面で発表するなど，音楽科の授業以外の場面においても音楽に主体的に関わっていく機会を活用していくことが必要である。

エ　合奏や合唱などの活動を通して，和音のもつ表情を感じることができるようにすること。また，長調及び短調の曲においては，Ⅰ，Ⅳ，Ⅴ及びⅤ₇などの和音を中心に指導すること。

この事項は，和音の取扱いについて示したものである。和音の取扱いについては，理論的な指導に偏ることがないよう，あくまでも音楽活動を進める中で，生徒の音楽的な感覚に働きかけるとともに，合唱や合奏をはじめ，創作，身体表現，鑑賞など，具体的な活動を通して指導することが必要である。例えば，音の重ね方をいろいろと工夫して表現したり，それらを互いに聴き合ったりして，和音のもつ表情や，その表情が変化するよさや美しさを味わうようにすることが考えられる。また，旋律にふさわしい和音の連結による音楽の響きを聴き取り，感覚的にその変化のよさや美しさを味わうようにすることが考えられる。これは和声に関する学習となる。その際，和音の響きと和音の連結によって生まれる和声に対する感覚の育成を，生徒の障害の状態や特性及び心身の発達の段階等に応じて行うように配慮することが大切である。長調や短調による音楽を取り扱う場合には，その基本となるⅠ，Ⅳ，Ⅴ及びⅤ₇の和音を中心に指導し，学習の内容や教材，生徒の経験などの実態に応じて，適宜，その他の和音も用いるように配慮することが必要である。

[ハ長調]　Ⅰ　Ⅳ　Ⅴ　Ⅴ₇　　　[イ短調]　Ⅰ　Ⅳ　Ⅴ　Ⅴ₇

オ　我が国や郷土の音楽の指導に当たっては，そのよさなどを感じ取って表現したり鑑賞したりできるよう，楽譜や音源等の示し方，伴奏の仕方，曲に合った歌い方や楽器の演奏の仕方など指導方法について工夫すること。

244

この事項は，我が国や郷土の音楽の指導に当たって，曲にあった歌い方や楽器の演奏の仕方などの指導方法を工夫することについて示したものである。曲に合った歌い方や楽器の演奏の仕方については，話し声を生かして歌えるようにすることや，口唱歌を活用することなどが考えられる。口唱歌とは，和楽器の伝承において用いられてきた学習方法で，リズムや旋律を「チン・トン・シャン」などの言葉に置き換えて唱えることである。また，例えば，仕事歌などの動作を入れて歌うことなども考えられる。

カ　各段階の「Ａ表現」のアの歌唱の指導に当たっては，次のとおり取り扱うこと。

(ｱ) 歌唱教材については，我が国や郷土の音楽に愛着がもてるよう，共通教材のほか，長い間親しまれてきた唱歌，それぞれの地方に伝承されているわらべうたや民謡など日本のうたを含めて取り上げるようにすること。

(ｲ) 生徒の実態や学習状況及び必要に応じて，相対的な音程感覚などを育てるために，移動ド唱法を取り上げるようにすること。

(ｳ) 変声期の生徒に対して適切に配慮すること。

(ｱ)の事項は，歌唱教材を選択する場合には，共通教材のほかに親しみのある唱歌やそれぞれの地方に伝承されているわらべうたや民謡など日本のうたを含めて取り上げるよう示したものである。

(ｲ)の事項は，生徒の実態を十分考慮しながら，学習のねらいなどに即して移動ド唱法を用いて指導することについて示したものである。階名とは，長音階の場合はド，短音階ではラをそれぞれの主音として，その調における相対的な位置を，ドレミファソラシを用いて示すものであり，階名唱とは階名を用いて歌うことである。階名唱を行う際，調によって五線譜上のドの位置が移動するため，移動ド唱法と呼ばれる。この唱法によって，音と音との関係を捉えるという相対的な音程感覚が身に付くようになる。

(ｳ)の事項は，変声期の個人差への配慮について示したものである。身体の成長に伴い，変声期の時期や変化には個人差があることを指導し，生徒が安心して歌えるよう配慮しながら歌唱指導を進めていくことが大切である。

> キ　各段階の「A表現」のイの楽器については，次のとおり取り扱うこと。
>
> 　（ア）各段階で取り上げる打楽器は，簡単に操作できる楽器，木琴，鉄琴，
> 　　　和楽器，諸外国に伝わる様々な楽器を含めて，生徒の実態や発達の段
> 　　　階及び生活年齢を考慮して選択すること。
>
> 　（イ）各段階で取り上げる旋律楽器は，既習の楽器を含めて，鍵盤楽器や和
> 　　　楽器，電子楽器などの中から生徒の実態や発達の段階及び生活年齢を
> 　　　考慮して選択すること。
>
> 　（ウ）合奏で扱う楽器については，各声部の役割を生かした演奏ができるよ
> 　　　う，楽器の特性を生かして選択すること。

　これらの事項は，それぞれの段階で取り上げる楽器や合奏で取り上げる楽器の
選択について示したものである。

　（ア）の事項は，打楽器の選択について示したものである。簡単に操作できる楽
器とは，例えば，ツリーチャイム，カバサ，鈴等を振ったり，揺らしたり，こす
ったりして音を出すことを指している。

　（イ）の事項は，視覚と聴覚の両面から音を確かめつつ演奏できる各種オルガ
ン，視覚と聴覚の両面から音を確かめつつ演奏でき，息の入れ方を変えることに
より色々な音色を工夫することができる鍵盤ハーモニカなど，生徒にとって身近
で扱いやすい楽器の中から，生徒や学校の実態に応じて選ぶようにすることが大
切である。情報機器等の活用も有効である。

　（ウ）の事項は，合奏で扱う楽器の選択について示したものである。合奏の各声
部には，主な旋律，副次的な旋律，和音，低音，リズム伴奏などがあり，それぞ
れ大切な役割を担っている。また，合奏で使う各種打楽器や旋律楽器には，それ
ぞれの楽器の特性がある。ここでいう楽器の特性とは，音域，音色，音量，音の
減衰の仕方，強弱表現の幅などである。

> ク　各段階の「A表現」のウの創作の指導に当たっては，次のとおり取り
> 　扱うこと。
>
> 　（ア）即興的に音を出しながら音のつながりを試すなど，音を音楽へと構成
> 　　　していく体験を重視すること。
>
> 　（イ）どのような音楽を，どのようにしてつくるかなどについて，生徒の実
> 　　　態に応じて具体的な例を示しながら指導すること。
>
> 　（ウ）つくった音楽については，指導のねらいに即し，必要に応じて記録で
> 　　　きるようにすること。記録の仕方については，図や絵によるものなど，

柔軟に指導すること。

　(エ) 拍のないリズム，我が国の音楽に使われている音階や調性にとらわれ
　　ない音階などを生徒の実態に応じて取り上げるようにすること。

　これらの事項は，創作の指導の取扱いについて示したものである。このこと
は，各段階の「A表現」のウのいずれの事項においても配慮するものである。

　(ア)の事項は，「即興的な表現」の取扱いについて示したものである。即興的
に音を出すとは，創作の活動において，理論的な学習を先行させ過ぎたり，はじ
めからまとまりのある音楽をつくることを期待したりするのではなく，生徒がそ
のときの気持ちや気分にしたがって，自由に音を出してみることを意味する。し
たがって，自分で音を出し，出した音をよく聴き，音の質感を感じ取り，それを
基に思考，判断するという流れが繰り返されるように指導を工夫し，生徒が，音
の長さ，高さなどを意識しながら音のつながり方を試すことなどができるように
することが大切である。

　(イ)の事項は，どのような音楽を，どのようにしてつくるかについての取扱い
について示したものである。例えば，音と音とを連ねて短い旋律をつくったり複
数の音を重ねて和音をつくったりすること，さらには，それらの反復や変化など
を工夫しながら少しずつまとまりのある音楽をつくっていくことなどの手順を具
体的に例示していくことが大切である。

　(ウ)の事項は，作品を記録する方法の指導について示したものである。つくっ
た音楽を互いに共有し，思いを伝え合う上で，つくった音楽を記録することは大
切である。そのため，生徒の実態に応じて，例えば，自分が関わってつくった音
楽のリズムや旋律，長さなどが分かりやすいような記録の方法の工夫が求められ
る。

　(エ)の事項は，生徒の実態に応じて，多様な音楽表現から手掛かりを得て音楽
をつくることについて示したものである。「拍のないリズム」とは，一定の間隔
をもって刻まれる拍がないリズムのことである。また，「我が国の音楽に使われ
ている音階」とは，例えば，わらべうたや民謡などに見られる音階のことであ
る。「調性にとらわれない音階」とは，長音階や短音階以外の音階のことで，諸
外国の様々な音階や全音音階などを含む。

　ケ　各段階の「B鑑賞」の指導に当たっては，気付いたり感じたりしたこ
　　とを自分なりに体の動きや絵，言葉で表現できるよう指導を工夫するこ
　　と。

247

この事項は，「B鑑賞」の指導の工夫について示したものである。

　生徒が鑑賞の学習を深めるためには，音楽を聴いて感じ取ったことなどを絵や言葉などで顕在化することが必要である。絵や言葉などで表すことで，曲の特徴について気付いたり，曲や演奏のよさなどについて考えたりする学習が深まっていくのである。生徒が，気持ちなど想像したことや感じ取ったことを，体の動き，絵，図及び言葉で表すなどして教師や友達に伝えようとすることは，自分の考えを一層広げたり，他者の感じ方や考えのよさに気付いたりすることにもつながるものである。

　コ　〔共通事項〕に示す「音楽を形づくっている要素」については，生徒の発達の段階や指導のねらいに応じて，音色，リズム，速度，旋律，テクスチュア，強弱，形式，構成などから，適切に選択したり関連付けたりして必要に応じて適切に指導すること。

　この事項は，〔共通事項〕に示す「音楽を形づくっている要素」の具体例を示すとともに，指導上の配慮事項を示している。

　「音色」とは，声や楽器などから生まれる様々な音の質のことである。音色に関連する学習では，声や楽器の音色，自然音や環境音，曲種に応じた発声や楽器の奏法による様々な音色，それらの組合せや変化などが生み出す響きなどについて指導することが考えられる。

　「リズム」とは，音楽の時間的なまとまりをつくったり，区分したりするものである。リズムに関連する学習では，拍や拍子，リズム・パターンとその反復や変化，我が国の伝統音楽に見られる様々なリズム，間などについて指導することが考えられる。

　「速度」とは，基準となる拍が繰り返される速さのことである。速度に関連する学習では，ふさわしい速度の設定，速度の保持や変化，緩急の対比などについて指導することが考えられる。

　「旋律」とは，種々の音高と音価をもった音を音楽的な表現意図のもとに連ねてできた音の線的つながりである。旋律に関連する学習では，音のつながり方，旋律線のもつ方向性，フレーズ，旋律の装飾，旋律が基づくところの音階，調などについて指導することが考えられる。また，音階については我が国や諸外国の音楽に使われている様々な音階を扱うことも考えられる。

　「テクスチュア」とは，音楽における音や声部の多様な関わり合いのことである。テクスチュアに関する学習では，和音や和声，多声的な音楽，我が国の伝統音楽に見られる音や旋律の重なり方などについて指導することが考えられる。

「強弱」とは，基本的に音量の大小のことであり，相対的に捉えられるものである。強弱に関連する学習では，ふさわしい音量の設定，音量の保持や変化，強弱の対比といったことだけでなく，音色などとも組み合わさって，音量は小さいけれども強さを感じさせる音もあるなど，様々な強弱の印象を生み出すことなどについて指導することが考えられる。

「形式」とは，定型化された構成法のことであり，音楽としてのまとまりのある形が一般化されたものである。形式に関連する学習では，二部形式，三部形式，ソナタ形式，我が国や諸外国の音楽に見られる様々な楽曲形式などについて指導することが考えられる。

「構成」とは，音楽の組み立て方のことである。構成に関連する学習では，反復，変化，対照などの音楽の構成する原理などについて，指導することが考えられる。

サ 〔共通事項〕の(1)のイに示す「用語や記号など」については，小学校学習指導要領第2章第6節音楽の第3の2の(9)に示すものに加え，生徒の実態や学習状況を考慮して，中学校学習指導要領第2章第5節音楽の第3の2の(10)に示すものを音楽における働きと関わらせて理解し，活用できるよう取り扱うこと。

この事項は，〔共通事項〕の(1)のイに示す音符，休符，記号や用語の取扱いについて示している。指導に当たっては，単にその名称やその意味を知ることだけではなく，表現及び鑑賞の様々な学習活動の中で，音楽における働きと関わらせて，実感を伴ってその意味を理解できるように配慮することが大切である。

小学校学習指導要領第2章第6節音楽の第3の2
(9) 各学年の〔共通事項〕の(1)のイに示す「音符，休符，記号や用語」については，児童の学習状況を考慮して，次に示すものを音楽における働きと関わらせて理解し，活用できるよう取り扱うこと。

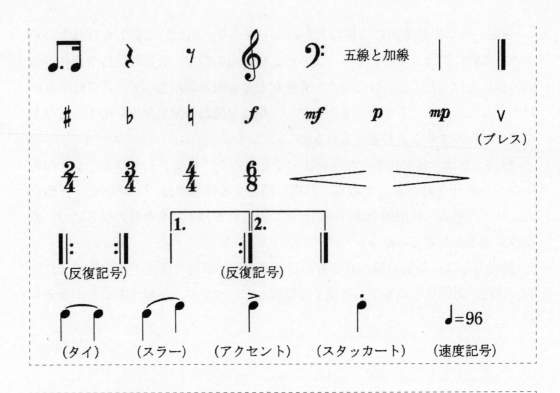

中学校学習指導要領第2章第5節音楽の第3の2

　(10) 各学年の〔共通事項〕の(1)のイに示す「用語や記号など」については，小学校学習指導要領第2章第6節音楽の第3の2の(9)に示すものに加え，生徒の学習状況を考慮して，次に示すものを音楽における働きと関わらせて理解し，活用できるよう取り扱うこと。

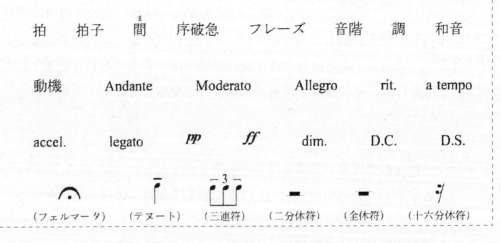

　シ　歌唱教材は，次に示すものを取り扱うこと。

　(ｱ) 生徒の生活年齢及び発達の段階に応じた，日常の生活に関連した曲

　(ｲ) 主となる歌唱教材については，各段階とも(ｳ)の共通教材を含めて，独唱，斉唱及び合唱で歌う曲

　(ｳ) 共通教材

　　㋐　1段階及び2段階の共通教材は，次に示すものとする。

「赤とんぼ」	三木露風作詞	山田耕筰作曲
「荒城の月」	土井晩翠作詞	滝廉太郎作曲
「早春賦」	吉丸一昌作詞	中田 章作曲
「夏の思い出」	江間章子作詞	中田喜直作曲
「花」	武島羽衣作詞	滝廉太郎作曲
「花の街」	江間章子作詞	團伊玖磨作曲
「浜辺の歌」	林 古溪作詞	成田為三作曲

　高等部で取り上げる主な歌唱教材は，「(ア)生徒の生活年齢及び発達の段階に応じた，日常の生活に関連した曲」を踏まえ，「(ウ)の共通教材」を含めて，生徒が親しみやすい内容の歌詞やリズム，旋律をもつ教材を選ぶなど，生徒の興味・関心に十分に配慮するとともに，独唱，斉唱及び合唱で歌う曲が対象となる。なお，共通教材については，生徒の障害の状態や特性及び心身の発達の段階等を考慮しながら，各段階で1曲以上は選択して扱うものとする。また，共通教材は，生徒の知的能力や適応能力，及び概念的な能力等を考慮しながら中学校学習指導要領ともあわせて設定しており，3年間の指導の中で適切に取り扱うと同時に，交流や地域の行事に参加する場合にも，一緒に音楽活動ができる一助になることを想定している。

　ス　器楽教材は，次に示すものを取り扱うこと。
　(ア)生徒の生活年齢及び発達の段階に応じた，指導のねらいとの関係において適切であり，身近で親しみのもてるもの。
　(イ)主となる器楽教材については，既習の歌唱教材を含め，楽器の演奏効果を考慮し，簡単な合奏などの曲

　この事項は，器楽教材を選択する場合の観点について示したものである。主な器楽教材は，歌唱で学習した教材や親しみのある器楽曲の旋律に，打楽器などによる簡単なリズム伴奏や平易な低声部を加えた曲などが対象となる。器楽教材の選択に当たっては，楽器同士の相性や演奏効果など，曲の雰囲気を感じ取りやすいものを主に取り上げるようにする。

　セ　創作教材は，次に示すものを取り扱うこと。
　(ア)生徒の生活年齢及び発達の段階に応じた指導のねらいとの関係において適切であり，身近で親しみのもてるもの。

この事項は，創作教材を選択する場合の観点について示したものである。例えば，コに示す，音色，リズム，速度，旋律，テクスチュア，強弱などの「音楽を形づくっている要素」を用いることである。その際，音素材として生徒の生活に身近で親しみのもてる音やフレーズ，楽器を扱ったり，音や音楽のつくりを絵やカードで視覚化して示しやすいものを扱ったりするなどの工夫が必要である。

ソ　音や音楽の特徴を身体表現するために適した教材は，次に示すものを
　　取り扱うこと。
（ア）主となる教材については，既習の歌唱教材や器楽教材を含め，音や音
　　　楽を聴いて体を動かすことができるものを中心に，生徒の生活年齢及
　　　び発達の段階に応じた指導のねらいとの関係において適切であり，親
　　　しみのもてるもの。

　この事項は，身体表現教材を選択する場合の観点について示したものである。
　生徒が親しみやすい内容の歌詞やリズム，旋律をもつ教材を選ぶなど，生徒の興味や関心に十分配慮するとともに，指導する教師が動きを見本として提示することも，有効である。また，曲の雰囲気を感じ取りやすく自ら創意工夫したり，友達と一緒に表現したりする喜びを味わうことができる音や音楽を取り上げるようにすることが大切である。

タ　鑑賞教材は，次に示すものを取り扱うこと。
（ア）主となる鑑賞教材については，既習の歌唱教材や器楽教材を含め，我
　　　が国や郷土の伝統音楽及び諸外国の様々な音楽のうち，生徒の生活年
　　　齢及び発達の段階に応じた曲想を感じ取り，情景を思い浮かべやすい
　　　様々な種類の曲
（イ）音楽を形づくっている要素の働きを感じ取りやすく，曲の雰囲気や音
　　　楽の構造に気付きやすい曲
（ウ）楽器の音色や人の声の表現の違いなどによる演奏の特徴が聴き取り
　　　やすい様々な演奏形態による曲

　この事項は，鑑賞の学習で取り上げる教材を選択する場合の観点について示したものである。
　（ア）の事項は，生徒が様々な種類の音楽に親しむようにし，我が国や郷土の伝

統音楽及び諸外国の様々な音楽のうち，生徒の生活年齢及び発達の段階に応じて適切な教材を選択するための観点である。具体的には，身近に感じ取ることができるわらべうたや遊びうた，リズム，拍，フレーズなどを聴き取りやすく自然に体を動かしたくなる音楽，身の回りのものや事象に関連し，情景を思い浮かべやすい曲などを教材として選択することが大切である。

（イ）の事項は，音楽を形づくっている要素の働きが生み出すよさや面白さを感じ取り，音楽を楽しむことができる教材を選択するための観点である。具体的には，親しみやすいリズムや旋律が現れる曲，リズムや旋律が反復する面白さを感じ取りやすい曲など，感覚的にも親しみやすい曲を教材として選択することが大切である。

（ウ）の事項は，生徒にとって親しみやすい，様々な演奏形態の音楽に接し，楽器の音色や人の声の特徴及び演奏の楽しさを感じ取ることができるような教材を選択するための観点である。具体的には，一つ一つの楽器の音色あるいは人の声の特徴を聴き取りやすく，楽器の演奏の仕方や歌い方に興味・関心をもつことのできる曲などを教材として選択することが大切である。

目標・内容の一覧〔国語〕

教科の目標

学部	小学部	中学部	高等部
	言葉による見方・考え方を働かせ、言語活動を通して、国語で理解し表現する資質・能力を次のとおり育成することを目指す。	言葉による見方・考え方を働かせ、言語活動を通して、国語で理解し表現する資質・能力を次のとおり育成することを目指す。	言葉による見方・考え方を働かせ、言語活動を通して、国語で理解し表現する資質・能力を次のとおり育成することを目指す。
知識及び技能	(1) 日常生活に必要な国語について、その特質を理解し使うことができるようにする。	(1) 日常生活や社会生活に必要な国語について、その特質を理解し適切に使うことができるようにする。	(1) 社会生活に必要な国語について、その特質を理解し使うことができるようにする。
思考力、判断力、表現力等	(2) 日常生活における人との関わりの中で伝え合う力を身に付け、思考力や想像力を養う。	(2) 日常生活や社会生活における人との関わりの中で伝え合う力を高め、思考力や想像力を養う。	(2) 社会生活における人との関わりの中で伝え合う力を高め、思考力や想像力を養う。
学びに向かう力、人間性等	(3) 言葉で伝え合うよさを感じるとともに、言語感覚を養い、国語を大切にしてその能力の向上を図る態度を養う。	(3) 言葉がもつよさに気付くとともに、言語感覚を養い、国語を大切にしてその能力の向上を図る態度を養う。	(3) 言葉がもつよさを認識するとともに、言語感覚を養い、国語を大切にしてその能力の向上を図る態度を養う。

段階の目標

	小学部			中学部		高等部	
段階の目標	1段階	2段階	3段階	1段階	2段階	1段階	2段階
知識及び技能	ア 日常生活に必要な身近な言葉が分かり使うようになるとともに、いろいろな言葉や我が国の言語文化に触れることができるようにする。	ア 日常生活に必要な身近な言葉を身に付けるとともに、いろいろな言葉や我が国の言語文化に触れることができるようにする。	ア 日常生活に必要な国語の知識や技能を身に付けるとともに、我が国の言語文化に触れ、親しむことができるようにする。	ア 日常生活や社会生活に必要な国語の知識や技能を身に付けるとともに、我が国の言語文化に親しむことができるようにする。	ア 日常生活や社会生活、職業生活に必要な国語の知識や技能を身に付けるとともに、我が国の言語文化に親しむことができるようにする。	ア 社会生活に必要な国語の知識や技能を身に付けるとともに、我が国の言語文化に親しむことができるようにする。	ア 社会生活に必要な国語の知識や技能を身に付けるとともに、我が国の言語文化に親しんだり理解したりすることができるようにする。

学部	小学部			中学部		高等部	
段階の目標	1段階	2段階	3段階	1段階	2段階	1段階	2段階
思考力、判断力、表現力等	イ 言葉をイメージしたり、言葉による関わりを受け止めたりする力を養い、日常生活における人との関わりの中で伝え合い、自分の思いをもつことができるようにする。	イ 言葉が表す事柄を思い起こしたり受け止めたりする力を養い、日常生活における人との関わりの中で伝え合い、自分の思いをもつことができるようにする。	イ 出来事の順序を思い出す力や感じたり想像したりする力を養い、日常生活における人との関わりの中で伝え合い、自分の思いを付け、考えたりすることができるようにする。	イ 順序立てて考える力や感じたり想像したりする力を養い、日常生活や社会生活における人との関わりの中で伝え合う力を身に付け、自分の思いや考えをもつことができるようにする。	イ 筋道立てて考える力や豊かに感じたり想像したりする力を養い、日常生活や社会生活における人との関わりの中で伝え合う力を高め、自分の思いや考えをまとめることができるようにする。	イ 筋道立てて考える力や豊かに感じたり想像したりする力を養い、社会生活における人との関わりの中で伝え合う力を高め、自分の思いや考えをまとめることができるようにする。	イ 筋道立てて考える力や豊かに感じたり想像したりする力を養い、社会生活における人との関わりの中で伝え合う力を高め、自分の思いや考えを広げることができるようにする。
学びに向かう力、人間性等	ウ 言葉で表すことや言葉のよさを感じることともに、言葉を使おうとする態度を養う。	ウ 言葉がもつよさを感じることともに、読み聞かせに親しみ、言葉でのやり取りを聞いたり伝えたりしようとする態度を養う。	ウ 言葉がもつよさを感じることともに、図書に親しみ、思いや考えを伝えたり受け止めたりしようとする態度を養う。	ウ 言葉がもつよさに気付くとともに、図書に親しみ、国語で考えたり伝え合ったりしようとする態度を養う。	ウ 言葉がもつよさに気付くとともに、いろいろな図書に親しみ、国語を大切にして、思いや考えを伝え合おうとする態度を養う。	ウ 言葉がもつよさを認識するとともに、幅広く読書をし、国語を大切にして、思いや考えを伝え合おうとする態度を養う。	ウ 言葉がもつよさを認識するとともに、進んで読書をし、国語を大切にして、思いや考えを伝え合おうとする態度を養う。
内容	1段階	2段階	3段階	1段階	2段階	1段階	2段階
〔知識及び技能〕	ア 言葉の特徴や使い方に関する次の事項を身に付けることができるよう指導する。 (ア) 身近な人の話し掛けに慣れ、言葉が事物の内容を表していることを感じること。	ア 言葉の特徴や使い方に関する次の事項を身に付けることができるよう指導する。 (ア) 身近な人の話し掛けや会話などの話し言葉に慣れ、言葉が、気持ちや要求を表していることを感じること。	ア 言葉の特徴や使い方に関する次の事項を身に付けることができるよう指導する。 (ア) 身近な人との会話や読み聞かせを通して、言葉には物事の内容を表す働きがあることに気付くこと。	ア 言葉の特徴や使い方に関する次の事項を身に付けることができるよう指導する。 (ア) 身近な大人や友達とのやり取りを通して、言葉には、事物の内容を表す働きや、経験したことを伝える働きがあることに気付くこと。	ア 言葉の特徴や使い方に関する次の事項を身に付けることができるよう指導する。 (ア) 日常生活の中での周りの人とのやり取りを通して、言葉には、考えたことや思ったことを表す働きがあることに気付くこと。	ア 言葉の特徴や使い方に関する次の事項を身に付けることができるよう指導する。 (ア) 社会生活に係る人とのやり取りを通して、言葉には、考えたことや思ったことを表す働きがあることに気付くこと。	ア 言葉の特徴や使い方に関する次の事項を身に付けることができるよう指導する。 (ア) 社会生活に係る人とのやり取りを通し、言葉には、相手とのつながりをつくる働きがあることに気付くこと。

255

学部	小学部			中学部		高等部	
内容	1段階	2段階	3段階	1段階	2段階	1段階	2段階
〔知識及び技能〕	(ア) 言葉のもつ音やリズムに触れたり、言葉が表す事物やイメージに触れたりすること。	(ア) 日常生活でよく使われている平仮名を読むこと。	(ア) 姿勢や口形に気を付けて話すこと。	(ア) 発音や声の大きさに気を付けて話すこと。	(ア) 発声や発音に気を付けたり、声の大きさを調節したりして話すこと。	(ア) 相手を見て話したり聞いたりするとともに、間の取り方などに注意して話すこと。	(ア) 話し言葉と書き言葉に違いがあることに気付くこと。
	—	(イ) 身近な人との会話を通して、物の名前や動作など、いろいろな言葉の種類に触れること。	(イ) 日常生活でよく使う促音、長音などが含まれた語句、平仮名、片仮名、漢字の正しい読み方を知ること。	(イ) 長音、拗音、促音、撥音、助詞の正しい読み方や書き方を知ること。	(イ) 長音、拗音、促音、撥音などの表記を理解し、文や文章の中で使うこと。	(イ) 漢字と仮名を用いた表記や送り仮名の付け方を理解して文や文章の中で使うとともに、句読点の使い方を意識して打つこと。	(イ) 文や文章の中で漢字と仮名を使い分けて書くこと。
	—		(エ) 言葉には、意味による語句のまとまりがあることに気付くこと。	(エ) 言葉には、意味による語句のまとまりがあるとともに、話し方や書き方によって意味が異なる語句があることに気付くこと。	(エ) 理解したり表現したりするために必要な語句の量を増し、使える範囲を広げること。	(エ) 表現したり理解したりするために必要な語句の量を増し、話や文章の中で使うとともに、言葉には、性質や役割による語句のまとまりがあることを理解すること。	(エ) 表現したり理解したりするために必要な語句の量を増し、話や文章の中で使うとともに、語彙を豊かにすること。
	—		(オ) 文の中における主語と述語との関係や助詞の使い方により、意味が変わることを知ること。	(オ) 主語と述語との関係や接続する語句の役割を理解すること。	(オ) 修飾と被修飾との関係、指示する語句の役割について理解すること。	(オ) 接続する語句の役割、段落の役割について理解すること。	(オ) 文と文との接続の関係、話や文章の構成や種類について理解すること。
	—		(カ) 正しい姿勢で音読すること。	(カ) 普通の言葉と丁寧な言葉を使うこと。	(カ) 敬体と常体があることを理解し、その違いに注意しながら書くこと。	(カ) 日常よく使われる敬語を理解し使うこと。	(カ) 日常よく使われる敬語を理解し使い慣れること。

学部	小学部			中学部		高等部	
内容	1段階	2段階	3段階	1段階	2段階	1段階	2段階
〔知識及び技能〕	—	—	—	(キ) 語のまとまりに気を付けて音読すること。	(キ) 内容の大体を意識しながら音読すること。	(キ) 文章の構成や内容の大体を意識しながら音読すること。	(キ) 文章を音読したり、朗読したりすること。
	—	—	イ 話や文章の中に含まれている情報の扱い方に関する次の事項を身に付けることができるよう指導する。	イ 話や文章の中に含まれている情報の扱い方に関する次の事項を身に付けることができるよう指導する。	イ 話や文章の中に含まれている情報の扱い方に関する次の事項を身に付けることができるよう指導する。	イ 話や文章の中に含まれている情報の扱い方に関する次の事項を身に付けることができるよう指導する。	イ 話や文章の中に含まれている情報の扱い方に関する次の事項を身に付けることができるよう指導する。
	—	—	(ア) 物事の始めと終わりなど、情報と情報との関係について理解すること。	(ア) 事柄の順序など、情報と情報との関係について理解すること。	(ア) 考えとそれを支える理由など、情報と情報との関係について理解すること。	(ア) 考えとそれを支える理由や事例、全体と中心など、情報と情報との関係について理解すること。	(ア) 原因と結果など、情報と情報との関係について理解すること。
	—	—	(イ) 図書を用いた調べ方を理解し使うこと。	—	(イ) 必要な語や語句の書き留め方などの、情報の整理の仕方を理解し使うこと。	(イ) 比較や分類の仕方、辞書や事典の使い方などを理解し使うこと。	(イ) 情報と情報との関係付けの仕方を理解し使うこと。
	イ 我が国の言語文化に関する次の事項を身に付けることができるよう指導する。	イ 我が国の言語文化に関する次の事項を身に付けることができるよう指導する。	ウ 我が国の言語文化に関する次の事項を身に付けることができるよう指導する。	ウ 我が国の言語文化に関する次の事項を身に付けることができるよう指導する。	ウ 我が国の言語文化に関する次の事項を身に付けることができるよう指導する。	ウ 我が国の言語文化に関する次の事項を身に付けることができるよう指導する。	ウ 我が国の言語文化に関する次の事項を身に付けることができるよう指導する。
	(ア) 昔話などについて、読み聞かせを聞くなどして親しむこと。	(ア) 昔話や童謡の歌詞などの読み聞かせを聞いたり、言葉など模倣したりするなどして、言葉の響きやリズムに親しむこと。	(ア) 昔話や神話・伝承などの読み聞かせを聞き、言葉の響きやリズムに親しむこと。	(ア) 自然や季節の言葉を取り入れた俳句などを聞いたり作ったりして、言葉の響きやリズムに親しむこと。	(ア) 易しい文語調の短歌や俳句を音読したり暗唱したりするなどして、言葉の響きやリズムに親しむこと。	(ア) 生活に身近なことわざや慣用句などを知り、使うこと。	(ア) 親しみやすい古文などの文章を音読するなどして、言葉のリズムに親しむこと。

学部	小学部			中学部		高等部	
内容	1段階	2段階	3段階	1段階	2段階	1段階	2段階
〔知識及び技能〕	(イ) 遊びを通して，言葉のもつ楽しさに触れること。	(イ) 遊びややり取りを通して，言葉による表現に親しむこと。	(イ) 出来事や経験したことを伝え合う体験を通して，いろいろな語句や文の表現に触れること。	(イ) 挨拶状などに書かれた語句や文を読んだり書いたりし，季節に応じた表現があることを知ること。	(イ) 生活に身近なことわざなどを知り，使うことにより様々な表現に親しむこと。	—	(イ) 生活の中で使われる慣用句，故事成語などの意味を知り，使うこと。
	(ウ) 書くことに関する次の事項を理解し使うこと。	(ウ) 書くことに関する次の事項を理解し使うこと。	(ウ) 書くことに関する次の事項を理解し使うこと。	(ウ) 書くことに関する次の事項を取り扱うこと。	(ウ) 書くことに関する次の事項を取り扱うこと。	(イ) 書くことに関する次の事項を取り扱うこと。	(ウ) 書くことに関する次の事項を取り扱うこと。
	㋐ いろいろな筆記具に触れ，書くことを知ること。	㋐ いろいろな筆記具を用いて，書くことに親しむこと。	㋐ 目的に合った筆記具を選び，書くこと。	㋐ 姿勢や筆記具の持ち方を正しくし，文字の形に注意しながら，丁寧に書くこと。	㋐ 点画の書き方や文字の形に注意しながら，筆順に従って丁寧に書くこと。	㋐ 文字の組み立て方を理解し，形を整えて書くこと。	㋐ 用紙全体との関係に注意して，文字の大きさや配列などを決めて書くこと。
	㋑ 筆記具の持ち方や，正しい姿勢で書くことを知ること。	㋑ 写し書きやなぞり書きなどにより，筆記具の正しい持ち方や書くときの正しい姿勢など，書写の基本を身に付けること。	㋑ 姿勢や筆記具の持ち方を正しくし，平仮名や片仮名の文字の形に注意しながら丁寧に書くこと。	㋑ 点画相互の接し方や交わり方，長短や方向などに注意して文字を書くこと。	㋑ 漢字や仮名の大きさ，配列に注意して書くこと。	—	㋑ 目的に応じて使用する筆記具を選び，その特徴を生かして書くこと。
	(エ) 読み聞かせに注目し，いろいろな絵本などに興味をもつこと。	(エ) 読み聞かせに親しんだり，文字を拾い読みしたりして，いろいろな絵本や図鑑などに興味をもつこと。	(エ) 読み聞かせなどに親しみ，いろいろな絵本や図鑑があることを知ること。	(エ) 読書に親しみ，簡単な物語や，自然や季節などの美しさを表した詩や紀行文などがあることを知ること。	(エ) 幅広く読書に親しみ，本にはいろいろな種類があることを知ること。	(ウ) 幅広く読書に親しみ，読書が，必要な知識や情報を得ることに役立つことに気付くこと。	(エ) 日常的に読書に親しみ，読書が，自分の考えを広げることに役立つことに気付くこと。
〔思考力，判断力，表現力等〕 A 聞くこと・話すこと	聞くこと・話すことに関する次の事項を身に付けることができるよう指導する。	聞くこと・話すことに関する次の事項を身に付けることができるよう指導する。	聞くこと・話すことに関する次の事項を身に付けることができるよう指導する。	聞くこと・話すことに関する次の事項を身に付けることができるよう指導する。	聞くこと・話すことに関する次の事項を身に付けることができるよう指導する。	聞くこと・話すことに関する次の事項を身に付けることができるよう指導する。	聞くこと・話すことに関する次の事項を身に付けることができるよう指導する。

学部	小学部			中学部		高等部	
内容	1段階	2段階	3段階	1段階	2段階	1段階	2段階
（思考力、判断力、表現力等） A 聞くこと・話すこと	ア 教師の話や読み聞かせに応じ、音声を模倣したり、表情や身振り、簡単な言葉などで表現したりすること。	ア 身近な人の話に慣れ、簡単な事柄と語句などを結び付けたり、語句などから事柄を思い浮かべたりすること。	ア 絵本の読み聞かせなどを通して、出来事など話の大体を聞き取ること。	ア 身近な人の話や簡単な放送などを聞き、聞いたことを書き留めたり分からないことを聞き返したりして、話の大体を捉えること。	ア 身近な人の話や放送などを聞きながら、聞いたことを簡単に書き留めたり、分からないときは聞き返したりして、内容の大体を捉えること。	ア 社会の中で関わる人の話などを、話し手が伝えたいことの中心に注意して聞き、話の内容を捉えること。	ア 社会の中で関わる人の話などについて、話し手の目的や自分が聞きたいことの中心を捉え、その内容を捉えること。
	イ 身近な人からの話し掛けに注目したり、応じて答えたりすること。	イ 簡単な指示や説明を聞き、その指示等に応じた行動をすること。	イ 経験したことを思い浮かべ、伝えたいことを考えること。	イ 話す事柄を思い浮かべ、伝えたいことを決めること。	イ 相手や目的に応じて、自分の伝えたいことを明確にすること。	イ 目的に応じて、話題を決め、集めた材料を比較するなど必要な事柄を選ぶこと。	イ 目的や意図に応じて、話題を決め、集めた材料を比較したり分類したりして、伝え合う内容を検討すること。
	ウ 伝えたいことを思い浮かべ、身振りや音声などで表すこと。	ウ 体験したことなどについて、伝えたいことを考えること。	ウ 見聞きしたことなどのあらましや自分の気持ちなどについて思い付いたり、考えたりすること。	ウ 見聞きしたことや経験したことや自分の意見などについて、内容の大体が伝わるように伝える順序を考えること。	ウ 見聞きしたことや経験したこと、自分の意見やその理由などについて、内容の大体が伝わるように伝える順序や伝え方を考えること。	ウ 話の中心が明確になるよう話の構成を考えること。	ウ 話の内容が明確になるように、話の構成を考えること。
	—	エ 挨拶をしたり、簡単な台詞などを表現したりすること。	エ 挨拶や電話の受け答えなど、決まった言い方を使うこと。	エ 自己紹介や電話の受け答えなど、相手や目的に応じた話し方で話すこと。	エ 相手に伝わるように発音や声の大きさ、速さに気を付けて話したり、必要な話し方を工夫したりすること。	エ 相手に伝わるよう、言葉の抑揚や強弱、間の取り方などを工夫すること。	エ 資料を活用するなどして、自分の考えが伝わるように表現を工夫すること。

学部		小学部			中学部		高等部	
内容		1段階	2段階	3段階	1段階	2段階	1段階	2段階
A 聞くこと・話すこと		—	—	オ 相手に伝わるよう、発音や声の大きさに気を付けること。	オ 相手の話に関心をもち、分かったことや感じたことを伝え合い、考えをもつこと。	オ 物事を決めるために、簡単な役割や進め方に沿って話し合い、考えをまとめること。	オ 目的や進め方を確認し、司会などの役割を果たしながら話し合い、互いの意見の共通点や相違点に着目して、考えをまとめること。	オ 互いの立場や意図を明確にしながら、計画的に話し合い、考えを広げたりまとめたりすること。
		—	—	カ 相手の話に関心をもち、自分の思いや考えを相手に伝えたり、相手の思いや考えを受け止めたりすること。	—	—	—	—
B 書くこと		書くことに関する次の事項を身に付けることができるよう指導する。	—	書くことに関する次の事項を身に付けることができるよう指導する。	書くことに関する次の事項を身に付けることができるよう指導する。	書くことに関する次の事項を身に付けることができるよう指導する。	書くことに関する次の事項を身に付けることができるよう指導する。	書くことに関する次の事項を身に付けることができるよう指導する。
		ア 身近な人との関わりや出来事について、伝えたいことを思い浮かべたり、選んだりすること。	ア 経験したことのうち身近なことについて、写真などを手掛かりにして、伝えたいことを思い浮かべたり、選んだりすること。	ア 身近で見聞きしたり、経験したりしたことについて書きたいことを見付け、その伝えたい事柄に必要な事柄を集めること。	ア 見聞きしたことや経験したことの中から、伝えたい事柄を選び、書く内容を大まかにまとめること。	ア 相手や目的を意識して、見聞きしたことや経験したことの中から書くことを選び、伝えたいことを明確にすること。	ア 相手や目的を意識して、書くことを決め、集めた材料を比較するなど、伝えたいことを明確にすること。	ア 目的や意図に応じて、書くことを決め、集めた材料を比較したり分類したりして、伝えたいことを明確にすること。
		イ 文字に興味をもち、書こうとすること。	イ 自分の名前や物の名前を文字で表すことができることを知り、簡単な平仮名をなぞったり、書いたりすること。	イ 見聞きしたり、経験したりしたことから、伝えたい事柄の順序を考えること。	イ 相手に伝わるように事柄の順序に沿って簡単な構成を考えること。	イ 書く内容の中心を決め、自分の考えとの関係を明確にして、文章の構成を考えること。	イ 書く内容の中心を決め、内容のまとまりで段落をつくったり、段落相互の関係に注意したりして、文章の構成を考えること。	イ 筋道の通った文章となるように、文章全体の構成を考えること。

〔思考力、判断力、表現力等〕

学部		小学部			中学部		高等部	
内容		1段階	2段階	3段階	1段階	2段階	1段階	2段階
B 書くこと〔思考力, 判断力, 表現力等〕		—	—	ウ 見聞きしたり, 経験したりしたことについて, 簡単な語句や短い文を書くこと。	ウ 文の構成, 語句の使い方に気を付けて書くこと。	ウ 事実と自分の考えとの違いなどが相手に伝わるように書き表し方を工夫すること。	ウ 自分の考えとそれを支える理由や事例との関係を明確にして, 書き表し方を工夫すること。	ウ 目的や意図に応じて簡単に書いたり詳しく書いたりするとともに, 事実と感想, 意見とを区別して書いたりするなど, 自分の考えが伝わるように書き表し方を工夫すること。
		—	—	エ 書いた語句や文を読み, 間違いを正すこと。	エ 自分が書いたものを読み返し, 間違いを正すこと。	エ 文章を読み返す習慣を身に付け, 間違いを正したり, 語と語との続き方を確かめたりすること。	エ 間違いを正したり, 相手や目的を意識した表現になっているかを確かめて, 文や文章を整えること。	エ 引用したり, 図表やグラフなどを用いたりして, 自分の考えが伝わるように書き表し方を工夫すること。
		—	—	オ 文などに対して感じたことを伝えること。	オ 文章に対する感想をもち, 伝え合うこと。	オ 文章に対する感想を伝え合い, 内容や表現のよいところを見付けること。	オ 書こうとしたことが明確になっているかなど, 文章に対する感想や意見を伝え合い, 自分の文章のよいところを見付けること。	オ 文章全体の構成や書き表し方などに着目して, 文や文章を整えること。
		—	—	—	—	—	—	カ 文章全体の構成が明確になっているかなど, 文章に対する感想や意見を伝え合い, 自分の文章のよいところを見付けること。

学部	小学部			中学部		高等部	
内容	1段階	2段階	3段階	1段階	2段階	1段階	2段階
C 読むこと〔思考力，判断力，表現力等〕	読むことに関する次の事項を身に付けることができるよう指導する。 ア 教師と一緒に絵本などを見て、示された身近な事物などに気付き、注目すること。 イ 絵や矢印などを見て、知っている事物や出来事などを指さしなどで表現すること。 ウ 絵や矢印などの記号で表された意味に応じ、行動すること。 エ 絵本などを見て、次の場面を楽しみにしたり、登場人物の動きなどを模倣したりすること。	読むことに関する次の事項を身に付けることができるよう指導する。 ア 教師と一緒に絵本などを見て、登場するものや動作などを思い浮かべること。 イ 教師と一緒に絵本を見て、時間の経過などの大体を捉えること。 ウ 日常生活でよく使われている表示などの特徴に気付き、読もうとしたり、表された意味に応じた行動をしたりすること。 エ 絵本などを見て、好きな場面を伝えたり、言葉などを模倣したりすること。 ー	読むことに関する次の事項を身に付けることができるよう指導する。 ア 絵本や易しい読み物などを読み、挿絵と結び付けて登場人物の行動や場面の様子などを想像すること。 イ 絵本や易しい読み物などを読み、時間的な順序など内容の大体を捉えること。 ウ 日常生活で必要な文、語句や文、看板などを読み、必要な物を選んだり行動したりすること。 エ 登場人物になったつもりで、音読したり演じたりすること。 ー	読むことに関する次の事項を身に付けることができるよう指導する。 ア 簡単な文や文章を読み、情景や場面の様子、登場人物の心情などを想像すること。 イ 語や語句の意味を基に時間的な順序など事柄の大体を捉えること。 ウ 日常生活で必要な語句や文章などを読み、行動すること。 エ 文章を読んで分かったことを伝えること。	読むことに関する次の事項を身に付けることができるよう指導する。 ア 様々な読み物を読み、情景や場面の様子、登場人物の心情などを想像すること。 イ 語と語や文と文の関係を基に、出来事の変化など内容の大体を捉えること。 ウ 日常生活や社会生活、職業生活に必要な語句、文章、表示などの意味を読み取り、行動すること。 エ 中心となる語句や文を明確にしながら読むこと。 オ 読んで感じたことや分かったことを伝え合い、一人一人の感じ方などに違いがあることに気付くこと。	読むことに関する次の事項を身に付けることができるよう指導する。 ア 登場人物の行動や心情などについて、叙述を基に捉えること。 イ 段落相互の関係に着目しながら、考えとそれを支える理由や事例との関係などについて、叙述を基に捉えること。 ウ 登場人物の心情や場面について、場面と場面とを結び付けて具体的に想像すること。 エ 目的を意識して、中心となる語や文を見付けて要約すること。 オ 文章を読んで理解したことに基づいて、感想や考えをもつこと。	読むことに関する次の事項を身に付けることができるよう指導する。 ア 登場人物の相互関係や心情などについて、描写を基に捉えること。 イ 事実と感想、意見などとの関係を叙述を基に押さえ、文章全体の構成を捉えて要旨を把握すること。 ウ 人物像を具体的に想像したり、表現の効果を考えたりすること。 エ 目的を意識して、文章と図表などを結び付けるなどして、必要な情報を見付けること。 オ 文章を読んで理解したことに基づいて、自分の考えをまとめること。

262

目標・内容の一覧〔社会〕

学部		中学部	高等部
		教科の目標	
		社会的な見方・考え方を働かせ、社会的事象について関心をもち、具体的に考えたりする活動を通して、自立し生活を豊かにするとともに、平和で民主的な国家及び社会の形成者に必要な公民としての資質・能力の基礎を次のとおり育成することを目指す。	社会的な見方・考え方を働かせ、社会的事象について関心をもち、具体的に考察する活動を通して、グローバル化する国際社会に主体的に生きる平和で民主的な国家及び社会の形成者に必要な公民としての資質・能力の基礎を次のとおり育成することを目指す。
知識及び技能		(1) 地域や我が国の国土の地理的環境、現代社会の仕組みや役割、地域や我が国の歴史や伝統と文化及び外国の様子について、具体的な活動や体験を通して理解するとともに、経験したことと関連付けて、調べまとめる技能を身に付けるようにする。	(1) 地域や我が国の国土の地理的環境、現代社会の仕組みや働き、地域や我が国の歴史や伝統と文化及び外国の様子について、様々な資料や具体的な活動を通して理解するとともに、情報を適切に調べまとめる技能を身に付けるようにする。
思考力、判断力、表現力等		(2) 社会的事象について、自分の生活と結び付けて具体的に考え、社会との関わりの中で、選択・判断したことを適切に表現する力を養う。	(2) 社会的事象の特色や相互の関連、意味を多角的に考えたり、社会への関わり方を選択・判断したりする力、考えたことや選択・判断したことを適切に表現する力を養う。
学びに向かう力、人間性等		(3) 社会に主体的に関わろうとする態度を養い、地域社会の一員として人々と共に生きていくことの大切さについての自覚を養う。	(3) 社会に主体的に関わろうとする態度や、よりよい社会を考え学習したことを社会生活に生かそうとする態度を養うとともに、多角的な思考や理解を通して、地域社会に対する誇りと愛情、地域社会の一員としての自覚、我が国の国土と歴史に対する愛情、我が国の将来を担う国民としての自覚、世界の国々の人々と共に生きていくことの自覚などを養う。
段階の目標		**1段階** / **2段階**	**1段階** / **2段階**
知識及び技能		**1段階** ア 身近な地域や市区町村の地理的環境、地域の安全を守るための諸活動、地域の産業や消費生活の様子及び身近な地域の様子の移り変わり並びに社会生活に必要な決まり、公共施設の役割及び外国の様子について、具体的な活動や体験を通して、自分との関わりが分かるとともに、調べまとめる技能を身に付けるようにする。　　**2段階** ア 自分たちの都道府県の地理的環境の特色、地域の人々の健康と生活環境を支える役割、自然災害から地域の安全を守るための諸活動、自然環境及び地域の伝統と文化並びに社会における産業や経済との関わり、人々の生活との関連を踏まえて理解するとともに、調べまとめる技能を身に付けるようにする。	**1段階** ア 我が国の国土の様子と国民生活、自然環境の特色、先人の業績や優れた文化遺産、社会参加するための公共施設の役割と制度、農業や水産業の現状、外国の様子について、様々な資料との関わり、社会に関する基本的な制度及び外国の様子について、社会生活との関連を踏まえて理解するとともに、調べまとめる技能を身に付けるようにする。　　**2段階** ア 我が国の国土の様子と国民生活、自然環境の特色、先人の業績や優れた文化遺産、社会参加するための公共施設の役割と制度、工業の現状、産業と情報との関わり、外国の様子について、様々な資料や具体的な活動を通して、社会生活との関連を適切に理解するとともに、情報を適切に調べまとめる技能を身に付けるようにする。

学部	中学部		高等部	
段階の目標	1段階	2段階	1段階	2段階
思考力、判断力、表現力等	イ 社会的事象について、自分の生活や地域社会と関連付けて具体的に考えたことを表現する基礎的な力を養う。	イ 社会的事象について、自分の生活や地域社会と関連付けて具体的に考えたことを表現する力を養う。	イ 社会的事象の特色や相互の関連、意味を多角的に考える力、自分の生活と結び付けて考える力、社会への関わり方を選択・判断する力、考えたことや選択・判断したことを適切に表現する力を養う。	イ 社会的事象の特色や相互の関連、意味を多角的に考える力、自分の生活と結び付けて考える力、社会への関わり方を選択・判断する力、考えたことや選択・判断したことを適切に表現する力を養う。
学びに向かう力、人間性等	ウ 身近な社会に自ら関わろうとする意欲をもち、地域社会の中で生活することの大切さについての自覚を養う。	ウ 社会に自ら関わろうとする意欲をもち、地域社会の中で生活することの大切さについての自覚を養う。	ウ 社会に主体的に関わろうとする態度や、よりよい社会を考え学習したことを社会生活に生かそうとする態度を養うとともに、多角的な思考や理解を通して、地域社会の一員としての自覚、我が国の国土に対する愛情、我が国の歴史や伝統を大切にして国を愛する心情、我が国の産業の発展を願い我が国の将来を担う国民としての自覚や平和を願う日本人として世界の国々の人々と共に生きることの大切さについての自覚を養う。	ウ 社会に主体的に関わろうとする態度や、よりよい社会を考え学習したことを社会生活に生かそうとする態度を養うとともに、多角的な思考や理解を通して、地域社会の一員としての自覚、我が国の国土に対する愛情、我が国の歴史や伝統を大切にして国を愛する心情、我が国の産業の発展を願い我が国の将来を担う国民としての自覚や平和を願う日本人として世界の国々の人々と共に生きることの大切さについての自覚を養う。

内容	1段階	2段階	1段階	2段階
ア 社会参加とまとまり				
	(ア) 社会参加するために必要な集団生活に関わる学習活動を通して、次の事項を身に付けることができるよう指導する。	(ア) 社会参加するために必要な集団生活に関わる学習活動を通して、次の事項を身に付けることができるよう指導する。	(ア) 社会参加するために必要な社会生活に関わる学習活動を通して、次の事項を身に付けることができるよう指導する。	(ア) 社会参加するために必要な社会生活に関わる学習活動を通して、次の事項を身に付けることができるよう指導する。
	㋐ 学級や学校の中で、自分の意見を述べたり相手の意見を聞いたりするなど、集団生活の中での役割を果たすための知識や技能を身に付けること。	㋐ 学級や学校の中で、協力しながら生活する必要性を理解し、そのための知識や技能を身に付けること。	㋐ 地域の人々と互いに協力し合い、自分の役割と責任を果たすための知識や技能を身に付けること。	㋐ 社会の中で互いに協力しながら、社会生活に必要な知識や技能を身に付けること。
	㋑ 集団生活の中で何が必要かに気付き、自分の役割を考え、表現すること。	㋑ 周囲の状況を判断し、集団生活の中での自分の役割を考え、表現すること。	㋑ 社会生活の中で状況を的確に判断し、自分の役割と責任について考え、表現すること。	㋑ 社会生活の中での権利及び義務、国民としての責任について考え、表現すること。

学部		中学部		高等部	
内容		1段階	2段階	1段階	2段階
		(1) 社会生活に必要なきまりに関わる学習活動を通して、次の事項を身に付けることができるよう指導する。 (ア) 家庭や学校での決まりを知り、生活の中でそれを守ることの大切さが分かること。 (イ) 社会生活ときまりとの関連を考え、表現すること。	(1) 社会生活に必要なきまりに関わる学習活動を通して、次の事項を身に付けることができるよう指導する。 (ア) 家庭や学校、地域社会での決まりは、社会生活を送るために必要であることを理解すること。 (イ) 社会生活に必要なきまりの意義について考え、表現すること。	(1) 社会生活を営む上で大切な法やきまりに関わる学習活動を通して、次の事項を身に付けることができるよう指導する。 (ア) 社会生活を営む上で大切な法やきまりがあることを理解すること。 (イ) 社会生活を営む上で大切な法やきまりの意義と自分との関わりについて考え、表現すること。	(1) 社会生活を営む上で大切な法やきまりに関わる学習活動を通して、次の事項を身に付けることができるよう指導する。 (ア) 社会の慣習、生活に関係の深い法やきまりを理解すること。 (イ) 社会の慣習、生活に関係の深い法やきまりの意義と自分との関わりについて考え、表現すること。
		イ 公共施設と制度	**イ 公共施設と制度**	**イ 公共施設の役割と制度**	**イ 公共施設の役割と制度**
		(ア) 公共施設の役割に関わる学習活動を通して、次の事項を身に付けることができるよう指導する。 (ア) 身近な公共施設や公共物の役割が分かること。 (イ) 公共施設や公共物について調べ、それらの役割を考え、表現すること。	(ア) 公共施設の役割に関わる学習活動を通して、次の事項を身に付けることができるよう指導する。 (ア) 自分の生活の中での公共施設や公共物の役割とその必要性を理解すること。 (イ) 公共施設や公共物の役割について調べ、生活の中での利用の仕方を考え、表現すること。	(ア) 公共施設の役割に関わる学習活動を通して、次の事項を身に付けることができるよう指導する。 (ア) 生活に関係の深い公共施設や公共物の役割とその必要性を理解すること。 (イ) 生活に関係の深い公共施設や公共物の利用の仕方を調べ、適切な活用を考え、表現すること。	(ア) 公共施設の役割に関わる学習活動を通して、次の事項を身に付けることができるよう指導する。 (ア) 地域における公共施設や公共物の役割の必要性を理解すること。 (イ) 地域における公共施設や公共物の利用の仕方を調べ、適切な活用を考え、表現すること。
		(1) 制度の仕組みに関わる学習活動を通して、次の事項を身に付けることができるよう指導する。 (ア) 身近な生活に関する制度が分かること。 (イ) 身近な生活に関する制度について調べ、自分との関わりを考え、表現すること。	(1) 制度の仕組みに関わる学習活動を通して、次の事項を身に付けることができるよう指導する。 (ア) 社会に関する基本的な制度について理解すること。 (イ) 社会に関する基本的な制度について調べ、それらの意味を考え、表現すること。	(1) 制度に関わる学習活動を通して、次の事項を身に付けることができるよう指導する。 (ア) 我が国の政治の基本的な仕組みや働きについて理解すること。 (イ) 国や地方公共団体の政治の取組について調べ、国民生活における政治の働きを考え、表現すること。	(1) 制度に関わる学習活動を通して、次の事項を身に付けることができるよう指導する。 (ア) 生活に関係の深い制度について理解すること。 (イ) 生活に関係の深い制度について調べ、その活用の働きを考え、表現すること。
		ウ 地域の安全	**ウ 地域の安全**	**ウ 我が国の国土の自然環境と国民生活**	**ウ 我が国の国土の自然環境と国民生活**
		(ア) 地域の安全に関わる学習活動を通して、次の事項を身に付けることができるよう指導する。	(ア) 地域の安全に関わる学習活動を通して、次の事項を身に付けることができるよう指導する。	(ア) 我が国の国土の自然環境と国民生活との関連に関わる学習活動を通して、次の事項を身に付けることができるよう指導する。	(ア) 我が国の国土の自然環境と国民生活の関連に関わる学習活動を通して、次の事項を身に付けることができるよう指導する。

学部	中学部		高等部	
内容	1段階	2段階	1段階	2段階
	(ア) 地域の安全を守るため、関係機関が地域の人々と協力していることが分かること。	(ア) 地域の関係機関や人々は、過去に発生した地域の自然災害や事故に対し、様々な協力をして対処してきたことや、今後想定される災害に対し、様々な備えをしていることを理解すること。	(ア) 自然災害は国土の自然条件などと関連して発生していることや、自然災害が国土や国民生活に影響を及ぼすことを理解すること。	(ア) 自然災害から国土を保全し国民生活を守るために国や県などが様々な対策や事業を進めていることを理解すること。
	(イ) 地域における災害や事故に対する施設・設備などの配置、緊急時への備えや対応などに着目して、関係機関や地域の人々の諸活動を捉え、表現すること。そこに関わる人々の働きを考え、表現すること。	(イ) 過去に発生した地域の自然災害や事故、関係機関の協力などに着目して、危険から人々を守る活動と働きを考え、表現すること。	(イ) 関係機関や地域の人々の様々な努力により公害の防止や生活環境の改善が図られてきたことを理解するとともに、公害が国土の環境や国民の生活に影響を及ぼすことを理解すること。	(イ) 国土の環境保全について、自分たちにできることなどを考え、表現すること。
	—	—	(ウ) 災害の種類や発生の位置や時期、防災対策などに着目して、国土の自然災害の状況を捉え、自然条件との関連を考え、表現すること。	—
	—	—	(エ) 公害の発生時期や経過、人々の協力や努力などに着目して、公害防止の取組を捉え、その働きを考え、表現すること。	—
エ　産業と生活				
	(ア) 仕事と生活に関わる学習活動を通して、次の事項を身に付けることができるよう指導する。	(ア) 県内の特色ある地域に関わる学習活動を通して、次の事項を身に付けることができるよう指導する。	(ア) 我が国の農業や水産業に関わる学習活動を通して、次の事項を身に付けることができるよう指導する。	(ア) 我が国の工業生産に関わる学習活動を通して、次の事項を身に付けることができるよう指導する。
	(ア) 生産の仕事は、地域の人々の生活と密接な関わりをもって行われていることが分かること。	(ア) 地域では、人々が協力し、産業の発展に努めていることを理解すること。	(ア) 我が国の食料生産は、自然条件を生かして営まれていることや、国民の食料を確保する重要な役割を果たしていることを理解すること。	(ア) 我が国では様々な工業生産が行われていることや、国土には工業の盛んな地域が広がっていること及び工業製品は国民生活の向上に重要な役割を果たしていることを理解すること。

学部	中学部		高等部	
内容	1段階	2段階	1段階	2段階
	㋑ 仕事の種類や工程などに着目して、生産に携わっている人々の様子を捉え、地域の人々の生活との関連を考え、表現すること。	㋑ 人々の活動や産業の歴史的背景などに着目して、地域の様子を捉え、それらの特色を考え、表現すること。	㋐ 食料生産に関わる人々は、生産性や品質を高めるよう努力したり輸送方法や販売方法を工夫したりして、良質な食料を消費地に届けるなど、食料生産を支えていることを理解すること。	㋐ 工業生産に関わる人々は、消費者の需要や社会の変化に対応し、優れた製品を生産するよう様々な工夫や努力をして、工業生産を支えていることを理解すること。
	—	—	㋑ 生産物の種類や分布、生産量の変化などに着目して、食料生産の概要を捉え、食料生産が国民生活に果たす役割を考え、表現すること。	㋑ 工業の種類、工業の盛んな地域の分布、工業製品の改良などに着目して、工業生産の概要を捉え、工業生産が国民生活に果たす役割を考え、表現すること。
	—	—	㋒ 生産の工程、人々の協力関係、技術の向上、輸送、価格や費用などに着目して、食料生産に関わる人々の工夫や努力を捉え、その働きを考え、表現すること。	㋒ 製造の工程、工場相互の協力関係、優れた技術などに着目して、工業生産に関わる人々の工夫や努力を捉え、その働きを考え、表現すること。
	(1) 身近な産業と生活に関わる学習活動を通して、次の事項を身に付けることができるよう指導する。	(1) 生活を支える事業に関わる学習活動を通して、次の事項を身に付けることができるよう指導する。	—	(1) 我が国の産業と情報との関わりに関わる学習活動を通して、次の事項を身に付けることができるよう指導する。
	㋐ 販売の仕事は、消費者のことを考え、工夫して行われていることが分かること。	㋐ 水道、電気及びガスなどの生活を支える事業は、安全で安定的に供給や処理できるよう実施されていることや、地域の人々の健康な生活の維持と向上に役立っていることを理解すること。	—	㋐ 大量の情報や情報通信技術の活用は、様々な産業を発展させ、国民生活を向上させていることを理解すること。
	㋑ 消費者の願いや他地域との関わりなど販売の仕事の様子を捉え、それらの仕事に見られる工夫を考え、表現すること。	㋑ 供給や処理の仕組みや関係機関の協力などに着目して、水道、電気及びガスなどの生活を支える事業の様子を捉え、それらの事業が果たす役割を考え、表現すること。	—	㋑ 情報の種類、情報の活用の仕方などに着目して、産業における情報活用の現状を捉え、情報を生かして発展する産業が国民生活に果たす役割を考え、表現すること。

学部	中学部		高等部	
内容	1段階	2段階	1段階	2段階
	オ　我が国の地理や歴史		**オ　我が国の国土の様子と国民生活、歴史**	
	(ア) 身近な地域や市区町村（以下第2章第2節第2款第2節「市」という。）の様子に関わる学習活動を通して、次の事項を身に付けることができるよう指導する。 　㋐ 身近な地域や自分たちの市の様子が分かること。	(ア) 身近な地域に関わる学習活動を通して、次の事項を身に付けることができるよう指導する。 　㋐ 自分たちの県の概要を理解すること。	(ア) 我が国の国土の様子と国民生活に関わる学習活動を通して、次の事項を身に付けることができるよう指導する。 　㋐ 我が国の国土の地形や気候の概要を理解するとともに、人々は自然環境に適応して生活していることを理解すること。 　㋑ 地形や気候などに着目して、国土の自然などの様子や自然条件から見て特色ある地域の人々の生活を捉え、国土の自然環境の特色や国民生活との関連を考え、表現すること。	(ア) 我が国の国土の様子と国民生活に関わる学習活動を通して、次の事項を身に付けることができるよう指導する。 　㋐ 世界における我が国の国土の位置、国土の構成、領土の範囲などを大まかに理解すること。 　㋑ 世界の大陸と主な海洋、主な国の位置、海洋に囲まれ多数の島からなる国土の構成などに着目して、我が国の国土の様子を捉え、その特色を考え、表現すること。
	(イ) 都道府県（以下第2章第2節第2款第1（社会）(2)内容において「県」という。）内における自分たちの県の位置、県全体の地形や市の位置や市の地形、土地利用などに着目して、身近な地域や市の様子を捉え、場所による違いを考え、表現すること。	(イ) 我が国における自分たちの県の位置、県全体の地形などに着目して、県の様子を捉え、地理的環境の特色を考え、表現すること。		
	(1) 身近な地域の移り変わりに関わる学習活動を通して、次の事項を身に付けることができるよう指導する。 　㋐ 身近な地域や自分たちの市の生活は、時間とともに移り変わってきたことを知ること。	(1) 県内の伝統や文化、先人の働きや出来事に関わる学習活動を通して、次の事項を身に付けることができるよう指導する。 　㋐ 県内の主な出来事や、人々の働きや出来事、文化遺産などを知ること。	(1) 我が国の歴史上の主な事象に関わる学習活動を通して、次の事項を身に付けることができるよう指導する。 　㋐ 我が国の歴史上の主な事象を手掛かりに、関連する先人の業績、優れた文化遺産を理解すること。	(1) 我が国の歴史上の主な事象に関わる学習活動を通して、次の事項を身に付けることができるよう指導する。 　㋐ 我が国の歴史上の主な事象を手掛かりに、世の中の様子の変化を理解するとともに、関連する先人の業績、優れた文化遺産を理解すること。
	(イ) 交通や人口、生活の道具などの時期による違いに着目して、市や人々の生活の様子を捉え、それらの変化を考え、表現すること。	(イ) 歴史的背景や現在に至る経緯などに着目し、県内の文化財や年中行事の様子を捉え、それらの特色を考え、表現すること。	(イ) 世の中の様子、人物の働きや代表的な文化遺産などに着目して、我が国の歴史上の様子の変化を捉え、世の中の様子の変化を考え、表現すること。	(イ) 世の中の様子、人物の働きや代表的な文化遺産などに着目して、我が国の歴史上の主な事象を捉え、世の中の様子の変化を考え、表現すること。
	カ　外国の様子		**カ　外国の様子**	
	(ア) 世界の中の日本と国際交流に関わる学習活動を通して、次の事項を身に付けることができるよう指導する。	(ア) 世界の中の日本と国際交流に関わる学習活動を通して、次の事項を身に付けることができるよう指導する。	(ア) グローバル化する世界と日本の役割に関わる学習活動を通して、次の事項を身に付けることができるよう指導する。	(ア) グローバル化する世界と日本の役割に関わる学習活動を通して、次の事項を身に付けることができるよう指導する。

学部	中学部		高等部	
内容	1段階	2段階	1段階	2段階
	㋐ 文化や風習の特徴や違いを知ること。	㋐ 文化や風習の特徴や違いを理解すること。	㋐ 異なる文化や習慣を尊重し合うことが大切であることを理解すること。	㋐ 我が国は、平和な世界の実現のために国際連合の一員として重要な役割を果たしたり、諸外国の発展のために援助や協力を行ったりしていることを理解すること。
	㋑ そこに暮らす人々の生活などに着目して、日本との違いを考え、表現すること。	㋑ 人々の生活や習慣などに着目して、多様な文化について考え、表現すること。	㋑ 外国の人々の生活の様子などに着目して、日本の文化や習慣との違いについて考え、表現すること。	㋑ 地球規模で発生している課題の解決に向けた連携・協力などに着目して、国際社会において我が国が果たしている役割を考え、表現すること。
	—	(イ) 世界の様々な地域に関わる学習活動を通して、次の事項を身に付けることができるよう指導する。	—	—
	—	㋐ 人々の生活の様子を大まかに理解すること。	—	—
	—	㋑ 世界の出来事などに着目して、それらの国の人々の生活の様子を考え、交流することの大切さを考え、表現すること。	—	—

269

目標・内容の一覧〔算数〕〔数学〕

学部	小学部〔算数〕	中学部〔数学〕	高等部〔数学〕
		教科の目標	
知識及び技能	数量や図形などについての基礎的・基本的な概念や性質などに気付き処理するとともに、日常の事象を数量や図形に注目して処理する技能を身に付けるようにする。	数量や図形などについての基礎的・基本的な概念や性質などを理解し、事象を数理的に処理する技能を身に付けるようにする。	数量や図形などについての基礎的・基本的な概念や性質などを理解するとともに、日常の事象を数学的に解釈したり、数学的に表現・処理したりする技能を身に付けるようにする。
思考力、判断力、表現力等	日常の事象の中から数量や図形を直感的に捉える力、基礎的・基本的な数量や図形の性質などに気付き感じ取る力、数学的な表現を用いて事象を簡潔・明瞭・的確に表したり柔軟に表したりする力を養う。	日常の事象を数理的に捉え見通しをもち筋道を立てて考察する力、基礎的・基本的な数量や図形の性質などを見いだし統合的・発展的に考察する力、数学的な表現を用いて事象を簡潔・明瞭・的確に表現する力を養う。	日常の事象を数理的に捉え見通しをもち筋道を立てて考察する力、基礎的・基本的な数量や図形などの性質を見いだし統合的・発展的に考察する力、数学的な表現を用いて事象を簡潔・明瞭・的確に表現したり目的に応じて柔軟に表したりする力を養う。
学びに向かう力、人間性等	数学的活動の楽しさに気付き、関心や興味をもち、学習したことを結び付けてよりよく問題を解決しようとする態度、算数で学んだことを生活に活用しようとする態度を養う。	数学的活動の楽しさや数学のよさに気付き、学習を振り返ってよりよく問題を解決しようとする態度、数学で学んだことを生活や学習に活用しようとする態度を養う。	数学的活動の楽しさや数学のよさを実感し、数学的に表現・処理したことを振り返り、多面的に捉え検討してよりよいものを求めて粘り強く考える態度、数学を生活や学習に活用しようとする態度を養う。

学部		小学部（算数）			中学部（数学）		高等部（数学）	
段階の目標		1段階	2段階	3段階	1段階	2段階	1段階	2段階
知識及び技能	A 数量の基礎	ア 身の回りのものに気付き，対応させたり，組み合わせたりすることなどについての技能を身に付けるようにする。	—	—	—	—	—	—
知識及び技能	A 数と計算（小学部1段階はB）	ア ものの有無や3までの数の有無や要素に気付き，身の回りのものの数に関心をもって関わることについての技能を身に付けるようにする。	ア 10までの数の概念や表し方について分かり，数についての感覚をもつとともに，ものと数との関係に関心をもって関わることについての技能を身に付けるようにする。	ア 100までの数の概念や表し方について理解し，数に対する感覚を豊かにするとともに，加法，減法の意味について理解し，これらの簡単な計算ができるようにするとともに，これらについての技能を身に付けるようにする。	ア 3位数程度の整数の概念について理解し，数に対する感覚を豊かにするとともに，加法，減法及び乗法の意味や性質について理解し，これらを計算することについての技能を身に付けるようにする。	ア 整数の概念や性質について理解を深め，数に対する感覚を豊かにするとともに，加法，減法及び除法の意味や性質について理解し，これらを計算することができるようにする。また，小数及び分数の意味や表し方について知り，数量とその関係を表したり読み取ったりすることができるようにすることについての技能を身に付けるようにする。	ア 整数，小数，分数及び概数の意味と表し方や四則の関係について理解するとともに，整数，小数及び分数の計算についての意味や性質について理解し，それらを計算する技能を身に付けるようにする。	ア 整数の性質，分数の意味，文字を用いた式について理解するとともに，分数の計算についての意味や法則について理解し，それらを計算する技能を身に付けるようにする。

学部	小学部（算数）			中学部（数学）		高等部（数学）	
段階の目標	1段階	2段階	3段階	1段階	2段階	1段階	2段階
知識及び技能 B 図形 （小学部1段階はC）	ア 身の回りのものの上下や前後、形の違いに気付き、形の違い、違いに応じて関わることについての技能を身に付けるようにする。	ア 身の回りのものの形に着目し、集めたり、分類したりすることを通して、図形の違いが分かるようにするための技能を身に付けるようにする。	ア 身の回りのものの形の観察などの活動を通して、図形についての感覚を豊かにするとともに、ものの形について、その形の合同、移動、位置、機能及び角の意味に関わる基礎的な知識を理解することなどについての技能を身に付けるようにする。	ア 三角形や四角形、箱の形などの基本的な図形について理解し、図形についての感覚を豊かにするとともに、図形を作図したり、構成したりすることなどを身に付けることについての技能を身に付けるようにする。	ア 二等辺三角形や正三角形などの基本的な図形や面積、角の大きさについて理解し、図形についての感覚を豊かにするとともに、図形を作図や構成したり、図形の面積や角の大きさを求めたりすることなどについての技能を身に付けるようにする。	ア 図形の形や大きさが決まる要素や立体を構成する要素の位置関係、図形の合同や多角形の性質について理解し、図形を作図したり、三角形、平行四辺形、ひし形、台形、合形の面積を求めたりする技能を身に付けるようにする。	ア 平面図形を縮小したり、拡大したりすることの意味や、立体図形の体積の求め方について理解し、縮図、拡大図を作図したり、円の面積や、立方体、直方体、角柱、円柱の体積を求めたりする技能を身に付けるようにする。
C 測定 （小学部1段階はD）	ア 身の回りにあるものの量の大きさに気付き、量の違いについての感覚を養うとともに、量に関わることについての技能を身に付けるようにする。	ア 身の回りにある具体物の量の大きさに注目し、量の大きさの違いが分かるとともに、二つの量の大きさを比べることについての技能を身に付けるようにする。	ア 身の回りにある量の大きさや体積などの量の意味と測定について理解し、量の大きさについての感覚を豊かにするとともに、測定することなどについての技能を身に付けるようにする。	ア 身の回りにある長さ、体積、重さ及び時間の単位と測定の意味について理解し、量の大きさについての感覚を豊かにするとともに、それらを測定することについての技能を身に付けるようにする。	—	—	—

学部	小学部（算数）			中学部（数学）		高等部（数学）	
段階の目標	1段階	2段階	3段階	1段階	2段階	1段階	2段階
知識及び技能　C 変化と関係	—	—	—	—	ア 二つの数量の関係を表や変化の様子やグラフで表すことについて理解するとともに、二つの数量の関係を割合によって比べることについての技能を身に付けるようにする。	ア 比例の関係や異種の二つの量の割合として捉えること、二つの量の比べ方、百分率について理解するとともに、目的に応じてある二つの数量の関係と別の二つの数量の関係とを比べたり、表現したりする方法についての技能を身に付けるようにする。	ア 比例や反比例の関係、比について理解するとともに、伴って変わる二つの数量を見いだし、それらの関係について表やグラフ、式を用いて表現したり、目的に応じて処理したりする方法についての技能を身に付けるようにする。
知識及び技能　D データの活用	—	ア 身の回りのものや身近な出来事のつながりに関心をもち、それを簡単な絵や記号などを用いて表やグラフで表したり、読み取ったりする方法についての技能を身に付けるようにする。	ア 身の回りにある事象を、簡単な絵や図を用いて置き換えて整理したり、記号に置き換えしながら、読み取りについて理解し、読み取ったりする方法についての技能を身に付けるようにする。	ア 身の回りにあるデータを分類整理して簡単な表やグラフに表したり、それらを読み取りしたりしながら、問題解決において用いたりすることについての技能を身に付けるようにする。	ア データを表や棒グラフ、折れ線グラフで表す表し方や読み取り方を理解し、それらを問題解決において用いたりすることについての技能を身に付けるようにする。	ア データを円グラフや帯グラフで表す表し方や読み取り方、測定した結果を平均する方法について理解するとともに、それらの問題解決における用い方についての技能を身に付けるようにする。	ア 量的データの分布の中心や散らばりの様子からデータの特徴を読み取る方法を理解するとともに、それらを問題解決における用い方についての技能を身に付けるようにする。
思考力，判断力，表現力等　A 数量の基礎	イ 身の回りにあるものの同士を対応させたり、組み合わせたりするなど、数量に関わる力を養う。	—	—	—	—	—	—

273

学部		小学部（算数）			中学部（数学）		高等部（数学）	
段階の目標		1段階	2段階	3段階	1段階	2段階	1段階	2段階
思考力,判断力,表現力等	A 数と計算	イ 身の回りのものの有無や数的要素に注目し、数を直感的に捉えたり、数を用いて表現したりする力を養う。	イ 日常生活の事象について、ものの数に着目し、具体物や図などを用いながら数の数え方や表現の仕方を考え、表現する力を養う。	イ 日常の事象について、ものの数に着目し、具体物や図を用いながら数の数え方や計算の仕方を考え、表現する力を養う。	イ 数とその表現や数の関係に着目し、具体物や図などを用いて、数の表し方や計算の仕方などを筋道立てて考えたり、関連付けて考えたりする力を養う。	イ 数を構成する単位に着目して、数の表し方やその数について考えたり、扱う数の範囲を広げ、計算の仕方を筋道立てて考えるとともに、日常生活の問題場面を数量に着目して捉え、処理した結果を場面をもとに振り返り、解釈及び判断する力を養う。	イ 数の表し方の仕組みや数を構成する要素に着目し、数の表し方や計算の仕方を考察するとともに、数とその表現や数量の関係を簡潔・明瞭かつ一般的に表現する力を養う。	イ 数とその表現や計算の意味に着目し、発展的に考察して問題を見いだしたり、目的に応じて多様な表現方法を用いながら、数の表し方や計算の仕方などを考察したりするとともに、数量の関係を簡潔かつ一般的に表現する力を養う。
	B 図形	イ 身の回りのものの形に着目し、同じ形を捉えたり、形の違いを捉えたりする力を養う。	イ 身の回りのものの形に関心をもち、分類したり、集めたりして、形の性質に気付く力を養う。	イ 身の回りのものの形に着目し、ぴったり重なる形、移動、ものの位置及び機能的な特徴について具体的に操作をして考える力を養う。	イ 三角形や四角形、箱の形などの基本的な図形を構成する要素に着目して、平面図形の特徴を捉えたり、身の回りの事象を図形の性質から捉えたり、関連付けて考えたりする力を養う。	イ 二等辺三角形や正三角形などの基本的な図形を構成する要素な図形を構成する要素に着目し、図形の計量について考察する力を養う。	イ 図形を構成する要素や図形間の関係に着目し、構成の仕方を考察したり、図形の性質を見いだすとともに、三角形、平行四辺形、ひし形の面積の求め方を考え、その表現を振り返り、簡潔かつ的確な表現に高め、公式として導く力を養う。	イ 図形を構成する要素や図形間の関係に着目し、構成の仕方を考察したり、図形の性質を見いだすとともに、円の面積や立方体、直方体、角柱、円柱の体積の求め方を考え、その表現を振り返り、簡潔かつ的確な表現に高め、公式として導く力を養う。

		小学部（算数）			中学部（数学）		高等部（数学）	
学部	段階の目標	1段階	2段階	3段階	1段階	2段階	1段階	2段階
思考力、判断力、表現力等	C 測定	イ 身の回りにあるものの大きさや長さに注目し、量の違いに気付き、量の大きさにより区別する力を養う。	イ 量に着目し、二つの量を比べる方法が分かり、一方を基準にして他方と比べる力を養う。	イ 身の回りにある量の単位に着目し、目的に応じて量を比較したり、量の大小及び相等関係を表現したりする力を養う。	イ 身の回りの事象を量に着目して捉え、量の単位を用いて的確に表現する力を養う。	—	—	—
	C 変化と関係	—	—	—	—	イ 伴って変わる二つの数量の関係に着目し、変化の特徴に気付き、二つの数量の関係を表や式、グラフを用いて考察したり、割合を用いて考察したり、二つの数量の割合を用いて比較したりする力を養う。	イ 伴って変わる二つの数量の関係に着目し、その変化や対応の特徴を表や式やグラフを用いて考察したり、異種の二つの量の割合を用いて捉えられる数量の比べ方を考察したりする力を養う。	イ 伴って変わる二つの数量の関係に着目し、目的に応じて表や式、グラフを用いて変化や対応の特徴を考察したり、比例の関係を前提に二つの数量の関係を考察したりする力を養う。
	D データの活用	—	イ 身の回りのものや身近な出来事のつながりなどの共通の要素に着目し、簡単な表やグラフで表現する力を養う。	イ 身の回りの事象を、比較のために簡単な絵や図、簡単な表に置き換えて簡潔に表現したり、データ数を記号で表現したりして、考える力を養う。	イ 身の回りの事象を、データの特徴に着目して捉え、簡潔に表現したり、考察したりする力を養う。	イ 身の回りの事象について整理されたデータの特徴に着目し、事象を簡潔に表現したり、適切に判断したりする力を養う。	イ 目的に応じてデータを収集し、データの特徴や傾向に着目して、表やグラフに的確に表現し、それらを用いて問題解決したり、解決の過程や結果を多面的に捉え考察したりする力を養う。	イ 目的に応じてデータを収集し、データの特徴や傾向に着目して、表やグラフに的確に表現し、それらを用いて問題解決したり、解決の過程や結果を批判的に捉え考察したりする力を養う。
学びに向かう人間性等	A 数量の基礎	ウ 数量や図形に気付き、算数の学習に関心をもって取り組もうとする態度を養う。	—	—	—	—	—	—

275

学部	小学部（算数）			中学部（数学）		高等部（数学）	
段階の目標	1段階	2段階	3段階	1段階	2段階	1段階	2段階
学びに向かう力、人間性等 A 数と計算	ウ 数量に気付き、算数の学習に関心をもって取り組もうとする態度を養う。	ウ 数量に関心をもち、算数で学んだことの楽しさやよさを感じながら興味をもって学ぶ態度を養う。	ウ 数量の違いを理解し、算数で学んだことのよさや楽しさを感じながら学習や生活に活用しようとする態度を養う。	ウ 数量に進んで関わり、数学的に表現・処理するとともに、数学で学んだことのよさに気付き、そのことを生活や学習に活用しようとする態度を養う。	ウ 数量に進んで関わり、数学的に表現・処理するとともに、数学で学んだことのよさに気付き、そのことを生活や学習に活用しようとする態度を養う。	ウ 数量について数学的に表現・処理したことを振り返り、多面的に捉え検討してよりよいものを求めて粘り強く考える態度、数学のよさに気付き学習したことを生活や学習に活用しようとする態度を養う。	ウ 数量について数学的に表現・処理したことを振り返り、多面的に捉え検討してよりよいものを求めて粘り強く考える態度、数学のよさを実感し、学習したことを生活や学習に活用しようとする態度を養う。
B 図形	ウ 図形に気付き、算数の学習に関心をもって取り組もうとする態度を養う。	ウ 図形に関心をもち、算数で学んだことの楽しさやよさを感じながら興味をもって学ぶ態度を養う。	ウ 図形や数量の違いを理解し、算数で学んだことのよさや楽しさを感じながら学習や生活に活用しようとする態度を養う。	ウ 図形に進んで関わり、数学的に表現・処理するとともに、数学で学んだことのよさに気付き、そのことを生活や学習に活用しようとする態度を養う。	ウ 図形や数量に進んで関わり、数学的に表現・処理するとともに、数学で学んだことのよさを理解し、そのことを生活や学習に活用しようとする態度を養う。	ウ 図形や数量について数学的に表現・処理したことを振り返り、多面的に捉え検討してよりよいものを求めて粘り強く考える態度、数学のよさに気付きことを生活や学習に活用しようとする態度を養う。	ウ 図形や数量について数学的に表現・処理したことを振り返り、多面的に捉え検討してよりよいものを求めて粘り強く考える態度、数学のよさを実感し、学習したことを生活や学習に活用しようとする態度を養う。
C 測定	ウ 数量や図形に気付き、算数の学習に関心をもって取り組もうとする態度を養う。	ウ 数量や図形に関心をもち、算数の学習の楽しさやよさを感じながら興味をもって学ぶ態度を養う。	ウ 数量や図形の違いを理解し、算数で学んだことのよさや楽しさを感じながら学習や生活に活用しようとする態度を養う。	ウ 数量や図形に進んで関わり、数学的に表現・処理するとともに、数学で学んだことのよさに気付き、そのことを生活や学習に活用しようとする態度を養う。	—	—	—

学部	小学部（算数）			中学部（数学）		高等部（数学）	
段階の目標	1段階	2段階	3段階	1段階	2段階	1段階	2段階
学びに向かう力、人間性等 — C 変化と関係	—	—	—	—	ウ 数量に進んで関わり、数学的に表現・処理するとともに、数学で学んだことのよさを理解し、そのことを生活や学習に活用しようとする態度を養う。	ウ 数量について数学的に表現・処理したことを振り返り、多面的に捉え検討してよりよいものを求めて粘り強く考える態度、数学のよさに気付き学習したことを生活や学習に活用しようとする態度を養う。	ウ 数量について数学的に表現・処理したことを振り返り、多面的に捉え検討してよりよいものを求めて粘り強く考える態度、数学のよさを実感し、学習したことを生活や学習に活用しようとする態度を養う。
学びに向かう力、人間性等 — C 変化と関係（つづき）		ウ 数量や図形に関心をもち、算数で学んだことの楽しさを感じながら興味をもって学ぶ態度を養う。	ウ 数量や図形の違いを理解し、算数で学んだことのよさや楽しさを感じ生活や学習に活用しようとする態度を養う。				
D データの活用	—	—	ウ データの活用に進い、算数で学んだことのよさや楽しさを感じながら学習や生活に活用しようとする態度を養う。	ウ データの活用に進んで関わり、数学的に表現・処理するとともに、数学で学んだことのよさに気付き、そのことを生活や学習に活用しようとする態度を養う。	ウ データの活用に進んで関わり、数学的に表現・処理するとともに、数学で学んだことのよさを理解し、そのことを生活や学習に活用しようとする態度を養う。	ウ データの活用について数学的に表現・処理したことを振り返り、多面的に捉え検討してよりよいものを求めて粘り強く考える態度、数学のよさに気付き学習したことを生活や学習に活用しようとする態度を養う。	ウ データの活用について数学的に表現・処理したことを振り返り、多面的に捉え検討してよりよいものを求める態度、数学のよさを実感し、学習したことを生活や学習に活用しようとする態度を養う。

学部		小学部（算数）			中学部（数学）		高等部（数学）	
内容		1段階	2段階	3段階	1段階	2段階	1段階	2段階
A 数量の基礎 g	ア 具体物に関わる数学的活動を通して、次の事項を身に付けることができるよう指導する。		—	—	—	—	—	—
	(ｱ) 次のような知識及び技能を身に付けること。 ㋐ 具体物に気付いて指を差したり、つかもうとしたり、目で追ったりすること。 ㋑ 目の前で隠されたものを探したり、身近にあるものや人の名を聞いて指を差したりすること。		—	—	—	—	—	—
	(1) 次のような思考力、判断力、表現力等を身に付けること。 ㋐ 対象物に注意を向け、対象物の存在に注目し、諸感覚を協応させながら捉えること。		—	—	—	—	—	—

学部	小学部（算数）			中学部（数学）		高等部（数学）	
内容	1段階	2段階	3段階	1段階	2段階	1段階	2段階
A 数量の基礎	イ ものとものとを対応させることに関わる数学的活動を通して、次の事項を身に付けることができるよう指導する。	—	—	—	—	—	—
	(ア) 次のような知識及び技能を身に付けること。 ㋐ ものとものとを対応させて配ること。 ㋑ 分割した絵カードを組み合わせること。 ㋒ 関連の深い絵カードを組み合わせること。	—	—	—	—	—	—
	(イ) 次のような思考力、判断力、表現力等を身に付けること。 ㋐ ものとものとを関連付けることに注意を向け、ものの属性に注目し、仲間であることを判断したり、表現したりすること	—	—	—	—	—	—

学部	小学部（算数）			中学部（数学）		高等部（数学）	
内容	1段階	2段階	3段階	1段階	2段階	1段階	2段階
	ア 数えることの基礎に関わる数学的活動を通して、次の事項を身に付けることができるよう指導する。	ア 10までの数の数え方や表し方、構成に関わる数学的活動を通して、次の事項を身に付けることができるよう指導する。	ア 100までの整数の表し方に関わる数学的活動を通して、次の事項を身に付けることができるよう指導する。	ア 整数の表し方に関わる数学的活動を通して、次の事項を身に付けることができるよう指導する。	ア 整数の表し方に関わる数学的活動を通して、次の事項を身に付けることができるよう指導する。	ア 整数の表し方に関わる数学的活動を通して、次の事項を身に付けることができるよう指導する。	ア 整数の性質及び整数の構成に関わる数学的活動を通して、次の事項を身に付けることができるよう指導する。
	(ア) 次のような知識及び技能を身に付けること。	(ア) 次のような知識及び技能を身に付けること。	(ア) 次のような知識及び技能を身に付けること。	(ア) 次のような知識及び技能を身に付けること。	(ア) 次のような知識及び技能を身に付けること。	(ア) 次のような知識及び技能を身に付けること。	(ア) 次のような知識及び技能を身に付けること。
A 数と計算	㋐ ものの有無に気付くこと。	㋐ ものとものとを対応させることによって、ものの個数を比べ、数の大小、同等・多少が分かること。	㋐ 20までの数について、数詞を唱えたり、個数を数えたり書き表したり、数の大小を比べたりすること。	㋐ 1000までの数をいくつかの同じまとまりに分割したうえで数えたり、分類して数えたりすること。	㋐ 4位数までの十進位取りの記数法による数の表し方及び数の大小や順序について、理解すること。	㋐ 万の単位を知ること。	㋐ 整数は、観点を決めると偶数と奇数に類別されることを理解すること。
	㋑ 目の前のものを、1個、2個、たくさんで表すこと。	㋑ ものの集まりと対応して、数詞が分かること。	㋑ 100までの数について、数詞を唱えたり、個数を数えたり、書き表したり、数系列を理解すること。	㋑ 3位数の表し方について理解すること。	㋑ 10倍、100倍、$\frac{1}{10}$の大きさの数及びその数の表し方について知ること。	㋑ 10倍、100倍、1000倍、$\frac{1}{10}$の大きさの数及びその数の理解を深めること。	㋑ 約数、倍数について理解すること。
	㋒ 5までの範囲で数唱をすること。	㋒ ものの集まりや数詞を対応して数字が分かること。	㋒ 数える対象を2ずつや5ずつのまとまりで数えること。	㋒ 数を十や百を単位としてみるなど、数の相対的な大きさについて理解すること。	㋒ 数を千を単位としてみるなど、数の相対的な大きさについて理解を深めること。	㋒ 億、兆の単位について知り、十進位取り記数法についての理解を深めること。	—
	㋓ 3までの範囲で具体物を取ること。	㋓ 個数を正しく数えたり書き表したりすること。	㋓ 数を10のまとまりとして数えたり、10のまとまりと端数に分けて数えたり表したりすること。	㋓ 3位数の数系列、順序、大小について、数直線上の目盛りを読んで理解したり、数を表したりすること。	—	—	—

学部		小学部（算数）			中学部（数学）		高等部（数学）	
内容		1段階	2段階	3段階	1段階	2段階	1段階	2段階
A 数と計算		オ 対応させてものを配ること。	オ 二つの数を比べて数の大小が分かること。	オ 具体物を分配したり等分したりすること。	オ 一つの数をほかの数の積としてみるなど、ほかの数と関係付けてみること。	―	―	―
		カ 形や色、位置が変わっても、数は変わらないことについて気付くこと。	カ 数の系列が分かり、順序や位置を表すのに数を用いること。	―	―	―	―	―
		―	キ 0の意味について分かること。	―	―	―	―	―
		―	ク 一つの数を二つの数に分けたり、二つの数を一つの数にまとめたりして表すこと。	―	―	―	―	―
		―	ケ 具体的な事物を加えたり、減らしたりしながら、集合数を一つの数と他の数と関係付けてみること。	―	―	―	―	―
		―	コ 10の補数が分かること。	―	―	―	―	―
		(1) 次のような思考力、判断力、表現力等を身に付けること。	(1) 次のような思考力、判断力、表現力等を身に付けること。	(1) 次のような思考力、判断力、表現力等を身に付けること。	(1) 次のような思考力、判断力、表現力等を身に付けること。	(1) 次のような思考力、判断力、表現力等を身に付けること。	(1) 次のような思考力、判断力、表現力等を身に付けること。	(1) 次のような思考力、判断力、表現力等を身に付けること。

281

学部	小学部（算数）			中学部（数学）		高等部（数学）	
内容	1段階	2段階	3段階	1段階	2段階	1段階	2段階
A 数と計算	(ア) 数詞とものとの関係に注目し、数のまとまりに気付き、数え方や数え方を学習や生活で生かすこと。	(ア) 数詞と数字、ものとの関係に着目し、数の数え方や数の大きさの比べ方、表し方について考え、それらを学習や生活で興味をもって生かすこと。	(ア) 数のまとまりに着目し、数の大きさや数の比べ方、表し方について考え、学習や生活で生かすこと。	(ア) 数のまとまりに着目し、考察する範囲を広げながら数の大きさの比べ方や数え方を考え、日常生活で生かすこと。	(ア) 数のまとまりに着目し、考察する範囲を広げながら数の大きさの比べ方や数え方を考え、日常生活で生かすこと。	(ア) 数のまとまりに着目し、大きな数の大きさの比べ方を統合的に捉えるとともに、それらを日常生活に生かすこと。	(ア) 乗法及び除法に着目し、観点を決めて整数を類別する仕方を考えたり、数の構成について考察したりすることとともに、日常生活に生かすこと。
	—	—	(イ) 整数の加法及び減法に関わる数学的活動を通して、次の事項を身に付けることができるよう指導する。	(イ) 整数の加法及び減法に関わる数学的活動を通して、次の事項を身に付けることができるよう指導する。	(イ) 整数の加法及び減法に関わる数学的活動を通して、次の事項を身に付けることができるよう指導する。	(イ) 整数及び小数の表し方に関わる数学的活動を通して、次の事項を身に付けることができるよう指導する。	(イ) 分数に関わる数学的活動を通して、次の事項を身に付けることができるよう指導する。
	—	—	(ア) 次のような知識及び技能を身に付けること。	(ア) 次のような知識及び技能を身に付けること。	(ア) 次のような知識及び技能を身に付けること。	(ア) 次のような知識及び技能を身に付けること。	(ア) 次のような知識及び技能を身に付けること。
	—	—	(ア) 加法が用いられる合併や増加等の場合について理解すること。	(ア) 2位数の加法及び減法について理解し、その計算ができること。また、それらの筆算の仕方について知ること。	(ア) 3位数や4位数の加法及び減法の計算の仕方について理解し、計算ができること。また、それらの筆算について知ること。	(ア) ある数の10倍、100倍、1000倍、$\frac{1}{10}$、$\frac{1}{100}$などの大きさの数を、小数点の位置を移してつくること。	(ア) 整数及び小数を分数の形に直したり、分数を小数で表したりすること。
	—	—	(イ) 加法が用いられる場面を式に表したり、式を読み取ったりすること。	(イ) 簡単な場合について3位数の加法及び減法の計算の仕方を知ること。	(イ) 加法及び減法に関して成り立つ性質を理解すること。	—	(イ) 整数の除法の結果は、分数を用いると常に一つの数として表すことができることを理解すること。

学部	小学部〔算数〕			中学部〔数学〕		高等部〔数学〕	
内容	1段階	2段階	3段階	1段階	2段階	1段階	2段階
A　数と計算	—	—	㋒　1位数と1位数との加法の計算ができること。	㋒　加法及び減法に関して成り立つ性質について理解すること。	㋒　計算機を使って，具体的な生活場面における加法及び減法の計算ができること。	—	㋒　一つの分数の分子及び分母に同じ数を乗除してできる分数は，元の分数と同じ大きさを表すことを理解すること。
	—	—	㋓　1位数と2位数との和が20までの加法の計算ができること。	㋓　計算機を使って，具体的な生活場面における簡単な加法及び減法の計算ができること。	—	—	㋓　分数の相等及び大小について知り，大小を比べること。
	—	—	㋔　減法が用いられる求残や減少等の場合について理解すること。	—	—	—	—
	—	—	㋕　減法が用いられる場面を式に表したり，式を読み取ったりすること。	—	—	—	—
	—	—	㋖　20までの数の範囲で減法の計算ができること。	—	—	—	—
	—	—	(イ)　次のような思考力，判断力，表現力等を身に付けること。	(イ)　次のような思考力，判断力，表現力等を身に付けること。	(イ)　次のような思考力，判断力，表現力等を身に付けること。	(イ)　次のような思考力，判断力，表現力等を身に付けること。	(イ)　次のような思考力，判断力，表現力等を身に付けること。

学部 内容	小学部（算数）1段階	2段階	3段階	中学部（数学）1段階	2段階	高等部（数学）1段階	2段階
A 数と計算	—	—	㋐ 日常の事象における数量の関係に着目し、計算の意味や計算の仕方を見付け出したり、学習や生活に生かしたりすること。	㋐ 数量の関係に着目し、数を適用する範囲を広げ、計算に関して成り立つ性質や計算の仕方を見いだすとともに、日常生活に生かすこと。	㋐ 数量の関係に着目し、数の適用範囲を広げ、計算に関して成り立つ性質や計算の仕方を見いだすとともに、日常生活に生かすこと。	㋐ 数の表し方の仕組みに着目し、数の相対的な大きさを考察し、計算などに生かすこと。	㋐ 数を構成する単位に着目し、数の相等及び大小関係について考察すること。
	—	—	—	—	—	—	㋑ 分数の表現に着目し、除法の結果を振り返り、分数の意味をまとめること。
	—	—	—	㋒ 整数の乗法に関わる数学的活動を通して、次の事項を身に付けることができるよう指導する。	㋒ 整数の乗法に関わる数学的活動を通して、次の事項を身に付けることができるよう指導する。	㋒ 概数に関わる数学的活動を通して、次の事項を身に付けることができるよう指導する。	㋒ 分数の加法及び除法に関わる数学的活動を通して、次の事項を身に付けることができるよう指導する。
	—	—	—	(ア) 次のような知識及び技能を身に付けること。	(ア) 次のような知識及び技能を身に付けること。	(ア) 次のような知識及び技能を身に付けること。	(ア) 次のような知識及び技能を身に付けること。
	—	—	—	㋐ 乗法が用いられる場合や意味について知ること。	㋐ 1位数と1位数の乗法の計算ができ、それを適切に用いること。	㋐ 概数が用いられる場面について知ること。	㋐ 異分母の分数の加法及び減法の計算ができること。
	—	—	—	㋑ 乗法が用いられる場面を式に表したり、式を読み取ったりすること。	㋑ 交換法則や分配法則といった乗法に関して成り立つ性質を理解すること。	㋑ 四捨五入について知ること。	—

学部	小学部（算数）			中学部（数学）		高等部（数学）	
内容	1段階	2段階	3段階	1段階	2段階	1段階	2段階
A　数と計算	—	—	—	㋒　乗法に関して成り立つ簡単な性質について理解すること。	—	㋒　目的に応じて四則計算の結果の見積りをすること。	—
	—	—	—	㋓　乗法九九について知り，1位数と1位数との乗法の計算ができること。	—	—	—
	—	—	—	(ｲ) 次のような思考力，判断力，表現力等を身に付けること。	(ｲ) 次のような思考力，判断力，表現力等を身に付けること。	(ｲ) 次のような思考力，判断力，表現力等を身に付けること。	(ｲ) 次のような思考力，判断力，表現力等を身に付けること。
	—	—	—	㋐　数量の関係に着目し，計算に関して成り立つ性質や計算の仕方を見いだすとともに，日常生活で生かすこと。	㋐　数量の関係に着目し，計算に関して成り立つ性質や計算の仕方を見いだすとともに，日常生活で生かすこと。	㋐　日常の事象における場面に着目し，目的に合った数の処理の仕方を考えるとともに，それを日常生活に生かすこと。	㋐　分数の意味や表現に着目し，計算の仕方を考えること。
	—	—	—	—	エ　整数の除法に関わる数学的活動を通して，次の事項を身に付けることができるよう指導する。	エ　整数の加法及び減法に関わる数学的活動を通して，次の事項を身に付けることができるよう指導する。	エ　分数の乗法及び除法に関わる数学的活動を通して，次の事項を身に付けることができるよう指導する。
	—	—	—	—	(ｱ) 次のような知識及び技能を身に付けること。	(ｱ) 次のような知識及び技能を身に付けること。	(ｱ) 次のような知識及び技能を身に付けること。

| 学部 | 小学部（算数） | | | 中学部（数学） | | 高等部（数学） | |
内容	1段階	2段階	3段階	1段階	2段階	1段階	2段階
A 数と計算	—	—	—	—	㋐ 除法が用いられる場面や意味について理解すること。	㋐ 大きな数の加法及び減法の計算が、2位数などについての基本的な計算を基にしてできることを理解すること。また、その筆算の仕方について理解すること。	㋐ 乗数や除数が整数や分数である場合も含めて、分数の乗法及び除法の意味について理解すること。
	—	—	—	—	㋑ 除法が用いられる場面を式に表したり、式を読み取ったりすること。	㋑ 加法及び減法の計算が確実にでき、それらを適切に用いること。	㋑ 分数の計算ができること。
	—	—	—	—	㋒ 除法と乗法との関係について理解すること。	—	㋒ 分数の乗法及び除法についても、整数の場合と同じ関係や法則が成り立つことを理解すること。
	—	—	—	—	㋓ 除数と商が共に1位数である除法の計算ができること。	—	—
	—	—	—	—	㋔ 余りについて知り、余りの求め方が分かること。	—	—
	—	—	—	—	(1) 次のような思考力、判断力、表現力等を身に付けること。	(1) 次のような思考力、判断力、表現力等を身に付けること。	(1) 次のような思考力、判断力、表現力等を身に付けること。

学部	小学部（算数）			中学部（数学）		高等部（数学）	
内容	1段階	2段階	3段階	1段階	2段階	1段階	2段階
A 数と計算	—	—	—	—	(ア) 数量の関係に着目して計算の仕方を見いだし、日常生活に生かすこと。	(ア) 数量の関係に着目し、計算の仕方を考えたり、計算に関して成り立つ性質を見いだしたりするとともに、その性質を活用して、計算を工夫したり、計算の確かめをしたりすること。	(ア) 数の意味と表現、計算について成り立つ性質に着目し、計算の仕方を多面的に捉え考えること。
	—	—	—	—	オ 小数の表し方に関わる数学的活動を通して、次の事項を身に付けることができるよう指導する。	オ 整数の乗法に関わる数学的活動を通して、次の事項を身に付けることができるよう指導する。	オ 数量の関係を表す式に関わる数学的活動を通して、次の事項を身に付けることができるよう指導する。
	—	—	—	—	(ア) 次のような知識及び技能を身に付けること。	(ア) 次のような知識及び技能を身に付けること。	(ア) 次のような知識及び技能を身に付けること。
	—	—	—	—	(ア) 端数部分の大きさを表すのに小数を用いることを知ること。	(ア) 2位数や3位数に1位数や2位数をかける乗法の計算が、乗法九九などの基本的な計算を基にしてできることを理解すること。また、その筆算の仕方について理解すること。	(ア) 数量を表す言葉や□、△などの文字の代わりに、a、xなどの文字を用いて式に表したり、文字に数を当てはめて調べたりすること。
	—	—	—	—	(イ) $\frac{1}{10}$ の位までの小数の仕組みや表し方について理解すること。	(イ) 乗法の計算が確実にでき、それを適切に用いること。	—

学部	小学部〔算数〕			中学部〔数学〕		高等部〔数学〕	
内容	1段階	2段階	3段階	1段階	2段階	1段階	2段階
A　数と計算	—	—	—	—	—	㋒　乗法に関して成り立つ性質について理解すること。	—
	—	—	—	—	(ｲ) 次のような思考力，判断力，表現力等を身に付けること。	(ｲ) 次のような思考力，判断力，表現力等を身に付けること。	(ｲ) 次のような思考力，判断力，表現力等を身に付けること。
	—	—	—	—	㋐　数のまとまりに着目し，数の表し方の適用範囲を広げ，日常生活に生かすこと。	㋐　数量の関係に着目し，計算の仕方を考えたり，計算に関して成り立つ性質を見いだしたりするとともに，その性質を活用して，計算を工夫したり，計算の確かめをしたりすること。	㋐　問題場面の数量の関係に着目し，数量の関係を簡潔かつ一般的に表現したり，式の意味を読み取ったりすること。
	—	—	—	—	カ　分数の表し方に関わる数学的活動を通して，次の事項を身に付けることができるよう指導する。	カ　整数の除法に関わる数学的活動を通して，次の事項を身に付けることができるよう指導する。	—
	—	—	—	—	(ｱ) 次のような知識及び技能を身に付けること。	(ｱ) 次のような知識及び技能を身に付けること。	—

学部	小学部（算数）			中学部（数学）		高等部（数学）	
内容	1段階	2段階	3段階	1段階	2段階	1段階	2段階
A　数と計算	—	—	—	—	㋐ $\frac{1}{2}$，$\frac{1}{4}$など簡単な分数について知ること。	㋐ 除数が1位数や2位数で被除数が2位数や3位数の場合の計算が，基本的な計算を基にしてできることを理解すること。また，その筆算の仕方について理解すること。	—
	—	—	—	—	—	㋑ 除法の計算が確実にでき，それを適切に用いること。	—
	—	—	—	—	—	㋒ 除法について，次の関係を理解すること。 （被除数）＝（除数）×（商）＋（余り）	—
	—	—	—	—	—	㋓ 除法に関して成り立つ性質について理解すること。	—
	—	—	—	—	(イ) 次のような思考力，判断力，表現力等を身に付けること。	(イ) 次のような思考力，判断力，表現力等を身に付けること。	—

学部 内容	小学部（算数） 1段階	2段階	3段階	中学部（数学） 1段階	2段階	高等部（数学） 1段階	2段階
A 数と計算	―	―	―	―	㋐ 数のまとまりに着目し、数の表し方の適用範囲を広げ、日常生活に生かすこと。	㋐ 数量の関係に着目し、計算の仕方を考えたり、計算に関して成り立つ性質を見いだしたりするとともに、その性質を活用して、計算を工夫したり、計算の確かめをしたりすること。	―
	―	―	―	―	㋖ 数量の関係を表す式に関わる数学的活動を通して、次の事項を身に付けることができるよう指導する。	㋖ 小数とその計算に関わる数学的活動を通して、次の事項を身に付けることができるよう指導する。	―
	―	―	―	―	(ｱ) 次のような知識及び技能を身に付けること。	(ｱ) 次のような技能を身に付けること。	―
	―	―	―	―	㋐ 数量の関係を式に表したり、式と図を関連付けたりすること。	㋐ ある量の何倍かを表すのに小数を用いることを知ること。	―
	―	―	―	―	㋑ □などを用いて数量の関係を式に表すことができることを知ること。	㋑ 小数が整数と同じ仕組みで表されていることを知るとともに、数の相対的な大きさについての理解を深めること。	―

290

学部	小学部（算数）			中学部（数学）		高等部（数学）	
内容	1段階	2段階	3段階	1段階	2段階	1段階	2段階
A 数と計算	—	—	—	—	（ウ）□などに数を当てはめて調べること。	（ウ）小数の加法及び減法の意味について理解し、それらの計算ができること。	—
	—	—	—	—	—	（エ）乗数や除数が整数である場合の小数の乗法及び除法の計算ができること。	—
	—	—	—	—	(1) 次のような思考力、判断力、表現力等を身に付けること。	(1) 次のような思考力、判断力、表現力等を身に付けること。	—
	—	—	—	—	（ア）数量の関係に着目し、事柄や関係を式や図を用いて簡潔に表したり、式と図を関連付けて式を読んだりすること。	（ア）数の表し方の仕組みや数を構成する単位に着目し、計算の仕方を考えるとともに、それを日常生活に生かすこと。	—
	—	—	—	—	—	ク 小数の乗法及び除法に関わる数学的活動を通して、次の事項を身に付けることができるよう指導する。	—
	—	—	—	—	—	（ア）次のような知識及び技能を身に付けること。	—
	—	—	—	—	—	（ア）乗数や除数が小数である場合の小数の乗法及び除法の意味について理解すること。	—

学部	小学部（算数）			中学部（数学）		高等部（数学）	
内容	1段階	2段階	3段階	1段階	2段階	1段階	2段階
A　数と計算	—	—	—	—	—	㋑　小数の乗法及び除法の計算ができること。	—
	—	—	—	—	—	㋒　余りの大きさについて理解すること。	—
	—	—	—	—	—	㋓　小数の乗法及び除法についても整数の場合と同じ関係や法則が成り立つことを理解すること。	—
	—	—	—	—	—	(イ) 次のような思考力，判断力，表現力等を身に付けること。	—
	—	—	—	—	—	㋐　乗法及び除法の意味に着目し，乗数や除数が小数である場合まで数の範囲を広げて乗法及び除法の意味を捉え直すとともに，それらの計算の仕方を考えたり，それらを日常生活に生かしたりすること。	—
	—	—	—	—	—	ケ　分数とその計算に関わる数学的活動を通して，次の事項を身に付けることができるよう指導する。	—

学部	小学部〔算数〕			中学部〔数学〕		高等部〔数学〕	
内容	1段階	2段階	3段階	1段階	2段階	1段階	2段階
A 数と計算	—	—	—	—	—	(ア) 次のような知識及び技能を身に付けること。	—
	—	—	—	—	—	㋐ 等分してできる部分の大きさや端数部分の大きさを表すのに分数を用いることについて理解すること。また，分数の表し方について知ること。	—
	—	—	—	—	—	㋑ 分数が単位分数の幾つ分かで表すことができることを知ること。	—
	—	—	—	—	—	㋒ 簡単な場合について，分数の加法及び減法の意味について理解し，それらの計算ができることを知ること。	—
	—	—	—	—	—	㋓ 簡単な場合について，大きさの等しい分数があることを知ること。	—
	—	—	—	—	—	㋔ 同分母の分数の加法及び減法の計算ができること。	—

学部	小学部〔算数〕			中学部〔数学〕		高等部〔数学〕	
内容	1段階	2段階	3段階	1段階	2段階	1段階	2段階
A　数と計算	—	—	—	—	—	(イ) 次のような思考力，判断力，表現力等を身に付けること。	—
	—	—	—	—	—	㋐ 数のまとまりに着目し，分数でも数の大きさを比べたり，計算したりできるかどうかを考えるとともに，分数を日常生活に生かすこと。	—
	—	—	—	—	—	㋑ 数を構成する単位に着目し，大きさの等しい分数を探したり，計算の仕方を考えたりするとともに，それを日常生活に生かすこと。	—
	—	—	—	—	—	コ 数量の関係を表す式に関わる数学的活動を通して，次の事項を身に付けることができるよう指導する。	—
	—	—	—	—	—	(ア) 次のような知識及び技能を身に付けること。	—
	—	—	—	—	—	㋐ 四則の混合した式や（ ）を用いた式について理解し，正しく計算すること。	—

学部	小学部〔算数〕			中学部〔数学〕		高等部〔数学〕	
内容	1段階	2段階	3段階	1段階	2段階	1段階	2段階
A　数と計算	—	—	—	—	—	㋑　公式についての考え方を理解し，公式を用いること。	—
	—	—	—	—	—	㋒　数量を□，△などを用いて表し，その関係を式に表したり，□，△などに数を当てはめて調べたりすること。	—
	—	—	—	—	—	㋓　数量の関係を表す式についての理解を深めること。	—
	—	—	—	—	—	(イ)　次のような思考力，判断力，表現力等を身に付けること。	—
	—	—	—	—	—	㋐　問題場面の数量の関係に着目し，数量の関係を簡潔に，また一般的に表現したり，式の意味を読み取ったりすること。	—
	—	—	—	—	—	㋑　二つの数量の対応や変わり方に着目し，簡単な式で表されている関係について考察すること。	—

学部	小学部〔算数〕			中学部〔数学〕		高等部〔数学〕	
内容	1段階	2段階	3段階	1段階	2段階	1段階	2段階
A　数と計算	—	—	—	—	—	サ　計算に関して成り立つ性質に関わる数学的活動を通して，次の事項を身に付けることができるよう指導する。	—
	—	—	—	—	—	(ア) 次のような知識及び技能を身に付けること。	—
	—	—	—	—	—	㋐ 四則に関して成り立つ性質についての理解を深めること。	—
	—	—	—	—	—	(イ) 次のような思考力，判断力，表現力等を身に付けること。	—
	—	—	—	—	—	㋐ 数量の関係に着目し，計算に関して成り立つ性質を用いて計算の仕方を考えること。	—
B　図形	ア　ものの類別や分類・整理に関わる数学的活動を通して，次の事項を身に付けることができるよう指導する。	ア　ものの分類に関わる数学的活動を通して，次の事項を身に付けることができるよう指導する。	ア　身の回りにあるものの形に関わる数学的活動を通して，次の事項を身に付けることができるよう指導する。	ア　図形に関わる数学的活動を通して，次の事項を身に付けることができるよう指導する。	ア　図形に関わる数学的活動を通して，次の事項を身に付けることができるよう指導する。	ア　平面図形に関わる数学的活動を通して，次の事項を身に付けることができるよう指導する。	ア　平面図形に関わる数学的活動を通して，次の事項を身に付けることができるよう指導する。
	(ア) 次のような知識及び技能を身に付けること。	(ア) 次のような知識及び技能を身に付けること。	(ア) 次のような知識及び技能を身に付けること。	(ア) 次のような知識及び技能を身に付けること。	(ア) 次のような知識及び技能を身に付けること。	(ア) 次のような知識及び技能を身に付けること。	(ア) 次のような知識及び技能を身に付けること。

学部	小学部（算数）			中学部（数学）		高等部（数学）	
内容	1段階	2段階	3段階	1段階	2段階	1段階	2段階
B　図形	㋐ 具体物に注目して指を差したり、つかもうとしたり、目で追ったりすること。	㋐ 色や形、大きさに着目し、分類すること。	㋐ ものの形に着目し、身の回りにあるものの特徴を捉えること。	㋐ 直線について知ること。	㋐ 二等辺三角形、正三角形などについて知り、作図などを通してそれらの関係に着目すること。	㋐ 平行四辺形、ひし形、台形について知ること。	㋐ 縮図や拡大図について理解すること。
	㋑ 形を観点に区別すること。	㋑ 身近なものを目的、用途及び機能に着目して分類すること。	㋑ 具体物を用いて形を作ったり分解したりすること。	㋑ 三角形や四角形について知ること。	㋑ 二等辺三角形や正三角形を定規とコンパスなどを用いて作図すること。	㋑ 図形の形や大きさが決まる要素について理解するとともに、図形の合同について理解すること。	㋑ 対称な図形について理解すること。
	㋒ 形が同じものを選ぶこと。	—	㋒ 前後、左右、上下など方向や位置に関する言葉を用いて、ものの位置を表すこと。	㋒ 正方形、長方形及び直角三角形について知ること。	㋒ 基本的な図形と関連して角について知ること。	㋒ 三角形や四角形など多角形についての簡単な性質を理解すること。	—
	㋓ 似ている二つのものを結び付けること。	—	—	㋓ 正方形や長方形で捉えられる箱の形をしたものについて理解し、それらを構成したり、分解したりすること。	㋓ 直線の平行や垂直の関係について理解すること。	㋓ 円と関連させて正多角形の基本的な性質を知ること。	—
	㋔ 関連の深い一対のものや絵カードを組みみ合わせること。	—	—	㋔ 直角、頂点、辺及び面という用語を用いて図形の性質を表現すること。	㋔ 円について、中心、半径及び直径を知ること。また、円に関連して、球についても直径などを知ること	㋔ 円周率の意味について理解し、それを用いること。	—

297

学部	小学部（算数）			中学部（数学）		高等部（数学）	
内容	1段階	2段階	3段階	1段階	2段階	1段階	2段階
B 図形	カ 同じもの同士の集合づくりをすること。	—	—	カ 基本的な図形が分かり、その図形をかいたり、簡単な図表を作ったりすること。	—	—	—
		—	—	キ 正方形、長方形及び直角三角形をかいたり、作ったり、それらを使って平面に敷き詰めたりすること。	—	—	—
	（1）次のような思考力、判断力、表現力等を身に付けること。 ア 対象物に注意を向け、対象物の存在に気付き、諸感覚を協応させながら具体物を捉えること。	（1）次のような思考力、判断力、表現力等を身に付けること。 ア ものを色や形、大きさ、目的、用途及び機能に着目し、共通点や相違点について考え、分類する方法を日常生活で生かすこと。	（1）次のような思考力、判断力、表現力等を身に付けること。 ア 身の回りにあるものから、いろいろな形を見付けたり、具体物を用いて形を作ったり分解したりすること。	（1）次のような思考力、判断力、表現力等を身に付けること。 ア 図形を構成する要素に着目し、構成の仕方を考えるとともに、図形の性質を見いだし、身の回りのものの形を図形として捉えること。	（1）次のような思考力、判断力、表現力等を身に付けること。 ア 図形を構成する要素及びそれらの位置関係に着目し、構成の仕方を考察し、図形の性質を見いだすとともに、その性質を基に既習の図形を捉え直すこと。	（1）次のような思考力、判断力、表現力等を身に付けること。 ア 図形を構成する要素及び図形間の関係に着目し、構成の仕方を考察したり、図形の性質を見いだしたりするとともに、その性質を基に既習の図形を捉え直すこと。	（1）次のような思考力、判断力、表現力等を身に付けること。 ア 図形を構成する要素及び図形間の関係に着目し、構成の仕方を考察したり、図形の性質を見いだしたりするとともに、その性質を基に既習の図形を捉え直したり、日常生活に生かしたりすること。

学部	小学部〔算数〕			中学部〔数学〕		高等部〔数学〕	
内容	1段階	2段階	3段階	1段階	2段階	1段階	2段階
B　図形	㋑　ものの属性に着目し，様々な情報から同質なものや類似したものに気付き，日常生活の中で関心をもつこと。	—	㋑　身の回りにあるものの形を図形として捉えること。	—	—	㋑　図形を構成する要素及び図形間の関係に着目し，構成の仕方を考察したり，図形の性質を見いだし，その性質を筋道を立てて考え説明したりすること。	—
	㋒　ものとものとの関係に注意を向け，ものの属性に気付き，関心をもって対応しながら，表現する仕方を見つけ出し，日常生活で生かすこと。	—	㋒　身の回りにあるものの形の観察などをして，ものの形を認識したり，形の特徴を捉えたりすること。	—	—	—	—
	—	イ　身の回りにあるものの形に関わる数学的活動を通して，次の事項を身に付けることができるよう指導する。	イ　角の大きさに関わる数学的活動を通して，次の事項を身に付けることができるよう指導する。	—	イ　面積に関わる数学的活動を通して，次の事項を身に付けることができるよう指導する。	イ　立体図形に関わる数学的活動を通して，次の事項を身に付けることができるよう指導する。	イ　身の回りにある形の概形やおよその面積などに関わる数学的活動を通して，次の事項を身に付けることができるよう指導する。
	—	(ア) 次のような知識及び技能を身に付けること。	(ア) 次のような知識及び技能を身に付けること。	—	(ア) 次のような知識及び技能を身に付けること。	(ア) 次のような知識及び技能を身に付けること。	(ア) 次のような知識及び技能を身に付けること。

学部	小学部（算数）			中学部（数学）		高等部（数学）	
内容	1段階	2段階	3段階	1段階	2段階	1段階	2段階
B 図形	—	㋐ 身の回りにあるものの形に関心をもち、丸や三角、四角という名称を知ること。	㋐ 傾斜をつくると角ができることを理解すること。	—	㋐ 面積の単位［平方センチメートル（cm²）、平方メートル（m²）、平方キロメートル（km）］について知り、測定の意味について理解すること。	㋐ 立方体、直方体について知ること。	㋐ 身の回りにある形について、その概形を捉え、およその面積などを求めること。
	—	㋑ 縦や横の線、十字、△や□をかくこと。	—	—	㋑ 正方形及び長方形の面積の求め方について知ること。	㋑ 直方体に関連して、直線や平面の平行や垂直の関係について理解すること。	—
	—	㋒ 大きさや色など属性の異なるものであっても形の属性に着目して、分類したり、集めたりすること。	—	—	—	㋒ 見取図、展開図について知ること。	—
				—	—	㋓ 基本的な角柱や円柱について知ること。	
	—	(1) 次のような思考力、判断力、表現力等を身に付けること。	(1) 次のような思考力、判断力、表現力等を身に付けること。	—	(1) 次のような思考力、判断力、表現力等を身に付けること。	(1) 次のような思考力、判断力、表現力等を身に付けること。	(1) 次のような思考力、判断力、表現力等を身に付けること。

学部	内容	小学部（算数）			中学部（数学）		高等部（数学）	
		1段階	2段階	3段階	1段階	2段階	1段階	2段階
B 図形		—	(ア) 身の回りにあるものの形に関心を向け、丸や三角、四角を考えながら分けたり、集めたりすること。	(ア) 傾斜が変化したときの斜面と底面の作り出す開き具合について、大きい・小さいと表現すること。	—	(ア) 面積の単位に着目し、図形の面積について、求め方を考えたり、計算したり表したりすること。	(ア) 図形を構成する要素及びそれらの位置関係に着目し、立体図形の平面上での表現や構成の仕方を考察し、図形の性質を見いだすとともに、日常の事象を図形の性質から捉え直すこと。	(ア) 図形を構成する要素や性質に着目し、筋道を立てて面積などの求め方を考え、それを日常生活に生かすこと。
		—	—	—	—	ウ 角の大きさに関わる数学的活動を通して、次の事項を身に付けることができるよう指導する。	ウ ものの位置に関わる数学的活動を通して、次の事項を身に付けることができるよう指導する。	ウ 平面図形の面積に関わる数学的活動を通して、次の事項を身に付けることができるよう指導する。
		—	—	—	—	(ア) 次のような知識及び技能を身に付けること。	(ア) 次のような知識及び技能を身に付けること。	(ア) 次のような知識及び技能を身に付けること。
		—	—	—	—	(ア) 角の大きさを回転の大きさとして捉えること。	(ア) ものの位置の表し方について理解すること。	(ア) 円の面積の計算による求め方について理解すること。
		—	—	—	—	(イ) 角の大きさの単位（度（°））について知り、測定の意味について理解すること。	—	—
		—	—	—	—	(ウ) 角の大きさを測定すること。	—	—
		—	—	—	—	(1) 次のような思考力、判断力、表現力等を身に付けること。	(1) 次のような思考力、判断力、表現力等を身に付けること。	(1) 次のような思考力、判断力、表現力等を身に付けること。

学部		小学部（算数）			中学部（数学）		高等部（数学）	
内容		1段階	2段階	3段階	1段階	2段階	1段階	2段階
B 図形		―	―	―	―	㋐ 角の大きさの単位に着目し、図形の角の大きさを的確に表現したり、図形の考察に生かしたりすること。	㋐ 平面や空間における位置を決める要素に着目し、その位置を数を用いて表現する方法を考察すること。	㋐ 図形を構成する要素などに着目し、基本図形の面積の求め方を見いだすとともに、その表現を振り返り、簡潔かつ的確な表現に高め、公式として導くこと。
		―	―	―	―	―	エ 平面図形の面積に関わる数学的活動を通して、次の事項を身に付けることができるよう指導する。	エ 立体図形の体積に関わる数学的活動を通して、次の事項を身に付けることができるよう指導する。
		―	―	―	―	―	(ア) 次のような知識及び技能を身に付けること。	(ア) 次のような知識及び技能を身に付けること。
		―	―	―	―	―	㋐ 三角形、平行四辺形、ひし形、台形の面積の計算による求め方について理解すること。	㋐ 体積の単位（立方センチメートル(cm³)、立方メートル(m³)）について理解すること。
		―	―	―	―	―	―	㋑ 立方体及び直方体の体積の計算による求め方について理解すること。
		―	―	―	―	―	―	㋒ 基本的な角柱及び円柱の体積の計算による求め方について理解すること。

学部	小学部〔算数〕			中学部〔数学〕		高等部〔数学〕	
内容	1段階	2段階	3段階	1段階	2段階	1段階	2段階
B　図形	—	—	—	—	—	(イ) 次のような思考力，判断力，表現力等を身に付けること。	(イ) 次のような思考力，判断力，表現力等を身に付けること。
	—	—	—	—	—	㋐ 図形を構成する要素などに着目して，基本図形の面積の求め方を見いだすとともに，その表現を振り返り，簡潔かつ的確な表現に高め，公式として導くこと。	㋐ 体積の単位や図形を構成する要素に着目し，図形の体積の求め方を考えるとともに，体積の単位とこれまでに学習した単位との関係を考察すること。
	—	—	—	—	—	—	㋑ 図形を構成する要素に着目し，基本図形の体積の求め方を見いだすとともに，その表現を振り返り，簡潔かつ的確な表現に高め，公式として導くこと。
C　測定	ア　身の回りにある具体物のもつ大きさに関わる数学的活動を通して，次の事項を身に付けることができるよう指導する。	ア　身の回りにある具体物の量の大きさに注目し，二つの量の大きさに関わる数学的活動を通して，次の事項を身に付けることができるよう指導する。	ア　身の回りのものの量の単位と測定に関わる数学的活動を通して，次の事項を身に付けることができるよう指導する。	ア　量の単位と測定に関わる数学的活動を通して，次の事項を身に付けることができるよう指導する。	—	—	—
	(ア) 次のような知識及び技能を身に付けること。	(ア) 次のような知識及び技能を身に付けること。	(ア) 次のような知識及び技能を身に付けること。	(ア) 次のような知識及び技能を身に付けること。	—	—	—

学部	小学部（算数）			中学部（数学）		高等部（数学）	
内容	1段階	2段階	3段階	1段階	2段階	1段階	2段階
C　測定	㋐　大きさや長さなどを，基準に対して同じか違うかによって区別すること。	㋐　長さ，重さ，高さ及び広さなどの量の大きさが分かること。	㋐　長さ，広さ，かさなどの量を直接比べる方法について理解し，比較すること。	㋐　目盛の原点を対象の端に当てて測定すること。	—	—	—
	㋑　ある・ない，大きい・小さい，多い・少ない，などの用語に注目して表現すること。	㋑　二つの量の大きさについて，一方を基準にして相対的に比べること。	㋑　身の回りにあるものの大きさを単位として，その幾つ分かで大きさを比較すること。	㋑　長さの単位［ミリメートル（mm），センチメートル（cm），メートル（m），キロメートル（km）］や重さの単位［グラム（g），キログラム（kg）］について知り，測定の意味を理解すること。	—	—	—
	—	㋒　長い・短い，重い・軽い，高い・低い及び広い・狭いなどの用語が分かること。	—	㋒　かさの単位［ミリリットル（mL），デシリットル（dL），リットル（L）］について知り，測定の意味を理解すること。	—	—	—
	—	—	—	㋓　長さ，重さ及びかさについて，およその見当を付け，単位を選択したり，計器を用いて測定したりすること。	—	—	—
	(イ) 次のような思考力，判断力，表現力等を身に付けること。	(イ) 次のような思考力，判断力，表現力等を身に付けること。	(イ) 次のような思考力，判断力，表現力等を身に付けること。	(イ) 次のような思考力，判断力，表現力等を身に付けること。	—	—	—

学部	内容	小学部（算数）1段階	小学部（算数）2段階	小学部（算数）3段階	中学部（数学）1段階	中学部（数学）2段階	高等部（数学）1段階	高等部（数学）2段階
	C 測定	㋐ 大小や多少等で区別ることに関心をもち、量の大きさに注目して表す用語に注目して表現すること。	㋐ 長さ、重さ、高さ及び広さなどの量を、一方を基準にして比べることに関心をもったり、量の大きさを用語を用いて表現したりすること。	㋐ 身の回りのものの長さ、広さ及びかさについて、その単位に着目して大小を比較したり、表現したりすること。	㋐ 身の回りのものの特徴に着目し、目的に適した単位で量の大きさを表現したり、比べたりすること。	—	—	—
		—	—	イ 時刻や時間に関わる数学的活動を通して、次の事項を身に付けることができるよう指導する。	イ 時刻や時間に関わる数学的活動を通して、次の事項を身に付けることができるよう指導する。	—	—	—
		—	—	(ア) 次のような知識及び技能を身に付けること。	(ア) 次のような知識及び技能を身に付けること。	—	—	—
		—	—	㋐ 日常生活の中で時刻を読むこと。	㋐ 時間の単位（秒）について知ること。	—	—	—
		—	—	㋑ 時間の単位（日、午前、午後、時、分）について知り、それらの関係を理解すること。	㋑ 日常生活に必要な時刻や時間を求めること。	—	—	—
		—	—	(イ) 次のような思考力、判断力、表現力等を身に付けること。	(イ) 次のような思考力、判断力、表現力等を身に付けること。	—	—	—
		—	—	㋐ 時刻の読み方を日常生活に生かして、時刻と生活とを結び付けて表現すること。	㋐ 時間の単位に着目し、簡単な時刻や時間の求め方を日常生活に生かすこと。	—	—	—

学部	小学部〔算数〕			中学部〔数学〕		高等部〔数学〕	
内容	1段階	2段階	3段階	1段階	2段階	1段階	2段階
C　変化と関係	—	—	—	—	ア　伴って変わる二つの数量に関わる数学的活動を通して，次の事項を身に付けることができるよう指導する。	ア　伴って変わる二つの数量に関わる数学的活動を通して，次の事項を身に付けることができるよう指導する。	ア　伴って変わる二つの数量に関わる数学的活動を通して，次の事項を身に付けることができるよう指導する。
	—	—	—	—	(ア) 次のような知識及び技能を身に付けること。	(ア) 次のような知識及び技能を身に付けること。	(ア) 次のような知識及び技能を身に付けること。
	—	—	—	—	㋐　変化の様子を表や式を用いて表したり，変化の特徴を読み取ったりすること。	㋐　簡単な場合について，比例の関係があることを知ること。	㋐　比例の関係の意味や性質を理解すること。
	—	—	—	—	—	—	㋑　比例の関係を用いた問題解決の方法について理解すること。
	—	—	—	—	—	—	㋒　反比例の関係について理解すること。
	—	—	—	—	(イ) 次のような思考力，判断力，表現力等を身に付けること。	(イ) 次のような思考力，判断力，表現力等を身に付けること。	(イ) 次のような思考力，判断力，表現力等を身に付けること。

学部	小学部〔算数〕			中学部〔数学〕		高等部〔数学〕	
内容	1段階	2段階	3段階	1段階	2段階	1段階	2段階
C　変化と関係	—	—	—	—	㋐　伴って変わる二つの数量の関係に着目し，表や式を用いて変化の特徴を考察すること。	㋐　伴って変わる二つの数量を見いだして，それらの関係に着目し，表や式を用いて変化や対応の特徴を考察すること。	㋐　伴って変わる二つの数量を見いだして，それらの関係に着目し，目的に応じて表や式，グラフを用いてそれらの関係を表現して，変化や対応の特徴を見いだすとともに，それらを日常生活に生かすこと。
	—	—	—	—	イ　二つの数量の関係に関わる数学的活動を通して，次の事項を身に付けることができるよう指導する。	イ　異種の二つの量の割合として捉えられる数量に関わる数学的活動を通して，次の事項を身に付けることができるよう指導する。	イ　二つの数量の関係に関わる数学的活動を通して，次の事項を身に付けることができるよう指導する。
	—	—	—	—	(ｱ) 次のような知識及び技能を身に付けること。	(ｱ) 次のような知識及び技能を身に付けること。	(ｱ) 次のような知識及び技能を身に付けること。
	—	—	—	—	㋐　簡単な場合について，ある二つの数量の関係と別の二つの数量の関係とを比べる場合に割合を用いる場合があることを知ること。	㋐　速さなど単位量当たりの大きさの意味及び表し方について理解し，それを求めること。	㋐　比の意味や表し方を理解し，数量の関係を比で表したり，等しい比をつくったりすること。

学部	小学部〔算数〕			中学部〔数学〕		高等部〔数学〕	
内容	1段階	2段階	3段階	1段階	2段階	1段階	2段階
C　変化と関係	—	—	—	—	(イ) 次のような思考力，判断力，表現力等を身に付けること。	(イ) 次のような思考力，判断力，表現力等を身に付けること。	(イ) 次のような思考力，判断力，表現力等を身に付けること。
	—	—	—	—	㋐ 日常生活における数量の関係に着目し，図や式を用いて，二つの数量の関係を考察すること。	㋐ 異種の二つの量の割合として捉えられる数量の関係に着目し，目的に応じて大きさを比べたり，表現したりする方法を考察し，それらを日常生活に生かすこと。	㋐ 日常の事象における数量の関係に着目し，図や式などを用いて数量の関係の比べ方を考察し，それを日常生活に生かすこと。
	—	—	—	—	—	ウ 二つの数量の関係に関わる数学的活動を通して，次の事項を身に付けることができるよう指導する。	—
	—	—	—	—	—	(ア) 次のような知識及び技能を身に付けること。	—
	—	—	—	—	—	㋐ ある二つの数量関係と別の二つの数量の関係を比べる場合に割合を用いる場合があることを理解すること。	—
	—	—	—	—	—	㋑ 百分率を用いた表し方を理解し，割合などを求めること。	—

学部	小学部（算数）			中学部（数学）		高等部（数学）	
内容	1段階	2段階	3段階	1段階	2段階	1段階	2段階
C 変化と関係	ー	ー	ー	ー	ー	(1) 次のような思考力，判断力，表現力等を身に付けること。㋐ 日常の事象における数量の関係に着目し，図や式などを用いて，ある二つの数量の関係と別の数量の関係との比の数量を考察し，それを日常生活に生かすこと。	ー
D データの活用	ー	ア ものの分類に関わる数学的活動を通して，次の事項を身に付けることができるよう指導する。	ア 身の回りにある事象を簡単な絵や図，記号に置き換えることに関わる数学的活動を通して，次の事項を身に付けることができるよう指導する。	ア 身の回りにあるデータを簡単な表やグラフで表したり，読み取ったりすることに関わる数学的活動を通して，次の事項を身に付けることができるよう指導する。	ア データを表やグラフで表したり，読み取ったりすることに関わる数学的活動を通して，次の事項を身に付けることができるよう指導する。	ア データの収集とその分析に関わる数学的活動を通して，次の事項を身に付けることができるよう指導する。	ア データの収集とその分析に関わる数学的活動を通して，次の事項を身に付けることができるよう指導する。
	ー	(ア) 次のような知識及び技能を身に付けること。	(ア) 次のような知識及び技能を身に付けること。	(ア) 次のような知識及び技能を身に付けること。	(ア) 次のような知識及び技能を身に付けること。	(ア) 次のような知識及び技能を身に付けること。	(ア) 次のような知識及び技能を身に付けること。
	ー	㋐ 身近なものを目的，用途，機能に着目して分類すること。	㋐ ものとものとの対応やものの個数について，簡単な絵や図に表して整理したり，それらを読んだりすること。	㋐ 身の回りにある数量を簡単な表やグラフに表したり，読み取ったりすること。	㋐ データを日時や場所などの観点から分類及び整理し，表や棒グラフで表したり，読んだりすること。	㋐ 数量の関係を割合で捉え，円グラフや帯グラフで表したり，読んだりすること。	㋐ 代表値の意味や求め方を理解すること。

| 学部 | 小学部（算数） | | | 中学部（数学） | | 高等部（数学） | |
内容	1段階	2段階	3段階	1段階	2段階	1段階	2段階
D データの活用	—	—	① 身の回りにあるデータを簡単な記号に置き換えて表し、比較して読み取ること。	—	① データを二つの観点から分類及び整理し、折れ線グラフで表したり、読み取ったりすること。	① 円グラフや帯グラフの意味やそれらの用い方を理解すること。	① 度数分布を表す表や柱状グラフなどの特徴及びそれらの用い方を理解すること。
	—	—	—	—	ウ 表や棒グラフ、折れ線グラフの意味やその用い方を理解すること。	ウ データの収集や手法の選択など統計的な問題解決の方法を知ること。	ウ 目的に応じてデータを収集したり、適切な手法を選択したりするなど、統計的な問題解決の方法を理解すること。
	—	(1) 次のような思考力、判断力、表現力等を身に付けること。	(1) 次のような思考力、判断力、表現力等を身に付けること。	(1) 次のような思考力、判断力、表現力等を身に付けること。	(1) 次のような思考力、判断力、表現力等を身に付けること。	(1) 次のような思考力、判断力、表現力等を身に付けること。	(1) 次のような思考力、判断力、表現力等を身に付けること。
	—	ア 身近なものの色や形、大きさ、用途等に関心を向け、共通点や相違点に興味をもちながら、分類すること。	ア 個数の把握や比較のために簡単な絵や図、記号に置き換えて簡潔に表現すること。	ア 身の回りの事象に関するデータを整理する観点に着目し、簡単な表やグラフを用いながら読み取ったり、考察したりすること。	ア 身の回りの事象に関するデータを整理する観点に着目し、表や棒グラフを用いて読み取りながら、考察したり、結論を表現したりすること。	ア 目的に応じてデータを集めて分類整理し、データの特徴や傾向に着目し、問題を解決するために適切なグラフを選択して読み取り、結論について考察すること。	ア 目的に応じてデータを集めて分類整理し、データの特徴や傾向に着目し、問題を解決するために適切なグラフを選択して判断し、その結論について多面的に批判的に考察すること。
	—	—	—	—	① 目的に応じてデータを集めて分類整理し、データの特徴や傾向を見付け、適切なグラフを用いて表現したり、考察したりすること。	—	—

学部		小学部（算数）			中学部（数学）		高等部（数学）	
内容		1段階	2段階	3段階	1段階	2段階	1段階	2段階
D データの活用		一	イ 同等と多少に関わる数学的活動を通して、次の事項を身に付けることができるよう指導する。	一	一	一	イ 測定した結果を平均する方法に関わる数学的活動を通し、次の事項を身に付けることができるよう指導する。	イ 起こり得る場合に関わる数学的活動を通して、次の事項を身に付けることができるよう指導する。
		一	(ア) 次のような知識及び技能を身に付けること。	一	一	一	(ア) 次のような知識及び技能を身に付けること。	(ア) 次のような知識及び技能を身に付けること。
		一	㋐ ものとものとを対応させることによって、ものの同等や多少が分かること。	一	一	一	㋐ 平均の意味や求め方を理解すること。	㋐ 起こり得る場合を順序よく整理するための図や表などの用い方を理解すること。
		一	(イ) 次のような思考力、判断力、表現力等を身に付けること。	一	一	一	(イ) 次のような思考力、判断力、表現力等を身に付けること。	(イ) 次のような思考力、判断力、表現力等を身に付けること。
		一	㋐ 身の回りにあるものの個数に着目して絵グラフなどに表し、多少を読み取って表現すること。	一	一	一	㋐ 概括的に捉えることと、測定した結果を平均する方法について考察し、それを学習や日常生活に生かすこと。	㋐ 事象の特徴に着目し、順序よく整理する観点を決めて、落ちや重なりなく調べる方法を考察すること。
		一	ウ ○×を用いた表に関わる数学的活動を通して、次の事項を身に付けることができるよう指導する。	一	一	一	一	一
		一	(ア) 次のような知識及び技能を身に付けること。			一	一	一

学部	小学部（算数）			中学部（数学）		高等部（数学）	
内容	1段階	2段階	3段階	1段階	2段階	1段階	2段階
D データの活用	―	（ア）身の回りの出来事から○×を用いた簡単な表を作成すること。	―	―	―	―	―
	―	（イ）簡単な表で使用する○×の記号の意味が分かること。	―	―	―	―	―
	―	（イ）次のような思考力，判断力，表現力等を身に付けること。	―	―	―	―	―
	―	（ア）身の回りの出来事を捉え，○×を用いた簡単な表で表現すること。	―	―	―	―	―
数学的活動	ア　内容の「A数量の基礎」，「B数と計算」，「C図形」及び「D測定」に示す学習については，次のような数学的活動に取り組むものとする。	ア　内容の「A数と計算」，「B図形」，「C測定」及び「Dデータの活用」に示す学習については，次のような数学的活動に取り組むものとする。	ア　内容の「A数と計算」，「B図形」，「C測定」及び「Dデータの活用」に示す学習については，次のような数学的活動に取り組むものとする。	ア　内容の「A数と計算」，「B図形」，「C測定」及び「Dデータの活用」に示す学習については，次のような数学的活動に取り組むものとする。	ア　内容の「A数と計算」，「B図形」，「C変化と関係」及び「Dデータの活用」に示す学習については，次のような数学的活動に取り組むものとする。	ア　内容の「A数と計算」，「B図形」，「C変化と関係」及び「Dデータの活用」に示す学習については，次のような数学的活動に取り組むものとする。	ア　内容の「A数と計算」，「B図形」，「C変化と関係」及び「Dデータの活用」の学習やそれらを相互に関連付けた学習において，次のような数学的活動に取り組むものとする。

学部 内容	小学部（算数）			中学部（数学）		高等部（数学）	
	1段階	2段階	3段階	1段階	2段階	1段階	2段階
数学的活動	(ア) 身の回りの事象を観察したり、具体物を操作したりして、数量や形に関わる活動	(ア) 身の回りの事象を観察したり、具体物を操作したりする活動	(ア) 身の回りの事象を観察したり、具体物を操作したりして、算数に主体的に関わる活動	(ア) 日常生活の事象から見いだした数学の問題を、具体物や図、式などを用いて解決し、結果を確かめたり、日常生活に生かしたりする活動	(ア) 身の回りの事象を観察したり、具体物を操作したりして、数学の学習に関わる活動	(ア) 日常の事象から数学の問題を見いだし、解決して、結果を確かめたり、日常生活等に生かしたりする活動	(ア) 日常の事象を数理的に捉え、問題を見いだし、解決して、解決過程を振り返り、結果や方法を改善したり、日常生活等に生かしたりする活動
	(イ) 日常生活の問題を取り上げたり算数の具体物などを用いて解決したりして、結果を確かめる活動	(イ) 日常生活の問題を具体物などを用いて解決したり結果を確かめたりする活動	(イ) 日常生活の事象から見いだした算数の問題を、具体物、図、式などを用いて解決し、結果を確かめる活動	(イ) 問題解決した過程や結果を、具体物や図、式などを用いて表現し伝え合う活動	(イ) 日常の事象から見いだした数学の問題を、具体物や図、表及び式などを用いて解決し、結果を確かめたり、日常生活に生かしたりする活動	(イ) 数学の学習場面から数学の問題を見いだし、解決して、結果を確かめたり、発展的に考察したりする活動	(イ) 数学の学習場面から数学の問題を見いだし、解決して、解決過程を振り返り統合的・発展的に考察する活動
	—	(ウ) 問題解決した過程や結果を、具体物などを用いて表現する活動	(ウ) 問題解決した過程や結果を、絵図、具体物、式などを用いて表現し、伝え合う活動	—	(ウ) 問題解決した過程や結果を、具体物や図、表、式などを用いて表現し伝え合う活動	(ウ) 問題解決の過程や結果を、目的に応じて式や図などを用いて数学的に表現し伝え合う活動	(ウ) 問題解決の過程や結果を、目的に応じて図や式などを用いて数学的に表現し伝え合う活動

313

目標・内容の一覧〔理科〕

学部		中学部		高等部	
教科の目標		自然に親しみ、理科の見方・考え方を働かせ、見通しをもって観察、実験を行うことなどを通して、自然の事物・現象についての問題を科学的に解決するために必要な資質・能力を次のとおり育成することを目指す。		自然に親しみ、理科の見方・考え方を働かせ、見通しをもって、観察、実験を行うことなどを通して、自然の事物・現象についての問題を科学的に解決するために必要な資質・能力を次のとおり育成することを目指す。	
知識及び技能		(1) 自然の事物・現象についての基本的な理解を図り、観察、実験などに関する初歩的な技能を身に付けるようにする。		(1) 自然の事物・現象についての基本的な理解を図り、観察、実験などに関する初歩的な技能を身に付けるようにする。	
思考力、判断力、表現力等		(2) 観察、実験などを行い、疑問をもつ力と予想や仮説を立てる力を養う。		(2) 観察、実験などを行い、解決の方法を考える力を養う。	
学びに向かう力、人間性等		(3) 自然を愛する心情を養うとともに、学んだことを主体的に日常生活や社会生活などに生かそうとする態度を養う。		(3) 自然を愛する心情を養うとともに、学んだことを主体的に生活に生かそうとする態度を養う。	
段階の目標		**1段階**	**2段階**	**1段階**	**2段階**
知識及び技能	A生命	ア 身の回りの生物の様子について気付き、観察などに関する初歩的な技能を身に付けるようにする。	ア 人の体のつくりと運動、動物の活動や植物の成長と環境との関わりについての理解を図り、観察、実験などに関する初歩的な技能を身に付けるようにする。	ア 生命の連続性についての理解を図り、観察、実験などに関する技能を身に付けるようにする。	ア 生物の体のつくりと働き、生物と環境との関わりについての理解を図り、観察、実験などに関する技能を身に付けるようにする。
	B地球・自然	ア 太陽と地面の様子について気付き、観察、実験などに関する初歩的な技能を身に付けるようにする。	ア 雨水の行方と地面の様子、気象現象、月や星についての理解を図り、観察、実験などに関する初歩的な技能を身に付けるようにする。	ア 流れる水の働き、気象現象の規則性についての理解を図り、観察、実験などに関する初歩的な技能を身に付けるようにする。	ア 土地のつくりと変化、月の形の見え方と太陽と月との位置関係についての理解を図り、観察、実験などに関する初歩的な技能を身に付けるようにする。
	C物質・エネルギー	ア 物の性質、風やゴムの力の働き、光や音の性質、磁石の性質及び電気の回路について気付き、観察、実験などに関する初歩的な技能を身に付けるようにする。	ア 水や空気の性質、電流の働きについての理解を図り、観察、実験などに関する初歩的な技能を身に付けるようにする。	ア 物の溶け方、電流の働きについての理解を図り、観察、実験などに関する初歩的な技能を身に付けるようにする。	ア 燃焼の仕組み、水溶液の性質、電気の規則性及び電気の性質や働きについての理解を図り、観察、実験などに関する初歩的な技能を身に付けるようにする。
思考力、判断力、表現力等	A生命	イ 身の回りの生物の様子から、主に差異点や共通点に気付き、疑問をもつ力を養う。	イ 人の体のつくりと運動、動物の活動や植物の成長と環境との関わりについて既習の内容や生活経験を基に予想する力を養う。	イ 生命の連続性について調べる中で、主に予想や仮説を基に、解決の方法を考える力を養う。	イ 生物の体のつくりと働き、生物と環境との関わりについて調べる中で、主にそれらの働きや関わりについて、より妥当な考えをつくりだす力を養う。

学部			中学部		高等部	
	内容		1段階	2段階	1段階	2段階
思考力，判断力，判断力，表現力等	B 地球・自然	イ	太陽と地面の様子から、主に差異点や共通点に気付き、疑問をもつ力を養う。	雨水の行方と地面の様子、気象現象、月や星について、疑問をもったことについて既習の内容や生活経験を基に予想する力を養う。	流れる水の働き、気象現象の規則性について調べる中で、主に予想や仮説を基に、解決の方法を考える力を養う。	土地のつくりと変化、月の形の見え方と太陽との位置関係について調べる中で、主にそれらの変化や関係について、より妥当な考えをつくりだす力を養う。
	C 物質・エネルギー	イ	物の性質、風やゴムの力の働き、光や音の性質、磁石の性質及び電気の回路から、主に差異点や共通点に気付き、疑問をもつ力を養う。	水や空気の性質について、疑問をもったことについて既習の内容や生活経験を基に予想する力を養う。	物の溶け方、電流の働きについて調べる中で、主に予想や仮説を基に、解決の方法を考える力を養う。	燃焼の仕組み、水溶液の性質、電気の性質及び働きについて調べる中で、主にそれらの仕組みや性質、規則性及び働きについて、より妥当な考えをつくりだす力を養う。
学びに向かう力，人間性等	A 生命	ウ	身の回りの生物の様子について進んで調べ、生物を愛護する態度や、学んだことを日常生活などに生かそうとする態度を養う。	人の体のつくりと運動、動物の活動や植物の成長と環境との関わりについて見いだした疑問を進んで調べ、生物を愛護する態度や学んだことを日常生活や社会生活などに生かそうとする態度を養う。	生命の連続性について進んで調べ、生命を尊重する態度や学んだことを生活に生かそうとする態度を養う。	生物の体のつくりと働き、生物と環境との関わりについて進んで調べ、生命を尊重する態度や学んだことを生活に生かそうとする態度を養う。
	B 地球・自然	ウ	太陽と地面の様子について進んで調べ、学んだことを日常生活などに生かそうとする態度を養う。	雨水の行方と地面の様子、気象現象、月や星について見いだした疑問を進んで調べ、学んだことを日常生活や社会生活などに生かそうとする態度を養う。	流れる水の働き、気象現象の規則性について進んで調べ、学んだことを生活に生かそうとする態度を養う。	土地のつくりと変化、月の形の見え方と太陽との位置関係について進んで調べ、学んだことを生活に生かそうとする態度を養う。
	C 物質・エネルギー	ウ	物の性質、風やゴムの力の働き、光や音の性質、磁石の性質及び電気の回路について進んで調べ、学んだことを日常生活などに生かそうとする態度を養う。	水や空気の性質について見いだした疑問を進んで調べ、学んだことを社会生活などに生かそうとする態度を養う。	物の溶け方、電流の働きについて進んで調べ、学んだことを生活に生かそうとする態度を養う。	燃焼の仕組み、水溶液の性質、電気の性質及び働きについて進んで調べ、学んだことを生活に生かそうとする態度を養う。

315

学部	中学部		高等部	
内容	1段階	2段階	1段階	2段階
A　生命	ア　身の回りの生物 身の回りの生物について，探したり育てたりする中で，生物の姿に着目して，それらを比較しながら調べる活動を通して，次の事項を身に付けることができるよう指導する。	ア　人の体のつくりと運動 人や他の動物について，骨や筋肉のつくりと働きに着目して，それらを関係付けて調べる活動を通して，次の事項を身に付けることができるよう指導する。	ア　植物の発芽，成長，結実 植物の育ち方について，発芽，成長及び結実の様子に着目して，それらに関わる条件を制御しながら調べる活動を通して，次の事項を身に付けることができるよう指導する。	ア　人の体のつくりと働き 人や他の動物について，体のつくりと呼吸，消化，排出及び循環の働きに着目して，生命を維持する働きを多面的に調べる活動を通して，次の事項を身に付けることができるよう指導する。
	(ア) 次のことを理解するとともに，観察，実験などに関する初歩的な技能を身に付けること。 ㋐　生物は，色，形，大きさなど，姿に違いがあること。 ㋑　昆虫や植物の育ち方には一定の順序があること。	(ア) 次のことを理解するとともに，観察，実験などに関する初歩的な技能を身に付けること。 ㋐　人の体には骨と筋肉があること。 ㋑　人が体を動かすことができるのは，骨，筋肉の働きによること。	(ア) 次のことを理解するとともに，観察，実験などに関する初歩的な技能を身に付けること。 ㋐　植物は，種子の中の養分を基にして発芽すること。 ㋑　植物の発芽には，水，空気及び温度が関係していること。 ㋒　植物の成長には，日光や肥料などが関係していること。 ㋓　花にはおしべやめしべなどがあり，花粉がめしべの先に付くとめしべのもとが実になり，実の中に種子ができること。	(ア) 次のことを理解するとともに，観察，実験などに関する初歩的な技能を身に付けること。 ㋐　体内に酸素が取り入れられ，体外に二酸化炭素などが出されていること。 ㋑　食べ物は，口，胃，腸などを通る間に消化，吸収され，吸収されなかった物は排出されること。 ㋒　血液は，心臓の働きで体内を巡り，養分，酸素及び二酸化炭素などを運んでいること。 ㋓　体内には，生命活動を維持するための様々な臓器があること。
	(イ) 身の回りの生物について調べる中で，差異点や共通点に気付き，生物の姿についての疑問をもち，表現すること。	(イ) 人や他の動物の骨や筋肉のつくりと働きについて調べる中で，見いだした疑問について，既習の内容や生活経験を基に予想し，表現すること。	(イ) 植物の育ち方について調べる中で，植物の発芽，成長及び結実とそれらに関わる条件についての予想や仮説を基に，解決の方法を考え，表現すること。	(イ) 人や他の動物の体のつくりと働きについて調べる中で，体のつくりと呼吸，消化，排出及び循環の働きについて，より妥当な考えをつくりだし，表現すること。
		イ　季節と生物 身近な動物や植物について，探したり育てたりする中で，動物の活動や植物の成長と季節の変化に着目して，それらを関係付けて調べる活動を通して，次の事項を身に付けることができるよう指導する。	イ　動物の誕生 動物の発生や成長について，魚を育てたり人の発生についての資料を活用したりする中で，卵や胎児の様子に着目して，時間の経過と関係付けて調べる活動を通して，次の事項を身に付けることができるよう指導する。	イ　植物の養分と水の通り道 植物について，その体のつくり，体内の水などの行方及び葉で養分をつくる働きに着目して，生命を維持する働きを多面的に調べる活動を通して，次の事項を身に付けることができるよう指導する。

学部		中学部		高等部	
内容		1段階	2段階	1段階	2段階
A 生命			(ア) 次のことを理解するとともに、観察、実験などに関する初歩的な技能を身に付けること。 ㋐ 動物の活動は、暖かい季節、寒い季節などによって違いがあること。 ㋑ 植物の成長は、暖かい季節、寒い季節などによって違いがあること。 (イ) 身近な動物や植物の成長の変化について調べる中で、見いだした疑問について、既習の内容や生活経験を基に予想し、表現すること。	(ア) 次のことを理解するとともに、観察、実験などに関する初歩的な技能を身に付けること。 ㋐ 魚には雌雄があり、生まれた卵は日がたつにつれて中の様子が変化してかえること。 ㋑ 人は、母体内で成長して生まれること。 (イ) 動物の発生や成長について調べる中で、動物の発生や成長の様子と経過についての予想や仮説を考え、解決の方法を考え、表現すること。	(ア) 次のことを理解するとともに、観察、実験などに関する初歩的な技能を身に付けること。 ㋐ 植物の葉に日光が当たるとでんぷんができること。 ㋑ 根、茎及び葉には、水の通り道があり、根から吸い上げられた水は主に葉から蒸散により排出されること。 (イ) 植物の体のつくりと働きについて調べる中で、体のつくり、体内の水などの行方及び葉でつくられる養分をつくりについて、より妥当な考えをつくりだし、表現すること。 ウ 生物と環境 生物と環境について、動物や植物の生活を観察したり資料を活用したりする中で、生物と環境との関わりに着目して、それらを多面的に調べる活動を通して、次の事項を身に付けることができるよう指導する。 (ア) 次のことを理解するとともに、観察、実験などに関する初歩的な技能を身に付けること。 ㋐ 生物は、水及び空気を通して周囲の環境と関わって生きていること。 ㋑ 生物の間には、食う食われるという関係があること。 ㋒ 人は、環境と関わり、工夫して生活していること。

学部	中学部		高等部	
内容	1段階	2段階	1段階	2段階
A　生命				(イ) 生物と環境について調べる中で，生物と環境との関わりについて，より妥当な考えをつくりだし，表現すること。
B　地球・自然	ア　太陽と地面の様子 太陽と地面の様子との関係について，日なたと日陰の様子に着目して，それらを比較しながら調べる活動を通して，次の事項を身に付けることができるよう指導する。 (ア) 次のことを理解するとともに，観察，実験などに関する初歩的な技能を身に付けること。 ㋐　日陰は太陽の光を遮るとできること。 ㋑　地面は太陽によって暖められ，日なたと日陰では地面の暖かさに違いがあること。 (イ) 日なたと日陰の様子について調べる中で，差異点や共通点に気付き，太陽と地面の様子との関係についての疑問をもち，表現すること。	ア　雨水の行方と地面の様子 雨水の行方と地面の様子について，流れ方やしみ込み方に着目して，それらと地面の傾きや土の粒の大きさと関係付けて調べる活動を通して，次の事項を身に付けることができるよう指導する。 (ア) 次のことを理解するとともに，観察，実験などに関する初歩的な技能を身に付けること。 ㋐　水は，高い場所から低い場所へと流れて集まること。 ㋑　水のしみ込み方は，土の粒の大きさによって違いがあること。 (イ) 雨水の流れ方やしみ込み方と地面の傾きや土の粒の大きさとの関係について調べる中で，見いだした疑問について，既習の内容や生活経験を基に予想し，表現すること。	ア　流れる水の働きと土地の変化 流れる水の働きと土地の変化について，水の速さや量に着目して，それらの条件を制御しながら調べる活動を通して，次の事項を身に付けることができるよう指導する。 (ア) 次のことを理解するとともに，観察，実験などに関する初歩的な技能を身に付けること。 ㋐　流れる水には，土地を侵食したり，石や土などを運搬したり堆積させたりする働きがあること。 ㋑　川の上流と下流によって，川原の石の大きさや形に違いがあること。 ㋒　雨の降り方によって，流れる水の速さや量は変わり，増水により土地の様子が大きく変化する場合があること。 (イ) 流れる水の働きについて調べる中で，流れる水の働きと土地の変化との関係についての予想や仮説を基に，解決の方法を考え，表現すること。	ア　土地のつくりと変化 土地のつくりと変化について，土地やその中に含まれる物に着目して，土地のつくりやでき方を多面的に調べる活動を通して，次の事項を身に付けることができるよう指導する。 (ア) 次のことを理解するとともに，観察，実験などに関する初歩的な技能を身に付けること。 ㋐　土地は，礫（れき），砂，泥，火山灰などからできており，層をつくって広がっているものがあること。また，層には化石が含まれているものがあること。 ㋑　地層は，流れる水の働きや火山の噴火によってできること。 ㋒　土地は，火山の噴火や地震によって変化すること。 (イ) 土地のつくりと変化について調べる中で，土地のつくりやでき方について，より妥当な考えをつくりだし，表現すること。

学部	中学部		高等部	
内容	1段階	2段階	1段階	2段階
B　地球・自然		イ　天気の様子 天気や自然界の水の様子について，気温や水の行方に着目して，それらと天気の様子や水の状態変化とを関係付けて調べる活動を通して，次の事項を身に付けることができるよう指導する。 (ｱ) 次のことを理解するとともに，観察，実験などに関する初歩的な技能を身に付けること。 ㋐　天気によって1日の気温の変化の仕方に違いがあること。 ㋑　水は，水面や地面などから蒸発し，水蒸気になって空気中に含まれていくこと。 (ｲ) 天気の様子や水の状態変化と気温や水の行方との関係について調べる中で，見いだした疑問について，既習の内容や生活経験を基に予想し，表現すること。 ウ　月と星 月や星の特徴について，位置の変化や時間の経過に着目して，それらを関係付けて調べる活動を通して，次の事項を身に付けることができるよう指導する。 (ｱ) 次のことを理解するとともに，観察，実験などに関する初歩的な技能を身に付けること。	イ　天気の変化 天気の変化の仕方について，雲の様子を観測したり，映像などの気象情報を活用したりする中で，雲の量や動きに着目して，それらと天気の変化とを関係付けて調べる活動を通して，次の事項を身に付けることができるよう指導する。 (ｱ) 次のことを理解するとともに，観察，実験などに関する初歩的な技能を身に付けること。 ㋐　天気の変化は，雲の量や動きと関係があること。 ㋑　天気の変化は，映像などの気象情報を用いて予想できること。 (ｲ) 天気の変化の仕方について調べる中で，天気の変化の仕方と雲の量や動きとの関係についての予想や仮説を基に，解決の方法を考え，表現すること。	イ　月と太陽 月の形の見え方について，月と太陽の位置に着目して，それらの位置関係を多面的に調べる活動を通して，次の事項を身に付けることができるよう指導する。 (ｱ) 次のことを理解するとともに，観察，実験などに関する初歩的な技能を身に付けること。 ㋐　月の輝いている側に太陽があること。また，月の形の見え方は，太陽と月との位置関係によって変わること。 (ｲ) 月の形の見え方について調べる中で，月の位置や形と太陽の位置との関係について，より妥当な考えをつくりだし，表現すること。

学部	中学部		高等部	
内容	1段階	2段階	1段階	2段階
B 地球・自然		㋐ 月は日によって形が変わって見え、1日のうちでも時刻によって位置が変わること。 ㋑ 空には、明るさや色の違う星があること。 (1) 月の位置の変化と時間の経過との関係について調べる中で、見いだした疑問について、既習の内容や生活経験を基に予想し、表現すること。		
C 物質・エネルギー	ア 物と重さ 物の性質について、形や体積に着目して、重さを比較しながら調べる活動を通して、次の事項を身に付けることができるよう指導する。 (7) 次のことを理解するとともに、観察、実験などに関する初歩的な技能を身に付けること。 ㋐ 物は、形が変わっても重さは変わらないこと。 ㋑ 物は、体積が同じでも重さは違うことがあること。 (1) 物の形や体積と重さとの関係について調べる中で、差異点や共通点に気付き、物の性質についての疑問をもち、表現すること。	ア 水や空気と温度 水や空気の性質について、体積や状態の変化に着目して、それらと温度の変化とを関係付けて調べる活動を通して、次の事項を身に付けることができるよう指導する。 (7) 次のことを理解するとともに、観察、実験などに関する初歩的な技能を身に付けること。 ㋐ 水や空気は、温めたり冷やしたりすると、その体積が変わること。 ㋑ 水は、温度によって水蒸気や氷に変わること。 (1) 水や空気の体積や状態の変化について調べる中で、見いだした疑問について、既習の内容や生活経験を基に予想し、表現すること。	ア 物の溶け方 物の溶け方について、溶ける量や様子に着目して、水の温度や量などの条件を制御しながら調べる活動を通して、次の事項を身に付けることができるよう指導する。 (7) 次のことを理解するとともに、観察、実験などに関する初歩的な技能を身に付けること。 ㋐ 物が水に溶けても、水と物とを合わせた重さは変わらないこと。 ㋑ 物が水に溶ける量には、限度があること。 ㋒ 物が水に溶ける量は水の温度や量、溶ける物によって違うこと。また、この性質を利用して、溶けている物を取り出すことができること。 (1) 物の溶け方について調べる中で、物の溶け方の規則性についての予想や仮説を基に、解決の方法を考え、表現すること。	ア 燃焼の仕組み 燃焼の仕組みについて、空気の変化に着目して、物の燃え方を多面的に調べる活動を通して、次の事項を身に付けることができるよう指導する。 (7) 次のことを理解するとともに、観察、実験などに関する初歩的な技能を身に付けること。 ㋐ 植物体が燃えるときには、空気中の酸素が使われて二酸化炭素ができること。 (1) 燃焼の仕組みについて調べる中で、物が燃えたときの空気の変化について、より妥当な考えをつくりだし、表現すること。

学部	中学部		高等部	
内容	1段階	2段階	1段階	2段階
C　物質・エネルギー	イ　風やゴムの力の働き 風やゴムの力の働きについて，力と物の動く様子に着目して，それらを比較しながら調べる活動を通して，次の事項を身に付けることができるよう指導する。 (ア) 次のことを理解するとともに，観察，実験などに関する初歩的な技能を身に付けること。 ㋐　風の力は，物を動かすことができること。また，風の力の大きさを変えると，物が動く様子も変わること。 ㋑　ゴムの力は，物を動かすことができること。また，ゴムの力の大きさを変えると，物が動く様子も変わること。 (イ) 風やゴムの力で物が動く様子について調べる中で，差異点や共通点に気付き，風やゴムの力の働きについての疑問をもち，表現すること。 ウ　光や音の性質 光や音の性質について，光を当てたときの明るさや暖かさ，音を出したときの震え方に着目して，光の強さや音の大きさを変えたときの違いを比較しながら調べる活動を通して，次の事項を身に付けることができるよう指導する。		イ　電流の働き 電流の働きについて，電流の大きさや向きと乾電池につないだ物の様子に着目して，それらを関係付けて調べる活動を通して，次の事項を身に付けることができるよう指導する。 (ア) 次のことを理解するとともに，観察，実験などに関する初歩的な技能を身に付けること。 ㋐　乾電池の数やつなぎ方を変えると，電流の大きさや向きが変わり，豆電球の明るさやモーターの回り方が変わること。 (イ) 電流の働きについて調べる中で，電流の大きさや向きと乾電池につないだ物の様子との関係についての予想や仮説を基に，解決の方法を考え，表現すること。	イ　水溶液の性質 水溶液について，溶けている物に着目して，それらによる水溶液の性質や働きの違いを多面的に調べる活動を通して，次の事項を身に付けることができるよう指導する。 (ア) 次のことを理解するとともに，観察，実験などに関する初歩的な技能を身に付けること。 ㋐　水溶液には，酸性，アルカリ性及び中性のものがあること。 ㋑　水溶液には，気体が溶けているものがあること。 ㋒　水溶液には，金属を変化させるものがあること。 (イ) 水溶液の性質や働きについて調べる中で，溶けているものによる性質や働きの違いについて，より妥当な考えをつくりだし，表現すること。 ウ　てこの規則性 てこの規則性について，力を加える位置や力の大きさに着目して，てこの働きを多面的に調べる活動を通して，次の事項を身に付けることができるよう指導する。

学部	中学部		高等部	
内容	1段階	2段階	1段階	2段階
C　物質・エネルギー	(ｱ) 次のことを理解するとともに，観察，実験などに関する初歩的な技能を身に付けること。 ㋐　日光は直進すること。 ㋑　物に日光を当てると，物の明るさや暖かさが変わること。 ㋒　物から音が出たり伝わったりするとき，物は震えていること。 (ｲ) 光を当てたときの明るさや暖かさの様子，音を出したときの震え方の様子について調べる中で，差異点や共通点に気付き，光や音の性質についての疑問をもち，表現すること。 エ　磁石の性質 磁石の性質について，磁石を身の回りの物に近付けたときの様子に着目して，それらを比較しながら調べる活動を通して，次の事項を身に付けることができるよう指導する。 (ｱ) 次のことを理解するとともに，観察，実験などに関する初歩的な技能を身に付けること。 ㋐　磁石に引き付けられる物と引き付けられない物があること。 ㋑　磁石の異極は引き合い，同極は退け合うこと。			(ｱ) 次のことを理解するとともに，観察，実験などに関する初歩的な技能を身に付けること。 ㋐　力を加える位置や力の大きさを変えると，てこを傾ける働きが変わり，てこがつり合うときにはそれらの間に規則性があること。 ㋑　身の回りには，てこの規則性を利用した道具があること。 (ｲ) てこの規則性について調べる中で，力を加える位置や力の大きさとてこの働きとの関係について，より妥当な考えをつくりだし，表現すること。 エ　電気の利用 発電や蓄電，電気の変換について，電気の量や働きに着目して，それらを多面的に調べる活動を通して，次の事項を身に付けることができるよう指導する。 (ｱ) 次のことを理解するとともに，観察，実験などに関する初歩的な技能を身に付けること。 ㋐　電気は，つくりだしたり蓄えたりすることができること。 ㋑　電気は，光，音，熱，運動などに変換することができること。 ㋒　身の回りには，電気の性質や働きを利用した道具があること。

学部	中学部		高等部	
内容	1段階	2段階	1段階	2段階
C 物質・エネルギー	(イ) 磁石を身の回りの物に近づけたときの様子について調べる中で，差異点や共通点に気付き，磁石の性質についての疑問をもち，表現すること。 オ 電気の通り道 電気の回路について，乾電池と豆電球などのつなぎ方と，乾電池につないだ物の様子に着目して，電気を通すときと通さないときのつなぎ方を比較しながら調べる活動を通して，次の事項を身に付けることができるよう指導する。 (ア) 次のことを理解するとともに，観察，実験などに関する初歩的な技能を身に付けること。 ㋐ 電気を通すつなぎ方と通さないつなぎ方があること。 ㋑ 電気を通す物と通さない物があること。 (イ) 乾電池と豆電球などをつないだときの様子について調べる中で，差異点や共通点に気付き，電気の回路についての疑問をもち，表現すること。			(イ) 電気の性質や働きについて調べる中で，電気の量と働きとの関係，発電や蓄電，電気の変換について，より妥当な考えをつくりだし，表現すること。

目標・内容の一覧〔音楽〕

教科の目標

学部	小学部	中学部	高等部
知識及び技能	曲名や曲想と音楽のつくりについて気付くとともに、感じたことを音楽表現するために必要な技能を身に付けるようにする。	曲名や曲想と音楽の構造などとの関わりについて理解するとともに、表したい音楽表現をするために必要な技能を身に付けるようにする。	曲想と音楽の構造などとの関わり及び音楽の多様性について理解するとともに、創意工夫を生かした音楽表現をするために必要な技能を身に付けるようにする。
思考力、判断力、表現力等	感じたことを表現することや、曲や演奏の楽しさを見いだしながら、音や音楽の楽しさを味わって聴くことができるようにする。	音楽表現を考えることや、曲や演奏のよさなどを見いだしながら、音や音楽を味わって聴くことができるようにする。	音楽表現を創意工夫することや、音楽を自分なりに評価しながらよさや美しさを味わって聴くことができるようにする。
学びに向かう力、人間性等	音や音楽に楽しく関わり、協働して音楽活動をする楽しさを感じるとともに、身の回りの様々な音楽に親しむ態度を養い、豊かな情操を培う。	進んで音や音楽に関わり、協働して音楽活動をする楽しさを感じるとともに、様々な音楽に親しむとともに、豊かな情操を養い、豊かな情操を培う。	音楽活動の楽しさを体験することを通して、音楽を愛好する心情と音楽に対する感性を育むとともに、音楽に親しんでいく態度を養い、豊かな情操を培う。

段階の目標

	小学部 1段階	小学部 2段階	小学部 3段階	中学部 1段階	中学部 2段階	高等部 1段階	高等部 2段階
知識及び技能	ア 音や音楽に注意を向けて気付くとともに、関心を向け、音楽表現を楽しむために必要な身体表現、歌唱、音楽づくりにつながる技能を身に付けるようにする。	ア 曲名や曲想と簡単な音楽のつくりについて気付くとともに、音楽表現を楽しむために必要な身体表現、器楽、歌唱、音楽づくりの技能を身に付けるようにする。	ア 曲名や曲想と音楽のつくりについて気付くとともに、音楽表現を楽しむために必要な身体表現、器楽、歌唱、音楽づくりの技能を身に付けるようにする。	ア 曲名や曲の雰囲気などと音楽の構造などについて気付くとともに、音楽表現をするために必要な歌唱、器楽、音楽づくり、身体表現の技能を身に付けるようにする。	ア 曲名や曲想と音楽の構造などとの関わりについて理解するとともに、音楽表現をするために必要な歌唱、器楽、音楽づくり、身体表現の技能を身に付けるようにする。	ア 曲想と音楽の構造などとの関わりについて理解するとともに、創意工夫した音楽表現をするために必要な歌唱、器楽、創作、身体表現の技能を身に付けるようにする。	ア 曲想と音楽の構造や背景などとの関わり及び音楽の多様性について理解するとともに、創意工夫した音楽表現をするために必要な歌唱、器楽、創作、身体表現の技能を身に付けるようにする。

学部	小学部			中学部		高等部	
段階	1段階	2段階	3段階	1段階	2段階	1段階	2段階
段階の目標　思考力、判断力、表現力等	イ　音楽的な表現を楽しむことや、音や音楽に気付いて心や興味をもって聴くことができるようにする。	イ　音楽表現を工夫することや、表現することを通して、音や音楽に興味をもって聴くことができるようにする。	イ　音楽表現に対する思いをもつことや、曲や演奏の楽しさを見いだしながら音楽を味わって聴くことができるようにする。	イ　音楽表現を考えて表したい思いや意図をもつことや、曲や音楽を味わいながら聴くことができるようにする。	イ　音楽表現を考えて表したい思いや意図をもつことや、音や演奏のよさを見いだしながら、音や音楽を味わって聴くことができるようにする。	イ　音楽表現を創意工夫することや、音楽のよさや美しさを見いだしながら音楽を味わって聴くことができるようにする。	イ　音楽表現を創意工夫することや、音楽を自分なりに評価しながらよさや美しさを味わって聴くことができるようにする。
段階の目標　学びに向かう力、人間性等	ウ　音や音楽に関わり、教師と一緒に音楽をする楽しさを感じるとともに、音楽経験を生かして生活を楽しいものにしようとする態度を養う。	ウ　音や音楽に関わり、教師と一緒に音楽活動をする楽しさに興味をもちながら、音楽経験を生かして生活を楽しいものにしようとする態度を養う。	ウ　音や音楽に楽しく関わり、協働して音楽活動をする楽しさを感じながら、身の回りの様々な音楽に興味をもつとともに、音楽経験を生かして生活を明るく潤いのあるものにしようとする態度を養う。	ウ　進んで音楽に楽しく関わり、協働して音楽活動をする楽しさを感じながら、様々な音楽に触れるとともに、音楽経験を生かして生活を明るく潤いのあるものにしようとする態度を養う。	ウ　主体的に音楽に楽しく関わり、協働して音楽活動をする楽しさを味わいながら、様々な音楽に親しむとともに、音楽経験を生かして生活を明るく潤いのあるものにしようとする態度を養う。	ウ　主体的・協働的に表現及び鑑賞の学習に取り組み、音楽活動の楽しさを体験することを通して、音楽文化に親しむとともに、音楽経験を生かして生活を明るく豊かなものにしていく態度を養う。	ウ　主体的・協働的に表現及び鑑賞の学習に取り組み、音楽活動の楽しさを体験することを通して、音楽文化に親しみ、音楽によって生活を明るく豊かなものにしていく態度を養う。
内容　A　表現	ア　音楽遊びの活動を通して、次の事項を身に付けることができるよう指導する。 (ア)　音や音楽遊びについての知識や技能を得たり生かしたりしながら、音や音楽について、自分なりに聴いて、表そうとすること。	ア　歌唱の活動を通して、次の事項を身に付けることができるよう指導する。 (ア)　歌唱表現についての知識や技能を得たり生かしたりしながら、好きな旋律の一部分を自分なりに歌いたいという思いをもつこと。	ア　歌唱の活動を通して、次の事項を身に付けることができるよう指導する。 (ア)　歌唱表現についての知識や技能を得たり生かしたりしながら、歌唱表現に対する思いをもつこと。	ア　歌唱の活動を通して、次の事項を身に付けることができるよう指導する。 (ア)　歌唱表現についての知識や技能を得たり生かしたりしながら、曲の雰囲気に合ったふさわしい表現を工夫し、どのような歌唱表現にするかについて思いや意図をもつこと。	ア　歌唱の活動を通して、次の事項を身に付けることができるよう指導する。 (ア)　歌唱表現についての知識や技能を得たり生かしたりしながら、曲の特徴にふさわしい表現を工夫し、どのような歌唱表現にするかについて思いや意図をもつこと。	ア　歌唱の活動を通して、次の事項を身に付けることができるよう指導する。 (ア)　歌唱表現についての知識や技能を得たり生かしたりしながら、歌唱表現を創意工夫すること。	ア　歌唱の活動を通して、次の事項を身に付けることができるよう指導する。 (ア)　歌唱表現についての知識や技能を得たり生かしたりしながら、歌唱表現を創意工夫すること。

学部	小学部			中学部		高等部	
内容	1段階	2段階	3段階	1段階	2段階	1段階	2段階
A 表現	(イ) 表現する音や音楽に気付くこと。	(イ) 次の㋐及び㋑について気付くこと。	(イ) 次の㋐及び㋑について気付くこと。	(イ) 次の㋐及び㋑について気付くこと。	(イ) 次の㋐及び㋑について理解すること。	(イ) 次の㋐及び㋑について理解すること。	(イ) 次の㋐及び㋑について理解すること。
	—	㋐ 曲の特徴的なリズムと旋律	㋐ 曲の雰囲気と曲の速さや強弱との関わり	㋐ 曲名や曲の雰囲気と音楽の構造との関わり	㋐ 曲名や曲想と音楽の構造との関わり	㋐ 曲想と音楽の構造や歌詞の内容との関わり	㋐ 曲想と音楽の構造や歌詞の内容との関わり
	—	㋑ 曲名や歌詞に使われている特徴的な言葉	㋑ 曲名や歌詞に使われている言葉から受けるイメージと曲の雰囲気との関わり	㋑ 曲想と歌詞の表す情景やイメージとの関わり	㋑ 曲想と歌詞の表す情景やイメージとの関わり	㋑ 声の音色や響きと発声との関わり	㋑ 声の音色や響き及び言葉の特性と発声との関わり
	(ウ) 思いに合った表現をするために必要な次の㋐から㋒までの技能を身に付けること。	(ウ) 思いに合った表現をするために必要な次の㋐から㋒までの技能を身に付けること。	(ウ) 思いに合った歌い方で歌うために必要な次の㋐から㋒までの技能を身に付けること。	(ウ) 思いや意図にふさわしい歌い方で歌うために必要な次の㋐から㋒までの技能を身に付けること。	(ウ) 思いや意図にふさわしい歌い方で歌うために必要な次の㋐から㋒までの技能を身に付けること。	(ウ) 創意工夫を生かした表現をするために必要な次の㋐から㋒までの技能を身に付けること。	(ウ) 創意工夫を生かした表現をするために必要な次の㋐及び㋑の技能を身に付けること。
	㋐ 音や音楽を感じて体を動かす技能	㋐ 範唱を聴いて，曲の一部分を模唱する技能	㋐ 範唱を聴いて歌ったり，歌詞やリズムを意識して歌ったりする技能	㋐ 範唱を聴いて歌ったり，歌詞を見て歌ったりする技能	㋐ 歌詞やリズム，音の高さ等を意識して歌う技能	㋐ 範唱を聴いたり，ハ長調及びイ短調の楽譜を見たりして歌う技能	㋐ 創意工夫を生かした表現で歌うために必要な発声，言葉の発音，身体の使い方などの技能
	㋑ 音や音楽を感じて楽器の音を出す技能	㋑ 自分の歌声に注意を向けて歌う技能	㋑ 自分の歌声の大きさや発音などに気を付けて歌う技能	㋑ 発声の仕方に気を付けて歌う技能	㋑ 呼吸及び発音の仕方に気を付けて歌う技能	㋑ 呼吸及び発音の仕方に気を付けて，自然で無理のない，響きのある歌い方で歌う技能	㋑ 創意工夫を生かし，全体の響きや各声部の声などを聴きながら，他者と合わせて歌う技能
	㋒ 音や音楽を感じて声を出す技能	㋒ 教師や友達と一緒に歌う技能	㋒ 教師や友達と一緒に声を合わせて歌う技能	㋒ 友達の歌声や伴奏を聴いて声を合わせて歌う技能	㋒ 独唱と，斉唱及び簡単な輪唱などをする技能	㋒ 互いの歌声や副次的な旋律，伴奏を聴いて，声を合わせて歌う技能	—

学部	小学部			中学部		高等部	
内容	1段階	2段階	3段階	1段階	2段階	1段階	2段階
	—	イ 器楽の活動を通して、次の事項を身に付けることができるよう指導する。	イ 器楽の活動を通して、次の事項を身に付けることができるよう指導する。	イ 器楽の活動を通して、次の事項を身に付けることができるよう指導する。	イ 器楽の活動を通して、次の事項を身に付けることができるよう指導する。	イ 器楽の活動を通して、次の事項を身に付けることができるよう指導する。	イ 器楽の活動を通して、次の事項を身に付けることができるよう指導する。
	—	(7) 器楽表現についての知識や技能を得たり生かしたりしながら、身近な打楽器などに親しみ音を出そうとする思いをもつこと。	(7) 器楽表現についての知識や技能を得たり生かしたりしながら、器楽表現をもつ思いをもつこと。	(7) 器楽表現についての知識や技能を得たり生かしたりしながら、曲の雰囲気に合いそうな表現を工夫し、そうな表現に対する思いや意図をもつこと。	(7) 器楽表現についての知識や技能を得たり生かしたりしながら、曲想にふさわしい表現を工夫し、器楽表現に対する思いや意図をもつこと。	(7) 器楽表現についての知識や技能を得たり生かしたりしながら、器楽表現を創意工夫すること。	(7) 器楽表現についての知識や技能を得たり生かしたりしながら、器楽表現を創意工夫すること。
A 表現	—	(1) 次の(ア)及び(イ)について気付くこと。	(1) 次の(ア)及び(イ)について気付くこと。	(1) 次の(ア)及び(イ)について気付くこと。	(1) 次の(ア)及び(イ)について理解すること。	(1) 次の(ア)及び(イ)について理解すること。	(1) 次の(ア)及び(イ)について理解すること。
		(ア) 拍や曲の特徴的なリズム	(ア) リズム、速度や強弱の違い	(ア) 曲の雰囲気と音楽の構造との関わり	(ア) 曲想と音楽の構造との関わり	(ア) 曲想と音楽の構造との関わり	(ア) 曲想と音楽の構造との関わり
		(イ) 楽器の音色の違い	(イ) 演奏の仕方による楽器の音色の違い	(イ) 楽器の音色と全体の響きとの関わり	(イ) 多様な楽器の音色と全体の響きとの関わり	(イ) 多様な楽器の音色と演奏の仕方との関わり	(イ) 多様な楽器の音色や響きと演奏の仕方との関わり
	—	(ウ) 思いに合った表現をするために必要な次の(ア)から(ウ)までの技能を身に付けること。	(ウ) 思いに合った表現をするために必要な次の(ア)から(ウ)までの技能を身に付けること。	(ウ) 思いや意図に合った表現をするために必要な次の(ア)から(ウ)までの技能を身に付けること。	(ウ) 思いや意図に合ったふさわしい表現をするために必要な次の(ア)から(ウ)までの技能を身に付けること。	(ウ) 創意工夫を生かした表現をするために必要な次の(ア)から(ウ)までの技能を身に付けること。	(ウ) 創意工夫を生かした表現をするために必要な次の(ア)及び(イ)の技能を身に付けること。
		(ア) 範奏を聴き、模倣をして演奏する技能	(ア) 簡単な楽譜などを見てリズム演奏をする技能	(ア) 簡単な楽譜を見てリズムや速度を意識して演奏する技能	(ア) 簡単な楽譜を見て速度、音色を意識して、演奏する技能	(ア) 範奏を聴いたり、ハ長調及びイ短調の楽譜を見たりして演奏する技能	(ア) 創意工夫を生かし、音色や響きを意識して演奏する技能、身体の使い方などの技能

学部	小学部			中学部		高等部	
内容	1段階	2段階	3段階	1段階	2段階	1段階	2段階
A 表現	ー	㋑ 身近な打楽器を演奏する技能	㋑ 身近な打楽器や旋律楽器を使って演奏する技能	㋑ 音色や響きに気を付けて、打楽器や旋律楽器を使って演奏する技能	㋑ 打楽器や旋律楽器の基本的な扱い方に気を付けて、音色や響きに気を付けて演奏する技能	㋑ 音色や響きに気を付けて、旋律楽器及び打楽器を演奏する技能	㋑ 創意工夫を生かし、全体の響きや各声部の音などを聴きながら、他者と合わせて演奏する技能
	ー	㋒ 教師や友達と一緒に演奏する技能	㋒ 教師や友達の音を聴いて演奏する技能	㋒ 友達の楽器の音を聴いて、音を合わせて演奏する技能	㋒ 友達の楽器の音や伴奏を聴いて、リズムや速度を合わせて演奏する技能	㋒ 各声部の楽器の音や伴奏を聴いて、音を合わせて演奏する技能	
	ー	ウ 音楽づくりの活動を通して、次の事項を身に付けることができるよう指導する。	ウ 音楽づくりの活動を通して、次の事項を身に付けることができるよう指導する。	ウ 音楽づくりの活動を通して、次の事項を身に付けることができるよう指導する。	ウ 音楽づくりの活動を通して、次の事項を身に付けることができるよう指導する。	ウ 創作の活動を通して、次の事項を身に付けることができるよう指導する。	ウ 創作の活動を通して、次の事項を身に付けることができるよう指導する。
		(ア) 音楽づくりについての知識や技能を得たり生かしたりしながら、次の㋐及び㋑をできるようにすること。	(ア) 音楽づくりについての知識や技能を得たり生かしたりしながら、次の㋐及び㋑をできるようにすること。	(ア) 音楽づくりについての知識や技能を得たり生かしたりしながら、次の㋐及び㋑をできるようにすること。	(ア) 音楽づくりについての知識や技能を得たり生かしたりしながら、次の㋐及び㋑をできるようにすること。	(ア) 創作表現についての知識や技能を得たり生かしたりしながら、創作表現を創意工夫すること。	(ア) 創作表現についての知識や技能を得たり生かしたりしながら、創作表現を創意工夫すること。
	ー	㋐ 音遊びを通して、音の面白さに気付くこと。	㋐ 音遊びを通して、音の面白さに気付いたり、音楽づくりの発想を得たりすること。	㋐ 音遊びを通して、音楽をどのように音楽をつくるのかについて発想を得ること。	㋐ 即興的に表現することを通して、音楽づくりのの発想を得ること。	ー	ー
	ー	㋑ 音や音楽で表現することについて思いをもつこと。	㋑ どのように音を音楽にしていくかについて思いをもつこと。	㋑ 音を音楽へと構成することについて思いをもつこと。	㋑ 音を音楽へと構成することについて思いをもつこと。	ー	ー

328

学部	小学部			中学部		高等部	
内容	1段階	2段階	3段階	1段階	2段階	1段階	2段階
A 表 現	—	(イ) 次の㋐及び㋑について，それらが生み出す面白さなどに触れて気付くこと。	(イ) 次の㋐及び㋑について，それらが生み出す面白さなどと関わって気付くこと。	(イ) 次の㋐及び㋑について，それらが生み出す面白さなどと関わらせて気付くこと。	(イ) 次の㋐及び㋑について，それらが生み出す面白さなどと関わらせて理解すること。	(イ) 次の㋐及び㋑について，それらが生み出す面白さなどと関わらせて理解すること。	(イ) 次の㋐及び㋑について，表したいイメージと関わらせて理解すること。
	—	㋐ 声や身の回りの様々な音の特徴	㋐ 声や身の回りの様々な音の特徴	㋐ いろいろな音の響きの特徴	㋐ いろいろな音の響きやその組み合わせの特徴	㋐ いろいろな音の響きやそれらの組合せの特徴	㋐ 音のつながり方の特徴
	—	㋑ 音のつなげ方の特徴	㋑ 簡単なリズム・パターンの特徴	㋑ リズム・パターンや短い旋律のつなげ方の特徴	㋑ リズム・パターンや短い旋律のつなぎ方や重ね方の特徴	㋑ 音やフレーズのつなげ方や重ね方の特徴	㋑ 音素材の特徴及び音の重なり方や反復，変化，対照などの構成上の特徴
	—	(ウ) 気付きを生かした表現や思いに合った表現をするために必要な次の㋐及び㋑の技能を身に付けること。	(ウ) 気付きや発想を生かした表現や，思いに合った表現をするために必要な次の㋐及び㋑の技能を身に付けること。	(ウ) 発想を生かした表現，思いや意図に合った表現をするために必要な次の㋐及び㋑の技能を身に付けること。	(ウ) 発想を生かした表現，思いや意図に合った表現をするために必要な次の㋐及び㋑の技能を身に付けること。	(ウ) 創意工夫を生かした表現で旋律や音楽をつくるために必要な，課題や条件に沿った音の選択や組合せなどの技能を身に付けること。	(ウ) 創意工夫を生かした表現で旋律や音楽をつくるために必要な，課題や条件に沿った音の選択や組合せなどの技能を身に付けること。
	—	㋐ 音を選んだりつなげたりして，表現する技能	㋐ 音を選んだりつなげたりして表現する技能	㋐ 設定した条件に基づいて，音を選択したり組み合わせたりして表現する技能	㋐ 設定した条件に基づいて，即興的に音を選択したり組み合わせたりして表現する技能	—	—
	—	㋑ 教師や友達と一緒に簡単な音や音楽をつくる技能	㋑ 教師や友達と一緒に音楽の仕組みを用いて，簡単な音楽をつくる技能	㋑ 音楽の仕組みを生かして，簡単な音楽をつくる技能	㋑ 音楽の仕組みを生かして，音楽をつくる技能	—	—

学部	小学部			中学部		高等部	
内容	1段階	2段階	3段階	1段階	2段階	1段階	2段階
A 表現	—	エ 身体表現の活動を通して、次の事項を身に付けることができるよう指導する。	エ 身体表現の活動を通して、次の事項を身に付けることができるよう指導する。	エ 身体表現の活動を通して、次の事項を身に付けることができるよう指導する。	エ 身体表現の活動を通して、次の事項を身に付けることができるよう指導する。	エ 身体表現の活動を通して、次の事項を身に付けることができるよう指導する。	エ 身体表現の活動を通して、次の事項を身に付けることができるよう指導する。
		(ア) 身体表現についての知識や技能を得たり生かしたりしながら、簡単なリズムの特徴を感じ取り、体を動かすことについて思いをもつこと。	(ア) 身体表現についての知識や技能を得たり生かしたりしながら、旋律の特徴、簡単なリズムや歌詞を感じ取り、体を動かすことについて思いをもつこと。	(ア) 身体表現についての知識や技能を得たり生かしたりしながら、曲の雰囲気や体を動かすことについての思いや意図をもつこと。	(ア) 身体表現についての知識や技能を得たり生かしたりしながら、リズムの特徴や曲想を感じ取り、体を動かすことについての思いや意図をもつこと。	(ア) 身体表現についての知識や技能を得たり生かしたりしながら、身体表現を創意工夫すること。	(ア) 身体表現についての知識や技能を得たり生かしたりしながら、身体表現を創意工夫すること。
		(1) 次の(ア)及び(イ)について気付くこと。	(1) 次の(ア)及び(イ)の関わりについて気付くこと。	(1) 次の(ア)及び(イ)の関わりについて気付くこと。	(1) 次の(ア)及び(イ)の関わりについて理解すること。	(1) 次の(ア)及び(イ)の関わりについて理解すること。	(1) 次の(ア)及び(イ)の関わりについて理解すること。
		(ア) 拍や曲の特徴的なリズム	(ア) 曲のリズム、速度、旋律	(ア) 曲の雰囲気と音楽の構造との関わり	(ア) 曲想と音楽の構造との関わり	(ア) 曲想と音楽の構造との関わり	(ア) 曲想と音楽の構造との関わり
		(イ) 曲名と動きとの関わり	(イ) 曲名、拍やリズムを表す言葉やかけ声、歌詞の一部	(イ) 曲名や歌詞と体の動きとの関わり	(イ) 曲名や歌詞と体の動きとの関わり	(イ) 曲想や音楽の構造と体の動きとの関わり	(イ) 曲想や音楽の構造と体の動きとの関わり
		(ウ) 思いに合った動きをするために必要な次の(ア)から(ウ)までの技能を身に付けること。	(ウ) 思いに合った動きで表現するために必要な次の(ア)から(ウ)までの技能を身に付けること。	(ウ) 思いや意図にふさわしい動きで表現するために必要な次の(ア)から(ウ)までの技能を身に付けること。	(ウ) 思いや意図にふさわしい動きで表現するために必要な次の(ア)から(ウ)までの技能を身に付けること。	(ウ) 創意工夫を生かした表現をするために必要な次の(ア)から(ウ)までの技能を身に付けること。	(ウ) 創意工夫を生かした表現をするために必要な次の(ア)から(ウ)までの技能を身に付けること。
		(ア) 示範を見て模倣したり、拍や特徴的なリズムを意識したりして手足や身体全体を動かす技能	(ア) 示範を見たり、拍やリズム、旋律を意識したりして、身体表現をする技能	(ア) 示範を見て体を動かしたり、曲の速度やリズム、曲の雰囲気に合わせて身体表現したりする技能	(ア) 示範を見て体を動かしたり、曲の速度やリズム、曲想に合わせて表現したりする技能	(ア) 曲の速度やリズム、曲想に合わせて表現する技能	(ア) 曲の速度やリズム、曲想に合わせて表現する技能

学部 内容	小学部 1段階	小学部 2段階	小学部 3段階	中学部 1段階	中学部 2段階	高等部 1段階	高等部 2段階
A 表現	—	イ 音や音楽を聴いて、手足や身体全体を自然に動かす技能	イ 音や音楽を聴いて、様々な体の動きで表現する技能	イ 音や音楽を聴いて、様々な動きを組み合わせて身体表現をする技能	イ 音や音楽を聴いて、様々な動きを組み合わせてまとまりのある表現をする技能	イ 設定した条件に基づいて、様々な動きを組み合わせてまとまりのある表現をする技能	イ 設定した条件に基づいて、様々な動きを組み合わせたり、即興的に動いたりしてまとまりのある表現をする技能
	—	ウ 教師や友達と一緒に体を動かす技能	ウ 教師や友達と一緒に体を使って表現する技能	ウ 友達と動きを合わせて表現する技能	ウ 友達と動きを相談して、合わせて表現する技能	ウ 友達と動きを合わせて表現する技能	ウ 友達と動きを組み合わせたり、即興的に表現したりする技能
	ア 音楽遊びの活動を通して、次の事項を身に付けることができるよう指導する。	ア 鑑賞の活動を通して、次の事項を身に付けることができるよう指導する。	ア 鑑賞の活動を通して、次の事項を身に付けることができるよう指導する。	ア 鑑賞の活動を通して、次の事項を身に付けることができるよう指導する。	ア 鑑賞の活動を通して、次の事項を身に付けることができるよう指導する。	ア 鑑賞の活動を通して、次の事項を身に付けることができるよう指導する。	ア 鑑賞の活動を通して、次の事項を身に付けることができるよう指導する。
	(ア) 音や音楽遊びについての知識や技能を得たり生かしたりしながら、音や音楽を聴いて、自分なりの楽しさを見付けようとすること。	(ア) 鑑賞についての知識を得たり生かしたりしながら、身近な音楽を見たり、体の動きで表したりしながら聴くこと。	(ア) 鑑賞についての知識を生かしながら、曲や演奏の楽しさを見いだして聴くこと。	(ア) 鑑賞についての知識を得たり生かしたりしながら、曲や演奏のよさなどを見いだして聴くこと。	(ア) 鑑賞についての知識を得たり生かしたりしながら、曲や演奏のよさなどを見いだし、曲全体を味わって聴くこと。	(ア) 鑑賞についての知識を得たり生かしたりしながら、曲や演奏のよさなどを見いだし、曲全体を味わって聴くこと。	(ア) 鑑賞についての知識を得たり生かしたりしながら、曲や演奏のよさなどについて自分なりに考え、曲全体を味わって聴くこと。
B 鑑賞	(1) 聴こえてくる音や音楽に気付くこと。	(1) 身近な人の演奏に触れて、好きな音や楽器の音色を見付けること。	(1) 曲想や楽器の音色、リズムや速度、旋律の特徴に気付くこと。	(1) 曲想とリズムや速度、旋律の特徴との関わりについて分かること。	(1) 曲想と音楽の構造等との関わりについて理解すること。	(1) 曲想及びその変化と、音楽の構造との関わりについて理解すること。	(1) 次の㋐及び㋑について理解すること。
	—	—	—	—	—	—	㋐ 曲想及びその変化と、音楽の構造との関わり
	—	—	—	—	—	—	㋑ 音楽の特徴とその背景となる文化や歴史などとの関わり

学部		小学部			中学部		高等部	
内容		1段階	2段階	3段階	1段階	2段階	1段階	2段階
		「A表現」及び「B鑑賞」の指導を通して、次の事項を身に付けることができるよう指導する。			1段階と2段階の「A表現」及び「B鑑賞」の指導を通して、次の事項を身に付けることができるよう指導する。		1段階と2段階の「A表現」及び「B鑑賞」の指導を通して、次の事項を身に付けることができるよう指導する。	
共通事項		ア 音楽を形づくっている要素を聴き取り、それらの働きが生み出すよさや面白さ、美しさを感じ取りながら、聴き取ったことと感じ取ったこととの関わりについて考えること。			ア 音楽を形づくっている要素を聴き取り、それらの働きが生み出すよさや面白さ、美しさを感じ取りながら、聴き取ったことと感じ取ったこととの関わりについて考えること。		ア 音楽を形づくっている要素や要素同士の関連を知覚し、それらの働きが生み出す特質や雰囲気を感受しながら、知覚したことと感受したこととの関わりについて考えること。	
		イ 絵譜や色を用いた音符、休符、記号や用語について、その意味に触れること。			イ 音楽を形づくっている要素及びそれらに関わる音符、休符、記号や用語について、音楽における働きと関わらせて理解すること。		イ 音楽を形づくっている要素及びそれらに関わる用語や記号などについて、音楽における働きと関わらせて理解すること。	

332

目標・内容の一覧〔図画工作〕〔美術〕

教科の目標

学部	小学部	中学部	高等部
知識及び技能	(1) 形や色などの造形的な視点に気付き、表したいことに合わせて材料や用具を使い、表し方を工夫してつくることができるようにする。	(1) 造形的な視点について理解し、表したいことに合わせて材料や用具を使い、表し方を工夫する技能を身に付けるようにする。	(1) 造形的な視点について理解するとともに、表現方法を創意工夫し、創造的に表すことができるようにする。
思考力、判断力、表現力等	(2) 造形的なよさや美しさ、表したいことや表し方などについて考え、発想や構想をしたり、身の回りの作品などから自分の見方や感じ方を広げたりすることができるようにする。	(2) 造形的なよさや美しさ、表したいことや表し方などについて考え、経験したことや材料などを基に、発想し構想するとともに、造形や作品などを鑑賞し、自分の見方や感じ方を深めることができるようにする。	(2) 造形的なよさや美しさ、表現の意図と工夫などについて考え、主題を生み出し豊かに発想し構想を練ったり、美術や美術文化などに対する見方や感じ方を深めたりすることができるようにする。
学びに向かう力、人間性等	(3) つくりだす喜びを味わうとともに、感性を育み、楽しく豊かな生活を創造しようとする態度を養い、豊かな情操を培う。	(3) 創造活動の喜びを味わい、美術を愛好する心情を育み、感性を豊かにし、豊かな情操を培む態度を養い、豊かな情操を培う。	(3) 美術の創造活動の喜びを味わい、美術を愛好する心情を育み、感性を豊かにし、心豊かな生活を創造していく態度を養い、豊かな情操を培う。

段階の目標

	小学部 1段階	小学部 2段階	小学部 3段階	中学部 1段階	中学部 2段階	高等部 1段階	高等部 2段階
知識及び技能	ア 形や色などに気付き、材料や用具を使おうとするようにする。	ア 形や色などの違いに気付き、表したいことを基に材料や用具を使い、表し方を工夫してつくるようにする。	ア 形や色などの造形的な視点に気付き、表したいことに合わせて材料や用具を使い、表し方を工夫してつくるようにする。	ア 造形的な視点について気付き、材料や用具の扱い方に親しみ、表し方をくふうする技能を身に付けるようにする。	ア 造形的な視点について理解し、材料や用具の扱い方などを身に付けるとともに、表し方を工夫する多様な表し方を身に付けるようにする。	ア 造形的な視点について理解するとともに、意図に応じて表現方法を工夫して表すことができるようにする。	ア 造形的な視点について理解するとともに、意図に応じて自分の表現方法を工夫して創造的に表すことができるようにする。

学部	小学部			中学部		高等部	
段階の目標	1段階	2段階	3段階	1段階	2段階	1段階	2段階
思考力、判断力、表現力等	イ 表したいことを思い付いたり、作品を見たりできるようにする。	イ 表したいことを思い付いたり、作品の面白さや楽しさを感じ取ったりできるようにする。	イ 造形的なよさや美しさ、表したいことや表し方などについて考え、発想や構想をしたり、身の回りの作品などから自分の見方や感じ方を広げたりすることができるようにする。	イ 造形的なよさや面白さ、美しさ、表したいことや表し方などについて考え、経験したことや想像したこと、材料などを基に、発想し構想するとともに、身近にある造形や作品などから、自分の見方や感じ方を広げることができるようにする。	イ 造形的なよさや面白さ、美しさ、表したいことや表し方などについて考え、経験したことや想像したこと、材料などを基に、発想し構想するとともに、自分たちの作品や美術作品などに親しみ自分の見方や感じ方を深めることができるようにする。	イ 造形的なよさや美しさ、表現の意図と工夫などについて考え、主題を生み出し構想し、美術や美術文化などに対する見方や感じ方を広げることができるようにする。	イ 造形的なよさや美しさ、表現の意図と創造的な工夫などについて考え、主題を生み出し豊かに発想し構想を練ったり、美術や美術文化などに対する見方や感じ方を深めたりすることができるようにする。
学びに向かう力、人間性等	ウ 進んで表したり見たりする活動に取り組み、つくりだすことの楽しさに気付くとともに、形や色などに関わり楽しい生活を創造しようとする態度を養う。	ウ 進んで表現や鑑賞の活動に取り組み、つくりだす喜びを感じるとともに、形や色などに関わることにより楽しく豊かな生活を創造しようとする態度を養う。	ウ 進んで表現や鑑賞の活動に取り組み、つくりだす喜びを味わうとともに、感性を育み、形や色などに関わることにより楽しく豊かな生活を創造しようとする態度を養う。	ウ 楽しく美術の活動に取り組み、創造活動の喜びを味わい、美術を愛好する心豊かな生活を営む態度を養う。	ウ 主体的に美術の活動に取り組み、創造活動の喜びを味わい、美術を愛好する心情を高め、心豊かな生活を営む態度を養う。	ウ 楽しく美術の活動に取り組み、創造活動の喜びを味わい、美術を愛好する心情を培い、心豊かな生活を創造していく態度を養う。	ウ 主体的に美術の活動に取り組み創造活動の喜びを味わい、美術を愛好する心情を深め、心豊かな生活を創造していく態度を養う。

学部	小学部			中学部		高等部	
内容	1段階	2段階	3段階	1段階	2段階	1段階	2段階
A 表現	ア 線を引く、絵をかくなどの活動を通して、次の事項を身に付けることができるよう指導する。	ア 身近な出来事や思ったことを基に絵をかく、粘土で形をつくるなどの活動を通して、次の事項を身に付けることができるよう指導する。	ア 日常生活の出来事や思ったことを基に絵をかいたり、作品をつくったりする活動を通して、次の事項を身に付けることができるよう指導する。	ア 日常生活の中で経験したことや思ったこと、材料などを基に、表したいことや表し方を考え、描いたり、つくったり、それらを飾ったりする活動を通して、次の事項を身に付けることができるよう指導する。	ア 経験したことや想像したこと、材料などを基に、表したいことや表し方を考えて、描いたり、つくったり、それらを飾ったりする活動を通して、次の事項を身に付けることができるよう指導する。	ア 感じ取ったことや、目的や機能などを基に、描いたり、つくったりする活動を通して、次の事項を身に付けることができるよう指導する。	ア 感じ取ったことや、目的や機能などを基に、描いたり、つくったりする活動を通して、次の事項を身に付けることができるよう指導する。
	(ア) 材料などから、表したいことを思い付くこと。	(ア) 材料や、感じたこと、想像したこと、見たことから表したいことを思い付くこと。	(ア) 材料や、感じたこと、想像したこと、見たこと、思ったことから表したいことを思い付くこと。	(ア) 経験したことや想像したこと、材料などを基に、表したいことや表し方を考えて、発想や構想をすること。	(ア) 経験したことや想像したこと、材料などを基に、表したいことや表し方を考えて、発想や構想をすること。	(ア) 対象や事象を見つめ感じ取ったことや、伝えたり使ったりする目的や条件などを基に主題を生み出し、構成を創意工夫し、心豊かに表現する構想を練ること。	(ア) 対象や事象を深く見つめ感じ取ったことや、伝えたり使ったりする目的や条件などを基に主題を生み出し、創造的な構成を工夫し、心豊かに表現する構想を練ること。
	(イ) 身の回りの自然物などに触れながらかく、切る、ぬる、はるなどすること。	(イ) 身近な材料や用具を使い、かいたり、形をつくったりすること。	(イ) 様々な材料や用具を使い、工夫してかいたり、作品をつくったりすること。	(イ) 材料や用具の扱いに親しみ、表したいことに合わせて、表し方を工夫し、材料や用具を選んで使い表すこと。	(イ) 材料や用具の扱い方を身に付け、表したいことに合わせて、材料や用具の特徴を生かしたり、それらを組み合わせたりして計画的に表すこと。	(イ) 材料や用具の特性の生かし方などを身に付け、意図に応じて表現方法を工夫して表すこと。	(イ) 材料や用具の特性の生かし方などを身に付け、意図に応じて表現方法を追求し、自分らしさを発揮して表すこと。

学部	小学部			中学部		高等部	
内容	1段階	2段階	3段階	1段階	2段階	1段階	2段階
B 鑑賞	ア 身の回りにあるものなどを見ること。	ア 身の回りにあるものや自分たちの作品などを鑑賞する活動を通して、次の事項を身に付けることができるよう指導する。	ア 自分たちの作品や、身の回りにある作品などを鑑賞する活動を通して、次の事項を身に付けることができるよう指導する。	ア 自分たちの作品や身近な造形品の鑑賞の活動を通して、次の事項を身に付けることができるよう指導する。	ア 自分たちの作品や美術作品などの鑑賞の活動を通して、次の事項を身に付けることができるよう指導する。	ア 美術作品や生活の中の美術の働き、美術文化などの鑑賞の活動を通して、次の事項を身に付けることができるよう指導する。	ア 美術作品や生活の中の美術の働き、美術文化などの鑑賞の活動を通して、次の事項を身に付けることができるよう指導する。
	(ア) 身の回りにあるものなどを見ること。	(ア) 身近にあるものなどの形や色の面白さについて感じ取り、自分の見方や感じ方を広げること。	(ア) 自分たちの作品や、日常生活の中にあるものなどの形や色、表し方の面白さなどについて、感じ取り、自分の見方や感じ方を広げること。	(ア) 自分たちの作品や身近な造形品の制作の過程などの鑑賞を通して、よさや面白さに気付き、自分の見方や感じ方を広げること。	(ア) 自分たちの作品などを鑑賞して、よさや面白さ、美しさを感じ取り、自分の見方や感じ方を深めること。	(ア) 美術作品などの造形的なよさや美しさを感じ取り、作者の心情や表現の意図と創造的な工夫などについて考えるなどして、見方や感じ方を広げること。	(ア) 美術作品などの造形的なよさや美しさを感じ取り、作者の心情や表現の意図と創造的な工夫などについて考えるなどして、見方や感じ方を深めること。
	—	—	—	(イ) 表し方や材料の違いなどに気付き、自分の見方や感じ方を広げること。	(イ) 表し方や材料による印象の違いなどを捉え、自分の見方や感じ方を深めること。	(イ) 生活の中の美術や文化遺産などのよさや美しさを感じ取り、生活や社会を美しく豊かにする美術の働きや美術文化について考えるなどして、見方や感じ方を広げること。	(イ) 生活や社会の中の美術や美術文化遺産などのよさや美しさを感じ取り、生活や社会を美しく豊かにする美術の働きや美術文化について考えるなどして、見方や感じ方を深めること。

学部	小学部			中学部		高等部	
内容	1段階	2段階	3段階	1段階	2段階	1段階	2段階
				[共通事項]			
ア	ア 「A表現」及び「B鑑賞」の指導を通して、次の事項を身に付けることができるよう指導する。	ア 「A表現」及び「B鑑賞」の指導を通して、次の事項を身に付けることができるよう指導する。	ア 「A表現」及び「B鑑賞」の指導を通して、次の事項を身に付けることができるよう指導する。	ア 「A表現」及び「B鑑賞」の指導を通して、次の事項を身に付けることができるよう指導する。	ア 「A表現」及び「B鑑賞」の指導を通して、次の事項を身に付けることができるよう指導する。	ア 「A表現」及び「B鑑賞」の指導を通して、次の事項を身に付けることができるよう指導する。	ア 「A表現」及び「B鑑賞」の指導を通して、次の事項を身に付けることができるよう指導する。
	(ア) 自分が感じたことや行ったことを通して、形や色などについて気付くこと。	(ア) 自分が感じたことを通して、形や色などの違いに気付くこと。	(ア) 自分の感覚や行為を通して、形や色などの感じに気付くこと。	(ア) 形や色彩、材料や光などの特徴について知ること。	(ア) 形や色彩、材料や光などの特徴について理解すること。	(ア) 形や色彩、材料や光などの動きを理解すること。	(ア) 形や色彩、材料や光などの動きを理解すること。
	(イ) 形や色などを基に、自分のイメージをもつこと。	(イ) 形や色などを基に、自分のイメージをもつこと。	(イ) 形や色などの感じを基に、自分のイメージをもつこと。	(イ) 造形的な特徴などからイメージをもつこと。	(イ) 造形的な特徴などからイメージを捉えること。	(イ) 造形的な特徴などから全体のイメージで捉えることを理解すること。	(イ) 造形的な特徴などから全体のイメージで捉えることを理解すること。

目標・内容の一覧（体育）（保健体育）

学部		小学部（体育）	中学部（保健体育）	高等部（保健体育）
	教科の目標	体育や保健の見方・考え方を働かせ、課題に気付き、その解決に向けた学習過程を通して、心と体を一体として捉え、生涯にわたって心身の健康を保持増進し、豊かなスポーツライフを実現するための資質・能力を次のとおり育成することを目指す。	体育や保健の見方・考え方を働かせ、課題を見付け、その解決に向けた学習過程を通して、心と体を一体として捉え、生涯にわたって心身の健康を保持増進し、豊かなスポーツライフを実現するための資質・能力を次のとおり育成することを目指す。	体育や保健の見方・考え方を働かせ、課題を発見し、合理的・計画的な解決に向けた主体的・協働的な学習過程を通して、心と体を一体として捉え、生涯にわたって心身の健康を保持増進し、豊かなスポーツライフを継続するための資質・能力を次のとおり育成することを目指す。
知識及び技能		(1) 遊びや基本的な運動の行い方及び身近な生活における健康について知るとともに、基本的な動きや健康な生活に必要な事柄を身に付けるようにする。	(1) 各種の運動の特性に応じた技能等及び自分の生活における健康・安全について理解するとともに、基本的な技能を身に付けるようにする。	(1) 各種の運動の特性に応じた技能等並びに個人生活及び社会生活における健康・安全についての理解を深めるとともに、目的に応じた技能を身に付けるようにする。
思考力、判断力、表現力等		(2) 遊びや基本的な運動及び健康についての自分の課題に気付き、その解決に向けて自ら考え行動し、他者に伝える力を養う。	(2) 各種の運動や健康・安全についての自分の課題を見付け、その解決に向けて自ら思考し判断するとともに、他者に伝える力を養う。	(2) 各種の運動や健康・安全についての自他や社会の課題を発見し、その解決に向けて仲間と思考し判断するとともに、目的や状況に応じて他者に伝える力を養う。
学びに向かう力、人間性等		(3) 遊びや基本的な運動に親しむことや健康の保持増進と体力の向上を目指し、楽しく明るい生活を営む態度を養う。	(3) 生涯にわたって運動に親しむことや健康の保持増進と体力の向上を目指し、明るく豊かな生活を営む態度を養う。	(3) 生涯にわたって継続して運動に親しむことや、健康の保持増進と体力の向上を目指し、明るく豊かで活力ある生活を営む態度を養う。

学部	小学部（体育）			中学部（保健体育）		高等部（保健体育）	
段階の目標	1段階	2段階	3段階	1段階	2段階	1段階	2段階
知識及び技能	ア 教師と一緒に、楽しく体を動かすことができるようにするとともに、健康な生活に必要な事柄ができるようにする。	ア 教師の支援を受けながら、楽しく基本的な運動ができるようにするとともに、健康な生活に必要な事柄ができるようにする。	ア 基本的な運動の楽しさを感じ、その行い方を知り、基本的な動きを身に付けるとともに、健康について知り、体の変化について知り、健康な生活ができるようにする。	ア 各種の運動の楽しさや喜びに触れ、その特性に応じた行い方及び体の発育・発達やけがの防止、病気の予防などの仕方が分かり、基本的な動きや技能を身に付けるようにする。	ア 各種の運動の楽しさや喜びを味わい、その特性に応じた行い方及び体の発育・発達やけがの防止、病気の予防などの仕方について理解し、基本的な技能を身に付けるようにする。	ア 各種の運動の楽しさや喜びを味わい、その特性に応じた技能等や心身の発育・発達、個人生活に応じた健康・安全などに関する事柄などを理解するとともに、技能を身に付けるようにする。	ア 各種の運動の楽しさや喜びを深く味わい、その特性に応じた技能等や心身の発育・発達、個人生活及び社会生活に必要な健康・安全に関する事柄などの理解を深めるとともに、目的に応じた技能を身に付けるようにする。
思考力、判断力、表現力等		イ 体を動かすことの楽しさや心地よさを表現できるようにするとともに、健康な生活を営むために必要な事柄について教師に伝えることができるようにする。	イ 基本的な運動に慣れ、その楽しさや感じたことを表現できるようにするとともに、健康な生活に向け、感じたことなどを他者に伝える力を養う。	イ 各種の運動や健康な生活における自分の課題を見付け、その解決のための活動を考えたり、工夫したりしたことを他者に伝える力を養う。	イ 各種の運動や健康な生活における自分の課題を見付け、その解決のための方策を工夫したり、友達と考えたりしたことを他者に伝える力を養う。	イ 各種の運動や健康・安全な生活を営むための自他の課題を発見し、その解決のための方策を工夫したり、仲間と考えたりしたことを、他者に伝える力を養う。	イ 各種の運動や健康・安全な生活を営むための自他の課題を発見し、よりよい解決のために仲間と思考し判断したことを、目的や状況に応じて他者に伝える力を養う。

学部	小学部（体育）			中学部（保健体育）		高等部（保健体育）	
段階の目標	1段階	2段階	3段階	1段階	2段階	1段階	2段階
学びに向かう力，人間性等	ウ 簡単な合図や指示に従って、楽しく運動をしようとしたり、健康に必要な事柄をしようとしたりする態度を養う。	ウ 簡単なきまりを守り、友達とともに安全に楽しく運動をしようとしたり、健康に気を付けたり必要な事柄をしようとしたりする態度を養う。	ウ きまりを守り、自分から友達と仲よく楽しく運動をしたり、場や用具の安全に気を付けたりしようとするとともに、自分から健康に必要な事柄をしようとする態度を養う。	ウ 各種の運動に進んで取り組み、きまりや簡単なスポーツのルールなどを守り、友達と協力したり、場や用具の安全に留意したりし、最後まで楽しく運動をする態度を養う。また、健康・安全の大切さに気付き、自己の健康の保持増進に進んで取り組む態度を養う。	ウ 各種の運動に積極的に取り組み、きまりや簡単なスポーツのルールなどを守り、友達と助け合ったり、場や用具の安全に留意したりし、自己の最善を尽くして運動をする態度を養う。また、健康・安全に気を付き、自己の健康の保持増進と回復に進んで取り組む態度を養う。	ウ 各種の運動における多様な経験を通して、きまりやルール、マナーなどを守り、仲間と協力したり、場や用具の安全を確保したりし、自己の最善を尽くして自主的な態度を養う。また、健康・安全に留意し、健康の保持増進と回復に積極的に取り組む態度を養う。	ウ 各種の運動における多様な経験を通して、きまりやルール、マナーなどを守り、自己の役割を果たし仲間と協力したり、場や用具の安全を確保したり、生涯にわたって運動に親しむ態度を養う。また、安全に留意し、健康の保持増進と回復に自主的に取り組む態度を養う。
内容	1段階	2段階	3段階	1段階	2段階	1段階	2段階
A 体つくり運動遊び（小学部1段階） A 体つくり運動（小学部2・3段階，中学部，高等部）	体つくり運動遊びについて、次の事項を身に付けることができるよう指導する。	体つくり運動について、次の事項を身に付けることができるよう指導する。	体つくり運動について、次の事項を身に付けることができるよう指導する。	体つくり運動について、次の事項を身に付けることができるよう指導する。	体つくり運動について、次の事項を身に付けることができるよう指導する。	体つくり運動について、次の事項を身に付けることができるよう指導する。	体つくり運動について、次の事項を身に付けることができるよう指導する。

学部	小学部（体育）			中学部（保健体育）		高等部（保健体育）	
内容	1段階	2段階	3段階	1段階	2段階	1段階	2段階
A 体つくり運動遊び（小学部1段階）A 体つくり運動（小学部2・3段階、中学部、高等部）	ア 教師と一緒に、手足を動かしたり、歩いたりして楽しく体を動かすこと。	ア 教師の支援を受けながら、楽しく基本的な体つくり運動をすること。	ア 基本的な体つくり運動の楽しさを感じ、その行い方を知り、基本的な動きを身に付けること。	ア 体ほぐしの運動や体の動きを高める運動を通して、体を動かす楽しさや心地よさに触れるとともに、その行い方が分かり、友達と関わったり、動きを持続する能力などを高めたりすること。	ア 体ほぐしの運動や体の動きを高める運動を通して、体を動かす楽しさや心地よさを味わうとともに、その行い方を理解し、友達と関わったり、動きを持続する能力などを高めたりすること。	ア 体ほぐしの運動や体の動きを高める運動を通して、体を動かす楽しさや心地よさを味わい、その行い方や方法を理解するとともに、仲間と関わったり、動きを持続する能力を高める運動をしたりすること。	ア 体ほぐしの運動や体の動きを高める運動を通して、体を動かす楽しさを深く味わい、その行い方や方法の理解を深めるとともに、仲間と自主的に関わったり、動きなどを高める能力をする運動をしたりするとともに、それらを組み合わせること。
	イ 手足を動かしたり、歩いたりして体を動かすことの楽しさや心地よさを表現すること。	イ 基本的な体つくり運動に慣れ、その楽しさや心地よさを感じたことを表現すること。	イ 基本的な体つくり運動の楽しみ方を工夫するとともに、考えたことや気付いたことなどを他者に伝えること。	イ 体ほぐしの運動や体の動きを高める運動についての自分の課題を見付け、その解決のための活動を考えたり、工夫したりしたことを他者に伝えること。	イ 体ほぐしの運動や体の動きを高める運動についての自分やグループの課題を見付け、その解決のために友達と考えたり、工夫したりしたことを他者に伝えること。	イ 体ほぐしの運動や体の動きを高める運動についての自他の課題を発見し、その解決のための方策を工夫したり、仲間と考えたりしたことを他者に伝えること。	イ 体ほぐしの運動や体の動きを高める運動についての自他の課題を発見し、よりよい解決のために仲間と思考し判断したことを、目的や状況に応じて他者に伝えること。

341

内容	小学部（体育） 1段階	小学部（体育） 2段階	小学部（体育） 3段階	中学部（保健体育） 1段階	中学部（保健体育） 2段階	高等部（保健体育） 1段階	高等部（保健体育） 2段階
A 体つくり運動遊び（小学部1段階） A 体つくり運動（小学部2・3段階、中学部、高等部）	ウ 簡単な合図や指示に従って、体つくり運動遊びをしようとすること。	ウ 簡単なきまりを守り、友達とともに安全に楽しく、基本的な体つくり運動をしようとすること。	ウ きまりを守り、自分から友達と仲よく楽しく基本的な体つくり運動をしたり、場や用具の安全に気を付けたりしようとすること。	ウ 体ほぐしの運動や体の動きを高める運動に進んで取り組み、きまりを守り、友達と協力したり、場や用具の安全に留意したりし、最後まで楽しく運動をすること。	ウ 体ほぐしの運動や体の動きを高める運動に積極的に取り組み、きまりを守り、友達と助け合ったり、場や用具の安全に留意したりし、自己の力を発揮して運動をすること。	ウ 体ほぐしの運動や体の動きを高める運動の多様な経験を通して、きまりを守り、仲間と協力したり、場や用具の安全を確保したりし、運動を自主的にすること。	ウ 体ほぐしの運動や体の動きを高める運動の多様な経験を通して、きまりを守り、自己の役割を果たし、仲間と協力し、場や用具の安全を確保したり、見通しをもって自主的に運動をすること。
B 器械・器具を使っての遊び（小学部1段階） B 器械・器具を使っての運動（小学部2・3段階） B 器械運動（中学部、高等部）	器械・器具を使っての遊びについて、次の事項を身に付けることができるよう指導する。	器械・器具を使っての運動について、次の事項を身に付けることができるよう指導する。	器械・器具を使っての運動について、次の事項を身に付けることができるよう指導する。	器械運動について、次の事項を身に付けることができるよう指導する。	器械運動について、次の事項を身に付けることができるよう指導する。	器械運動について、次の事項を身に付けることができるよう指導する。	器械運動について、次の事項を身に付けることができるよう指導する。
	ア 教師と一緒に、器械・器具を使って楽しく体を動かすこと。	ア 教師の支援を受けながら、楽しく器械・器具を使っての基本的な運動をすること。	ア 器械・器具を使っての基本的な運動の楽しさを感じ、その行い方を知り、基本的な動きを身に付けること。	ア 器械・器具を使った運動の楽しさや喜びに触れ、その行い方が分かり、基本的な動きや技を身に付けること。	ア 器械運動の楽しさや喜びを味わい、その行い方を理解し、基本的な技を身に付けること。	ア 器械運動の楽しさや喜びを味わい、その特性に応じた技能を理解するとともに技を身に付けること。	ア 器械運動の楽しさや喜びを深く味わい、その特性に応じた技能の理解を深めるとともに、目的に応じた技を身に付けること。
	イ 器械・器具を動かすことでの体を動かすことの楽しさや心地よさを表現すること。	イ 器械・器具を使っての基本的な運動に慣れ、その楽しさを感じたことを表現すること。	イ 器械・器具を使っての基本的な運動の行い方を工夫するとともに、考えたことや気付いたことなどを他者に伝えること。	イ 器械・器具を使っての運動についての自分の課題を見付け、その解決のための活動を考えたり、工夫したりしたことを他者に伝えること。	イ 器械運動についての自分やグループの課題を見付け、その解決のために友達と考えたり、工夫したりしたことを他者に伝えること。	イ 器械運動についての自他の課題を発見し、その解決のための方策を工夫したり、仲間と考えたりしたことを他者に伝えること。	イ 器械運動についての自他の課題を発見し、よりよい解決のために思考し判断したことを、目的や状況に応じて他者に伝えること。

学部	小学部（体育）			中学部（保健体育）		高等部（保健体育）	
内容	1段階	2段階	3段階	1段階	2段階	1段階	2段階
B 器械・器具を使っての遊び（小学部1段階） B 器械・器具を使っての運動（小学部2・3段階） B 器械運動（中学部、高等部）	ウ 簡単な合図や指示に従って、器械・器具を使っての遊びをしようとすること。	ウ 簡単なきまりを守り、友達とともに安全に、器械・器具を使っての基本的な運動をしようとすること。	ウ きまりを守り、自分から友達と仲よく楽しく器械・器具を使っての基本的な運動をしたり、場や器具の安全に気を付けたりしようとすること。	ウ 器械・器具を使った運動に進んで取り組み、きまりを守り、友達と協力したり、場や器械・器具の安全に留意したりし、最後まで楽しく運動をすること。	ウ 器械運動に積極的に取り組み、きまりを守り助け合ったり、場や器械・器具の安全に留意したりし、自己の力を発揮して運動をすること。	ウ 器械運動の多様な経験を通して、きまりやルール、マナーなどを守り、仲間と協力したり、場や器械・器具の安全を確保したり、自主的に運動をすること。	ウ 器械運動の多様な経験を通して、さまりやルール、マナーなどを守り、自己の役割を果たし仲間と協力したり、場や器械・器具の安全を確保したり、見通しをもって自主的に運動をすること。
	走・跳の運動遊びについて、次の事項を身に付けることができるよう指導する。	走・跳の運動について、次の事項を身に付けることができるよう指導する。	走・跳の運動について、次の事項を身に付けることができるよう指導する。	陸上運動について、次の事項を身に付けることができるよう指導する。	陸上運動について、次の事項を身に付けることができるよう指導する。	陸上競技について、次の事項を身に付けることができるよう指導する。	陸上競技について、次の事項を身に付けることができるよう指導する。
C 走・跳の運動遊び（小学部1段階） C 走・跳の運動（小学部2・3段階） C 陸上競技（中学部、高等部）	ア 教師と一緒に、走ったり、跳んだりして楽しく体を動かすこと。	ア 教師の支援を受けながら、楽しく走・跳の基本的な運動をすること。	ア 走・跳の基本的な運動の楽しさを感じ、その行い方を知り、基本的な動きを身に付けること。	ア 陸上運動の楽しさや喜びに触れ、その行い方が分かり、基本的な動きや技能を身に付けること。	ア 陸上運動の楽しさや喜びを味わい、その行い方を理解し、基本的な技能を身に付けること。	ア 陸上競技の楽しさや喜びを味わい、その特性に応じた技能の理解を深めるとともに、技能を身に付けること。	ア 陸上競技の楽しさや喜びを深く味わい、その特性に応じた技能の理解を深めるとともに、目的に応じた技能を身に付けること。
	イ 走ったり、跳んだりして体を動かすことの楽しさや心地よさを表現すること。	イ 走・跳の基本的な運動に慣れ、その楽しさや心地よさを表現すること。	イ 走・跳の基本的な運動の楽しみ方を工夫するとともに、考えたことや気付いたことなどを他者に伝えること。	イ 陸上運動について自分の課題を見付け、その解決のための活動を考えたり、工夫したりしたことを他者に伝えること。	イ 陸上運動について自分やグループの課題を見付け、その解決のために友達の考えを認め、工夫したことを他者に伝えること。	イ 陸上競技について自己の課題を発見し、よりよい解決のための方策を工夫したり、仲間と考えたことを他者に伝えること。	イ 陸上競技について自他の課題を発見し、よりよい解決のために仲間と思考し判断したことを、目的や状況に応じて他者に伝えること。

学部／内容	小学部（体育）			中学部（保健体育）		高等部（保健体育）	
	1段階	2段階	3段階	1段階	2段階	1段階	2段階
C 走・跳の運動遊び（小学部1段階）	ウ 簡単な合図や指示に従って、走・跳の運動遊びをしようとすること。						
C 走・跳の運動（小学部2・3段階）		ウ 簡単なきまりを守り、友達とともに安全に楽しく、走・跳の基本的な運動遊びをしようとすること。	ウ きまりを守り、自分から友達と仲よく走・跳の基本的な運動をしたり、場や用具の安全に気を付けたりしようとすること。				
C 陸上競技（中学部、高等部）				ウ 陸上運動に進んで取り組み、きまりを守り、友達と協力したり、場や用具の安全に留意したり、最後まで楽しく運動をすること。	ウ 陸上運動に積極的に取り組み、きまりを守り、友達と助け合ったり、場や用具の安全に留意し、自己の力を発揮して運動をすること。	ウ 陸上競技の多様な経験を通して、きまりやルール、マナーなどを守り、自己の、仲間と役割を果たし仲間と協力したり、場や用具の安全を確保したりし、自主的に運動をすること。	ウ 陸上競技の多様な経験を通して、きまりやルール、マナーなどを守り、自己の、仲間と役割を果たし仲間と協力したり、場や用具の安全を確保したりし、見通しをもって自主的に運動をすること。
	水遊びについて、次の事項を身に付けることができるよう指導する。	水の中での運動について、次の事項を身に付けることができるよう指導する。		水泳運動について、次の事項を身に付けることができるよう指導する。		水泳について、次の事項を身に付けることができるよう指導する。	
D 水遊び（小学部1段階）	ア 教師と一緒に、水の特性を生かした簡単な水遊びを楽しくすること。						
D 水の中での運動（小学部2・3段階）		ア 教師の支援を受けながら、楽しく水の中での基本的な運動をすること。	ア 水の中での運動の楽しさを感じ、基本的な動きを身に付けること。				
D 水泳（中学部、高等部）				ア 初歩的な泳ぎの楽しさや喜びに触れ、その行い方が分かり、基本的な動きや技能を身に付けること。	ア 水泳運動の楽しさや喜びを味わい、その行い方を理解し、基本的な技能を身に付けること。	ア 水泳の楽しさや喜びを味わい、その特性に応じた技能を身に付けるとともに泳法を身に付けること。	ア 水泳の楽しさや喜びを深く味わい、その特性に応じた技能の理解を深めるとともに目的に応じた泳法を身に付けること。
	イ 水の中で体を動かすことの楽しさや心地よさを表現すること。	イ 水の中での基本的な運動に慣れ、その楽しさや心地よさを感じたことを表現すること。	イ 水の中での基本的な運動の楽しみ方を工夫するとともに、考えたことや気付いたことなどを他者に伝えること。	イ 初歩的な泳ぎについての自分の課題を見付け、その解決のための活動を考えたり、工夫したりしたことを他者に伝えること。	イ 水泳運動についての自分やグループの課題を見付け、その解決のための方策を友達と考えたり、工夫したりしたことを他者に伝えること。	イ 水泳についての自己の課題を発見し、その解決のための方策を工夫したり、仲間と考えたり伝えたりしたことを他者に伝えること。	イ 水泳についての自己の課題を発見し、合理的な解決のためによりよい解決の方策を仲間と思考し判断したことを、目的や状況に応じて他者に伝えること。

学部	内容	小学部（体育）			中学部（保健体育）		高等部（保健体育）	
		1段階	2段階	3段階	1段階	2段階	1段階	2段階
	D 水遊び（小学部1段階） D 水の中での運動（小学部2・3段階） D 水泳（中学部、高等部）	ウ 簡単な合図や指示に従って、水遊びをしようとすること。	ウ 簡単なきまりを守り、友達とともに安全に楽しく、水の中での基本的な運動をしようとすること。	ウ きまりを守り、自分から友達と仲よく楽しく水の中での基本的な運動をしたり、場や用具の安全に気を付けたりしようとすること。	ウ 初歩的な泳ぎに進んで取り組み、さまりなどを守り、友達と協力したり、場や用具の安全に留意したりし、最後まで楽しく運動をすること。	ウ 水泳運動に積極的に取り組み、きまりを守り、友達と助け合ったり、場や用具の安全に留意したりし、自己の力を発揮して運動をすること。	ウ 水泳の多様な経験を通して、きまりやルール、マナーなどを守り、仲間と協力したり、場や用具の安全を確保したりし、自主的に運動をすること。	ウ 水泳の多様な経験を通して、きまりやルール、マナーなどを守り、自己の役割を果たし仲間と協力したり、場や用具の安全を確保したりし、見通しをもって自主的に運動をすること。
		ボール遊びについて、次の事項を身に付けることができるよう指導する。		ボールを使った運動やゲームについて、次の事項を身に付けることができるよう指導する。	球技について、次の事項を身に付けることができるよう指導する。	球技について、次の事項を身に付けることができるよう指導する。	球技について、次の事項を身に付けることができるよう指導する。	球技について、次の事項を身に付けることができるよう指導する。
	E ボール遊び（小学部1段階） E ボールを使った運動やゲーム（小学部2・3段階） E 球技（中学部、高等部）	ア 教師と一緒に、ボールを使って楽しく体を動かすこと。	ア 教師の支援を受けながら、楽しくボールを使った運動やゲームをすること。	ア ボールを使った運動や基本的なゲームの楽しさを感じ、その行い方を知り、基本的な動きを身に付けること。	ア 球技に触れ、その行い方が分かり、基本的な技能を身に付け、簡易化されたゲームを行うこと。	ア 球技の楽しさや喜びを味わい、その行い方を理解し、基本的な技能を身に付け、簡易化されたゲームを行うこと。	ア 球技の楽しさや喜びを味わい、その特性に応じた技能の理解を深めるとともに技能を身に付け、簡易化されたゲームを行うこと。	ア 球技の楽しさや喜びを深く味わい、その特性に応じた技能の理解を深めるとともに、目的に応じた技能を身に付け、ゲームを行うこと。
		イ ボールを使って体を動かすことの楽しさや心地よさを表現すること。	イ ボールを使った基本的な運動やゲームに慣れ、その楽しさや感じたことを表現すること。	イ ボールを使った基本的な運動やゲームの楽しみ方を工夫するとともに、考えたことや気付いたことなどを他者に伝えること。	イ 球技についての自分の課題を見付け、その解決のための活動を工夫したり、考えたりしたことを他者に伝えること。	イ 球技についての自分やチームの課題を見付け、その解決のために友達に考えたことを工夫したり、工夫したりしたことを他者に伝えること。	イ 球技についての自分の課題を発見し、その解決のための方策を工夫したり、仲間と考えたりしたことを他者に伝えること。	イ 球技についての自己の課題を発見し、よりよい解決のための方策を工夫し判断したり、目的や状況に応じて他者に伝えること。

学部	小学部（体育）			中学部（保健体育）		高等部（保健体育）	
内容	1段階	2段階	3段階	1段階	2段階	1段階	2段階
E ボール遊び（小学部1段階） E ボールを使った運動やゲーム（小学部2・3段階） E 球技（中学部、高等部）	ウ 簡単な合図や指示に従って、ボール遊びをしようとすること。	ウ 簡単なきまりを守り、友達とともに安全に楽しく、ボールを使った基本的な運動やゲームをしようとすること。	ウ きまりを守り、自分から友達と仲よく楽しくボールを使ったゲームや基本的な運動をしたり、場や用具の安全に気を付けたりしようとすること。	ウ 球技に進んで取り組み、きまりや簡単なルールを守り、友達と協力したり、場や用具の安全に留意したり、最後まで楽しく運動をすること。	ウ 球技に積極的に取り組み、きまりや簡単なルールを守り、友達と助け合ったり、場や用具の安全に留意したり、自己の力を発揮して運動をすること。	ウ 球技の多様な経験を通して、きまりやルール、マナーなどを守り、仲間と協力したり、場や用具の安全を確保したり、自主的に運動をすること。	ウ 球技の多様な経験を通して、きまりやルール、マナーなどを守り、自己の役割を果たし仲間と協力したり、場や用具の安全を確保したり、見通しをもって自主的に運動をすること。
F 武道	—	—	—	武道について、次の事項を身に付けることができるよう指導する。 ア 武道の楽しさを感じ、その行い方や伝統的な考え方が分かり、基本動作や基本となる技を用いて、簡易な攻防を展開すること。 イ 武道についての自分の課題を見付け、その解決のための活動を考えたり、工夫したりしたことを他者に伝えること。	武道について、次の事項を身に付けることができるよう指導する。 ア 武道の楽しさや喜びに触れ、その行い方や伝統的な考え方を理解し、基本動作や基本となる技を用いて、簡易な攻防を展開すること。 イ 武道についての自分やグループの課題を見付け、その解決のための活動を考え、工夫したり、友達に伝えたりすることを他者に伝えること。	武道について、次の事項を身に付けることができるよう指導する。 ア 武道の楽しさや喜びを味わい、その特性に応じた技能を理解するとともに、基本動作や基本となる技を用いて、簡易な攻防を展開すること。 イ 武道についての自己の課題を発見し、その解決のためのよりよい方策を工夫したり、仲間と考えたりしたことを他者に伝えること。	武道について、次の事項を身に付けることができるよう指導する。 ア 武道の楽しさや喜びを深く味わい、その特性に応じた技能の理解を深めるとともに、基本動作や基本となる技を用いて、相手の動きの変化に応じた攻防を展開すること。 イ 武道についての自己の課題を発見し、他の課題を発見し、よりよい解決のための方策を仲間と思考し判断したことを、目的や状況に応じて他者に伝えること。

学部	小学部（体育）			中学部（保健体育）		高等部（保健体育）	
内容	1段階	2段階	3段階	1段階	2段階	1段階	2段階
F 武道	—	—	—	ウ 武道に進んで取り組み、きまりや伝統的な行動の仕方を守り、友達と協力したり、場や用具の安全に留意したりし、最後まで楽しく運動をすること。	ウ 武道に積極的に取り組み、きまりや伝統的な行動の仕方を守り、友達と助け合ったり、場や用具の安全に留意したりし、自己の力を発揮して運動をすること。	ウ 武道の多様な経験を通して、きまりや伝統的な行動の仕方を守り、自己の役割を果たし仲間と協力したり、場や用具の安全を確保したりし、自主的に運動をすること。	ウ 武道の多様な経験を通して、きまりや伝統的な行動の仕方を守り、自己の役割を果たし仲間と協力したり、場や用具の安全を確保したり、見通しをもって自主的に運動をすること。
F 表現遊び（小学部1・2段階） F 表現運動（小学部2・3段階） G ダンス（中学部、高等部）		表現遊びについて、次の事項を身に付けることができるよう指導する。	表現運動について、次の事項を身に付けることができるよう指導する。	ダンスについて、次の事項を身に付けることができるよう指導する。	ダンスについて、次の事項を身に付けることができるよう指導する。	ダンスについて、次の事項を身に付けることができるよう指導する。	ダンスについて、次の事項を身に付けることができるよう指導する。
		ア 教師と一緒に、音楽に合わせて楽しく表現運動をすること。	ア 基本的な表現運動の楽しさを感じ、その行い方を知り、基本的な動きを身に付け、表現すること。	ア ダンスの楽しさや喜びに触れ、その行い方が分かり、基本的な動きや技能を身に付け、表現したり踊ったりすること。	ア ダンスの楽しさや喜びを味わい、その行い方を理解し、基本的な技能を身に付け、表現したり踊ったりすること。	ア ダンスの楽しさや喜びを味わい、その行い方の理解を深めるとともに、技能を身に付け、表現や踊りを通した交流をすること。	ア ダンスの楽しさを深く味わい、その行い方の理解を深めるとともに、目的に応じた技能を身に付け、表現や踊りを通した交流や発表をすること。
	イ 音楽の流れている場所で体を動かすことの楽しさや心地よさを表現すること。	イ 基本的な表現運動に慣れ、その楽しさや感じたことを表現すること。	イ 基本的な表現運動の楽しみ方を工夫するとともに、考えたことや気付いたことなどを他者に伝えること。	イ ダンスについての自分の課題を見付け、その解決のための活動を考え、工夫したりしたことを他者に伝えること。	イ ダンスについての自分やグループの課題を見付け、その解決のための方策を見付け、工夫したことを他者に伝えること。	イ ダンスについての自他の課題を発見し、その解決のための方策を工夫したり、仲間と考えたりしたことを他者に伝えること。	イ ダンスについての自他の課題を発見し、よりよい解決のために思考し判断したことを、目的や状況に応じて他者に伝えること。

| 学部 | 小学部（体育） | | | 中学部（保健体育） | | 高等部（保健体育） | |
内容	1段階	2段階	3段階	1段階	2段階	1段階	2段階
F 表現遊び（小学部1段階）F 表現運動（小学部2・3段階）G ダンス（中学部、高等部）	ウ 簡単な合図や指示に従って、表現遊びをしようとすること。	ウ 簡単なきまりを守り、友達とともに安全に楽しく、基本的な表現運動をしようとすること。	ウ きまりを守り、自分から友達と仲よく楽しく表現運動をしたり、場や用具の安全に気を付けたりすること。	ウ ダンスに進んで取り組み、友達の動きを認め協力したり、場や用具の安全に留意したり、最後まで楽しく運動をすること。	ウ ダンスに積極的に取り組み、友達のよさを認め助け合ったり、場や用具の安全に留意したり、自己の力を発揮して運動をすること。	ウ ダンスの多様な経験を通して、仲間の表現を認め助け合ったり、場や用具の安全を確保したり、自主的に運動をすること。	ウ ダンスの多様な経験を通して、一人一人の表現や役割を認め助け合ったり、場や用具の安全を確保したり、見通しをもって自主的に運動をすること。
H 体育理論	—	—	—	—	—	体育理論について、次の事項を身に付けることができるよう指導する。	体育理論について、次の事項を身に付けることができるよう指導する。
	—	—	—	—	—	ア 運動やスポーツの多様性、効果と学び方、安全な行い方及び文化としてのスポーツの意義に気付くこと。	ア 運動やスポーツの多様性、効果と学び方、安全な行い方及び文化としてのスポーツの意義に関する基礎的な知識を身に付けること。
	—	—	—	—	—	イ 運動やスポーツの多様性、効果と学び方、安全な行い方及び文化としてのスポーツの課題を発見し、その解決のための方策を工夫したり、考えたりしたことを他者に伝えること。	イ 運動やスポーツの多様性、効果と学び方、安全な行い方及び文化としてのスポーツの意義について、その課題を発見し、よりよい解決のために仲間と思考し判断したことを、目的や状況に応じて他者に伝えること。

学部	小学部（体育）			中学部（保健体育）		高等部（保健体育）	
内容	1段階	2段階	3段階	1段階	2段階	1段階	2段階
H 体育理論	―	―	―	―	―	ウ 運動やスポーツの多様性、効果と学び方、安全な行い方及び文化としてのスポーツの意義について、の学習に積極的に取り組むこと。	ウ 運動やスポーツの多様性、効果と学び方、安全な行い方及び文化としてのスポーツの意義について、の学習に自主的に取り組むこと。
	健康な生活に必要な事柄について、次の事項を身に付けることができるよう指導する。	健康な生活に必要な事柄について、次の事項を身に付けることができるよう指導する。	健康な生活に必要な事柄について、次の事項を身に付けることができるよう指導する。	健康・安全に関する事項について、次の事項を身に付けることができるよう指導する。	健康・安全に関する事項について、次の事項を身に付けることができるよう指導する。	健康・安全に関する事項について、次の事項を身に付けることができるよう指導する。	健康・安全に関する事項について、次の事項を身に付けることができるよう指導する。
G 保健（小学部） H 保健（中学部） I 保健（高等部）	ア 教師と一緒に、うがいなどの健康な生活に必要な事柄をすること。	ア 教師の支援を受けながら、健康な生活に必要な事柄をすること。	ア 健康や身体の変化について知り、健康な生活に必要な事柄に関する基本的な知識や技能を身に付けること。	ア 体の発育・発達やけがの防止、病気の予防などの仕方が分かり、基本的な知識及び技能を身に付けること。	ア 体の発育・発達やけがの防止、病気の予防などの仕方について理解し、基本的な技能を身に付けること。	ア 心身の発育・発達、傷害の防止及び疾病の予防等の理解を深めるとともに、健康で安全な個人生活を営むための技能を身に付けること。	ア 心身の発育・発達、傷害の防止及び疾病の予防等の理解を深めるとともに、健康で安全な個人生活を営む及び社会生活を営むための目的に応じた技能を身に付けること。
	イ 健康な生活に必要な事柄に気付き、教師に伝えること。	イ 健康な生活に慣れ、感じたことを他者に伝えること。	イ 健康な生活に必要な事柄について工夫するとともに、気付いたことなどを他者に伝えること。	イ 自分の健康・安全についての課題を見付け、その解決のための活動を考えたり、工夫したりしたことを他者に伝えること。	イ 自分やグループの健康・安全についての課題を見付け、その解決のために友達と考えたり、工夫したことを他者に伝えること。	イ 健康・安全に関わる自他の課題を発見し、その解決のために仲間と考えたり、工夫したことを他者に伝えること。	イ 健康・安全に関わる自他の課題を発見し、よりよい解決のために仲間と思考し判断したことを、目的や状況に応じて他者に伝えること。

349

目標・内容の一覧〔職業〕（職業分野）），〔職業〕

学部	中学部	高等部
	教科の目標	
知識及び技能	生活の営みに係る見方・考え方や職業の見方・考え方を働かせ、生活や職業に関する実践的・体験的な学習活動を通して、よりよい生活の実現に向けて工夫する資質・能力を次のとおり育成することを目指す。 (1) 生活や職業に対する関心を高め、将来の家庭生活や職業生活に係る基礎的な知識や技能を身に付けるようにする。	職業に係る見方・考え方を働かせ、職業など卒業後の進路に関する実践的・体験的な学習活動を通して、よりよい生活の実現に向けて工夫する資質・能力を次のとおり育成することを目指す。 (1) 職業に関する事柄について理解を深めるとともに、将来の職業生活に係る技能を身に付けるようにする。
思考力，判断力，表現力等	(2) 将来の家庭生活や職業生活に必要な事柄を見いだして課題を設定し、解決策を考え、実践を評価・改善し、自分の考えを表現するなどして、課題を解決する力を養う。	(2) 将来の職業生活を見据え、必要な事柄を見いだして課題を設定し、解決策を考え、実践を評価・改善し、表現する力を養う。
学びに向かう力，人間性等	(3) よりよい家庭生活や将来の職業生活の実現に向けて、生活を工夫し考えようとする実践的な態度を養う。	(3) よりよい将来の職業生活の実現や地域社会への貢献に向けて、生活を改善しようとする実践的な態度を養う。
段階の目標	**1段階** / **2段階**	**1段階** / **2段階**
	1段階 職業に係る見方・考え方を働かせ、作業や実習等に関する実践的・体験的な学習活動を通して、よりよい生活の実現に向けて工夫する資質・能力を次のとおり育成することを目指す。	**1段階** ―
知識及び技能	ア 職業について関心をもち、将来の職業生活に係る基礎的な知識や技能を身に付けるようにする。	
思考力，判断力，表現力等	イ 将来の職業生活に必要な事柄について触れ、課題や解決策に気付き、学習したことを伝えるなど、課題を解決する力の基礎を養う。	
学びに向かう力，人間性等	ウ 将来の職業生活の実現に向けて、生活を工夫しようとする態度を養う。	
	2段階 職業に係る見方・考え方を働かせ、作業や実習に関する実践的・体験的な学習活動を通して、よりよい生活の実現に向けて工夫する資質・能力を次のとおり育成することを目指す。	**2段階**
知識及び技能	ア 働くことに対する関心を高め、将来の職業生活に係る基礎的な知識や技能を身に付けるようにする。	ア 職業に関する事柄について理解を深めるとともに、将来の職業生活に係る技能を身に付けるようにする。
思考力，判断力，表現力等	イ 将来の職業生活に必要な事柄を見いだして課題を設定し、解決策を考え、実践したことを振り返り、課題を解決することを表現するなど、課題を解決する力を養う。	イ 将来の職業生活を見据え、必要な事柄を見いだして課題を設定し、解決策を考え、実践を評価し、表現する力を養う。
学びに向かう力，人間性等	ウ 将来の職業生活の実現に向けて、生活を工夫し考えようとする実践的な態度を養う。	ウ よりよい将来の職業生活の実現や地域社会への貢献に向けて、生活を改善しようとする実践的な態度を養う。
内容	**1段階** / **2段階**	**1段階** / **2段階**
A 職業生活	**1段階** ア 働くことの意義 働くことに関心をもち、作業や実習等に関わる学習活動を通して、次の事項を身に付けることができるよう指導する。 **2段階** ア 働くことの意義 働くことに対する意欲や関心を高め、他者と協力して取り組む作業や実習等に関わる学習活動を通して、次の事項を身に付けることができるよう指導する。	**1段階** ア 勤労の意義 勤労に対する意欲や関心を高め、他者と協働して取り組む作業や実習等に関わる学習活動を通して、次の事項を身に付けることができるよう指導する。 **2段階** ア 勤労の意義 勤労に対する意欲や関心を高め、他者と協働して取り組む作業や実習等に関わる学習活動を通して、次の事項を身に付けることができるよう指導する。

学部	中学部		高等部	
内容	1段階	2段階	1段階	2段階
A 職業生活	(ｱ) 働くことの目的などを知ること。	(ｱ) 働くことの目的などを理解すること。	(ｱ) 勤労の意義を理解すること。	(ｱ) 勤労の意義について理解を深めること。
	(ｲ) 意欲や見通しをもって取り組み、自分の役割について気付くこと。	(ｲ) 意欲や見通しをもって取り組み、自分と他者との関係や役割について考えること。	(ｲ) 意欲や見通しをもって取り組み、その成果や自分と他者との役割及び他者との協力について考え、表現すること。	(ｲ) 目標をもって取り組み、その成果や自分と他者との役割及び他者との協力について考え、表現すること。
	(ｳ) 作業や実習等で達成感を得ること。	(ｳ) 作業や実習等に達成感を得て、進んで取り組むこと。	(ｳ) 作業や実習等に達成感を得て、計画性をもって主体的に取り組むこと。	(ｳ) 作業や実習等を通して貢献する喜びを体得し、計画性をもって主体的に取り組むこと。
	イ 職業 職業に関わる事柄について、考えたり、体験したりする学習活動を通して、次の事項を身に付けることができるよう指導する。	イ 職業 職業に関わる事柄について、考えを深めたり、体験したりする学習活動を通して、次の事項を身に付けることができるよう指導する。	イ 職業 職業に関わる事柄について、他者との協働により考えを深めたり、体験したりする学習活動を通して、次の事項を身に付けることができるよう指導する。	イ 職業 職業に関わる事柄について、他者との協働により考えを深めたり、体験したりする学習活動を通して、次の事項を身に付けることができるよう指導する。
	(ｱ) 職業に関わる知識や技能について、次のとおりとする。	(ｱ) 職業に関わる知識や技能について、次のとおりとする。	(ｱ) 職業に関わる知識や技能について、次のとおりとする。	(ｱ) 職業に関わる知識や技能について、次のとおりとする。
	㋐ 職業生活に必要な知識や技能について知ること。	㋐ 職業生活に必要な知識や技能を理解すること。	㋐ 職業生活に必要とされる実践的な知識及び技能を身に付けること。	㋐ 職業生活に必要とされる実践的な知識を身に付けること。
	㋑ 職業生活を支える社会の仕組み等があることを知ること。	㋑ 職業生活を支える社会の仕組み等があることを理解すること。	㋑ 職業生活を支える社会の仕組み等の利用方法を理解すること。	㋑ 職業生活を支える社会の仕組み等について理解を深めること。
	㋒ 材料や育成する生物等の扱い方及び生産や生育活動等に関わる基礎的な技術について知ること。	㋒ 材料や育成する生物等の特性や扱い方及び生産や生育活動等に関わる基礎的な技術について理解すること。	㋒ 材料や育成する生物等の特性や扱い方及び生産や生育活動等に関わる技術について理解すること。	㋒ 材料や育成する生物等の特性や扱い方に関わる技術について理解を深めること。
	㋓ 作業課題が分かり、使用する道具等の扱い方に慣れること。	㋓ 作業課題が分かり、使用する道具や機械等の扱い方を理解すること。	㋓ 使用する道具や機械等の特性や扱い方を理解し、作業課題に応じて正しく扱うこと。	㋓ 使用する道具や機械等の特性や扱い方の理解を深め、作業課題に応じて効果的に扱うこと。
	㋔ 作業の持続性や巧緻性などを身に付けること。	㋔ 作業の確実性や持続性、巧緻性等を身に付けること。	㋔ 作業の確実性や持続性、巧緻性等を高め、状況に応じて作業すること。	㋔ 作業の確実性や持続性、巧緻性等を高め、状況に応じて作業し、習熟すること。
	(ｲ) 職業生活に必要な思考力、判断力、表現力等について、次のとおりとする。	(ｲ) 職業生活に必要な思考力、判断力、表現力等について、次のとおりとする。	(ｲ) 職業生活に必要な思考力、判断力、表現力等について、次のとおりとする。	(ｲ) 職業生活に必要な思考力、判断力、表現力等について、次のとおりとする。
	㋐ 職業に関わる事柄と作業や実習で取り組む内容との関連について気付くこと。	㋐ 職業に関わる事柄と作業や実習で取り組む内容との関連について考えて、表現すること。	㋐ 職業や実習における役割を踏まえて、自分の成長や課題について考え、表現すること。	㋐ 作業や実習において、自ら適切な役割を見いだすとともに、自分の成長や課題について考え、表現すること。

351

学部		中学部		高等部	
内容		1段階	2段階	1段階	2段階
A 職業生活		㋐ 作業に当たり安全や衛生について気付き、工夫すること。 ㋑ 職業生活に必要な健康管理について気付くこと。	㋐ 作業上の安全や衛生及び作業の効率について考え、工夫すること。 ㋑ 職業生活に必要な健康管理について考えること。 ―	㋐ 生産や生育活動等に関わる技術について考えること。 ㋑ 作業上の安全や衛生及び作業の効率について考え、改善を図ること。 ㋒ 職業生活に必要な健康管理や余暇の過ごし方について考えること。	㋐ 生産や生育活動等に係る技術に込められた工夫について考えること。 ㋑ 作業上の安全や衛生及び作業の効率について考え、他者との協働により改善を図ること。 ㋒ 職業生活に必要な健康管理や余暇の過ごし方の工夫について考えること。
B 情報機器の活用		職業生活で使われるコンピュータ等の情報機器に触れることなどに関わる学習活動を通して、次の事項を身に付けることができるよう指導する。 ア コンピュータ等の情報機器の初歩的な操作の仕方を知ること。 イ コンピュータ等の情報機器に触れ、体験したことなどを他者に伝えること。	職業生活や社会生活で使われるコンピュータ等の情報機器を扱うことに関わる学習活動を通して、次の事項を身に付けることができるよう指導する。 ア コンピュータ等の情報機器の基礎的な操作の仕方を知り、扱いに慣れること。 イ コンピュータ等の情報機器を扱い、体験したことや自分の考えを表現すること。	職業生活で使われるコンピュータ等の情報機器を扱うことに関わる学習活動を通して、次の事項を身に付けることができるよう指導する。 ア 情報セキュリティ及び情報モラルについて知るとともに、表現、記録、計算、通信等に係るコンピュータ等の情報機器について、その特性や機能を知り、操作の仕方が分かり、扱うこと。 イ 情報セキュリティ及び情報モラルを踏まえ、コンピュータ等の情報機器を扱い、収集した情報をまとめ、考えたことを発表すること。	職業生活で使われるコンピュータ等の情報機器を扱うことに関わる学習活動を通して、次の事項を身に付けることができるよう指導する。 ア 情報セキュリティ及び情報モラルについて理解するとともに、表現、記録、計算、通信等に係るコンピュータ等の情報機器について、その特性や機能を理解し、目的に応じて適切に操作すること。 イ 情報セキュリティ及び情報モラルを踏まえ、コンピュータ等の情報機器を扱い、収集した情報をまとめ、適切に表現すること。
C 産業現場等における実習		実際的な学習活動を通して、次の事項を身に付けることができるよう指導する。 ア 職業や進路に関わることについて関心をもったり、調べたりすること。 イ 職業や職業生活、進路に関わることについて、気付き、他者に伝えること。	実際的な学習活動を通して、次の事項を身に付けることができるよう指導する。 ア 職業や進路に関わることについて調べ、理解すること。 イ 職業や職業生活、進路に関わることについて考えて、自己の成長などについて、発表すること。	産業現場等における実習を通して、次の事項を身に付けることができるよう指導する。 ア 職業など卒業後の進路に必要になることについて理解すること。 イ 産業現場等における実習等での自己の成長について考えたことを表現すること。	産業現場等における実習を通して、次の事項を身に付けることができるよう指導する。 ア 職業など卒業後の進路に必要になることについて理解を深めること。 イ 産業現場等における実習で課題の解決について考えたことを表現すること。

目標・内容の一覧〔職業・家庭・家庭（家庭分野）〕〔家庭〕

教科の目標

学部	中学部	高等部
	生活の営みに係る見方・考え方や職業の見方・考え方を働かせ、生活や職業に関する実践的・体験的な学習活動を通して、よりよい生活の実現に向けて工夫する資質・能力を次のとおり育成することを目指す。	生活の営みに係る見方・考え方を働かせ、衣食住などに関する実践的・体験的な学習活動を通して、よりよい生活の実現に向けて工夫する資質・能力を次のとおり育成することを目指す。
知識及び技能	(1) 生活や職業に対する関心を高め、将来の家庭生活や職業生活に係る基礎的な知識や技能を身に付けるようにする。	(1) 家族・家庭の機能について理解を深め、生活の自立に必要な家族・家庭、衣食住、消費や環境等についての基礎的な理解を図るとともに、それらに係る技能を身に付けるようにする。
思考力、判断力、表現力等	(2) 将来の家庭生活や職業生活に必要な事柄を見いだして課題を設定し、解決策を考え、実践を評価・改善し、自分の考えを表現するなどして、課題を解決する力を養う。	(2) 家庭や地域における生活の中から問題を見いだして課題を設定し、解決策を考え、実践を評価・改善し、考察したことを表現するなど、課題を解決する力を養う。
学びに向かう力、人間性等	(3) よりよい家庭生活や将来の職業生活の実現に向けて、生活を工夫し考えようとする実践的な態度を養う。	(3) 家族や地域の人々との関わりを考え、家族の一員として、よりよい生活の実現に向けて、生活を工夫し考えようとする実践的な態度を養う。

段階の目標

区分	中学部 1段階	中学部 2段階	高等部 1段階	高等部 2段階
	生活の営みに係る見方・考え方や職業の見方・考え方を働かせ、衣食住などに関する実践的・体験的な学習活動を通して、よりよい生活の実現に向けて工夫する資質・能力を次のとおり育成することを目指す。		—	生活の営みに係る見方・考え方を働かせ、衣食住などに関する実践的・体験的な学習活動を通して、よりよい生活の実現に向けて工夫する資質・能力を次のとおり育成することを目指す。
知識及び技能	ア 家庭の中の自分の役割に気付き、生活の自立に必要な家族・家庭、衣食住、消費や環境等についての基礎的な理解を図るとともに、それらに係る技能を身に付けるようにする。	ア 家族や自分の役割について理解し、生活の自立に必要な家族・家庭、衣食住、消費や環境等についての基礎的な理解を図るとともに、それらに係る技能を身に付けるようにする。		ア 家族・家庭の機能について理解を深め、生活の自立に必要な家族・家庭、衣食住、消費や環境等についての基礎的な理解を図るとともに、それらに係る技能を身に付けるようにする。
思考力、判断力、表現力等	イ 家庭生活に必要な事柄について触れ、課題や解決策に気付き、学習し、実践したことを伝えるなど、日常生活において課題を解決する力の基礎を養う。	イ 家庭生活に必要な事柄について考え、課題を設定し、解決策を考え、実践したことを振り返るなど、日常生活において課題を解決する力を養う。		イ 家庭や地域における生活の中から問題を見いだして課題を設定し、解決策を考え、実践を評価・改善し、表現するなど、課題を解決する力を養う。
学びに向かう力、人間性等	ウ 家族や地域の人々とのやりとりを通して、よりよい生活の実現に向けて、生活を工夫しようとする態度を養う。	ウ 家族や地域の人々とのやりとりを通して、よりよい生活の実現に向けて、生活を工夫し考えようとする態度を養う。		ウ 家族や地域の人々との関わりを通して、よりよい生活の実現に向けて、生活を工夫し考えようとする実践的な態度を養う。

学部	中学部		高等部	
内容	1段階	2段階	1段階	2段階
A 家族・家庭生活	ア 自分の成長と家族 自分の成長に気付くことや家族のことなどに関わる学習活動を通して、次の事項を身に付けることができるよう指導する。	ア 自分の成長と家族 自分の成長と家族や家族生活などに関わる学習活動を通して、次の事項を身に付けることができるよう指導する。	ア 自分の成長と家族 自分の成長と家族や家庭生活などに関わる学習活動を通して、次の事項を身に付けることができるよう指導する。	ア 自分の成長と家族 自分の成長と家族や家庭生活などに関わる学習活動を通して、次の事項を身に付けることができるよう指導する。
	(ア) 自分の成長を振り返りながら、家庭生活の大切さを知ること。	(ア) 自分の成長を振り返り、家庭生活の大切さを理解すること。	(ア) 自分の成長と家庭生活との関わりが分かり、家庭生活が家族の協力によって営まれていることに気付くこと。	(ア) 自分の成長と家庭生活との関わりが分かり、家庭生活が家族の協力によって営まれていることを理解すること。
	(イ) 家族とのやりとりを通して、家族を大切にする気持ちを育み、よりよい関わり方について気付き、それらを他者に伝えること。	(イ) 家族とのやりとりを通して、家族を大切にする気持ちを育み、よりよい関わり方について考え、表現すること。	(イ) 家族とのよりよい関わり方について考え、表現すること。	(イ) 家族とのよりよい関わり方について考え、工夫すること。
	イ 家庭生活と役割 家庭生活の中での役割などに関わる学習活動を通して、次の事項を身に付けることができるよう指導する。	イ 家庭生活と役割 家庭生活での役割などに関わる学習活動を通して、次の事項を身に付けることができるよう指導する。	イ 家庭生活での役割と地域との関わり 家族や地域の人々と接することなどに関わる学習活動を通して、次の事項を身に付けることができるよう指導する。	イ 家庭生活での役割と地域との関わり 家族や地域の人々などに関わる学習活動を通して、次の事項を身に付けることができるよう指導する。
	(ア) 家庭における役割や地域との関わりについて関心をもち、知ること。	(ア) 家庭における役割や地域との関わりについて調べて、理解すること。	(ア) 家庭生活において、地域の人々との協力が大切であることに気付くこと。	(ア) 家庭生活において、地域の人々との協力が大切であることを理解すること。
	(イ) 家庭生活に必要なことや自分の果たす役割に気付き、それらを他者に伝えること。	(イ) 家庭生活に必要なことに関して、家族の一員として、自分の果たす役割を考え、表現すること。	(イ) 家族と地域の人々とのよりよい関わり方について、表現すること。	(イ) 家族と地域の人々とのよりよい関わり方について、工夫すること。
	ウ 家庭生活における余暇 家庭における余暇の過ごし方などに関わる学習活動を通して、次の事項を身に付けることができるよう指導する。	ウ 家庭生活における余暇 家庭生活における健康や余暇に関わる学習活動を通して、次の事項を身に付けることができるよう指導する。	ウ 家庭生活における健康管理と余暇 家庭生活における健康管理や余暇に関わる学習活動を通して、次の事項を身に付けることができるよう指導する。	ウ 家庭生活における健康管理と余暇 家庭生活における健康管理や余暇に関わる学習活動を通して、次の事項を身に付けることができるよう指導する。
	(ア) 健康や様々な余暇の過ごし方について知り、実践しようとすること。	(ア) 健康管理や余暇の過ごし方について理解し、実践すること。	(ア) 健康管理や余暇の有効な過ごし方について理解し、実践すること。	(ア) 健康管理や余暇の有効な過ごし方について理解を深め、実践すること。
	(イ) 望ましい生活環境や健康及び様々な余暇の過ごし方について気付き、工夫すること。	(イ) 望ましい生活環境や健康管理及び自分に合った余暇の過ごし方について考え、表現すること。	(イ) 健康管理や余暇の有効な過ごし方について考え、表現すること。	(イ) 健康管理や余暇の有効な過ごし方について考え、実践すること。

学部／内容	中学部		高等部	
	1段階	2段階	1段階	2段階
A 家族・家庭生活	エ 幼児の生活と家族 幼児と接することなどに関わる学習活動を通して、次の事項を身に付けることができるよう指導する。	ー	エ 乳幼児や高齢者などの生活 乳幼児や高齢者と接することなどに関わる学習活動を通して、次の事項を身に付けることができるよう指導する。	エ 乳幼児や高齢者などの生活 乳幼児や高齢者と接することなどに関わる学習活動を通して、次の事項を身に付けることができるよう指導する。
	(ア) 幼児の特徴や過ごし方について知ること。	ー	(ア) 乳幼児や高齢者などの生活の特徴、乳幼児や高齢者などとの関わりについて気付くこと。	(ア) 乳幼児や高齢者などの生活の特徴が分かり、乳幼児や高齢者などとの関わりの方について理解すること。
	(イ) 幼児への適切な関わり方について気付き、それらを他者に伝えること。	ー	(イ) 乳幼児や高齢者などとのよりよい関わり方について考え、表現すること。	(イ) 乳幼児や高齢者などとのよりよい関わり方について考え、工夫すること。
		エ 家族や地域の人々との関わり 家族や地域の人々と接することなどに関わる学習活動を通して、次の事項を身に付けることができるよう指導する。	ー	ー
		(ア) 地域生活や地域の活動について調べて、理解すること。	ー	ー
		(イ) 家族との触れ合いや地域生活に関心をもち、家族や地域の人々と地域活動への関わりについて気付き、関わること。	ー	ー
B 衣食住の生活	ア 食事の役割 食事の仕方や食事の大切さに気付くこと、次の事項を身に付けることができるよう指導する。	ア 食事の役割 楽しく食事をするための工夫などに関わる学習活動を通して、次の事項を身に付けることができるよう指導する。	ア 食事の役割 食事の役割に関わる学習活動を通して、次の事項を身に付けることができるよう指導する。	ー
	(ア) 健康な生活と食事の役割について知ること	(ア) 健康な生活と食事の役割や日常の食事の大切さを理解すること。	(ア) 生活の中で食事が果たす役割について理解すること。	ー
	(イ) 適切な量の食事を楽しくとることの大切さに気付き、それらを他者に伝えること	(イ) 日常の食事の大切さや規則正しい食事の必要性を考え、表現すること。	(イ) 健康によい食習慣について考え、表現すること。	ー

| 学部 | 中学部 | | 高等部 | |
内容	1段階	2段階	1段階	2段階
	一	イ 栄養を考えた食事 バランスのとれた食事について考えることに関わる学習活動を通して、次の事項を身に付けることができるよう指導する。 (ア) 身体に必要な栄養について関心をもち、理解し、実践すること。	一	ア 必要な栄養を満たす食事 自分に必要な栄養を満たす食事に関わる学習活動を通して、次の事項を身に付けることができるよう指導する。 (ア) 自分に必要な栄養素の種類と働きが分かり、食品の栄養的な特質について理解すること。
	一	(1) バランスのとれた食事について気付き、献立などを工夫すること。	一	(1) 一日分の献立について考え、工夫すること。
	イ 調理の基礎 必要な材料を使って食事の準備をすることなどに関わる学習活動を通して、次の事項を身に付けることができるよう指導する。 (ア) 簡単な調理の仕方や手順について知り、できるようにすること。	ウ 調理の基礎 食事の準備や調理の仕方などに関わる学習活動を通して、次の事項を身に付けることができるよう指導する。 (ア) 簡単な調理に必要な材料の分量や手順などについて理解し、適切にできること。	イ 日常食の調理 日常食の調理に関わる学習活動を通して、次の事項を身に付けることができるよう指導する。 (ア) 日常生活と関連付け、用途に応じた食品の選択、食品や調理用具等の安全と衛生に留意した管理、材料に適した加熱調理の仕方について知り、基礎的な日常食の調理ができること。	イ 日常食の調理 日常食の調理に関わる学習活動を通して、次の事項を身に付けることができるよう指導する。 (ア) 日常生活と関連付け、用途に応じた食品の選択、食品や調理用具等の安全と衛生に留意した管理、材料に適した加熱調理の仕方について理解し、基礎的な日常食の調理が適切にできること。
B 衣食住の生活	(1) 簡単な調理計画について考えること。	(1) 簡単な調理計画に沿って、調理の手順や仕方を工夫すること。	(1) 基礎的な日常食の調理について、食品の選択や調理の仕方、調理計画を考え、表現すること。	(1) 基礎的な日常食の調理について、食品の選択や調理の仕方、調理計画を考え、工夫すること。
	ウ 衣服の着用と手入れ 衣服の着方や手入れの仕方などに関わる学習活動を通して、次の事項を身に付けることができるよう指導する。	エ 衣服の着用と手入れ 衣服の手入れや洗濯の仕方などに関わる学習活動を通して、次の事項を身に付けることができるよう指導する。	一	一
	(ア) 場面に応じた日常着の着方や手入れの仕方などについて知り、実践しようとすること。	(ア) 日常着の使い分けや手入れの仕方などについて理解し、実践すること。	一	一

356

学部	中学部		高等部	
内容	1段階	2段階	1段階	2段階
B 衣食住の生活	(1) 日常着の着方や手入れの仕方に気付き、工夫すること。	(イ) 日常着の快適な着方や手入れの仕方を考え、工夫すること。	ー	ー
	ー	ー	ウ 衣服の選択 衣服の選択に関わる学習活動を通して、次の事項を身に付けることができるよう指導する。	ー
	ー	ー	(ア) 衣服と社会生活との関わりが分かり、目的に応じた着用、個性を生かす着用及び衣服の適切な選択について理解すること。	ー
	ー	ー	(イ) 衣服の選択について考え、工夫すること。	ー
	ー	ー	ー	ウ 衣服の手入れ 衣服の手入れに関わる学習活動を通して、次の事項を身に付けることができるよう指導する。
	ー	ー	ー	(ア) 衣服の材料や状態に応じた日常着の手入れについて理解し、適切にできること。
	ー	ー	ー	(イ) 衣服の材料や状態に応じた日常着の手入れについて考え、工夫すること。
	ー	ー	エ 布を用いた製作 布を用いた製作に関わる製作を通して、次の事項を身に付けることができるよう指導する。	エ 布を用いた製作 布を用いた製作に関わる製作を通して、次の事項を身に付けることができるよう指導する。
	ー	ー	(ア) 目的に応じた縫い方及び用具の安全な取扱いについて理解し、適切にできること。	(ア) 製作に必要な材料や手順が分かり、製作計画について理解すること。
	ー	ー	(イ) 目的に応じた縫い方について考え、工夫すること。	(イ) 布を用いた簡単な物の製作計画を考え、製作を工夫すること。

学部		中学部		高等部	
内容		1段階	2段階	1段階	2段階
B 衣食住の生活		エ 快適な住まい方 持ち物の整理や住まいの清掃などに関わる学習活動を通して、次の事項を身に付けることができるよう指導する。	オ 快適で安全な住まい方 住まいの整理・整頓や清掃などに関わる学習活動を通して、次の事項を身に付けることができるよう指導する。	オ 住居の基本的な機能と快適で安全な住まい方 住居の基本的な機能や快適で安全な住まい方に関わる学習活動を通して、次の事項を身に付けることができるよう指導する。	オ 住居の基本的な機能と快適で安全な住まい方 住居の基本的な機能や快適で安全な住まい方に関わる学習活動を通して、次の事項を身に付けることができるよう指導する。
		(ｱ) 住まいの主な働きや、整理・整頓や清掃の仕方について知り、実践しようとすること。	(ｱ) 快適な住まい方や、安全について理解し、実践すること。	(ｱ) 家族の生活と住空間との関わりや住居の基本的な機能について知ること。	(ｱ) 家族の生活と住空間との関わりが分かり、住居の基本的な機能について理解すること。
		(ｲ) 季節の変化に合わせた住まい方、整理・整頓や清掃の仕方に気付き、工夫すること。	(ｲ) 季節の変化に合わせて快適な住まい方に気付き、工夫すること。	(ｲ) 家族の安全や快適さを考えた住まい方について考え、表現すること。	(ｲ) 家族の安全や快適さを考えた空間について考え、工夫すること。
		ア 身近な消費生活 買物の仕組みや必要な物の選び方などに関わる学習活動を通して、次の事項を身に付けることができるよう指導する。	ア 身近な消費生活 身近な消費生活について考えることなどに関わる学習活動を通して、次の事項を身に付けることができるよう指導する。	ア 消費生活 消費生活に関わる学習活動を通して、次の事項を身に付けることができるよう指導する。	ア 消費生活 消費生活に関わる学習活動を通して、次の事項を身に付けることができるよう指導する。
		(ｱ) 生活に必要な物の選び方、買い方、計画的な使い方などについて知り、実践しようとすること。	(ｱ) 生活に必要な物の選択や扱い方について理解し、実践すること。	(ｱ) 次のような知識及び技能を身に付けること。	(ｱ) 次のような知識及び技能を身に付けること。
C 消費生活・環境		—	—	㋐ 購入方法や支払方法の特徴が分かり、計画的な金銭管理の必要性に気付くこと。	㋐ 購入方法や支払方法の特徴が分かり、計画的な金銭管理について理解すること。
		—	—	㋑ 売買契約の仕組み、消費者被害の背景とその対応について理解し、物資・サービスの選択に必要な情報の収集・整理ができること。	㋑ 売買契約の仕組みについて理解し、物資・サービスの選択に必要な情報の収集・整理が適切にできること。
		(ｲ) 生活に必要な物を選んだり、物を大切に使おうとしたりすること。	(ｲ) 生活に必要な物について考えて選ぶことや、物を大切に使う工夫をすること。	(ｲ) 物資・サービスの選択に必要な情報を活用して購入について考え、表現すること。	(ｲ) 物資・サービスの選択に必要な情報を活用して購入について、工夫すること。

学部		中学部		高等部	
内容		1段階	2段階	1段階	2段階
C 消費生活・環境		イ 環境に配慮した生活 身近な生活の中で環境に配慮することに関わる学習活動を通して、次の事項を身に付けることができるよう指導する。 (ア) 身近な生活の中で、環境に配慮した物の使い方などについて知り、実践しようとすること。 (イ) 身近な生活の中で、環境に配慮した物の使い方などについて考え、工夫すること。	イ 環境に配慮した生活 自分の生活と環境との関連などに関わる学習活動を通して、次の事項を身に付けることができるよう指導する。 (ア) 身近な生活の中での環境との関わりや環境に配慮した物の使い方などについて理解し、実践すること。 (イ) 身近な生活の中で、環境との関わりについて考え、生活に生かすために物の使い方などを工夫すること。	イ 消費者の基本的な権利と責任 消費者の基本的な権利と責任に関わる学習活動を通して、次の事項を身に付けることができるよう指導する。 (ア) 消費者の基本的な権利と責任、自分や家族の消費生活が環境や社会に及ぼす影響について気付くこと。 (イ) 身近な消費生活について、自立した消費者として責任ある消費行動を考え、表現すること。	イ 消費者の基本的な権利と責任 消費者の基本的な権利と責任に関わる学習活動を通して、次の事項を身に付けることができるよう指導する。 (ア) 消費者の基本的な権利と責任、自分や家族の消費が環境や社会に及ぼす影響について理解すること。 (イ) 身近な消費生活について、自立した消費者として責任ある消費行動を考え、工夫すること。

目標・内容の一覧（外国語活動）（外国語）

学部	小学部（外国語活動）	中学部（外国語）	高等部（外国語）
教科の目標	外国語によるコミュニケーションにおける見方・考え方を働かせ、外国語や外国の文化に触れられることを通して、コミュニケーションを図る素地となる資質・能力を次のとおり育成することを目指す。	外国語によるコミュニケーションにおける見方・考え方を働かせ、外国語の音声や基本的な表現に触れる活動を通して、コミュニケーションを図る素地となる資質・能力を次のとおり育成することを目指す。	外国語によるコミュニケーションにおける見方・考え方を働かせ、外国語による聞くこと、読むこと、話すこと、書くことの言語活動を通して、コミュニケーションを図る基礎となる資質・能力を次のとおり育成することを目指す。
知識及び技能	(1) 外国語を用いた体験的な活動を通して、日本語と外国語の音声の違いなどに気付き、外国語の音声に慣れ親しむようにする。	(1) 外国語を用いた体験的な活動を通して、身近な生活で見聞きする外国語に興味や関心をもち、外国語の音声や基本的な表現に慣れ親しむようにする。	(1) 外国語の音声や文字、語彙、表現、言語の働きなどについて、日本語と外国語との違いに気付くとともに、読むこと、書くことに慣れ親しみ、聞くこと、読むこと、話すこと、書くことによる実際のコミュニケーションにおいて活用できる基礎的な技能を身に付けるようにする。
思考力、判断力、表現力等	(2) 身近で簡単な事柄について、外国語に触れ、自分の気持ちを伝え合う力の素地を養う。	(2) 身近で簡単な事柄について、外国語で聞いたり話したりして自分の考えや気持ちなどを伝え合う力の素地を養う。	(2) コミュニケーションを行う目的や場面、状況などに応じて、身近で簡単な事柄について、外国語で聞いたり話したりするとともに、音声で十分に慣れ親しんだ外国語の語彙や表現を想像しながら読んだり書いたりして、自分の考えや気持ちなどを伝え合うことができる基礎的な力を養う。
学びに向かう力、人間性等	(3) 外国語を通して、外国の文化などに触れながら、言語への関心を高め、進んでコミュニケーションを図ろうとする態度を養う。	(3) 外国語やその背景にある文化の多様性を知り、相手に配慮しながらコミュニケーションを図ろうとする態度を養う。	(3) 外国語の背景にある文化に対する理解を深め、他者に配慮しながら、主体的に外国語を用いてコミュニケーションを図ろうとする態度を養う。

段階の目標	小学部	中学部	1段階	2段階
知識及び技能	—	—	ア 音声や文字、語彙、表現などについて、日本語と外国語との違いに気付くとともに、読むこと、書くことに慣れ親しみ、聞くこと、話すことを中心とした実際のコミュニケーションにおいて活用できる基礎的な力を身に付けるようにする。	ア 音声や文字、語彙、表現などについて、日本語と外国語との違いに気付くとともに、読むこと、書くことに慣れ親しみ、聞くこと、話すこと、読むこと、書くことによる実際のコミュニケーションにおいて活用できる基礎的な力を身に付けるようにする。

学部	小学部（外国語活動）	中学部（外国語）	高等部（外国語）	
段階の目標	小学部	中学部	1段階	2段階
思考力、判断力、表現力等	—	—	イ コミュニケーションを行う目的や場面、状況などに応じて、身近で簡単な事柄について、聞いたり話したりするとともに、音声で十分に慣れ親しんだ外国語の語彙などを真似ながら読んだり、外国語の文字をなぞって書いたりして、自分の考えや気持ちなどを伝え合うことができる基礎的な力を養う。	イ コミュニケーションを行う目的や場面、状況などに応じて、身近で簡単な事柄について、聞いたり話したりするとともに、音声で十分に慣れ親しんだ外国語の語彙などが表す事柄を想像しながら読んだり、書いたりして、自分の考えや気持ちなどを伝え合うことができる基礎的な力を養う。
学びに向かう力、人間性等	—	—	ウ 外国語の背景にある文化について理解し、相手に配慮しながら、主体的に外国語を用いてコミュニケーションを図ろうとする態度を養う。	ウ 外国語の背景にある文化について理解し、他者に配慮しながら、主体的に外国語を用いてコミュニケーションを図ろうとする態度を養う。
内容	小学部	中学部	1段階	2段階
	(1) 英語の特徴等に関する事項	(1) 英語の特徴等に関する事項	ア 英語の特徴等に関する事項	ア 英語の特徴等に関する事項
	具体的な言語の使用場面や具体的な状況における言語活動を通して、次の事項を身に付けることができるよう指導する。 ア 言語を用いてコミュニケーションを図ることの楽しさを知ること。	実際に英語を用いた場面や状況等における言語活動を通して、次の事項を身に付けることができるよう指導する。 ア 英語の音声及び基本的な表現に慣れ親しむこと。	実際に英語を用いた場面や状況等における言語活動を通して、次の事項を身に付けることができるよう指導する。 （ア）英語の音声及び簡単な語句や基本的な表現などについて、日本語との違いに気付くこと。	実際に英語を用いた場面や状況等における言語活動を通して、次の事項を身に付けることができるよう指導する。 （ア）英語の音声及び簡単な語句や基本的な表現などについて、日本語との違いに気付くこと。
知識及び技能	—	（ア）英語の音声を聞き、真似て声を出したり、話したりしようとすること。	（ア）英語の音声を聞いて話したり、文字を見て読んだり書いたりして日本語の音声や文字などとの違いに気付くこと。	（ア）英語の音声を聞いて話したり、簡単な語彙などを読んだり書いたりして日本語の音声や文字などとの違いに気付くこと。
	—	（イ）英語の音声や文字も、事物の内容を表したり、要件を伝えたりするなどの働きがあることを感じ取ること。	（イ）英語の音声や文字も、事物の内容を表したり、要件を伝えたりするなどの働きがあることに気付くこと。	（イ）英語の音声や文字も、事物の内容を表したり、要件を伝えたりするなどの働きがあることに気付くこと。
	—	（イ）基本的な表現や語句が表す内容を知り、それらを使うことで相手に伝わることを感じ取ること。	（ウ）簡単な語句や基本的な表現などが表す内容を知り、それらを使うことで要件が相手に伝わることに気付くこと。	（ウ）簡単な語句や基本的な表現などが表す内容を知り、それらを使うことで要件が相手に伝わることに気付くこと。

学部	小学部（外国語活動）	中学部（外国語）	高等部（外国語）	
内容	小学部	中学部	1段階	2段階
知識及び技能	イ 日本と外国の言語や文化について、以下の体験を通して慣れ親しむこと。	イ 日本と外国の言語や文化に慣れ親しむこと。	—	—
	（ア）英語の歌や日常生活になじみのある語などを聞き、音声やリズムに親しむこと。	（ア）体験的な活動を通して、日本と外国との生活、習慣、行事などの違いを知ること。	—	—
	（イ）外国の生活や行事などに触れ、日本と外国の生活や違いを知ること。	（イ）対話的な活動を通して、相手の発話をよく聞こうとしたり、相づちや表情、ジェスチャーなどで応じようとしたりすること。	—	—
思考力、判断力、表現力等	（2）自分の考えや気持ちなどを表現したり、伝えたりする力の素地に関する事項	（2）情報を整理し、表現したり、伝え合ったりすることに関する事項	イ 情報を整理しながら考えなどを形成し、英語で表現したり、伝え合ったりすることに関する事項	イ 情報を整理しながら考えなどを形成し、英語で表現したり、伝え合ったりすることに関する事項
	具体的な課題等を設定し、コミュニケーションを行う目的や場面などに応じて表現することを通して、次の事項を身に付けることができるよう指導する。	具体的な課題等を設定し、コミュニケーションを行う目的や場面、状況などに応じて、情報や考えなどを表現することを通して、次の事項を身に付けることができるよう指導する。	具体的な課題等を設定し、コミュニケーションを行う目的や場面、状況などに応じて、情報を整理しながら考えなどを形成し、これらを表現することを通して、次の事項を身に付けることができるよう指導する。	具体的な課題等を設定し、コミュニケーションを行う目的や場面、状況などに応じて、情報を整理しながら考えなどを形成し、これらを表現することを通して、次の事項を身に付けることができるよう指導する。
	ア 身近で簡単な事柄について、注目して見聞きしようとすること。	ア 日常生活に関する簡単な事柄について、伝えたいことを考え、簡単な語句などを使って伝え合うこと。	（ア）簡単な事柄について、伝えようとする内容を整理した上で、簡単な語句や基本的な表現を用いて自分の考えや気持ちなどを伝え合うこと。	（ア）身近で簡単な事柄について、伝えようとする内容を整理した上で簡単な語句や基本的な表現などを用いて伝え合うこと。
	イ 身近で簡単な事柄について、相手の働きかけに応じようとすること。	イ 日常生活に関する簡単な事柄について、自分の考えや気持ちなどが伝わるよう、工夫して質問をしたり、質問に答えたりすること。	（イ）身近で簡単な事柄について、音声で十分に慣れ親しんだ簡単な語彙などが表す事柄を想像しながら読んだり、書いたりすること。	（イ）身近で簡単な事柄について、音声で十分に慣れ親しんだ簡単な語彙などが表す事柄を想像しながら読んだり、書いたりすること。
	（3）言語活動及び言語の働きに関する事項	（3）言語活動及び言語の働きに関する事項	ウ 言語活動及び言語の働きに関する事項	ウ 言語活動及び言語の働きに関する事項
	① 言語活動に関する事項	① 言語活動に関する事項	① 言語活動に関する事項	① 言語活動に関する事項
	（2）に示す事項については、（1）に示す言語活動を活用して、例えば、次のような言語活動を取り上げるようにする。	（2）に示す事項については、（1）に示す言語活動を活用して、例えば、次のような言語活動を通して指導する。	イに示す事項については、アに示す言語活動を活用して、例えば、次のような言語活動を通して指導する。	イに示す事項については、アに示す言語活動を活用して、例えば、次のような言語活動を通して指導する。
	ア 聞くこと	ア 聞くこと	（ア）聞くこと	（ア）聞くこと

学部	小学部（外国語活動）	中学部（外国語）	高等部（外国語）	
内容	小学部	中学部	1段階	2段階
	(ア) 既に経験している活動や場面で、英語の挨拶や語などを聞き取る活動。	(ア) 文字の発音を聞いて文字と結び付ける活動。	(ア) 自分に関する簡単な事柄について、簡単な語句や基本的な表現を聞き、それらを表すイラストや写真などと結び付ける活動。	(ア) 自分のことや学校生活など身近で簡単な事柄について、簡単な語句や基本的な表現を聞き、それらを表すイラストや写真などと結び付ける活動。
	(イ) 既に知っている物や事柄に関する語などを聞き、それが表す内容を実物や写真などと結び付ける活動。	(イ) 身近で具体的な事物に関する簡単な語を聞き、それが表す内容をイラストや写真と結び付ける活動。	(イ) 日付や時刻、値段などを表す簡単な表現など、身近で簡単な事柄について、表示などを参考にしながら具体的な情報を聞き取る活動。	(イ) 日付や時刻、値段などを表す表現など、身近で簡単な事柄について、具体的な情報を聞き取る活動。
	—	(ウ) 挨拶や簡単な指示に応じる活動。	—	(ウ) 友達や家族、学校生活など、身近な事柄について、簡単な語句や基本的な表現で話される短い会話や説明を、イラストや写真を参考にしながら、必要な情報を聞き取る活動。
思考力、判断力、表現力等	イ 話すこと (ア) 既に経験している活動や場面で、実物や写真などを示しながら自分の名前や好きなものなどを簡単な語などを用いて伝える活動。	イ 話すこと［発表］ (ア) 自分の名前、年齢、好みなどを簡単な語などを用いて表現する活動。	(1) 話すこと［発表］ (ア) 簡単な語句や基本的な表現を用いて、自分の趣味や得意なことなどを含めて自己紹介をする活動。	(1) 話すこと［発表］ (ア) 簡単な語句や基本的な表現を用いて、身近で簡単な事柄について、自分の考えや気持ちを話す活動。
	(イ) 既に知っている歌やダンス、ゲームで、簡単な語や身振りなどを使って表現する活動。	(イ) 身近で具体的な事物の様子や状態を簡単な語などや基本的な表現を用いて表現する活動。	—	—
	—	ウ 話すこと［やり取り］ (ア) 簡単な挨拶をし合う活動。	(ウ) 話すこと［やり取り］ (ウ) 挨拶を交わしたり、簡単な指示や依頼をして、それらに応じたり断ったりする活動。	(ウ) 話すこと［やり取り］
	(イ) 自分のことについて、具体物などを手に見せながら、好みや要求などの自分の考えや気持ちを伝える活動。	(イ) 自分のことについて、具体物などを相手に見せながら、好みや要求などを伝え合う活動。	—	(ア) 身近で簡単な事柄について、自分の考えや気持ちを伝えたり、簡単な質問をしたり質問に答えたりして伝え合う活動。

363

学部 内容	小学部（外国語活動） 小学部	中学部（外国語） 中学部	高等部（外国語） 1段階	高等部（外国語） 2段階
思考力、判断力、表現力等	―	（ウ）ゆっくり話される簡単な質問に、英語の語などや身振りや動作などで応じる活動。	―	―
	―	エ　書くこと		（エ）書くこと
	―	（ア）身近な事物を表す文字を書く活動。	（エ）書くこと （ア）活字体の大文字、小文字を区別して書く活動。	（ア）相手に伝えるなどの目的をもって、身近で簡単な事柄について、音声で十分に慣れ親しんだ語彙などを書き写す活動。
	―	（イ）例示を見ながら自分の名前を書き写す活動。	（イ）相手に伝えるなどの目的をもって、身近で簡単な事柄について、音声で十分に慣れ親しんだ簡単な語彙などを書き写す活動。	（イ）相手に伝えるなどの目的をもって、身近で簡単な事柄について、音声で十分に慣れ親しんだ簡単な語彙や簡単な語彙を書く活動。
	―	―	（ウ）相手に伝えるなどの目的をもって、身近で簡単な事柄について、音声で十分に慣れ親しんだ語彙などを書き写す活動。	―
	―	オ　読むこと	（オ）読むこと	（オ）読むこと
	―	（ア）身の回りで使われている文字や単語を見付ける活動。	（ア）活字体で書かれた文字を見て、どの文字であるかやその文字が大文字であるか小文字であるかを識別する活動。	（ア）日常生活に関する身近で簡単な事柄を内容とする掲示やパンフレットなどから、自分が必要とする情報を得る活動。
	―	（イ）日本の人の名前や地名の英語表記に使われている文字を読む活動。	（イ）活字体で書かれた文字を見て、その読み方を発音する活動。	（イ）音声で十分に慣れ親しんだ簡単な語彙などを、挿絵がある本などの中から識別する活動。
	② 言語の働きに関する事項　言語活動を行うに当たり、主として次に示すような言語の使用場面や言語の働きを取り上げるようにする。	② 言語の働きに関する事項　言語活動を行うに当たり、主として次に示すような言語の使用場面や言語の働きを取り上げるようにする。	② 言語の働きに関する事項　言語活動を行うに当たり、主として次に示すような言語の使用場面や言語の働きを取り上げるようにする。	② 言語の働きに関する事項　2段階の言語活動を行うに当たっては、1段階の言語の働きに関する事項を踏まえ、生徒の学習状況に応じた言語の使用場面や言語の働きを取り上げるようにする。
	ア 言語の使用場面の例	ア 言語の使用場面の例	（ア）言語の使用場面の例	―

学部		小学部（外国語活動）	中学部（外国語）	高等部（外国語）	
内容		小学部	中学部	1段階	2段階
		(ｱ) 児童の遊びや身近な暮らしに関わる場面 ㋐ 歌やダンスを含む遊び ㋑ 家庭での生活 ㋒ 学校での学習や活動 など	(ｱ) 特有の表現がよく使われる場面 ㋐ 挨拶をする ㋑ 自己紹介をする ㋒ 買物をする ㋓ 食事をする など	(ｱ) 特有の表現がよく使われる場面 ㋐ 挨拶 ㋑ 自己紹介 ㋒ 買物 ㋓ 食事 ㋔ 道案内 ㋕ 旅行 など	―
		(ｲ) 特有の表現がよく使われる場面 ㋐ 挨拶 ㋑ 自己紹介 など	(ｲ) 生徒の身近な暮らしに関わる場面 ㋐ ゲーム ㋑ 歌やダンス ㋒ 学校での学習や活動 ㋓ 家庭での生活 など	(ｲ) 生徒の身近な暮らしに関わる場面 ・学校での学習や活動 ・家庭での生活 ・地域での生活 など	―
思考力，判断力，表現力等	イ 言語の働きの例 (ｱ) コミュニケーションを円滑にする ㋐ 挨拶をする		イ 言語の働きの例 (ｱ) コミュニケーションを円滑にする ㋐ 挨拶をする ㋑ 相づちを打つ	(1) 言語の働きの例 (ｱ) コミュニケーションを円滑にする ㋐ 挨拶をする ㋑ 呼び掛ける ㋒ 相づちを打つ ㋓ 聞き直す など	―
	(1) 気持ちを伝える ㋐ 礼を言う など		(1) 気持ちを伝える ㋐ 礼を言う ㋑ 褒める	(ｲ) 気持ちを伝える ㋐ 礼を言う ㋑ 褒める ㋒ 謝る など	―
	―		―	(ｳ) 事実・情報を伝える ㋐ 説明する ㋑ 報告する ㋒ 発表する など	―

学部	小学部（外国語活動）	中学部（外国語）	高等部（外国語）	
内容	小学部	中学部	1段階	2段階
思考力, 判断力, 表現力等	—	—	(エ) 考えや意図を伝える ・意見を言う ・賛成する ・承諾する ・断る　など	—
	—	(ケ) 相手の行動を促す ㋐ 質問する	(オ) 相手の行動を促す ・質問する ・依頼する ・命令する　など	—
（その他の外国語）	—	その他の外国語については、外国語の２の内容の（英語）に準じて指導を行うものとする。	その他の外国語については、（英語）に示す内容に準じて指導を行うものとする。	その他の外国語については、（英語）に示す内容に準じて指導を行うものとする。

目標・内容の一覧（情報）

学部	高等部	
	教科の目標	
	情報に関する科学的な見方・考え方を働かせ、身近にある情報機器の操作の習得を図りながら、問題の解決を行う学習活動を通して、問題を知り、問題の解決に向けて情報と情報技術を適切かつ効果的に活用し、情報社会に主体的に参画するための資質・能力を次のとおり育成することを目指す。	
知識及び技能	(1) 身近にある情報と情報技術及びこれらを活用して問題を解決する方法について理解し、基礎的な技能を身に付けるようにする。	
思考力、判断力、表現力等	(2) 身近な事象を情報とその結び付きとして捉え、問題を知り、問題を解決するために必要な情報と情報技術を適切かつ効果的に活用する力を養う。	
学びに向かう力、人間性等	(3) 身近にある情報や情報技術を適切に活用するとともに、情報社会に参画しようとする態度を養う。	

段階の目標	1段階	2段階
知識及び技能	ア 効果的なコミュニケーションの方法や、身近にあるコンピュータやデータの活用について知り、基礎的な技能を身に付けるとともに、情報社会と人との関わりについて知る。	ア 効果的なコミュニケーションの方法や、身近にあるコンピュータやデータの活用について理解し、基礎的な技能を身に付けるとともに、情報社会と人との関わりについて理解する。
思考力、判断力、表現力等	イ 身近な事象を情報とその結び付きとして捉え、問題を知り、問題を解決するために必要な情報と情報技術を活用する力を養う。	イ 身近な事象を情報とその結び付きとして捉え、問題を知り、問題を解決するために必要な情報と情報技術を適切かつ効果的に活用する力を養う。
学びに向かう力、人間性等	ウ 身近にある情報や情報技術を活用するとともに、情報社会に関わろうとする態度を養う。	ウ 身近にある情報や情報技術を適切に活用するとともに、情報社会に参画しようとする態度を養う。

内容	1段階	2段階
A 情報社会の問題解決	身近にある情報や情報技術を活用して問題を知り、問題を解決する方法に着目し、解決に向けた活動を通して、次の事項を身に付けることができるよう指導する。	身近にある情報や情報技術を活用して問題を知り、問題を解決する方法に着目し、解決に向けた活動を通して、次の事項を身に付けることができるよう指導する。
	ア 次のような知識及び技能を身に付けること。	ア 次のような知識及び技能を身に付けること。
	(ア) 身近にある情報やメディアの基本的な特性及びコンピュータ等の情報機器の基本的な用途、操作方法及び仕組みを知り、情報と情報技術を活用して問題を解決する方法を身に付けること。	(ア) 身近にある情報やメディアの基本的な特性及びコンピュータ等の情報機器の基本的な用途、操作方法及び仕組みを踏まえ、情報と情報技術を活用して問題を解決する方法を身に付けること。
	(イ) 情報に関する身近で基本的な、法規や制度、情報セキュリティの重要性、情報社会における個人の責任及び情報モラルについて知ること。	(イ) 情報に関する身近で基本的な、法規や制度、情報セキュリティの重要性、情報社会における個人の責任及び情報モラルについて理解すること。
	(ウ) 身近にある情報技術が人や社会に果たす役割と及ぼす影響について知ること。	(ウ) 身近にある情報技術が人や社会に果たす役割と及ぼす影響について基本的な理解をすること。
	イ 次のような思考力、判断力、表現力等を身に付けること。	イ 次のような思考力、判断力、表現力等を身に付けること。

学部		高等部	
内容		1段階	2段階
A 情報社会の問題解決		(ｱ) 目的や状況に応じて、身近にある情報や情報技術を活用して問題を解決する方法について考えること。	(ｱ) 目的や状況に応じて、身近にある情報や情報技術を適切かつ効果的に活用して問題を解決する方法について考えること。
		(ｲ) 情報に関する身近で基本的な、法規や制度及びマナーの意義、情報社会において個人の果たす役割や責任、情報モデルなどについて考えること。	(ｲ) 情報に関する身近な、法規や制度及びマナーの意義、情報社会において個人の果たす役割や責任、情報モデルなどについて、それらの背景を捉え、考えること。
		(ｳ) 身近にある情報や情報技術の活用について考えること。	(ｳ) 身近にある情報や情報技術の適切かつ効果的な活用と望ましい情報社会の在り方について考えること。
B コミュニケーションと情報デザイン		身近なメディアとコミュニケーション手段及び情報デザインに着目し、目的や状況に応じて受け付け手に分かりやすく情報を伝える活動を通して、次の事項を身に付けることができるよう指導する。	身近なメディアとコミュニケーション手段及び情報デザインに着目し、目的や状況に応じて受け付け手に分かりやすく情報を伝える活動を通して、次の事項を身に付けることができるよう指導する。
		ア 次のような知識及び技能を身に付けること。	ア 次のような知識及び技能を身に付けること。
		(ｱ) 身近なメディアの基本的な特性とコミュニケーション手段の基本的な特徴について、その変遷を踏まえて知ること。	(ｱ) 身近なメディアの基本的な特性とコミュニケーション手段の基本的な特徴について、その変遷を踏まえて理解すること。
		(ｲ) 身近にある情報デザインが人や社会に果たしている役割を知ること。	(ｲ) 身近にある情報デザインが人や社会に果たしている役割を理解すること。
		(ｳ) 身近にある情報デザインから、効果的なコミュニケーションを行うための基本的な考え方や方法を知り、表現する基礎的な技能を身に付けること。	(ｳ) 身近にある情報デザインから、効果的なコミュニケーションを行うための基本的な考え方や方法を理解し表現する基礎的な技能を身に付けること。
		イ 次のような思考力、判断力、表現力等を身に付けること。	イ 次のような思考力、判断力、表現力等を身に付けること。
		(ｱ) 身近なメディアとコミュニケーション手段の関係を身に付けること。	(ｱ) 身近なメディアとコミュニケーション手段の関係を捉え、それらを目的や状況に応じて適切に選択すること。
		(ｲ) コミュニケーションの目的に合わせて、必要な情報が伝わるような情報デザインを考えること。	(ｲ) コミュニケーションの目的に合わせて、適切かつ効果的な情報デザインを考えること。
		(ｳ) 効果的なコミュニケーションを行うための情報デザインの基本的な考え方や方法に基づいて表現し、表現の仕方を工夫すること。	(ｳ) 効果的なコミュニケーションを行うための情報デザインの基本的な考え方や方法に基づいて表現し、振り返り、表現を見直すこと。
C 情報通信ネットワークとデータの活用		情報通信ネットワークを介して流通するデータに着目し、情報通信ネットワークや情報システムにより提供されるサービスを利用し、問題を知り、問題の解決に向けた活動を通して、次の事項を身に付けることができるよう指導する。	情報通信ネットワークを介して流通するデータに着目し、情報通信ネットワークや情報システムにより提供されるサービスを活用し、問題を知り、問題の解決に向けた活動を通して、次の事項を身に付けることができるよう指導する。
		ア 次のような知識及び技能を身に付けること。	ア 次のような知識及び技能を身に付けること。
		(ｱ) 情報通信ネットワークの基本的な仕組みや情報セキュリティを確保するための基本的な方法について知ること。	(ｱ) 情報通信ネットワークの基本的な仕組みや情報セキュリティを確保するための基本的な方法について理解すること。

学部	高等部		
内容	1段階		2段階
C 情報通信ネットワークとデータの活用	(ア) 身近なデータを蓄積、管理、提供する基本的な方法、情報通信ネットワークを介した情報システムによるサービスの提供に関する基本的な仕組みと特徴について知ること。		(ア) 身近なデータを蓄積、管理、提供する基本的な方法、情報通信ネットワークを介した情報システムによるサービスの提供に関する基本的な仕組みと特徴について理解すること。
	(イ) データを表現、蓄積するための基本的な表し方と、データを収集、整理する基本的な方法について知り、基礎的な技能を身に付けること。		(イ) データを表現、蓄積するための基本的な表し方と、データを収集、整理、分析する基本的な方法について理解し、基礎的な技能を身に付けること。
	イ 次のような思考力、判断力、表現力等を身に付けること。		イ 次のような思考力、判断力、表現力等を身に付けること。
	(ア) 情報通信ネットワークにおける情報セキュリティを確保する基本的な方法について考えること。		(ア) 目的や状況に応じて、情報通信ネットワークにおける情報セキュリティを確保する基本的な方法について考えること。
	(イ) 情報システムが提供するサービスの利用について考えること。		(イ) 情報システムが提供するサービスの効果的な活用について考えること。
	(ウ) データの収集、整理及び結果の表現の基本的な方法を適切に選択し、実行すること。		(ウ) データの収集、整理、分析及び結果の表現の基本的な方法を適切に選択し、実行し、振り返り、表現を見直すこと。

369

付録

目次

教育基本法

平成十八年十二月二十二日　法律第百二十号

　我々日本国民は，たゆまぬ努力によって築いてきた民主的で文化的な国家を更に発展させるとともに，世界の平和と人類の福祉の向上に貢献することを願うものである。

　我々は，この理想を実現するため，個人の尊厳を重んじ，真理と正義を希求し，公共の精神を尊び，豊かな人間性と創造性を備えた人間の育成を期するとともに，伝統を継承し，新しい文化の創造を目指す教育を推進する。

　ここに，我々は，日本国憲法の精神にのっとり，我が国の未来を切り拓く教育の基本を確立し，その振興を図るため，この法律を制定する。

第一章　教育の目的及び理念

（教育の目的）

第一条　教育は，人格の完成を目指し，平和で民主的な国家及び社会の形成者として必要な資質を備えた心身ともに健康な国民の育成を期して行われなければならない。

（教育の目標）

第二条　教育は，その目的を実現するため，学問の自由を尊重しつつ，次に掲げる目標を達成するよう行われるものとする。

　一　幅広い知識と教養を身に付け，真理を求める態度を養い，豊かな情操と道徳心を培うとともに，健やかな身体を養うこと。

　二　個人の価値を尊重して，その能力を伸ばし，創造性を培い，自主及び自律の精神を養うとともに，職業及び生活との関連を重視し，勤労を重んずる態度を養うこと。

　三　正義と責任，男女の平等，自他の敬愛と協力を重んずるとともに，公共の精神に基づき，主体的に社会の形成に参画し，その発展に寄与する態度を養うこと。

　四　生命を尊び，自然を大切にし，環境の保全に寄与する態度を養うこと。

　五　伝統と文化を尊重し，それらをはぐくんできた我が国と郷土を愛するとともに，他国を尊重し，国際社会の平和と発展に寄与する態度を養うこと。

（生涯学習の理念）

第三条　国民一人一人が，自己の人格を磨き，豊かな人生を送ることができるよう，その生涯にわたって，あらゆる機会に，あらゆる場所において学習することができ，その成果を適切に生かすことのできる社会の実現が図られなければならない。

（教育の機会均等）

第四条　すべて国民は，ひとしく，その能力に応じた教育を受ける機会を与えられなければならず，人種，信条，性別，社会的身分，経済的地位又は門地によって，教育上差別されない。

2　国及び地方公共団体は，障害のある者が，その障害の状態に応じ，十分な教育を受けられるよう，教育上必要な支援を講じなければならない。

3　国及び地方公共団体は，能力があるにもかかわらず，経済的理由によって修学が困難な者に対して，奨学の措置を講じなければならない。

付録1

（義務教育）

第五条　国民は，その保護する子に，別に法律で定めるところにより，普通教育を受けさせる義務を負う。

2　義務教育として行われる普通教育は，各個人の有する能力を伸ばしつつ社会において自立的に生きる基礎を培い，また，国家及び社会の形成者として必要とされる基本的な資質を養うことを目的として行われるものとする。

3　国及び地方公共団体は，義務教育の機会を保障し，その水準を確保するため，適切な役割分担及び相互の協力の下，その実施に責任を負う。

4　国又は地方公共団体の設置する学校における義務教育については，授業料を徴収しない。

（学校教育）

第六条　法律に定める学校は，公の性質を有するものであって，国，地方公共団体及び法律に定める法人のみが，これを設置することができる。

2　前項の学校においては，教育の目標が達成されるよう，教育を受ける者の心身の発達に応じて，体系的な教育が組織的に行われなければならない。この場合において，教育を受ける者が，学校生活を営む上で必要な規律を重んずるとともに，自ら進んで学習に取り組む意欲を高めることを重視して行われなければならない。

（大学）

第七条　大学は，学術の中心として，高い教養と専門的能力を培うとともに，深く真理を探究して新たな知見を創造し，これらの成果を広く社会に提供することにより，社会の発展に寄与するものとする。

2　大学については，自主性，自律性その他の大学における教育及び研究の特性が尊重されなければならない。

（私立学校）

第八条　私立学校の有する公の性質及び学校教育において果たす重要な役割にかんがみ，国及び地方公共団体は，その自主性を尊重しつつ，助成その他の適当な方法によって私立学校教育の振興に努めなければならない。

（教員）

第九条　法律に定める学校の教員は，自己の崇高な使命を深く自覚し，絶えず研究と修養に励み，その職責の遂行に努めなければならない。

2　前項の教員については，その使命と職責の重要性にかんがみ，その身分は尊重され，待遇の適正が期せられるとともに，養成と研修の充実が図られなければならない。

（家庭教育）

第十条　父母その他の保護者は，子の教育について第一義的責任を有するものであって，生活のために必要な習慣を身に付けさせるとともに，自立心を育成し，心身の調和のとれた発達を図るよう努めるものとする。

2　国及び地方公共団体は，家庭教育の自主性を尊重しつつ，保護者に対する学習の機会及び情報の提供その他の家庭教育を支援するために必要な施策を講ずるよう努めなければならない。

（幼児期の教育）

第十一条　幼児期の教育は，生涯にわたる人格形成の基礎を培う重要なものであることにかんがみ，国及び地方公共団体は，幼児の健やかな成長に資する良好な環境の整備その他適当な方法によって，その振興に努めなければならない。

付録1

（社会教育）

第十二条　個人の要望や社会の要請にこたえ，社会において行われる教育は，国及び地方公共団体によって奨励されなければならない。

2　国及び地方公共団体は，図書館，博物館，公民館その他の社会教育施設の設置，学校の施設の利用，学習の機会及び情報の提供その他の適当な方法によって社会教育の振興に努めなければならない。

（学校，家庭及び地域住民等の相互の連携協力）

第十三条　学校，家庭及び地域住民その他の関係者は，教育におけるそれぞれの役割と責任を自覚するとともに，相互の連携及び協力に努めるものとする。

（政治教育）

第十四条　良識ある公民として必要な政治的教養は，教育上尊重されなければならない。

2　法律に定める学校は，特定の政党を支持し，又はこれに反対するための政治教育その他政治的活動をしてはならない。

（宗教教育）

第十五条　宗教に関する寛容の態度，宗教に関する一般的な教養及び宗教の社会生活における地位は，教育上尊重されなければならない。

2　国及び地方公共団体が設置する学校は，特定の宗教のための宗教教育その他宗教的活動をしてはならない。

第三章　教育行政

（教育行政）

第十六条　教育は，不当な支配に服することなく，この法律及び他の法律の定めるところにより行われるべきものであり，教育行政は，国と地方公共団体との適切な役割分担及び相互の協力の下，公正かつ適正に行われなければならない。

2　国は，全国的な教育の機会均等と教育水準の維持向上を図るため，教育に関する施策を総合的に策定し，実施しなければならない。

3　地方公共団体は，その地域における教育の振興を図るため，その実情に応じた教育に関する施策を策定し，実施しなければならない。

4　国及び地方公共団体は，教育が円滑かつ継続的に実施されるよう，必要な財政上の措置を講じなければならない。

（教育振興基本計画）

第十七条　政府は，教育の振興に関する施策の総合的かつ計画的な推進を図るため，教育の振興に関する施策についての基本的な方針及び講ずべき施策その他必要な事項について，基本的な計画を定め，これを国会に報告するとともに，公表しなければならない。

2　地方公共団体は，前項の計画を参酌し，その地域の実情に応じ，当該地方公共団体における教育の振興のための施策に関する基本的な計画を定めるよう努めなければならない。

第四章　法令の制定

第十八条　この法律に規定する諸条項を実施するため，必要な法令が制定されなければならない。

学校教育法（抄）

昭和二十二年三月三十一日法律第二十六号

第四章　小学校

第三十条　小学校における教育は，前条に規定する目的を実現するために必要な程度において第二十一条各号に掲げる目標を達成するよう行われるものとする。

②　前項の場合においては，生涯にわたり学習する基盤が培われるよう，基礎的な知識及び技能を習得させるとともに，これらを活用して課題を解決するために必要な思考力，判断力，表現力その他の能力をはぐくみ，主体的に学習に取り組む態度を養うことに，特に意を用いなければならない。

第三十一条　小学校においては，前条第一項の規定による目標の達成に資するよう，教育指導を行うに当たり，児童の体験的な学習活動，特にボランティア活動など社会奉仕体験活動，自然体験活動その他の体験活動の充実に努めるものとする。この場合において，社会教育関係団体その他の関係団体及び関係機関との連携に十分配慮しなければならない。

第三十四条　小学校においては，文部科学大臣の検定を経た教科用図書又は文部科学省が著作の名義を有する教科用図書を使用しなければならない。

②　前項に規定する教科用図書（以下この条において「教科用図書」という。）の内容を文部科学大臣の定めるところにより記録した電磁的記録（電子的方式，磁気的方式その他人の知覚によっては認識することができない方式で作られる記録であつて，電子計算機による情報処理の用に供されるものをいう。）である教材がある場合には，同項の規定にかかわらず，文部科学大臣の定めるところにより，児童の教育の充実を図るため必要があると認められる教育課程の一部において，教科用図書に代えて当該教材を使用することができる。

③　前項に規定する場合において，視覚障害，発達障害その他の文部科学大臣の定める事由により教科用図書を使用して学習することが困難な児童に対し，教科用図書に用いられた文字，図形等の拡大又は音声への変換その他の同項に規定する教材を電子計算機において用いることにより可能となる方法で指導することにより当該児童の学習上の困難の程度を低減させる必要があると認められるときは，文部科学大臣の定めるところにより，教育課程の全部又は一部において，教科用図書に代えて当該教材を使用することができる。

④・⑤　（略）

付録1

第六章　高等学校

第五十条　高等学校は，中学校における教育の基礎の上に，心身の発達及び進路に応じて，高度な普通教育及び専門教育を施すことを目的とする。

第五十一条　高等学校における教育は，前条に規定する目的を実現するため，次に掲げる目標を達成するよう行われるものとする。

一　義務教育として行われる普通教育の成果を更に発展拡充させて，豊かな人間性，創造性及び健やかな身体を養い，国家及び社会の形成者として必要な資質を養うこと。

二　社会において果たさなければならない使命の自覚に基づき，個性に応じて将来の進路を決定させ，一般的な教養を高め，専門的な知識，技術及び技能を習得させること。

三　個性の確立に努めるとともに，社会について，広く深い理解と健全な批判力を養い，社会の発展に寄与する態度を養うこと。

第五十二条　高等学校の学科及び教育課程に関する事項は，前二条の規定及び第六十二条において読

み替えて準用する第三十条第二項の規定に従い，文部科学大臣が定める。

第五十六条　高等学校の修業年限は，全日制の課程については，三年とし，定時制の課程及び通信制の課程については，三年以上とする。

第五十八条　高等学校には，専攻科及び別科を置くことができる。

②　高等学校の専攻科は，高等学校若しくはこれに準ずる学校若しくは中等教育学校を卒業した者又は文部科学大臣の定めるところにより，これと同等以上の学力があると認められた者に対して，精深な程度において，特別の事項を教授し，その研究を指導することを目的とし，その修業年限は，一年以上とする。

③　高等学校の別科は，前条に規定する入学資格を有する者に対して，簡易な程度において，特別の技能教育を施すことを目的とし，その修業年限は，一年以上とする。

第六十二条　第三十条第二項，第三十一条，第三十四条，第三十七条第四項から第十七項まで及び第十九項並びに第四十二条から第四十四条までの規定は，高等学校に準用する。この場合において，第三十条第二項中「前項」とあるのは「第五十一条」と，第三十一条中「前条第一項」とあるのは「第五十一条」と読み替えるものとする。

第八章　特別支援教育

第七十二条　特別支援学校は，視覚障害者，聴覚障害者，知的障害者，肢体不自由者又は病弱者（身体虚弱者を含む。以下同じ。）に対して，幼稚園，小学校，中学校又は高等学校に準ずる教育を施すとともに，障害による学習上又は生活上の困難を克服し自立を図るために必要な知識技能を授けることを目的とする。

第七十三条　特別支援学校においては，文部科学大臣の定めるところにより，前条に規定する者に対する教育のうち当該学校が行うものを明らかにするものとする。

第七十四条　特別支援学校においては，第七十二条に規定する目的を実現するための教育を行うほか，幼稚園，小学校，中学校，義務教育学校，高等学校又は中等教育学校の要請に応じて，第八十一条第一項に規定する幼児，児童又は生徒の教育に関し必要な助言又は援助を行うよう努めるものとする。

第七十五条　第七十二条に規定する視覚障害者，聴覚障害者，知的障害者，肢体不自由者又は病弱者の障害の程度は，政令で定める。

第七十六条　（略）

②　特別支援学校には，小学部及び中学部のほか，幼稚部又は高等部を置くことができ，また，特別の必要のある場合においては，前項の規定にかかわらず，小学部及び中学部を置かないで幼稚部又は高等部のみを置くことができる。

第七十七条　特別支援学校の幼稚部の教育課程その他の保育内容，小学部及び中学部の教育課程又は高等部の学科及び教育課程に関する事項は，幼稚園，小学校，中学校又は高等学校に準じて，文部科学大臣が定める。

第八十一条　幼稚園，小学校，中学校，義務教育学校，高等学校及び中等教育学校においては，次項各号のいずれかに該当する幼児，児童及び生徒その他教育上特別の支援を必要とする幼児，児童及び生徒に対し，文部科学大臣の定めるところにより，障害による学習上又は生活上の困難を克服するための教育を行うものとする。

②　小学校，中学校，義務教育学校，高等学校及び中等教育学校には，次の各号のいずれかに該当する児童及び生徒のために，特別支援学級を置くことができる。

一　知的障害者

付録1

二　肢体不自由者

三　身体虚弱者

四　弱視者

五　難聴者

六　その他障害のある者で，特別支援学級において教育を行うことが適当なもの

③　(略)

第八十二条　第二十六条，第二十七条，第三十一条（第四十九条及び第六十二条において読み替えて準用する場合を含む。），第三十二条，第三十四条（第四十九条及び第六十二条において準用する場合を含む。），第三十六条，第三十七条（第二十八条，第四十九条及び第六十二条において準用する場合を含む。），第四十二条から第四十四条まで，第四十七条及び第五十六条から第六十条までの規定は特別支援学校に，第八十四条の規定は特別支援学校の高等部に，それぞれ準用する。

第九章　大学

第八十四条　大学は，通信による教育を行うことができる。

附　則

第九条　高等学校，中等教育学校の後期課程及び特別支援学校並びに特別支援学級においては，当分の間，第三十四条第一項（第四十九条，第四十九条の八，第六十二条，第七十条第一項及び第八十二条において準用する場合を含む。）の規定にかかわらず，文部科学大臣の定めるところにより，第三十四条第一項に規定する教科用図書以外の教科用図書を使用することができる。

②　第三十四条第二項及び第三項の規定は，前項の規定により使用する教科用図書について準用する。

学校教育法施行規則（抄）

昭和二十二年五月二十三日文部省令第十一号

第四章　小学校

第二節　教育課程

第五十四条　児童が心身の状況によつて履修することが困難な各教科は，その児童の心身の状況に適合するように課さなければならない。

第五十六条の五　学校教育法第三十四条第二項に規定する教材（以下この条において「教科用図書代替教材」という。）は，同条第一項に規定する教科用図書（以下この条において「教科用図書」という。）の発行者が，その発行する教科用図書の内容の全部（電磁的記録に記録することに伴つて変更が必要となる内容を除く。）をそのまま記録した電磁的記録である教材とする。

2　学校教育法第三十四条第二項の規定による教科用図書代替教材の使用は，文部科学大臣が別に定める基準を満たすように行うものとする。

3　学校教育法第三十四条第三項に規定する文部科学大臣の定める事由は，次のとおりとする。
　一　視覚障害，発達障害その他の障害
　二　日本語に通じないこと
　三　前二号に掲げる事由に準ずるもの

4　学校教育法第三十四条第三項の規定による教科用図書代替教材の使用は，文部科学大臣が別に定める基準を満たすように行うものとする。

第五十七条　小学校において，各学年の課程の修了又は卒業を認めるに当たつては，児童の平素の成績を評価して，これを定めなければならない。

第五十八条　校長は，小学校の全課程を修了したと認めた者には，卒業証書を授与しなければならない。

付録1

第三節　学年及び授業日

第五十九条　小学校の学年は，四月一日に始まり，翌年三月三十一日に終わる。

第六章　高等学校

第一節　設備，編制，学科及び教育課程

第八十一条　二以上の学科を置く高等学校には，専門教育を主とする学科（以下「専門学科」という。）ごとに学科主任を置き，農業に関する専門学科を置く高等学校には，農場長を置くものとする。

2〜5　（略）

第八十八条の三　高等学校は，文部科学大臣が別に定めるところにより，授業を，多様なメディアを高度に利用して，当該授業を行う教室等以外の場所で履修させることができる。

第八十九条　高等学校においては，文部科学大臣の検定を経た教科用図書又は文部科学省が著作の名義を有する教科用図書のない場合には，当該高等学校の設置者の定めるところにより，他の適切な教科用図書を使用することができる。

2　第五十六条の五の規定は，学校教育法附則第九条第二項において準用する同法第三十四条第二項又は第三項の規定により前項の他の適切な教科用図書に代えて使用する教材について準用する。

第二節　入学，退学，転学，留学，休学及び卒業等

第九十一条　第一学年の途中又は第二学年以上に入学を許可される者は，相当年齢に達し，当該学年に在学する者と同等以上の学力があると認められた者とする。

第九十二条　他の高等学校に転学を志望する生徒のあるときは，校長は，その事由を具し，生徒の在学証明書その他必要な書類を転学先の校長に送付しなければならない。転学先の校長は，教育上支障がない場合には，転学を許可することができる。

2　全日制の課程，定時制の課程及び通信制の課程相互の間の転学又は転籍については，修得した単位に応じて，相当学年に転入することができる。

第九十三条　校長は，教育上有益と認めるときは，生徒が外国の高等学校に留学することを許可することができる。

2　校長は，前項の規定により留学することを許可された生徒について，外国の高等学校における履修を高等学校における履修とみなし，三十六単位を超えない範囲で単位の修得を認定することができる。

3　校長は，前項の規定により単位の修得を認定された生徒について，第百四条第一項において準用する第五十九条又は第百四条第二項に規定する学年の途中においても，各学年の課程の修了又は卒業を認めることができる。

第九十七条　校長は，教育上有益と認めるときは，生徒が当該校長の定めるところにより他の高等学校又は中等教育学校の後期課程において一部の科目の単位を修得したときは，当該修得した単位数を当該生徒の在学する高等学校が定めた全課程の修了を認めるに必要な単位数のうちに加えることができる。

2　前項の規定により，生徒が他の高等学校又は中等教育学校の後期課程において一部の科目の単位を修得する場合においては，当該他の高等学校又は中等教育学校の校長は，当該生徒について一部の科目の履修を許可することができる。

3　（略）

第九十八条　校長は，教育上有益と認めるときは，当該校長の定めるところにより，生徒が行う次に掲げる学修を当該生徒の在学する高等学校における科目の履修とみなし，当該科目の単位を与えることができる。

一　大学，高等専門学校又は専修学校の高等課程若しくは専門課程における学修その他の教育施設等における学修で文部科学大臣が別に定めるもの

二　知識及び技能に関する審査で文部科学大臣が別に定めるものに係る学修

三　ボランティア活動その他の継続的に行われる活動（当該生徒の在学する高等学校の教育活動として行われるものを除く。）に係る学修で文部科学大臣が別に定めるもの

第九十九条　第九十七条の規定に基づき加えることのできる単位数及び前条の規定に基づき与えることのできる単位数の合計数は三十六を超えないものとする。

第百条　校長は，教育上有益と認めるときは，当該校長の定めるところにより，生徒が行う次に掲げる学修（当該生徒が入学する前に行つたものを含む。）を当該生徒の在学する高等学校における科目の履修とみなし，当該科目の単位を与えることができる。

一　高等学校卒業程度認定試験規則（平成十七年文部科学省令第一号）の定めるところにより合格点を得た試験科目（同令附則第二条の規定による廃止前の大学入学資格検定規程（昭和二十六年文部省令第十三号。以下「旧規程」という。）の定めるところにより合格点を得た受検科目を含む。）に係る学修

二　高等学校の別科における学修で第八十四条の規定に基づき文部科学大臣が公示する高等学校学習指導要領の定めるところに準じて修得した科目に係る学修

第百条の二　学校教育法第五十八条の二に規定する文部科学大臣の定める基準は，次のとおりとす

る。

一　修業年限が二年以上であること。

二　課程の修了に必要な総単位数その他の事項が，別に定める基準を満たすものであること。

2　（略）

第三節　定時制の課程及び通信制の課程並びに学年による教育課程の区分を設けない場合その他

第百四条　第四十三条から第四十九条まで（第四十六条を除く。），第五十四条，第五十六条の五から第七十一条まで（第六十九条を除く。）及び第七十八条の二の規定は，高等学校に準用する。

2　（略）

3　校長は，特別の必要があり，かつ，教育上支障がないときは，第一項において準用する第五十九条に規定する学年の途中においても，学期の区分に従い，入学（第九十一条に規定する入学を除く。）を許可し並びに各学年の課程の修了及び卒業を認めることができる。

第八章　特別支援教育

第百二十八条　特別支援学校の高等部の教育課程は，別表第三及び別表第五に定める各教科に属する科目，総合的な学習の時間，特別活動並びに自立活動によつて編成するものとする。

2　前項の規定にかかわらず，知的障害者である生徒を教育する場合は，国語，社会，数学，理科，音楽，美術，保健体育，職業，家庭，外国語，情報，家政，農業，工業，流通・サービス及び福祉の各教科，第百二十九条に規定する特別支援学校高等部学習指導要領で定めるこれら以外の教科及び道徳，総合的な学習の時間，特別活動並びに自立活動によつて教育課程を編成するものとする。

第百二十九条　特別支援学校の幼稚部の教育課程その他の保育内容並びに小学部，中学部及び高等部の教育課程については，この章に定めるもののほか，教育課程その他の保育内容又は教育課程の基準として文部科学大臣が別に公示する特別支援学校幼稚部教育要領，特別支援学校小学部・中学部学習指導要領及び特別支援学校高等部学習指導要領によるものとする。

第百三十条　特別支援学校の小学部，中学部又は高等部においては，特に必要がある場合は，第百二十六条から第百二十八条までに規定する各教科（次項において「各教科」という。）又は別表第三及び別表第五に定める各教科に属する科目の全部又は一部について，合わせて授業を行うことができる。

2　特別支援学校の小学部，中学部又は高等部においては，知的障害者である児童若しくは生徒又は複数の種類の障害を併せ有する児童若しくは生徒を教育する場合において特に必要があるときは，各教科，特別の教科である道徳（特別支援学校の高等部にあつては，前条に規定する特別支援学校高等部学習指導要領で定める道徳），外国語活動，特別活動及び自立活動の全部又は一部について，合わせて授業を行うことができる。

第百三十一条　特別支援学校の小学部，中学部又は高等部において，複数の種類の障害を併せ有する児童若しくは生徒を教育する場合又は教員を派遣して教育を行う場合において，特に必要があるときは，第百二十六条から第百二十九条までの規定にかかわらず，特別の教育課程によることができる。

2　前項の規定により特別の教育課程による場合において，文部科学大臣の検定を経た教科用図書又は文部科学省が著作の名義を有する教科用図書を使用することが適当でないときは，当該学校の設置者の定めるところにより，他の適切な教科用図書を使用することができる。

3　第五十六条の五の規定は，学校教育法附則第九条第二項において準用する同法第三十四条第二項

又は第三項の規定により前項の他の適切な教科用図書に代えて使用する教材について準用する。

第百三十二条　特別支援学校の小学部，中学部又は高等部の教育課程に関し，その改善に資する研究を行うため特に必要があり，かつ，児童又は生徒の教育上適切な配慮がなされていると文部科学大臣が認める場合においては，文部科学大臣が別に定めるところにより，第百二十六条から第百二十九条までの規定によらないことができる。

第百三十二条の二　文部科学大臣が，特別支援学校の小学部，中学部又は高等部において，当該特別支援学校又は当該特別支援学校が設置されている地域の実態に照らし，より効果的な教育を実施するため，当該特別支援学校又は当該地域の特色を生かした特別の教育課程を編成して教育を実施する必要があり，かつ，当該特別の教育課程について，教育基本法及び学校教育法第七十二条の規定等に照らして適切であり，児童又は生徒の教育上適切な配慮がなされているものとして文部科学大臣が定める基準を満たしていると認める場合においては，文部科学大臣が別に定めるところにより，第百二十六条から第百二十九条までの規定の一部又は全部によらないことができる。

第百三十三条　校長は，生徒の特別支援学校の高等部の全課程の修了を認めるに当たつては，特別支援学校高等部学習指導要領に定めるところにより行うものとする。ただし，第百三十二条又は第百三十二条の二の規定により，特別支援学校の高等部の教育課程に関し第百二十八条及び第百二十九条の規定によらない場合においては，文部科学大臣が別に定めるところにより行うものとする。

2　前項前段の規定により全課程の修了の要件として特別支援学校高等部学習指導要領の定めるところにより校長が定める単位数又は授業時数のうち，第百三十五条第五項において準用する第八十八条の三に規定する授業の方法によるものは，それぞれ全課程の修了要件として定められた単位数又は授業時数の二分の一に満たないものとする。

第百三十四条　特別支援学校の高等部における通信教育に関する事項は，別に定める。

第百三十四条の二　校長は，特別支援学校に在学する児童等について個別の教育支援計画（学校と医療，保健，福祉，労働等に関する業務を行う関係機関及び民間団体（次項において「関係機関等」という。）との連携の下に行う当該児童等に対する長期的な支援に関する計画をいう。）を作成しなければならない。

2　校長は，前項の規定により個別の教育支援計画を作成するに当たつては，当該児童等又はその保護者の意向を踏まえつつ，あらかじめ，関係機関等と当該児童等の支援に関する必要な情報の共有を図らなければならない。

第百三十五条　第四十三条から第四十九条まで（第四十六条を除く。），第五十四条，第五十九条から第六十三条まで，第六十五条から第六十八条まで，第八十二条及び第百条の三の規定は，特別支援学校に準用する。この場合において，同条中「第百四条第一項」とあるのは，「第百三十五条第一項」と読み替えるものとする。

2　第五十六条の五から第五十八条まで，第六十四条及び第八十九条の規定は，特別支援学校の小学部，中学部及び高等部に準用する。

3・4　（略）

5　第七十条，第七十一条，第七十八条の二，第八十一条，第八十八条の三，第九十条第一項から第三項まで，第九十一条から第九十五条まで，第九十七条第一項及び第二項，第九十八条から第百条の二まで並びに第百四条第三項の規定は，特別支援学校の高等部に準用する。この場合において，第九十七条第一項及び第二項中「他の高等学校又は中等教育学校の後期課程」とあるのは「他の特別支援学校の高等部，高等学校又は中等教育学校の後期課程」と，同条第二項中「当該他の高等学校又は中等教育学校」とあるのは「当該他の特別支援学校，高等学校又は中等教育学校」と読み替えるものとする。

別表第三（第八十三条，第百八条，第百二十八条関係）

（一）　各学科に共通する各教科

各 教 科	各教科に属する科目
国　　　語	国語総合，国語表現，現代文A，現代文B，古典A，古典B
地 理 歴 史	世界史A，世界史B，日本史A，日本史B，地理A，地理B
公　　　民	現代社会，倫理，政治・経済
数　　　学	数学Ⅰ，数学Ⅱ，数学Ⅲ，数学A，数学B，数学活用
理　　　科	科学と人間生活，物理基礎，物理，化学基礎，化学，生物基礎，生物，地学基礎，地学，理科課題研究
保 健 体 育	体育，保健
芸　　　術	音楽Ⅰ，音楽Ⅱ，音楽Ⅲ，美術Ⅰ，美術Ⅱ，美術Ⅲ，工芸Ⅰ，工芸Ⅱ，工芸Ⅲ，書道Ⅰ，書道Ⅱ，書道Ⅲ
外 国 語	コミュニケーション英語基礎，コミュニケーション英語Ⅰ，コミュニケーション英語Ⅱ，コミュニケーション英語Ⅲ，英語表現Ⅰ，英語表現Ⅱ，英語会話
家　　　庭	家庭基礎，家庭総合，生活デザイン
情　　　報	社会と情報，情報の科学

（二）　主として専門学科において開設される各教科

各 教 科	各教科に属する科目
農　　　業	農業と環境，課題研究，総合実習，農業情報処理，作物，野菜，果樹，草花，畜産，農業経営，農業機械，食品製造，食品化学，微生物利用，植物バイオテクノロジー，動物バイオテクノロジー，農業経済，食品流通，森林科学，森林経営，林産物利用，農業土木設計，農業土木施工，水循環，造園計画，造園技術，環境緑化材料，測量，生物活用，グリーンライフ
工　　　業	工業技術基礎，課題研究，実習，製図，工業数理基礎，情報技術基礎，材料技術基礎，生産システム技術，工業技術英語，工業管理技術，環境工学基礎，機械工作，機械設計，原動機，電子機械，電子機械応用，自動車工学，自動車整備，電気基礎，電気機器，電力技術，電子技術，電子回路，電子計測制御，通信技術，電子情報技術，プログラミング技術，ハードウェア技術，ソフトウェア技術，コンピュータシステム技術，建築構造，建築計画，建築構造設計，建築施工，建築法規，設備計画，空気調和設備，衛生・防災設備，測量，土木基礎力学，土木構造設計，土木施工，社会基盤工学，工業化学，化学工学，地球環境化学，材料製造技術，工業材料，材料加工，セラミック化学，セラミック技術，セラミック工業，繊維製品，繊維・染色技術，染織デザイン，インテリア計画，インテリア装備，インテリアエレメント生産，デザイン技術，デザイン材料，デザイン史
商　　　業	ビジネス基礎，課題研究，総合実践，ビジネス実務，マーケティング，商品開発，広告と販売促進，ビジネス経済，ビジネス経済応用，経済活動と法，簿記，財務会計Ⅰ，財務会計Ⅱ，原価計算，管理会計，情報処理，ビジネス情報，電子商取引，プログラミング，ビジネス情報管理

付録1

各 教 科	各教科に属する科目
水　　産	水産海洋基礎，課題研究，総合実習，海洋情報技術，水産海洋科学，漁業，航海・計器，船舶運用，船用機関，機械設計工作，電気理論，移動体通信工学，海洋通信技術，資源増殖，海洋生物，海洋環境，小型船舶，食品製造，食品管理，水産流通，ダイビング，マリンスポーツ
家　　庭	生活産業基礎，課題研究，生活産業情報，消費生活，子どもの発達と保育，子ども文化，生活と福祉，リビングデザイン，服飾文化，ファッション造形基礎，ファッション造形，ファッションデザイン，服飾手芸，フードデザイン，食文化，調理，栄養，食品，食品衛生，公衆衛生
看　　護	基礎看護，人体と看護，疾病と看護，生活と看護，成人看護，老年看護，精神看護，在宅看護，母性看護，小児看護，看護の統合と実践，看護臨地実習，看護情報活用
情　　報	情報産業と社会，課題研究，情報の表現と管理，情報と問題解決，情報テクノロジー，アルゴリズムとプログラム，ネットワークシステム，データベース，情報システム実習，情報メディア，情報デザイン，表現メディアの編集と表現，情報コンテンツ実習
福　　祉	社会福祉基礎，介護福祉基礎，コミュニケーション技術，生活支援技術，介護過程，介護総合演習，介護実習，こころとからだの理解，福祉情報活用
理　　数	理数数学Ⅰ，理数数学Ⅱ，理数数学特論，理数物理，理数化学，理数生物，理数地学，課題研究
体　　育	スポーツ概論，スポーツⅠ，スポーツⅡ，スポーツⅢ，スポーツⅣ，スポーツⅤ，スポーツⅥ，スポーツ総合演習
音　　楽	音楽理論，音楽史，演奏研究，ソルフェージュ，声楽，器楽，作曲，鑑賞研究
美　　術	美術概論，美術史，素描，構成，絵画，版画，彫刻，ビジュアルデザイン，クラフトデザイン，情報メディアデザイン，映像表現，環境造形，鑑賞研究
英　　語	総合英語，英語理解，英語表現，異文化理解，時事英語

付録1

備考
　一　（一）及び（二）の表の上欄に掲げる各教科について，それぞれの表の下欄に掲げる各教科に属する科目以外の科目を設けることができる。
　二　（一）及び（二）の表の上欄に掲げる各教科以外の教科及び当該教科に関する科目を設けることができる。

別表第五（第百二十八条関係）
（一）　視覚障害者である生徒に対する教育を行う特別支援学校の主として専門学科において開設される各教科

各 教 科	各教科に属する科目
保健理療	医療と社会，人体の構造と機能，疾病の成り立ちと予防，生活と疾病，基礎保健理療，臨床保健理療，地域保健理療と保健理療経営，保健理療基礎実習，保健理療臨床実習，保健理療情報活用，課題研究
理　　療	医療と社会，人体の構造と機能，疾病の成り立ちと予防，生活と疾病，基礎理療学，臨床理療学，地域理療と理療経営，理療基礎実習，理療臨床実習，理療情報活用，課題研究

理 学 療 法	人体の構造と機能，疾病と障害，保健・医療・福祉とリハビリテーション，基礎理学療法学，理学療法評価学，理学療法治療学，地域理学療法学，臨床実習，理学療法情報活用，課題研究

(二) 聴覚障害者である生徒に対する教育を行う特別支援学校の主として専門学科において開設される各教科

各 教 科	各教科に属する科目
印 刷	印刷概論，写真製版，印刷機械・材料，印刷デザイン，写真化学・光学，文書処理・管理，印刷情報技術基礎，画像技術，印刷総合実習，課題研究
理 容 ・ 美 容	理容・美容関係法規，衛生管理，理容・美容保健，理容・美容の物理・化学，理容・美容文化論，理容・美容技術理論，理容・美容運営管理，理容実習，理容・美容情報活用，課題研究
クリーニング	クリーニング関係法規，公衆衛生，クリーニング理論，繊維，クリーニング機器・装置，クリーニング実習，課題研究
歯 科 技 工	歯科技工関係法規，歯科技工学概論，歯科理工学，歯の解剖学，顎口腔機能学，有床義歯技工学，歯冠修復技工学，矯正歯科技工学，小児歯科技工学，歯科技工実習，歯科技工情報活用，課題研究

備考

一 （一）及び（二）の表の上欄に掲げる各教科について，それぞれの表の下欄に掲げる各教科に属する科目以外の科目を設けることができる。

二 （一）及び（二）の表の上欄に掲げる各教科以外の教科及び当該教科に関する科目を設けることができる。

学校教育法施行規則の一部を改正する省令

平成三十年三月三十日文部科学省令第十三号

学校教育法施行規則（昭和二十二年文部省令第十一号）の一部を次のように改正する。

第八十三条中「総合的な学習の時間」を「総合的な探究の時間」に改める。

別表第三を次のように改める。

別表第三（第八十三条，第百八条，第百二十八条関係）

（一）　各学科に共通する各教科

各 教 科	各教科に属する科目
国　　　語	現代の国語，言語文化，論理国語，文学国語，国語表現，古典探究
地 理 歴 史	地理総合，地理探究，歴史総合，日本史探究，世界史探究
公　　　民	公共，倫理，政治・経済
数　　　学	数学Ⅰ，数学Ⅱ，数学Ⅲ，数学A，数学B，数学C
理　　　科	科学と人間生活，物理基礎，物理，化学基礎，化学，生物基礎，生物，地学基礎，地学
保 健 体 育	体育，保健
芸　　　術	音楽Ⅰ，音楽Ⅱ，音楽Ⅲ，美術Ⅰ，美術Ⅱ，美術Ⅲ，工芸Ⅰ，工芸Ⅱ，工芸Ⅲ，書道Ⅰ，書道Ⅱ，書道Ⅲ
外　国　語	英語コミュニケーションⅠ，英語コミュニケーションⅡ，英語コミュニケーションⅢ，論理・表現Ⅰ，論理・表現Ⅱ，論理・表現Ⅲ
家　　　庭	家庭基礎，家庭総合
情　　　報	情報Ⅰ，情報Ⅱ
理　　　数	理数探究基礎，理数探究

付録1

（二）　主として専門学科において開設される各教科

各 教 科	各教科に属する科目
農　　　業	農業と環境，課題研究，総合実習，農業と情報，作物，野菜，果樹，草花，畜産，栽培と環境，飼育と環境，農業経営，農業機械，植物バイオテクノロジー，食品製造，食品化学，食品微生物，食品流通，森林科学，森林経営，林産物利用，農業土木設計，農業土木施工，水循環，造園計画，造園施工管理，造園植栽，測量，生物活用，地域資源活用
工　　　業	工業技術基礎，課題研究，実習，製図，工業情報数理，工業材料技術，工業技術英語，工業管理技術，工業環境技術，機械工作，機械設計，原動機，電子機械，生産技術，自動車工学，自動車整備，船舶工学，電気回路，電気機器，電力技術，電子技術，電子回路，電子計測制御，通信技術，プログラミング技術，ハードウェア技術，ソフトウェア技術，コンピュータシステム技術，建築構造，建築計画，建築構造設計，建築施工，建築法規，設備計画，空気調和設備，衛生・防災設備，測量，土木基盤力学，土木構造設計，土木施工，社会基盤工学，工業化学，化学工学，地球環境化学，材料製造技術，材料工学，材料加工，セラミック化学，セラミック技術，セラミック工業，繊維製品，繊維・染色技術，染織デザイン，インテリア計画，インテリア装備，インテリアエレ

工　　業	メント生産，デザイン実践，デザイン材料，デザイン史
商　　業	ビジネス基礎，課題研究，総合実践，ビジネス・コミュニケーション，マーケティング，商品開発と流通，観光ビジネス，ビジネス・マネジメント，グローバル経済，ビジネス法規，簿記，財務会計Ⅰ，財務会計Ⅱ，原価計算，管理会計，情報処理，ソフトウェア活用，プログラミング，ネットワーク活用，ネットワーク管理
水　　産	水産海洋基礎，課題研究，総合実習，海洋情報技術，水産海洋科学，漁業，航海・計器，船舶運用，船用機関，機械設計工作，電気理論，移動体通信工学，海洋通信技術，資源増殖，海洋生物，海洋環境，小型船舶，食品製造，食品管理，水産流通，ダイビング，マリンスポーツ
家　　庭	生活産業基礎，課題研究，生活産業情報，消費生活，保育基礎，保育実践，生活と福祉，住生活デザイン，服飾文化，ファッション造形基礎，ファッション造形，ファッションデザイン，服飾手芸，フードデザイン，食文化，調理，栄養，食品，食品衛生，公衆衛生，総合調理実習
看　　護	基礎看護，人体の構造と機能，疾病の成り立ちと回復の促進，健康支援と社会保障制度，成人看護，老年看護，小児看護，母性看護，精神看護，在宅看護，看護の統合と実践，看護臨地実習，看護情報
情　　報	情報産業と社会，課題研究，情報の表現と管理，情報テクノロジー，情報セキュリティ，情報システムのプログラミング，ネットワークシステム，データベース，情報デザイン，コンテンツの制作と発信，メディアとサービス，情報実習
福　　祉	社会福祉基礎，介護福祉基礎，コミュニケーション技術，生活支援技術，介護過程，介護総合演習，介護実習，こころとからだの理解，福祉情報
理　　数	理数数学Ⅰ，理数数学Ⅱ，理数数学特論，理数物理，理数化学，理数生物，理数地学
体　　育	スポーツ概論，スポーツⅠ，スポーツⅡ，スポーツⅢ，スポーツⅣ，スポーツⅤ，スポーツⅥ，スポーツ総合演習
音　　楽	音楽理論，音楽史，演奏研究，ソルフェージュ，声楽，器楽，作曲，鑑賞研究
美　　術	美術概論，美術史，鑑賞研究，素描，構成，絵画，版画，彫刻，ビジュアルデザイン，クラフトデザイン，情報メディアデザイン，映像表現，環境造形
英　　語	総合英語Ⅰ，総合英語Ⅱ，総合英語Ⅲ，ディベート・ディスカッションⅠ，ディベート・ディスカッションⅡ，エッセイライティングⅠ，エッセイライティングⅡ

付録1

備考
一　（一）及び（二）の表の上欄に掲げる各教科について，それぞれの表の下欄に掲げる各教科に属する科目以外の科目を設けることができる。
二　（一）及び（二）の表の上欄に掲げる各教科以外の教科及び当該教科に関する科目を設けることができる。

附　則

1　この省令は，平成三十四年四月一日から施行する。

2　改正後の学校教育法施行規則（以下この項及び次項において「新令」という。）別表第三の規定は，施行の日以降高等学校（中等教育学校の後期課程及び特別支援学校の高等部を含む。以下この項及び次項において同じ。）に入学した生徒（新令第九十一条（新令第百十三条第一項及び第百三十五条第五項で準用する場合を含む。）の規定により入学した生徒であって同日前に入学した生徒に係る教育課程により履修するものを除く。）に係る教育課程から適用する。

3　前項の規定により新令別表第三の規定が適用されるまでの高等学校の教育課程については，なお従前の例による。

付録1

学校教育法施行規則の一部を改正する省令の一部を改正する省令

平成三十年八月三十一日文部科学省令第二十八号

　学校教育法施行規則の一部を改正する省令（平成三十年文部科学省令第十三号）の一部を次のように改正する。

　次の表により、改正前欄に掲げる規定の傍線を付した部分をこれに順次対応する改正後欄に掲げる規定の傍線を付した部分のように改め、改正前欄及び改正後欄に対応して掲げるその標記部分に二重傍線を付した規定（以下「対象規定」という。）は、改正前欄に掲げる対象規定で改正前欄にこれに対応するものを掲げていないものは、これを加える。

改正後	改正前
附　則	附　則
1　この省令は、平成三十一年四月一日から施行する。ただし、附則第四項及び第五項の規定は平成三十一年四月一日から施行する。	1　この省令は、平成三十四年四月一日から施行する。
2　改正後の学校教育法施行規則（以下「新令」という。）第八十三条及び別表第三の規定は、施行の日以降高等学校（中等教育学校の後期課程及び特別支援学校の高等部を含む。次項及び附則第四項において同じ。）に入学した生徒（新令第九十一条（新令第百十三条第一項及び第百三十五条第五項で準用する場合を含む。）の規定により入学した生徒であって同日前に入学した生徒に係る教育課程により履修するものを除く。）に係る教育課程から適用する。	2　改正後の学校教育法施行規則（以下この項及び次項において「新令」という。）別表第三の規定は、施行の日以降高等学校（中等教育学校の後期課程及び特別支援学校の高等部を含む。以下この項及び次項において同じ。）に入学した生徒（新令第九十一条（新令第百十三条第一項及び第百三十五条第五項で準用する場合を含む。）の規定により入学した生徒であって同日前に入学した生徒に係る教育課程により履修するものを除く。）に係る教育課程から適用する。
3　前項の規定により新令第八十三条及び別表第三の規定が適用されるまでの高等学校の教育課程については、なお従前の例による。	3　前項の規定により新令別表第三の規定が適用されるまでの高等学校の教育課程については、なお従前の例による。
4‖　平成三十一年四月一日から平成三十四年三月三十一日までの間に高等学校に入学した生徒（新令第九十一条の規定により入学した生徒に係る教育課程により履修するものを除く。）に係る教育課程についての平成三十一年四月一日から新令第八十三条の規定が適用されるまでの間における改正前の学校教育法施行規則（以下「旧令」という。）第八十三条の規定の適用については、同条中「総合的な学習の時間」とあるのは「総合的な探究の時間」とする。	〔項を加える。〕
5‖　平成三十一年四月一日から新令別表第三の規定の適用については、同表□の表福祉の項中「福祉情報活用」とあるのは「福祉情報活用、福祉情報」とする。	〔項を加える。〕
備考　表中の〔　〕の記載及び対象規定の二重傍線を付した標記部分を除く全体に付した傍線は注記である。	

付録1

388

附　則

この省令は，公布の日から施行する。

付録1

学校教育法施行規則の一部を改正する省令

平成三十一年二月四日文部科学省令第三号

学校教育法施行規則（昭和二十二年文部省令第十一号）の一部を次のように改正する。

次の表により，改正前欄に掲げる規定の傍線を付した部分をこれに順次対応する改正後欄に掲げる規定の傍線を付した部分のように改める。

改正後

第百二十八条　特別支援学校の高等部の教育課程は、別表第三及び別表第五に定める各教科に属する科目、総合的な探究の時間、特別活動並びに自立活動によつて編成するものとする。

2　前項の規定にかかわらず、知的障害者である生徒を教育する場合は、国語、社会、数学、理科、音楽、美術、保健体育、職業、家庭、外国語、情報、家政、農業、工業、流通・サービス及び福祉の各教科、第百二十九条に規定する特別支援学校高等部学習指導要領で定めるこれら以外の教科及び特別の教科である道徳、総合的な探究の時間、特別活動並びに自立活動によつて教育課程を編成するものとする。

第百三十条　（略）

2　特別支援学校の小学部、中学部又は高等部においては、知的障害者である児童若しくは生徒又は複数の種類の障害を併せ有する児童若しくは生徒を教育する場合において特に必要があるときは、各教科、特別の教科である道徳、特別活動及び自立活動の全部又は一部について、合わせて授業を行うことができる。

別表第五（第百二十八条関係）

(一) 視覚障害者である生徒に対する教育を行う特別支援学校の主として専門学科において開設される各教科

各教科	各教科に属する科目
保健理療	医療と社会、人体の構造と機能、疾病の成り立ちと予防、生活と疾病、基礎保健理療、臨床保健理療、地域保健理療と保健理療経営、保健理療基礎実習、保健理療臨床実習、保健理療情報、課題研究
理療	医療と社会、人体の構造と機能、疾病の成り立ちと予防、生活と疾病、基礎理療学、臨床

改正前

第百二十八条　特別支援学校の高等部の教育課程は、別表第三及び別表第五に定める各教科に属する科目、総合的な学習の時間、特別活動並びに自立活動によつて編成するものとする。

2　前項の規定にかかわらず、知的障害者である生徒を教育する場合は、国語、社会、数学、理科、音楽、美術、保健体育、職業、家庭、外国語、情報、家政、農業、工業、流通・サービス及び福祉の各教科、第百二十九条に規定する特別支援学校高等部学習指導要領で定めるこれら以外の教科及び道徳、総合的な学習の時間、特別活動並びに自立活動によつて教育課程を編成するものとする。

第百三十条　（略）

2　特別支援学校の小学部、中学部又は高等部においては、知的障害者である児童若しくは生徒又は複数の種類の障害を併せ有する児童若しくは生徒を教育する場合において特に必要があるときは、各教科、特別の教科である道徳（特別支援学校高等部にあつては、前条に規定する特別支援学校高等部学習指導要領で定める道徳）、外国語活動、特別活動及び自立活動の全部又は一部について、合わせて授業を行うことができる。

別表第五（第百二十八条関係）

(一) 視覚障害者である生徒に対する教育を行う特別支援学校の主として専門学科において開設される各教科

各教科	各教科に属する科目
保健理療	医療と社会、人体の構造と機能、疾病の成り立ちと予防、生活と疾病、基礎保健理療、臨床保健理療、地域保健理療と保健理療経営、保健理療基礎実習、保健理療臨床実習、保健理療情報、課題研究
理療	医療と社会、人体の構造と機能、疾病の成り立ちと予防、生活と疾病、基礎理療学、臨床

付録1

	各教科・科目
理学療法	理療学、地域理療と理療経営、理療基礎実習、理療臨床実習、理療情報、課題研究、人体の構造と機能、疾病と障害、保健・医療・福祉とリハビリテーション、基礎理学療法学、理学療法管理学、理学療法評価学、理学療法治療学、地域理学療法学、理学療法臨床実習、理学療法情報、課題研究
(二) 聴覚障害者である生徒に対する教育を行う特別支援学校の主として専門学科において開設される各教科	
各教科	各教科に属する科目
印刷	印刷概論、印刷デザイン、印刷製版技術、DTP技術、印刷情報技術、デジタル画像技術、印刷総合実習、課題研究
理容・美容	関係法規・制度、衛生管理、保健、香粧品化学、文化論、理容・美容技術理論、理容・美容情報、運営管理、理容実習、美容実習、理容・美容実習、課題研究
クリーニング	(略)
歯科技工	歯科技工関係法規、歯科技工学概論、歯科理工学、歯の解剖学、顎口腔機能学、有床義歯技工学、歯冠修復技工学、矯正歯科技工学、小児歯科技工学、歯科技工実習、歯科技工情報、課題研究
備考	(略)

	各教科・科目
理学療法	理療学、地域理療と理療経営、理療基礎実習、理療臨床実習、理療情報活用、課題研究、人体の構造と機能、疾病と障害、保健・医療・福祉とリハビリテーション、基礎理学療法学、理学療法管理学、理学療法評価学、理学療法治療学、地域理学療法学、臨床実習、理学療法情報活用、課題研究
(二) 聴覚障害者である生徒に対する教育を行う特別支援学校の主として専門学科において開設される各教科	
各教科	各教科に属する科目
印刷	印刷概論、写真製版、印刷機械・材料、印刷デザイン、写真化学・光学、文書処理・管理、印刷情報技術基礎、画像技術、印刷総合実習、課題研究
理容・美容	理容・美容関係法規、衛生管理、理容・美容保健、理容・美容の物理・化学、理容・美容技術理論、理容・美容運営管理、文化論、理容・美容実習、理容・美容情報活用、課題研究
クリーニング	(略)
歯科技工	歯科技工関係法規、歯科技工学概論、歯科理工学、歯の解剖学、顎口腔機能学、有床義歯技工学、歯冠修復技工学、矯正歯科技工学、小児歯科技工学、歯科技工実習、歯科技工情報活用、課題研究
備考	(略)

附　則

1　この省令は，平成三十四年四月一日から施行する。ただし，附則第四項及び第五項の規定は平成三十一年四月一日から，附則第六項の規定は平成三十二年四月一日から施行する。

2　この省令による改正後の学校教育法施行規則（以下「新令」という。）第百二十八条，第百三十条第二項及び別表第五の規定は，この省令の施行の日以降特別支援学校の高等部に入学した生徒（新令第百三十五条第五項の規定により準用される新令第九十一条の規定により入学した生徒であって同日前に入学した生徒に係る教育課程により履修するものを除く。）に係る教育課程から適用する。

3　前項の規定により新令第百二十八条，第百三十条第二項及び別表第五の規定が適用されるまでの特別支援学校の高等部の教育課程については，なお従前の例による。

4　平成三十一年四月一日から平成三十四年三月三十一日までの間に特別支援学校の高等部に入学した生徒（新令第百三十五条第五項の規定により準用される新令第九十一条の規定により入学した生徒であって平成三十一年三月三十一日までに入学した生徒に係る教育課程により履修するものを除く。）に係る教育課程についての平成三十一年四月一日から新令第百二十八条の規定が適用されるまでの間におけるこの省令による改正前の学校教育法施行規則（以下「旧令」という。）第百二十八条の規定の適用については，同条中「総合的な学習の時間」とあるのは「総合的な探究の時間」とする。

5　平成三十一年四月一日から新令別表第五の規定が適用されるまでの間における旧令別表第五の規定の適用については，同表（一）の表保健理療の項中「課題研究」とあるのは「課題研究，保健理療情報」とし，同表理療の項中「課題研究」とあるのは「課題研究，理療情報」とし，同表理学療法の項中「課題研究」とあるのは「課題研究，理学療法管理学，理学療法臨床実習，理学療法情報」とし，同表（二）の表印刷の項中「課題研究」とあるのは「課題研究，印刷製版技術，DTP技術，印刷情報技術，デジタル画像技術」とし，同表理容・美容の項中「課題研究」とあるのは「課題研究，関係法規・制度，保健，香粧品化学，文化論，運営管理，美容実習，理容・美容情報」とし，同表歯科技工の項中「課題研究」とあるのは「課題研究，歯科技工情報」とする。

6　平成三十二年四月一日から平成三十四年三月三十一日までの間に特別支援学校の高等部に入学した生徒（新令第百三十五条第五項の規定により準用される新令第九十一条の規定により入学した生徒であって平成三十二年三月三十一日までに入学した生徒に係る教育課程により履修するものを除く。）に係る教育課程についての平成三十二年四月一日から新令第百二十八条第二項及び第百三十条第二項の規定が適用されるまでの間における旧令第百二十八条第二項の規定の適用については，同項中「道徳」とあるのは「特別の教科である道徳」とし，旧令第百三十条第二項の規定の適用については，同項中「特別の教科である道徳（特別支援学校の高等部にあつては，前条に規定する特別支援学校高等部学習指導要領で定める道徳）」とあるのは「特別の教科である道徳」とする。

付録1

特別支援学校の高等部の学科を定める省令（抄）

昭和四十一年二月二十一日文部省令第二号

　学校教育法（昭和二十二年法律第二十六号）第七十三条の規定に基づき，盲学校及び聾学校の高等部の学科を定める省令を次のように定める。

第一条　特別支援学校の高等部の学科は，普通教育を主とする学科及び専門教育を主とする学科とする。

第二条　特別支援学校の高等部の普通教育を主とする学科は，普通科とする。

2　特別支援学校の高等部の専門教育を主とする学科は，次の表に掲げる学科その他専門教育を施す学科として適正な規模及び内容があると認められるものとする。

視覚障害者である生徒に対する教育を行う学科	一　家庭に関する学科 二　音楽に関する学科 三　理療に関する学科 四　理学療法に関する学科
聴覚障害者である生徒に対する教育を行う学科	一　農業に関する学科 二　工業に関する学科 三　商業に関する学科 四　家庭に関する学科 五　美術に関する学科 六　理容・美容に関する学科 七　歯科技工に関する学科
知的障害者，肢体不自由者又は病弱者（身体虚弱者を含む。）である生徒に対する教育を行う学科	一　農業に関する学科 二　工業に関する学科 三　商業に関する学科 四　家庭に関する学科 五　産業一般に関する学科

付録1

附　則

（平成十九年三月三〇日文部科学省令第五号）抄

（施行期日）

第一条　この省令は，学校教育法等の一部を改正する法律（以下「改正法」という。）の施行の日（平成十九年四月一日）から施行する。

特別支援学校高等部学習指導要領　第1章　総則（抄）

第1章　総　　則

第1節　教育目標

　高等部における教育については，学校教育法第72条に定める目的を実現するために，生徒の障害の状態や特性及び心身の発達の段階等を十分考慮して，次に掲げる目標の達成に努めなければならない。

1　学校教育法第51条に規定する高等学校教育の目標
2　生徒の障害による学習上又は生活上の困難を改善・克服し自立を図るために必要な知識，技能，態度及び習慣を養うこと。

第2節　教育課程の編成

第1款　高等部における教育の基本と教育課程の役割

1　各学校においては，教育基本法及び学校教育法その他の法令並びにこの章以下に示すところに従い，生徒の人間として調和のとれた育成を目指し，生徒の障害の状態や特性及び心身の発達の段階等，学科の特色及び学校や地域の実態を十分考慮して，適切な教育課程を編成するものとし，これらに掲げる目標を達成するよう教育を行うものとする。

2　学校の教育活動を進めるに当たっては，各学校において，第3款の1に示す主体的・対話的で深い学びの実現に向けた授業改善を通して，創意工夫を生かした特色ある教育活動を展開する中で，次の(1)から(4)までに掲げる事項の実現を図り，生徒に生きる力を育むことを目指すものとする。

(1) 基礎的・基本的な知識及び技能を確実に習得させ，これらを活用して課題を解決するために必要な思考力，判断力，表現力等を育むとともに，主体的に学習に取り組む態度を養い，個性を生かし多様な人々との協働を促す教育の充実に努めること。その際，生徒の発達の段階を考慮して，生徒の言語活動など，学習の基盤をつくる活動を充実するとともに，家庭との連携を図りながら，生徒の学習習慣が確立するよう配慮すること。

(2) 道徳教育や体験活動，多様な表現や鑑賞の活動等を通して，豊かな心や創造性の涵養を目指した教育の充実に努めること。

　学校における道徳教育は，人間としての在り方生き方に関する教育を学校の教育活動全体を通じて行うことによりその充実を図るものとし，視覚障害者，聴覚障害者，肢体不自由者又は病弱者である生徒に対する教育を行う特別支援学校においては，各教科に属する科目（以下「各教科・科目」という。），総合的な探究の時間，特別活動及び自立活動（以下「各教科・科目等」という。）において，また，知的障害者である生徒に対する教育を行う特別支援学校においては，第3章に掲げる特別の教科である道徳（以下「道徳科」という。）を要として，各教科，総合的な探究の時間，特別活動及び自立活動において，それぞれの特質に応じて，適切な指導を行うこと。

　道徳教育は，教育基本法及び学校教育法に定められた教育の根本精神に基づき，生徒が自己探求と自己実現に努め国家・社会の一員としての自覚に基づき行為しうる発達の段階にあることを考慮し，人間としての在り方生き方を考え，主体的な判断の下に行動し，自立した人間として他者と共によりよく生きるための基盤となる道徳性を養うことを目標とすること。

　道徳教育を進めるに当たっては，人間尊重の精神と生命に対する畏敬の念を家庭，学校，その

他社会における具体的な生活の中に生かし，豊かな心をもち，伝統と文化を尊重し，それらを育んできた我が国と郷土を愛し，個性豊かな文化の創造を図るとともに，平和で民主的な国家及び社会の形成者として，公共の精神を尊び，社会及び国家の発展に努め，他国を尊重し，国際社会の平和と発展や環境の保全に貢献し未来を拓（ひら）く主体性のある日本人の育成に資することとなるよう特に留意すること。

(3) 学校における体育・健康に関する指導を，生徒の発達の段階を考慮して，学校の教育活動全体を通じて適切に行うことにより，健康で安全な生活と豊かなスポーツライフの実現を目指した教育の充実に努めること。特に，学校における食育の推進並びに体力の向上に関する指導，安全に関する指導及び心身の健康の保持増進に関する指導については，保健体育科，家庭科及び特別活動の時間はもとより，各教科・科目，総合的な探究の時間及び自立活動（知的障害者である生徒に対する教育を行う特別支援学校においては，各教科，道徳科，総合的な探究の時間及び自立活動。）などにおいてもそれぞれの特質に応じて適切に行うよう努めること。また，それらの指導を通して，家庭や地域社会との連携を図りながら，日常生活において適切な体育・健康に関する活動の実践を促し，生涯を通じて健康・安全で活力ある生活を送るための基礎が培われるよう配慮すること。

(4) 学校における自立活動の指導は，障害による学習上又は生活上の困難を改善・克服し，自立し社会参加する資質を養うため，自立活動の時間はもとより，学校の教育活動全体を通じて適切に行うものとする。特に，自立活動の時間における指導は，各教科・科目，総合的な探究の時間及び特別活動（知的障害者である生徒に対する教育を行う特別支援学校においては，各教科，道徳科，総合的な探究の時間及び特別活動。）と密接な関連を保ち，個々の生徒の障害の状態や特性及び心身の発達の段階等を的確に把握して，適切な指導計画の下に行うよう配慮すること。

3　2の(1)から(4)までに掲げる事項の実現を図り，豊かな創造性を備え持続可能な社会の創り手となることが期待される生徒に，生きる力を育むことを目指すに当たっては，学校教育全体，各教科・科目等並びに知的障害者である生徒に対する教育を行う特別支援学校における各教科，道徳科，総合的な探究の時間，特別活動及び自立活動（以下「各教科等」という。）において，それぞれの指導を通してどのような資質・能力の育成を目指すのかを明確にしながら，教育活動の充実を図るものとする。その際，生徒の障害の状態や特性及び心身の発達の段階等を踏まえつつ，次に掲げることが偏りなく実現できるようにするものとする。

(1) 知識及び技能が習得されるようにすること。

(2) 思考力，判断力，表現力等を育成すること。

(3) 学びに向かう力，人間性等を涵（かん）養すること。

4　学校においては，生徒の障害の状態や特性及び心身の発達の段階等，学校や地域の実態等に応じて，就業やボランティアに関わる体験的な学習の指導を適切に行うようにし，勤労の尊さや創造することの喜びを体得させ，望ましい勤労観，職業観の育成や社会奉仕の精神の涵（かん）養に資するものとする。

5　各学校においては，生徒や学校，地域の実態を適切に把握し，教育の目的や目標の実現に必要な教育の内容等を教科等横断的な視点で組み立てていくこと，教育課程の実施状況を評価してその改善を図っていくこと，教育課程の実施に必要な人的又は物的な体制を確保するとともにその改善を図っていくことなどを通して，教育課程に基づき組織的かつ計画的に各学校の教育活動の質の向上を図っていくこと（以下「カリキュラム・マネジメント」という。）に努めるものとする。その際，生徒に何が身に付いたかという学習の成果を的確に捉え，第2款の3の(5)のイに示す個別の指導計画の実施状況の評価と改善を，教育課程の評価と改善につなげていくよう工夫すること。

第2款　教育課程の編成

1　各学校の教育目標と教育課程の編成

　　教育課程の編成に当たっては，学校教育全体，各教科・科目等及び各教科等において，それぞれ
　の指導を通して育成を目指す資質・能力を踏まえつつ，各学校の教育目標を明確にするとともに，
　教育課程の編成についての基本的な方針が家庭や地域とも共有されるよう努めるものとする。その
　際，第4章総合的な探究の時間において準ずるものとしている高等学校学習指導要領第4章の第2
　の1に基づき定められる目標との関連を図るものとする。

2　教科等横断的な視点に立った資質・能力の育成

(1) 各学校においては，生徒の障害の状態や特性及び心身の発達の段階等を考慮し，言語能力，情
　　報活用能力（情報モラルを含む。），問題発見・解決能力等の学習の基盤となる資質・能力を育成
　　していくことができるよう，各教科・科目等又は各教科等の特質を生かし，教科等横断的な視点
　　から教育課程の編成を図るものとする。

(2) 各学校においては，生徒や学校，地域の実態並びに生徒の障害の状態や特性及び心身の発達の
　　段階等を考慮し，豊かな人生の実現や災害等を乗り越えて次代の社会を形成することに向けた現
　　代的な諸課題に対応して求められる資質・能力を，教科等横断的な視点で育成していくことがで
　　きるよう，各学校の特色を生かした教育課程の編成を図るものとする。

3　教育課程の編成における共通的事項

(1) 視覚障害者，聴覚障害者，肢体不自由者又は病弱者である生徒に対する教育を行う特別支援学
　　校における各教科・科目等の履修等

　ア　各教科・科目及び単位数等

　　(ア) 卒業までに履修させる単位数等

　　　　各学校においては，卒業までに履修させる（イ）から（オ）までに示す各教科・科目及びその
　　　単位数，総合的な探究の時間の単位数，特別活動及びその授業時数並びに自立活動の授業時
　　　数に関する事項を定めるものとする。この場合，卒業までに履修させる単位数の計は，イの
　　　（ア）及び（イ）に掲げる各教科・科目の単位数並びに総合的な探究の時間の単位数を含めて74
　　　単位（自立活動の授業については，授業時数を単位数に換算して，この単位数に含めること
　　　ができる。）以上とする。

　　　　単位については，1単位時間を50分とし，35単位時間の授業を1単位として計算するこ
　　　とを標準とする。

　　(イ) 各学科に共通する各教科・科目及び標準単位数

　　　　各学校においては，教育課程の編成に当たって，次の表に掲げる各教科・科目及びその標
　　　準単位数を踏まえ，生徒に履修させる各教科・科目及びそれらの単位数について適切に定め
　　　るものとする。ただし，生徒の実態等を考慮し，特に必要がある場合には，標準単位数の標
　　　準の限度を超えて単位数を増加して配当することができる。

教　科	科　目	標　準 単位数			
国　語	現代の国語	2	地理歴史	地理総合	2
	言語文化	2		地理探究	3
	論理国語	4		歴史総合	2
	文学国語	4		日本史探究	3
	国語表現	4		世界史探究	3
	古典探究	4	公　民	公共	2
				倫理	2
				政治・経済	2

数学	数学Ⅰ	3
	数学Ⅱ	4
	数学Ⅲ	3
	数学A	2
	数学B	2
	数学C	2
理科	科学と人間生活	2
	物理基礎	2
	物理	4
	化学基礎	2
	化学	4
	生物基礎	2
	生物	4
	地学基礎	2
	地学	4
保健体育	体育	7～8
	保健	2
芸術	音楽Ⅰ	2
	音楽Ⅱ	2
	音楽Ⅲ	2
	美術Ⅰ	2
	美術Ⅱ	2
	美術Ⅲ	2
芸術	工芸Ⅰ	2
	工芸Ⅱ	2
	工芸Ⅲ	2
	書道Ⅰ	2
	書道Ⅱ	2
	書道Ⅲ	2
外国語	英語コミュニケーションⅠ	3
	英語コミュニケーションⅡ	4
	英語コミュニケーションⅢ	4
	論理・表現Ⅰ	2
	論理・表現Ⅱ	2
	論理・表現Ⅲ	2
家庭	家庭基礎	2
	家庭総合	4
情報	情報Ⅰ	2
	情報Ⅱ	2
理数	理数探究基礎	1
	理数探究	2～5

(ウ) 主として専門学科において開設される各教科・科目

各学校においては，教育課程の編成に当たって，視覚障害者である生徒に対する教育を行う特別支援学校にあっては次の表の㋐及び㋑，聴覚障害者である生徒に対する教育を行う特別支援学校にあっては次の表の㋐及び㋒，肢体不自由者又は病弱者である生徒に対する教育を行う特別支援学校にあっては次の表の㋐に掲げる主として専門学科（専門教育を主とする学科をいう。以下同じ。）において開設される各教科・科目及び設置者の定めるそれぞれの標準単位数を踏まえ，生徒に履修させる各教科・科目及びその単位数について適切に定めるものとする。

㋐　視覚障害者，聴覚障害者，肢体不自由者又は病弱者である生徒に対する教育を行う特別支援学校

教科	科目
農業	農業と環境，課題研究，総合実習，農業と情報，作物，野菜，果樹，草花，畜産，栽培と環境，飼育と環境，農業経営，農業機械，植物バイオテクノロジー，食品製造，食品化学，食品微生物，食品流通，森林科学，森林経営，林産物利用，農業土木設計，農業土木施工，水循環，造園計画，造園施工管理，造園植栽，測量，生物活用，地域資源活用
工業	工業技術基礎，課題研究，実習，製図，工業情報数理，工業材料技術，工業技術英語，工業管理技術，工業環境技術，機械工作，機械設計，原動機，電子機械，生産技術，自動車工学，自動車整備，船舶工学，電気回路，電気機器，電力技術，電子技術，電子回路，電子計測制御，通信技術，プログラミング技術，ハードウェア技術，ソフトウェア技術，コ

付録2

工　業	ンピュータシステム技術，建築構造，建築計画，建築構造設計，建築施工，建築法規，設備計画，空気調和設備，衛生・防災設備，測量，土木基盤力学，土木構造設計，土木施工，社会基盤工学，工業化学，化学工学，地球環境化学，材料製造技術，材料工学，材料加工，セラミック化学，セラミック技術，セラミック工業，繊維製品，繊維・染色技術，染織デザイン，インテリア計画，インテリア装備，インテリアエレメント生産，デザイン実践，デザイン材料，デザイン史
商　業	ビジネス基礎，課題研究，総合実践，ビジネス・コミュニケーション，マーケティング，商品開発と流通，観光ビジネス，ビジネス・マネジメント，グローバル経済，ビジネス法規，簿記，財務会計Ⅰ，財務会計Ⅱ，原価計算，管理会計，情報処理，ソフトウェア活用，プログラミング，ネットワーク活用，ネットワーク管理
水　産	水産海洋基礎，課題研究，総合実習，海洋情報技術，水産海洋科学，漁業，航海・計器，船舶運用，船用機関，機械設計工作，電気理論，移動体通信工学，海洋通信技術，資源増殖，海洋生物，海洋環境，小型船舶，食品製造，食品管理，水産流通，ダイビング，マリンスポーツ
家　庭	生活産業基礎，課題研究，生活産業情報，消費生活，保育基礎，保育実践，生活と福祉，住生活デザイン，服飾文化，ファッション造形基礎，ファッション造形，ファッションデザイン，服飾手芸，フードデザイン，食文化，調理，栄養，食品，食品衛生，公衆衛生，総合調理実習
看　護	基礎看護，人体の構造と機能，疾病の成り立ちと回復の促進，健康支援と社会保障制度，成人看護，老年看護，小児看護，母性看護，精神看護，在宅看護，看護の統合と実践，看護臨地実習，看護情報
情　報	情報産業と社会，課題研究，情報の表現と管理，情報テクノロジー，情報セキュリティ，情報システムのプログラミング，ネットワークシステム，データベース，情報デザイン，コンテンツの制作と発信，メディアとサービス，情報実習
福　祉	社会福祉基礎，介護福祉基礎，コミュニケーション技術，生活支援技術，介護過程，介護総合演習，介護実習，こころとからだの理解，福祉情報
理　数	理数数学Ⅰ，理数数学Ⅱ，理数数学特論，理数物理，理数化学，理数生物，理数地学
体　育	スポーツ概論，スポーツⅠ，スポーツⅡ，スポーツⅢ，スポーツⅣ，スポーツⅤ，スポーツⅥ，スポーツ総合演習
音　楽	音楽理論，音楽史，演奏研究，ソルフェージュ，声楽，器楽，作曲，鑑賞研究
美　術	美術概論，美術史，鑑賞研究，素描，構成，絵画，版画，彫刻，ビジュアルデザイン，クラフトデザイン，情報メディアデザイン，映像表現，環境造形
英　語	総合英語Ⅰ，総合英語Ⅱ，総合英語Ⅲ，ディベート・ディスカッションⅠ，ディベート・ディスカッションⅡ，エッセイライティングⅠ，エッセイライティングⅡ

㋑　視覚障害者である生徒に対する教育を行う特別支援学校

教　科	科　　目
保健理療	医療と社会，人体の構造と機能，疾病の成り立ちと予防，生活と疾病，基礎保健理療，臨床保健理療，地域保健理療と保健理療経営，保健理療基礎実習，保健理療臨床実習，保健理療情報，課題研究

㋒　聴覚障害者である生徒に対する教育を行う特別支援学校

教　科	科　　目
印　刷	印刷概論，印刷デザイン，印刷製版技術，ＤＴＰ技術，印刷情報技術，デジタル画像技術，印刷総合実習，課題研究
理容･美容	関係法規・制度，衛生管理，保健，香粧品化学，文化論，理容・美容技術理論，運営管理，理容実習，美容実習，理容・美容情報，課題研究
クリーニング	クリーニング関係法規，公衆衛生，クリーニング理論，繊維，クリーニング機器・装置，クリーニング実習，課題研究

(ｴ) 学校設定科目

学校においては，生徒や学校，地域の実態及び学科の特色等に応じ，特色ある教育課程の編成に資するよう，(ｲ)及び(ｳ)の表に掲げる教科について，これらに属する科目以外の科目（以下「学校設定科目」という。）を設けることができる。この場合において，学校設定科目の名称，目標，内容，単位数等については，その科目の属する教科の目標に基づき，高等部における教育としての水準の確保に十分配慮し，各学校の定めるところによるものとする。

(ｵ) 学校設定教科

㋐　学校においては，生徒や学校，地域の実態及び学科の特色等に応じ，特色ある教育課程の編成に資するよう，(ｲ)及び(ｳ)の表に掲げる教科以外の教科（以下この項及び第４款の１の(2)において「学校設定教科」という。）及び当該教科に関する科目を設けることができる。この場合において，学校設定教科及び当該教科に関する科目の名称，目標，内容，単位数等については，高等部における教育の目標に基づき，高等部における教育としての水準の確保に十分配慮し，各学校の定めるところによるものとする。

㋑　学校においては，学校設定教科に関する科目として「産業社会と人間」を設けることができる。この科目の目標，内容，単位数等を各学校において定めるに当たっては，産業社会における自己の在り方生き方について考えさせ，社会に積極的に寄与し，生涯にわたって学習に取り組む意欲や態度を養うとともに，生徒の主体的な各教科・科目の選択に資するよう，就業体験活動等の体験的な学習や調査・研究などを通して，次のような事項について指導することに配慮するものとする。

a　社会生活や職業生活に必要な基本的な能力や態度及び望ましい勤労観，職業観の育成

b　我が国の産業の発展とそれがもたらした社会の変化についての考察

c　自己の将来の生き方や進路についての考察及び各教科・科目の履修計画の作成

イ　各教科・科目の履修等

(ｱ) 各学科に共通する必履修教科・科目及び総合的な探究の時間

㋐　全ての生徒に履修させる各教科・科目（以下「必履修教科・科目」という。）は次のとおりとし，その単位数は，アの(ｲ)に標準単位数として示された単位数を下らないものとする。ただし，生徒の実態及び専門学科の特色等を考慮し，特に必要がある場合には，「数学Ⅰ」及び「英語コミュニケーションⅠ」については２単位とすることができ，その

他の必履修教科・科目（標準単位数が2単位であるものを除く。）についてはその単位数の一部を減じることができる。

a　国語のうち「現代の国語」及び「言語文化」

b　地理歴史のうち「地理総合」及び「歴史総合」

c　公民のうち「公共」

d　数学のうち「数学Ⅰ」

e　理科のうち「科学と人間生活」，「物理基礎」，「化学基礎」，「生物基礎」及び「地学基礎」のうちから2科目（うち1科目は「科学と人間生活」とする。）又は「物理基礎」，「化学基礎」，「生物基礎」及び「地学基礎」のうちから3科目

f　保健体育のうち「体育」及び「保健」

g　芸術のうち「音楽Ⅰ」，「美術Ⅰ」，「工芸Ⅰ」及び「書道Ⅰ」のうちから1科目

h　外国語のうち「英語コミュニケーションⅠ」（英語以外の外国語を履修する場合は，学校設定科目として設ける1科目とし，その標準単位数は3単位とする。）

i　家庭のうち「家庭基礎」及び「家庭総合」のうちから1科目

j　情報のうち「情報Ⅰ」

㋑　総合的な探究の時間については，全ての生徒に履修させるものとし，その単位数は，各学校において，生徒や学校の実態に応じて適切に定めるものとする。

㋒　外国の高等学校等に留学していた生徒について，外国の高等学校等における履修により，必履修教科・科目又は総合的な探究の時間の履修と同様の成果が認められる場合においては，外国の高等学校等における履修をもって相当する必履修教科・科目又は総合的な探究の時間の履修の一部又は全部に替えることができる。

(イ) 専門学科における各教科・科目の履修

専門学科における各教科・科目の履修については，(ア)のほか次のとおりとする。

㋐　専門学科においては，専門教科・科目（アの(ウ)の表に掲げる各教科・科目，同表の教科に属する学校設定科目及び専門教育に関する学校設定教科に関する科目をいう。以下同じ。）について，全ての生徒に履修させる単位数は，25単位を下らないこと。ただし，各学科の目標を達成する上で，専門教科・科目以外の各教科・科目の履修により，専門教科・科目の履修と同様の成果が期待できる場合においては，その専門教科・科目以外の各教科・科目の単位数の一部の履修をもって，当該専門教科・科目の単位数の一部の履修に替えることができること。

㋑　専門教科・科目の履修によって，(ア)の必履修教科・科目の履修と同様の成果が期待できる場合においては，その専門教科・科目の履修をもって，必履修教科・科目の履修の一部又は全部に替えることができること。

㋒　職業教育を主とする専門学科においては，総合的な探究の時間の履修により，農業，工業，商業，水産，家庭，情報，保健理療，印刷，理容・美容若しくはクリーニングの各教科の「課題研究」，看護の「看護臨地実習」又は福祉の「介護総合演習」（以下「課題研究等」という。）の履修と同様の成果が期待できる場合においては，総合的な探究の時間の履修をもって課題研究等の履修の一部又は全部に替えることができること。また，課題研究等の履修により，総合的な探究の時間の履修と同様の成果が期待できる場合においては，課題研究等の履修をもって総合的な探究の時間の履修の一部又は全部に替えることができること。

ウ　各教科・科目等の授業時数等

(ア) 各教科・科目，ホームルーム活動及び自立活動の授業は，年間35週行うことを標準とし，必要がある場合には，各教科・科目及び自立活動の授業を特定の学期又は特定の期間

（夏季，冬季，学年末等の休業日の期間に授業日を設定する場合を含む。）に行うことができる。

(ｲ) 週当たりの授業時数は，30単位時間を標準とする。ただし，特に必要がある場合には，これを増加することができる。

(ｳ) ホームルーム活動の授業時数については，原則として，年間35単位時間以上とするものとする。

(ｴ) 生徒会活動及び学校行事については，生徒や学校の実態に応じて，それぞれ適切な授業時数を充てるものとする。

(ｵ) 各学年の自立活動の時間に充てる授業時数は，生徒の障害の状態や特性及び心身の発達の段階等に応じて，適切に定めるものとする。

(ｶ) 各教科・科目等のそれぞれの授業の１単位時間は，各学校において，各教科・科目等の授業時数を確保しつつ，生徒の実態及び各教科・科目等の特質を考慮して適切に定めるものとする。

(ｷ) 各教科・科目等の特質に応じ，10分から15分程度の短い時間を活用して特定の各教科・科目等の指導を行う場合において，当該各教科・科目等を担当する教師が単元や題材など内容や時間のまとまりを見通した中で，その指導内容の決定や指導の成果の把握と活用等を責任をもって行う体制が整備されているときは，その時間を当該各教科・科目等の授業時数に含めることができる。

(ｸ) 総合的な探究の時間における学習活動により，特別活動の学校行事に掲げる各行事の実施と同様の成果が期待できる場合においては，総合的な探究の時間における学習活動をもって相当する特別活動の学校行事に掲げる各行事の実施に替えることができる。

(ｹ) 理数の「理数探究基礎」又は「理数探究」の履修により，総合的な探究の時間の履修と同様の成果が期待できる場合においては，「理数探究基礎」又は「理数探究」の履修をもって総合的な探究の時間の履修の一部又は全部に替えることができる。

(2) 知的障害者である生徒に対する教育を行う特別支援学校における各教科等の履修等

ア 各教科等の履修

(ｱ) 卒業までに履修させる各教科等

各学校においては，卒業までに履修させる(ｲ)から(ｴ)までに示す各教科及びその授業時数，道徳科及び総合的な探究の時間の授業時数，特別活動及びその授業時数並びに自立活動の授業時数に関する事項を定めるものとする。

(ｲ) 各学科に共通する各教科等

㋐ 国語，社会，数学，理科，音楽，美術，保健体育，職業及び家庭の各教科，道徳科，総合的な探究の時間，特別活動並びに自立活動については，特に示す場合を除き，全ての生徒に履修させるものとする。

㋑ 外国語及び情報の各教科については，生徒や学校の実態を考慮し，必要に応じて設けることができる。

(ｳ) 主として専門学科において開設される各教科

㋐ 専門学科においては，(ｲ)のほか，家政，農業，工業，流通・サービス若しくは福祉の各教科又は(ｴ)に規定する学校設定教科のうち専門教育に関するもの（以下「専門教科」という。）のうち，いずれか１以上履修させるものとする。

㋑ 専門教科の履修によって，(ｲ)の㋐の全ての生徒に履修させる各教科の履修と同様の成果が期待できる場合においては，その専門教科の履修をもって，全ての生徒に履修させる各教科の履修に替えることができる。

(ｴ) 学校設定教科

学校においては，生徒や学校，地域の実態及び学科の特色等に応じ，特色ある教育課程の編成に資するよう，(イ)及び(ウ)に掲げる教科以外の教科（以下この項において「学校設定教科」という。）を設けることができる。この場合において，学校設定教科の名称，目標，内容等については，高等部における教育の目標に基づき，高等部における教育としての水準の確保に十分配慮し，各学校の定めるところによるものとする。

イ　各教科等の授業時数等

(ア)　各教科等（ただし，この項及び(ク)において，特別活動についてはホームルーム活動に限る。）の総授業時数は，各学年とも1,050単位時間（1単位時間は，50分として計算するものとする。(ウ)において同じ。）を標準とし，特に必要がある場合には，これを増加することができる。この場合，各教科等の目標及び内容を考慮し，各教科及び総合的な探究の時間の配当学年及び当該学年における授業時数，道徳科，特別活動及び自立活動の各学年における授業時数を適切に定めるものとする。

(イ)　各教科，道徳科，ホームルーム活動及び自立活動の授業は，年間35週行うことを標準とし，必要がある場合には，各教科，道徳科及び自立活動の授業を特定の学期又は特定の期間（夏季，冬季，学年末等の休業日の期間に授業日を設定する場合を含む。）に行うことができる。

(ウ)　専門学科においては，専門教科について，全ての生徒に履修させる授業時数は，875単位時間を下らないものとする。

(エ)　ホームルーム活動の授業時数については，原則として，年間35単位時間以上とするものとする。

(オ)　生徒会活動及び学校行事については，生徒や学校の実態に応じて，それぞれ適切な授業時数を充てるものとする。

(カ)　総合的な探究の時間に充てる授業時数は，各学校において，生徒や学校の実態に応じて，適切に定めるものとする。

(キ)　各学年の自立活動の時間に充てる授業時数は，生徒の障害の状態や特性及び心身の発達の段階等に応じて，適切に定めるものとする。

(ク)　各教科等のそれぞれの授業の1単位時間は，各学校において，各教科等の授業時数を確保しつつ，生徒の実態及び各教科等の特質を考慮して適切に定めるものとする。

(ケ)　各教科等の特質に応じ，10分から15分程度の短い時間を活用して特定の各教科等の指導を行う場合において，当該各教科等を担当する教師が単元や題材など内容の時間のまとまりを見通した中で，その指導内容の決定や指導の成果の把握と活用等を責任をもって行う体制が整備されているときは，その時間を当該各教科等の授業時数に含めることができる。

(コ)　総合的な探究の時間における学習活動により，特別活動の学校行事に掲げる各行事の実施と同様の成果が期待できる場合においては，総合的な探究の時間における学習活動をもって相当する特別活動の学校行事に掲げる各行事の実施に替えることができる。

(3) 選択履修の趣旨を生かした適切な教育課程の編成

教育課程の編成に当たっては，生徒の障害の状態や特性及び心身の発達の段階等に応じた適切な各教科・科目（知的障害者である生徒に対する教育を行う特別支援学校においては各教科。以下この項，(4)のイ，(6)及び第5款において同じ。）の履修ができるようにし，このため，多様な各教科・科目を設け生徒が自由に選択履修することのできるよう配慮するものとする。また，教育課程の類型を設け，そのいずれかの類型を選択して履修させる場合においても，その類型において履修させることになっている各教科・科目以外の各教科・科目を履修させたり，生徒が自由に選択履修することのできる各教科・科目を設けたりするものとする。

(4) 各教科・科目等又は各教科等の内容等の取扱い

ア　学校においては，第2章以下に示していない事項を加えて指導することができる。また，第2章第1節第1款において準ずるものとしている高等学校学習指導要領第2章及び第3章並びに同節第3款から第9款までに示す各科目又は第2節第1款及び第2款に示す各教科の内容の取扱いのうち内容の範囲や程度等を示す事項は，当該科目（知的障害者である生徒に対する教育を行う特別支援学校においては各教科。）を履修する全ての生徒に対して指導するものとする内容の範囲や程度等を示したものであり，学校において必要がある場合には，この事項にかかわらず指導することができる。ただし，これらの場合には，第2章以下に示す各教科・科目等又は各教科等の目標や内容の趣旨を逸脱したり，生徒の負担が過重となったりすることのないようにするものとする。

イ　第2章以下に示す各教科・科目，特別活動及び自立活動の内容に掲げる事項の順序は，特に示す場合を除き，指導の順序を示すものではないので，学校においては，その取扱いについて適切な工夫を加えるものとする。

ウ　視覚障害者，聴覚障害者，肢体不自由者又は病弱者である生徒に対する教育を行う特別支援学校においては，あらかじめ計画して，各教科・科目の内容及び総合的な探究の時間における学習活動を学期の区分に応じて単位ごとに分割して指導することができる。

エ　視覚障害者，聴覚障害者，肢体不自由者又は病弱者である生徒に対する教育を行う特別支援学校においては，特に必要がある場合には，第2章に示す教科及び科目の目標の趣旨を損なわない範囲内で，各教科・科目の内容に関する事項について，基礎的・基本的な事項に重点を置くなどその内容を適切に選択して指導することができる。

オ　知的障害者である生徒に対する教育を行う特別支援学校において，各教科の指導に当たっては，各教科の段階に示す内容を基に，生徒の知的障害の状態や経験等に応じて，具体的に指導内容を設定するものとする。その際，高等部の3年間を見通して計画的に指導するものとする。

カ　知的障害者である生徒に対する教育を行う特別支援学校において，道徳科の指導に当たっては，第3章に示す道徳科の目標及び内容に示す事項を基に，生徒の知的障害の状態や経験等に応じて，具体的に指導内容を設定するものとする。

(5) 指導計画の作成等に当たっての配慮すべき事項

ア　各学校においては，次の事項に配慮しながら，学校の創意工夫を生かし，全体として，調和のとれた具体的な指導計画を作成するものとする。

　(ア) 各教科・科目等又は各教科等の指導内容については，単元や題材など内容や時間のまとまりを見通しながら，そのまとめ方や重点の置き方に適切な工夫を加え，第3款の1に示す主体的・対話的で深い学びの実現に向けた授業改善を通して資質・能力を育む効果的な指導ができるようにすること。

　(イ) 各教科・科目等又は各教科等について相互の関連を図り，系統的，発展的な指導ができるようにすること。

　(ウ) 知的障害者である生徒に対する教育を行う特別支援学校において，各教科等の一部又は全部を合わせて指導を行う場合には，各教科，道徳科，特別活動及び自立活動の内容を基に，生徒の知的障害の状態や経験等に応じて，具体的に指導内容を設定するものとする。また，各教科，道徳科，特別活動及び自立活動の内容の一部又は全部を合わせて指導を行う場合は，授業時数を適切に定めること。

イ　各教科・科目等又は各教科等の指導に当たっては，個々の生徒の実態を的確に把握し，次の事項に配慮しながら，個別の指導計画を作成すること。

　(ア) 生徒の障害の状態や特性及び心身の発達の段階等並びに学習の進度を考慮して，基礎的・基本的な事項に重点を置くこと。

(ｲ)　生徒が，基礎的・基本的な知識及び技能の習得も含め，学習内容を確実に身に付けることができるよう，それぞれの生徒に作成した個別の指導計画や学校の実態に応じて，指導方法や指導体制の工夫改善に努めること。その際，生徒の障害の状態や特性及び心身の発達の段階等並びに学習の進度を考慮して，個別指導を重視するとともに，グループ別学習，繰り返し学習，学習内容の習熟の程度に応じた学習，生徒の興味・関心等に応じた課題学習，補充的な学習や発展的な学習などの学習活動を取り入れることや，教師間の協力による指導体制を確保することなど，指導方法や指導体制の工夫改善により，個に応じた指導の充実を図ること。その際，第3款の1の(3)に示す情報手段や教材・教具の活用を図ること。

(6)　キャリア教育及び職業教育に関して配慮すべき事項

　ア　学校においては，第5款の1の(3)に示すキャリア教育及び職業教育を推進するために，生徒の障害の状態や特性及び心身の発達の段階等，学校や地域の実態等を考慮し，地域及び産業界や労働等の業務を行う関係機関との連携を図り，産業現場等における長期間の実習を取り入れるなどの就業体験活動の機会を積極的に設けるとともに，地域や産業界や労働等の業務を行う関係機関の人々の協力を積極的に得るよう配慮するものとする。

　イ　普通科においては，生徒の障害の状態や特性及び心身の発達の段階等，学校や地域の実態等を考慮し，必要に応じて，適切な職業に関する各教科・科目の履修の機会の確保について配慮するものとする。

　ウ　職業教育を主とする専門学科においては，次の事項に配慮するものとする。

　　(ｱ)　職業に関する各教科・科目については，実験・実習に配当する授業時数を十分確保するようにすること。

　　(ｲ)　生徒の実態を考慮し，職業に関する各教科・科目の履修を容易にするため特別な配慮が必要な場合には，各分野における基礎的又は中核的な科目を重点的に選択し，その内容については基礎的・基本的な事項が確実に身に付くように取り扱い，また，主として実験・実習によって指導するなどの工夫をこらすようにすること。

　エ　職業に関する各教科・科目については，次の事項に配慮するものとする。

　　(ｱ)　職業に関する各教科・科目については，就業体験活動をもって実習に替えることができること。この場合，就業体験活動は，その各教科・科目の内容に直接関係があり，かつ，その一部としてあらかじめ計画し，評価されるものであることを要すること。

　　(ｲ)　農業，水産及び家庭に関する各教科・科目の指導に当たっては，ホームプロジェクトなどの活動を活用して，学習の効果を上げるよう留意すること。この場合，ホームプロジェクトについては，適切な授業時数をこれに充てることができること。

4　学部段階間及び学校段階等間の接続

　教育課程の編成に当たっては，次の事項に配慮しながら，学部段階間及び学校段階等間の接続を図るものとする。

(1)　現行の特別支援学校小学部・中学部学習指導要領又は中学校学習指導要領を踏まえ，中学部における教育又は中学校教育までの学習の成果が高等部における教育に円滑に接続され，高等部における教育段階の終わりまでに育成することを目指す資質・能力を，生徒が確実に身に付けることができるよう工夫すること。

(2)　視覚障害者，聴覚障害者，肢体不自由者又は病弱者である生徒に対する教育を行う特別支援学校においては，生徒や学校の実態等に応じ，必要がある場合には，例えば次のような工夫を行い，義務教育段階での学習内容の確実な定着を図るようにすること。

　ア　各教科・科目の指導に当たり，義務教育段階での学習内容の確実な定着を図るための学習機会を設けること。

　イ　義務教育段階での学習内容の確実な定着を図りながら，必履修教科・科目の内容を十分に習

得させることができるよう，その単位数を標準単位数の標準の限度を超えて増加して配当すること。

ウ　義務教育段階での学習内容の確実な定着を図ることを目標とした学校設定科目等を履修させた後に，必履修教科・科目を履修させるようにすること。

(3) 大学や専門学校，教育訓練機関等における教育や社会的・職業的自立，生涯にわたる学習や生活のために，高等部卒業以降の進路先との円滑な接続が図られるよう，関連する教育機関や企業，福祉施設等との連携により，卒業後の進路に求められる資質・能力を着実に育成することができるよう工夫すること。

第3款　教育課程の実施と学習評価

1　主体的・対話的で深い学びの実現に向けた授業改善

各教科・科目等又は各教科等の指導に当たっては，次の事項に配慮するものとする。

(1) 第1款の3の(1)から(3)までに示すことが偏りなく実現されるよう，単元や題材など内容や時間のまとまりを見通しながら，生徒の主体的・対話的で深い学びの実現に向けた授業改善を行うこと。

特に，各教科・科目等又は各教科等において身に付けた知識及び技能を活用したり，思考力，判断力，表現力等や学びに向かう力，人間性等を発揮させたりして，学習の対象となる物事を捉え思考することにより，各教科・科目等又は各教科等の特質に応じた物事を捉える視点や考え方（以下「見方・考え方」という。）が鍛えられていくことに留意し，生徒が各教科・科目等又は各教科等の特質に応じた見方・考え方を働かせながら，知識を相互に関連付けてより深く理解したり，情報を精査して考えを形成したり，問題を見いだして解決策を考えたり，思いや考えを基に創造したりすることに向かう過程を重視した学習の充実を図ること。

(2) 第2款の2の(1)に示す言語能力の育成を図るため，各学校において必要な言語環境を整えるとともに，国語科を要としつつ各教科・科目等又は各教科等の特質に応じて，生徒の言語活動を充実すること。あわせて，(6)に示すとおり読書活動を充実すること。

(3) 第2款の2の(1)に示す情報活用能力の育成を図るため，各学校において，コンピュータや情報通信ネットワークなどの情報手段を活用するために必要な環境を整え，これらを適切に活用した学習活動の充実を図ること。また，各種の統計資料や新聞，視聴覚教材や教育機器などの教材・教具の適切な活用を図ること。

(4) 生徒が学習の見通しを立てたり学習したことを振り返ったりする活動を，計画的に取り入れるよう工夫すること。

(5) 生徒が生命の有限性や自然の大切さ，主体的に挑戦してみることや多様な他者と協働することの重要性などを実感しながら理解することができるよう，各教科・科目等又は各教科等の特質に応じた体験活動を重視し，家庭や地域社会と連携しつつ体系的・継続的に実施できるよう工夫すること。

(6) 学校図書館を計画的に利用しその機能の活用を図り，生徒の主体的・対話的で深い学びの実現に向けた授業改善に生かすとともに，生徒の自主的，自発的な学習活動や読書活動を充実すること。また，地域の図書館や博物館，美術館，劇場，音楽堂等の施設の活用を積極的に図り，資料を活用した情報の収集や鑑賞等の学習活動を充実すること。

2　障害のため通学して教育を受けることが困難な生徒に対して，教師を派遣して教育を行う場合については，障害の状態や学習環境等に応じて，指導方法や指導体制を工夫し，学習活動が効果的に行われるようにすること。

3　学習評価の充実

学習評価の実施に当たっては，次の事項に配慮するものとする。

(1) 生徒のよい点や可能性，進歩の状況などを積極的に評価し，学習したことの意義や価値を実感できるようにすること。また，各教科・科目等又は各教科等の目標の実現に向けた学習状況を把握する観点から，単元や題材など内容や時間のまとまりを見通しながら評価の場面や方法を工夫して，学習の過程や成果を評価し，指導の改善や学習意欲の向上を図り，資質・能力の育成に生かすようにすること。

(2) 各教科・科目等又は各教科等の指導に当たっては，個別の指導計画に基づいて行われた学習状況や結果を適切に評価し，指導目標や指導内容，指導方法の改善に努め，より効果的な指導ができるようにすること。

(3) 創意工夫の中で学習評価の妥当性や信頼性が高められるよう，組織的かつ計画的な取組を推進するとともに，学年や学部段階を越えて生徒の学習の成果が円滑に接続されるように工夫すること。

第4款　単位の修得及び卒業の認定

1 視覚障害者，聴覚障害者，肢体不自由者又は病弱者である生徒に対する教育を行う特別支援学校
(1) 各教科・科目及び総合的な探究の時間の単位の修得の認定
　ア　学校においては，生徒が学校の定める指導計画に従って各教科・科目を履修し，その成果が各教科及び科目の目標からみて満足できると認められる場合には，その各教科・科目について履修した単位を修得したことを認定しなければならない。
　イ　学校においては，生徒が学校の定める指導計画に従って総合的な探究の時間を履修し，その成果が第4章において準ずるものとしている高等学校学習指導要領第4章第2の1に基づき定められる目標からみて満足できると認められる場合には，総合的な探究の時間について履修した単位を修得したことを認定しなければならない。
　ウ　学校においては，生徒が1科目又は総合的な探究の時間を2以上の年次にわたって履修したときは，各年次ごとにその各教科・科目又は総合的な探究の時間について履修した単位を修得したことを認定することを原則とする。また，単位の修得の認定を学期の区分ごとに行うことができる。
(2) 卒業までに修得させる単位数
　学校においては，卒業までに修得させる単位数を定め，校長は，当該単位数を修得した者で，特別活動及び自立活動の成果がそれらの目標からみて満足できると認められるものについて，高等部の全課程の修了を認定するものとする。この場合，卒業までに修得させる単位数は，74単位（自立活動の授業については，授業時数を単位数に換算して，この単位数に含めることができる。）以上とする。なお，普通科においては，卒業までに修得させる単位数に含めることができる学校設定科目及び学校設定教科に関する科目に係る修得単位数は，合わせて20単位を超えることができない。
(3) 各学年の課程の修了の認定
　学校においては，各学年の課程の修了の認定については，単位制が併用されていることを踏まえ，弾力的に行うよう配慮するものとする。
2 知的障害者である生徒に対する教育を行う特別支援学校
　学校においては，卒業までに履修させる各教科等のそれぞれの授業時数を定めるものとする。
　校長は，各教科等を履修した者で，その成果がそれらの目標からみて満足できると認められるものについて，高等部の全課程の修了を認定するものとする。

第 5 款　生徒の調和的な発達の支援

1　生徒の調和的な発達を支える指導の充実
　教育課程の編成及び実施に当たっては，次の事項に配慮するものとする。
　(1)　学習や生活の基盤として，教師と生徒との信頼関係及び生徒相互のよりよい人間関係を育てる
　　ため，日頃からホームルーム経営の充実を図ること。また，主に集団の場面で必要な指導や援助
　　を行うガイダンスと，個々の生徒の多様な実態を踏まえ，一人一人が抱える課題に個別に対応し
　　た指導を行うカウンセリングの双方により，生徒の発達を支援すること。
　(2)　生徒が，自己の存在感を実感しながら，よりよい人間関係を形成し，有意義で充実した学校生
　　活を送る中で，現在及び将来における自己実現を図っていくことができるよう，生徒理解を深
　　め，学習指導と関連付けながら，生徒指導の充実を図ること。
　(3)　生徒が，学ぶことと自己の将来とのつながりを見通しながら，社会的・職業的自立に向けて必
　　要な基盤となる資質・能力を身に付けていくことができるよう，特別活動を要としつつ各教科・
　　科目等又は各教科等の特質に応じて，キャリア教育の充実を図ること。その中で，生徒が自己の
　　在り方生き方を考え主体的に進路を選択することができるよう，学校の教育活動全体を通じ，組
　　織的かつ計画的な進路指導を行うこと。その際，家庭及び地域や福祉，労働等の業務を行う関係
　　機関との連携を十分に図ること。
　(4)　学校の教育活動全体を通じて，個々の生徒の特性等の的確な把握に努め，その伸長を図るこ
　　と。また，生徒が適切な各教科・科目や類型を選択し学校やホームルームでの生活によりよく適
　　応するとともに，現在及び将来の生き方を考え行動する態度や能力を育成することができるよう
　　にすること。
　(5)　生徒が，学校教育を通じて身に付けた知識及び技能を活用し，もてる能力を最大限伸ばすこと
　　ができるよう，生涯学習への意欲を高めるとともに，社会教育その他様々な学習機会に関する情
　　報の提供に努めること。また，生涯を通じてスポーツや文化芸術活動に親しみ，豊かな生活を営
　　むことができるよう，地域のスポーツ団体，文化芸術団体及び障害者福祉団体等と連携し，多様
　　なスポーツや文化芸術活動を体験することができるよう配慮すること。
　(6)　学習の遅れがちな生徒などについては，各教科・科目等の選択，その内容の取扱いなどについ
　　て必要な配慮を行い，生徒の実態に応じ，例えば義務教育段階の学習内容の確実な定着を図るた
　　めの指導を適宜取り入れるなど，指導内容や指導方法を工夫すること。
　(7)　家庭及び地域並びに医療，福祉，保健，労働等の業務を行う関係機関との連携を図り，長期的
　　な視点で生徒への教育的支援を行うために，個別の教育支援計画を作成すること。
　(8)　複数の種類の障害を併せ有する生徒（以下「重複障害者」という。）については，専門的な知
　　識，技能を有する教師や特別支援学校間の協力の下に指導を行ったり，必要に応じて専門の医師
　　やその他の専門家の指導・助言を求めたりするなどして，学習効果を一層高めるようにするこ
　　と。
　(9)　学校医等との連絡を密にし，生徒の障害の状態等に応じた保健及び安全に十分留意すること。
　(10)　実験・実習に当たっては，特に安全と保健に留意すること。
2　海外から帰国した生徒などの学校生活への適応や，日本語の習得に困難のある生徒に対する日本
　語指導
　(1)　海外から帰国した生徒などについては，学校生活への適応を図るとともに，外国における生活
　　経験を生かすなどの適切な指導を行うものとする。
　(2)　日本語の習得に困難のある生徒については，個々の生徒の実態に応じた指導内容や指導方法の
　　工夫を組織的かつ計画的に行うものとする。

付録2

1　教育課程の改善と学校評価等，教育課程外の活動との連携等
　(1)　各学校においては，校長の方針の下に，校務分掌に基づき教職員が適切に役割を分担しつつ，相互に連携しながら，各学校の特色を生かしたカリキュラム・マネジメントを行うよう努めるものとする。また，各学校が行う学校評価については，教育課程の編成，実施，改善が教育活動や学校運営の中核となることを踏まえ，カリキュラム・マネジメントと関連付けながら実施するよう留意するものとする。
　(2)　教育課程の編成及び実施に当たっては，学校保健計画，学校安全計画，食に関する指導の全体計画，いじめの防止等のための対策に関する基本的な方針など，各分野における学校の全体計画等と関連付けながら，効果的な指導が行われるように留意するものとする。
　(3)　教育課程外の学校教育活動と教育課程との関連が図られるように留意するものとする。特に，生徒の自主的，自発的な参加により行われる部活動については，スポーツや文化，科学等に親しませ，学習意欲の向上や責任感，連帯感の涵養等，学校教育が目指す資質・能力の育成に資するものであり，学校教育の一環として，教育課程との関連が図られるよう留意すること。その際，学校や地域の実態に応じ，地域の人々の協力，社会教育施設や社会教育関係団体等の各種団体との連携などの運営上の工夫を行い，持続可能な運営体制が整えられるようにするものとする。

2　家庭や地域社会との連携及び協働と学校間の連携
　教育課程の編成及び実施に当たっては，次の事項に配慮するものとする。
　(1)　学校がその目的を達成するため，学校や地域の実態等に応じ，教育活動の実施に必要な人的又は物的な体制を家庭や地域の人々の協力を得ながら整えるなど，家庭や地域社会との連携及び協働を深めること。また，高齢者や異年齢の子供など，地域における世代を越えた交流の機会を設けること。
　(2)　他の特別支援学校や，幼稚園，認定こども園，保育所，小学校，中学校，高等学校及び大学などとの間の連携や交流を図るとともに，障害のない幼児児童生徒との交流及び共同学習の機会を設け，共に尊重し合いながら協働して生活していく態度を育むようにすること。
　　　特に，高等部の生徒の経験を広げて積極的な態度を養い，社会性や豊かな人間性を育むために，学校の教育活動全体を通じて，高等学校の生徒などと交流及び共同学習を計画的，組織的に行うとともに，地域の人々などと活動を共にする機会を積極的に設けること。

3　高等学校等の要請により，障害のある生徒又は当該生徒の教育を担当する教師等に対して必要な助言又は援助を行ったり，地域の実態や家庭の要請等により保護者等に対して教育相談を行ったりするなど，各学校の教師の専門性や施設・設備を生かした地域における特別支援教育のセンターとしての役割を果たすよう努めること。その際，学校として組織的に取り組むことができるよう校内体制を整備するとともに，他の特別支援学校や地域の高等学校等との連携を図ること。

第7款　道徳教育に関する配慮事項

　道徳教育を進めるに当たっては，道徳教育の特質を踏まえ，第1節及び第1款から第6款までに示す事項に加え，次の事項に配慮するものとする。
1　各学校においては，第1款の2の(2)に示す道徳教育の目標を踏まえ，道徳教育の全体計画を作成し，校長の方針の下に，道徳教育の推進を主に担当する教師（「道徳教育推進教師」という。）を中心に，全教師が協力して道徳教育を展開すること。なお，道徳教育の全体計画の作成に当たっては，生徒や学校，地域の実態に応じ，指導の方針や重点を明らかにして，各教科・科目等との関係を明らかにすること。その際，視覚障害者，聴覚障害者，肢体不自由者又は病弱者である生徒に対

する教育を行う特別支援学校においては，第2章第1節第1款において準ずるものとしている高等学校学習指導要領第2章第3節の公民科の「公共」及び「倫理」並びに第5章の特別活動が，人間としての在り方生き方に関する中核的な指導の場面であることに配慮すること。

　　また，知的障害者である生徒に対する教育を行う特別支援学校においては，学校の道徳教育の重点目標を設定するとともに，道徳科の指導方針，第3章特別の教科道徳（知的障害者である生徒に対する教育を行う特別支援学校）に示す内容との関連を踏まえた各教科，総合的な探究の時間，特別活動及び自立活動における指導の内容及び時期並びに家庭や地域社会との連携の方法を示すこと。

2　道徳教育を進めるに当たっては，中学部又は中学校までの特別の教科である道徳の学習等を通じて深めた，主として自分自身，人との関わり，集団や社会との関わり，生命や自然，崇高なものとの関わりに関する道徳的諸価値についての理解を基にしながら，様々な体験や思索の機会等を通して，人間としての在り方生き方についての考えを深めるよう留意すること。また，自立心や自律性を高め，規律ある生活をすること，生命を尊重する心を育てること，社会連帯の自覚を高め，主体的に社会の形成に参画する意欲と態度を養うこと，義務を果たし責任を重んじる態度及び人権を尊重し差別のないよりよい社会を実現しようとする態度を養うこと，伝統と文化を尊重し，それらを育んできた我が国と郷土を愛するとともに，他国を尊重すること，国際社会に生きる日本人としての自覚を身に付けることに関する指導が適切に行われるよう配慮すること。

3　学校やホームルーム内の人間関係や環境を整えるとともに，就業体験活動やボランティア活動，自然体験活動，地域の行事への参加などの豊かな体験を充実すること。また，道徳教育の指導が，生徒の日常生活に生かされるようにすること。その際，いじめの防止や安全の確保等にも資することとなるように留意すること。

4　学校の道徳教育の全体計画や道徳教育に関する諸活動などの情報を積極的に公表したり，道徳教育の充実のために家庭や地域の人々の積極的な参加や協力を得たりするなど，家庭や地域社会との共通理解を深め，相互の連携を図ること。

第8款　重複障害者等に関する教育課程の取扱い

1　生徒の障害の状態により特に必要がある場合には，次に示すところによるものとする。
　(1)　各教科・科目（知的障害者である生徒に対する教育を行う特別支援学校においては各教科。）の目標及び内容の一部を取り扱わないことができること。
　(2)　高等部の各教科・科目（知的障害者である生徒に対する教育を行う特別支援学校においては各教科。）の目標及び内容の一部を，当該各教科・科目に相当する中学部又は小学部の各教科の目標及び内容に関する事項の一部によって，替えることができること。
　(3)　視覚障害者，聴覚障害者，肢体不自由者又は病弱者である生徒に対する教育を行う特別支援学校の外国語科に属する科目及び知的障害者である生徒に対する教育を行う特別支援学校の外国語科については，小学部・中学部学習指導要領に示す外国語活動の目標及び内容の一部を取り入れることができること。

2　知的障害者である生徒に対する教育を行う特別支援学校の高等部に就学する生徒のうち，高等部の2段階に示す各教科の内容を習得し目標を達成している者については，高等学校学習指導要領第2章に示す各教科・科目，中学校学習指導要領第2章に示す各教科又は小学校学習指導要領第2章に示す各教科及び第4章に示す外国語活動の目標及び内容の一部を取り入れることができるものとする。また，主として専門学科において開設される各教科の内容を習得し目標を達成している者については，高等学校学習指導要領第3章に示す各教科・科目の目標及び内容の一部を取り入れることができるものとする。

3 視覚障害者，聴覚障害者，肢体不自由者又は病弱者である生徒に対する教育を行う特別支援学校に就学する生徒のうち，知的障害を併せ有する者については，次に示すところによるものとする。

(1) 各教科・科目の目標及び内容の一部又は各教科・科目を，当該各教科・科目に相当する第2章第2節第1款及び第2款に示す知的障害者である生徒に対する教育を行う特別支援学校の各教科の目標及び内容の一部又は各教科によって，替えることができること。この場合，各教科・科目に替えて履修した第2章第2節第1款及び第2款に示す各教科については，1単位時間を50分とし，35単位時間の授業を1単位として計算することを標準とするものとすること。

(2) 生徒の障害の状態により特に必要がある場合には，第2款の3の(2)に示す知的障害者である生徒に対する教育を行う特別支援学校における各教科等の履修等によることができること。

(3) 校長は，(2)により，第2款の3の(2)に示す知的障害者である生徒に対する教育を行う特別支援学校における各教科等を履修した者で，その成果がそれらの目標からみて満足できると認められるものについて，高等部の全課程の修了を認定するものとすること。

4 重複障害者のうち，障害の状態により特に必要がある場合には，次に示すところによるものとする。

(1) 各教科・科目若しくは特別活動（知的障害者である生徒に対する教育を行う特別支援学校においては，各教科，道徳科若しくは特別活動。）の目標及び内容の一部又は各教科・科目若しくは総合的な探究の時間（知的障害者である生徒に対する教育を行う特別支援学校においては，各教科若しくは総合的な探究の時間。）に替えて，自立活動を主として指導を行うことができること。この場合，実情に応じた授業時数を適切に定めるものとすること。

(2) 校長は，各教科・科目若しくは特別活動（知的障害者である生徒に対する教育を行う特別支援学校においては，各教科，道徳科若しくは特別活動。）の目標及び内容の一部又は各教科・科目若しくは総合的な探究の時間（知的障害者である生徒に対する教育を行う特別支援学校においては，各教科若しくは総合的な探究の時間。）に替えて自立活動を主として履修した者で，その成果がそれらの目標からみて満足できると認められるものについて，高等部の全課程の修了を認定するものとすること。

5 障害のため通学して教育を受けることが困難な生徒に対して，教師を派遣して教育を行う場合については，次に示すところによるものとする。

(1) 1，2，3の(1)若しくは(2)又は4の(1)に示すところによることができること。

(2) 特に必要がある場合には，実情に応じた授業時数を適切に定めること。

(3) 校長は，生徒の学習の成果に基づき，高等部の全課程の修了を認定することができること。

6 療養中の生徒及び障害のため通学して教育を受けることが困難な生徒について，各教科・科目の一部を通信により教育を行う場合の1単位当たりの添削指導及び面接指導の回数等（知的障害者である生徒に対する教育を行う特別支援学校においては，通信により教育を行うこととなった各教科の一部の授業時数に相当する添削指導及び面接指導の回数等。）については，実情に応じて適切に定めるものとする。

第9款　専攻科

1 視覚障害者又は聴覚障害者である生徒に対する教育を行う特別支援学校の専攻科における教科及び科目のうち標準的なものは，次の表に掲げるとおりである。視覚障害者又は聴覚障害者である生徒に対する教育を行う特別支援学校においては，必要がある場合には同表に掲げる教科について，これらに属する科目以外の科目を設けることができる。

教　科		科　目
視覚障害者である生徒に対する教育を行う特別支援学校	保　健　理　療	医療と社会，人体の構造と機能，疾病の成り立ちと予防，生活と疾病，基礎保健理療，臨床保健理療，地域保健理療と保健理療経営，保健理療基礎実習，保健理療臨床実習，保健理療情報，課題研究
	理　　　療	医療と社会，人体の構造と機能，疾病の成り立ちと予防，生活と疾病，基礎理療学，臨床理療学，地域理療と理療経営，理療基礎実習，理療臨床実習，理療情報，課題研究
	理　学　療　法	人体の構造と機能，疾病と障害，保健・医療・福祉とリハビリテーション，基礎理学療法学，理学療法管理学，理学療法評価学，理学療法治療学，地域理学療法学，理学療法臨床実習，理学療法情報，課題研究
聴覚障害者である生徒に対する教育を行う特別支援学校	理　容　・　美　容	関係法規・制度，衛生管理，保健，香粧品化学，文化論，理容・美容技術理論，運営管理，理容実習，美容実習，理容・美容情報，課題研究
	歯　科　技　工	歯科技工関係法規，歯科技工学概論，歯科理工学，歯の解剖学，顎口腔機能学，有床義歯技工学，歯冠修復技工学，矯正歯科技工学，小児歯科技工学，歯科技工実習，歯科技工情報，課題研究

2　視覚障害者又は聴覚障害者である生徒に対する教育を行う特別支援学校の専攻科においては，必要がある場合には1の表に掲げる教科及び科目以外の教科及び科目を設けることができる。

付録2

411

高等学校学習指導要領における障害のある生徒などへの指導に関する規定

●高等学校学習指導要領解説総則編の抜粋

第6章　生徒の発達の支援

第2節　特別な配慮を必要とする生徒への指導

1　障害のある生徒などへの指導

（1）生徒の障害の状態等に応じた指導の工夫（第1章総則第5款2（1）ア）

> ア　障害のある生徒などについては，特別支援学校等の助言又は援助を活用しつつ，個々の生徒の障害の状態等に応じた指導内容や指導方法の工夫を組織的かつ計画的に行うものとする。

　学校教育法第81条第1項では，幼稚園，小学校，中学校，高等学校等において，障害のある生徒等に対し，障害による学習上又は生活上の困難を克服するための教育を行うことが規定されている。

　また，我が国においては，「障害者の権利に関する条約」に掲げられている教育の理念の実現に向けて，一人一人の教育的ニーズに応じた多様な学びの場の整備を進めていること，高等学校等にも，障害のある生徒のみならず，教育上特別の支援を必要とする生徒が在籍している可能性があることを前提に，全ての教職員が特別支援教育の目的や意義について十分に理解することが不可欠である。

　そこで，今回の改訂では，特別支援教育に関する教育課程編成の基本的な考え方や個に応じた指導を充実させるための教育課程実施上の留意事項などが一体的にわかるよう，学習指導要領の示し方について充実を図ることとした。

　障害のある生徒などには，視覚障害，聴覚障害，知的障害，肢体不自由，病弱・身体虚弱，言語障害，情緒障害，自閉症，LD（学習障害），ADHD（注意欠陥多動性障害）などのほか，学習面又は行動面において困難のある生徒で発達障害の可能性のある者も含まれている。このような障害の種類や程度を的確に把握した上で，障害のある生徒などの「困難さ」に対する「指導上の工夫の意図」を理解し，個に応じた様々な「手立て」を検討し，指導に当たっていく必要がある。また，このような考え方は学習状況の評価に当たって生徒一人一人の状況をきめ細かに見取っていく際にも参考となる。その際に，高等学校学習指導要領解説の各教科等編のほか，文部科学省が作成する「教育支援資料」などを参考にしながら，全ての教師が障害に関する知識や配慮等についての正しい理解と認識を深め，障害のある生徒などに対する組織的な対応ができるようにしていくことが重要である。

　例えば，弱視の生徒についての理科における観察・実験の指導，難聴や言語障害の生徒についての国語科における音読の指導，芸術科における歌唱の指導，肢体不自由の生徒についての保健体育科における実技の指導や家庭科における実習の指導，病弱・身体虚弱の生徒についての芸術科や保健体育科におけるアレルギー等に配慮した指導など，生徒の障害の状態や特性及び心身の発達の段階等（以下「障害の状態等」という。）に応じて個別的に特別な配慮が必要である。また，読み書きや計算などに困難があるLDの生徒についての国語科における書くことに関する指導や，数学科における計算の指導など，教師の適切な配慮により対応することが必要である。更に，ADHDや自閉症の生徒に対して，話して伝えるだけでなく，メモや絵などを付加する指導などの配慮も必要である。

　このように障害の種類や程度を十分に理解して指導方法の工夫を行うことが大切である。指導に当たっては，音声教材，デジタル教科書やデジタル教材等を含めICT等の適切な活用を図ることも考えられる。

　一方，障害の種類や程度によって一律に指導内容や指導方法が決まるわけではない。特別支援教育において大切な視点は，生徒一人一人の障害の状態等により，学習上又は生活上の困難が異なることに十分留意し，個々の生徒の障害の状態等に応じた指導内容や指導方法の工夫を検討し，適切な指導を行うことであると言える。

付録3

そこで，校長は，特別支援教育実施の責任者として，校内委員会を設置して，特別支援教育コーディネーターを指名し，校務分掌に明確に位置付けるなど，学校全体の特別支援教育の体制を充実させ，効果的な学校運営に努める必要がある。その際，各学校において，生徒の障害の状態等に応じた指導を充実させるためには，特別支援学校等に対し専門的な助言又は援助を要請するなどして，組織的・計画的に取り組むことが重要である。

　こうした点を踏まえ，各教科等の指導計画に基づく内容や方法を見通した上で，個に応じた指導内容や指導方法を計画的に検討し実施することが大切である。

　更に，障害のある生徒などの指導に当たっては，担任を含む全ての教師間において，個々の生徒に対する配慮等の必要性を共通理解するとともに，教師間の連携に努める必要がある。また，集団指導において，障害のある生徒など一人一人の特性等に応じた必要な配慮等を行う際は，教師の理解の在り方や指導の姿勢が，学級内の生徒に大きく影響することに十分留意し，学級内において温かい人間関係づくりに努めながら，全ての生徒に「特別な支援の必要性」の理解を進め，互いの特徴を認め合い，支え合う関係を築いていくことが大切である。

　なお，今回の改訂では，総則のほか，各教科等においても，「各科目にわたる指導計画の作成と内容の取扱い」等に当該教科等の指導における障害のある生徒などに対する学習活動を行う場合に生じる困難さに応じた指導内容や指導方法の工夫を組織的・計画的に行うことが規定されたことに留意する必要がある。

(2) 通級による指導を行い，特別の教育課程を編成した場合の配慮事項（第1章総則第5款2 (1) イ）

イ　障害のある生徒に対して，学校教育法施行規則第140条の規定に基づき，特別の教育課程を編成し，障害に応じた特別の指導（以下「通級による指導」という。）を行う場合には，学校教育法施行規則第129条の規定により定める現行の特別支援学校高等部学習指導要領第6章に示す自立活動の内容を参考とし，具体的な目標や内容を定め，指導を行うものとする。その際，通級による指導が効果的に行われるよう，各教科・科目等と通級による指導との関連を図るなど，教師間の連携に努めるものとする。

　なお，通級による指導における単位の修得の認定については，次のとおりとする。

(ｱ) 学校においては，生徒が学校の定める個別の指導計画に従って通級による指導を履修し，その成果が個別に設定された指導目標からみて満足できると認められる場合には，当該学校の単位を修得したことを認定しなければならない。

(ｲ) 学校においては，生徒が通級による指導を2以上の年次にわたって履修したときは，各年次ごとに当該学校の単位を修得したことを認定することを原則とする。ただし，年度途中から通級による指導を開始するなど，特定の年度における授業時数が，1単位として計算する標準の単位時間に満たない場合は，次年度以降に通級による指導の時間を設定し，2以上の年次にわたる授業時数を合算して単位の修得の認定を行うことができる。また，単位の修得の認定を学期の区分ごとに行うことができる。

付録3

　通級による指導は，高等学校等の通常の学級に在籍している障害のある生徒に対して，各教科等の大部分の授業を通常の学級で行いながら，一部の授業について当該生徒の障害に応じた特別の指導を特別の指導の場（通級指導教室）で行う教育形態である。

　これまで，高等学校等においては通級による指導を行うことができなかったが，小・中学校における通級による指導を受けている児童生徒の増加や，中学校卒業後の生徒の高等学校等への進学状況などを踏まえ，小・中学校等からの学びの連続性を確保する観点から，「高等学校における通級による

指導の制度化及び充実方策について（報告）」（平成28年3月　高等学校における特別支援教育の推進に関する調査研究協力者会議）などにおいて，高等学校等においても通級による指導を導入する必要性が指摘されてきた。このため，平成28年12月に学校教育法施行規則及び「学校教育法施行規則第140条の規定による特別の教育課程について定める件」（平成5年文部省告示第7号）の一部改正等が行われ，平成30年4月から高等学校等における通級による指導ができることとなった。

　高等学校等における通級による指導の対象となる者は，小・中学校等と同様に，学校教育法施行規則第140条各号の一に該当する生徒で，具体的には，言語障害者，自閉症者，情緒障害者，弱視者，難聴者，学習障害者，注意欠陥多動性障害者，肢体不自由者，病弱者及び身体虚弱者である。

　通級による指導を行う場合には，学校教育法施行規則第83条及び第84条（第108条第2項において準用する場合を含む。）の規定にかかわらず，特別の教育課程によることができ，障害による特別の指導を，高等学校等の教育課程に加え，又は，その一部に替えることができる（学校教育法施行規則第140条，平成5年文部省告示第7号）。

　教育課程に加える場合とは，放課後等の授業のない時間帯に通級による指導の時間を設定し，対象となる生徒に対して通級による指導を実施するというものである。この場合，対象となる生徒の全体の授業時数は他の生徒に比べて増加することになる。

　一方，教育課程の一部に替える場合とは，他の生徒が選択教科・科目等を受けている時間に，通級による指導の時間を設定し，対象となる生徒に対して通級による指導を実施するというものである。対象となる生徒は選択教科・科目に替えて通級による指導を受けることになり，この場合，対象となる生徒の全体の授業時数は増加しない。

　なお，通級による指導を，必履修教科・科目，専門学科において全ての生徒に履修させる専門教科・科目，総合学科における「産業社会と人間」，総合的な探究の時間及び特別活動に替えることはできないことに留意する必要がある。

　今回の改訂では，通級による指導を行う場合について，「特別支援学校高等部学習指要領第6章に示す自立活動の内容を参考とし，具体的な目標や内容を定め，指導を行うものとする。」と規定された。これにより，通級による指導を行う場合には，生徒が自立を目指し，障害による学習上又は生活上の困難を主体的に改善・克服するために必要な知識及び技能，態度及び習慣を養い，もって心身の調和的発達の基盤を培うことをねらいとし，その際，特別支援学校高等部学習指導要領第6章に示す自立活動の内容を参考とすることを明記したものである。なお，特別支援学校高等部学習指導要領第6章では，自立活動の内容として，「健康の保持」，「心理的な安定」，「人間関係の形成」，「環境の把握」，「身体の動き」及び「コミュニケーション」の六つの区分及び区分の下に各項目を設けている。自立活動の内容は，各教科等のようにその全てを取り扱うものではなく，個々の生徒の障害の状態等の的確な把握に基づき，障害による学習上又は生活上の困難を主体的に改善・克服するために必要な項目を選定して取り扱うものである。よって，生徒一人一人に個別に指導計画を作成し，それに基づいて指導を展開する必要がある。

　個別の指導計画の作成の手順や様式は，それぞれの学校が生徒の障害の状態，発達や経験の程度，興味や関心，生活や学習環境などの実態を的確に把握し，自立活動の指導の効果が最も上がるように考えるべきものである。したがって，ここでは，手順の一例を示すこととする。

（手順の一例）
a　個々の生徒の実態を的確に把握する。
b　実態把握に基づいて得られた指導すべき課題や課題相互の関連を整理する。
c　個々の実態に即した指導目標を設定する。
d　特別支援学校高等部学習指導要領第6章第2款の内容から，個々の生徒の指導目標を達成させるために必要な項目を選定する。

付録3

　今回の改訂を踏まえ，自立活動における個別の指導計画の作成について更に理解を促すため，「特別支援学校学習指導要領解説　自立活動編」においては，上記の各過程において，どのような観点で整理していくか，発達障害を含む多様な障害に対する生徒等の例を充実して解説しているので参照することも大切である。

　なお，「学校教育法施行規則第140条の規定による特別の教育課程について定める件の一部を改正する告示」（平成28年文部科学省告示第176号）において，それまで「特に必要があるときは，障害の状態に応じて各教科の内容を補充するための特別の指導を含むものとする。」と規定されていた趣旨が，障害による学習上又は生活上の困難の克服とは直接関係のない単なる各教科の補充指導が行えるとの誤解を招いているという指摘がなされていたことから，当該規定について「特に必要があるときは，障害の状態に応じて各教科の内容を取り扱いながら行うことができるものとする。」と改正された。つまり，通級による指導の内容について，各教科・科目の内容を取り扱う場合であって，障害による学習上又は生活上の困難の改善又は克服を目的とする指導であるとの位置付けが明確化されたところである。

　また，「その際，通級による指導が効果的に行われるよう，各教科・科目等と通級による指導との関連を図るなど，教師間の連携に努めるものとする。」とあるように，生徒が在籍する通常の学級の担任と通級による指導の担当教師とが随時，学習の進捗状況等について情報交換を行うとともに，通級による指導の効果が，通常の学級においても波及することを目指していくことが重要である。

　生徒が在籍校以外の高等学校又は特別支援学校の高等部等において特別の指導を受ける場合には，当該生徒が在籍する高等学校等の校長は，これら他校で受けた指導を，特別の教育課程に係る授業とみなすことができる（学校教育法施行規則第141条）。このように生徒が他校において指導を受ける場合には，当該生徒が在籍する高等学校等の校長は，当該特別の指導を行う学校の校長と十分協議の上で，教育課程を編成するとともに，定期的に情報交換を行うなど，学校間及び担当教師間の連携を密に教育課程の編成，実施，評価，改善を行っていく必要がある。

　「生徒が学校の定める個別の指導計画に従って通級による指導を履修し，その成果が別に設定された指導目標からみて満足できると認められる場合」とは，生徒がその指導目標の実現に向けてどのように変容しているかを具体的な指導内容に対する生徒の取組状況を通じて評価することを基本とし，指導目標に照らして適切に評価するものである。そのため，各学校においては，組織的・計画的な取組を推進し，学習評価の妥当性，信頼性等を高めるように努めることが重要である。

　生徒が通級による指導を2以上の年次にわたって履修する場合には，年次ごとに履修した単位を修得したことを認定することが原則となる。しかし，例えば，通級による指導を年度途中から履修する場合など，特定の年度における授業時数が，1単位として計算する標準の単位時間（35単位時間）に満たなくとも，次年度以降に通級による指導を履修し，2以上の年次にわたる授業時数を合算して単位の認定を行うことも可能である。また，単位の修得の認定を学期の区分ごとに行うことも可能である。

　なお，通級による指導に係る単位を修得したときは，年間7単位を超えない範囲で当該修得した単位数を当該生徒の在学する高等学校等が定めた全課程の修了を認めるに必要な単位数に加えることができる。

（3）個別の教育支援計画や個別の指導計画の作成と活用（第1章総則第5款2(1)ウ）

付録3

415

画を作成し活用することに努めるとともに，各教科・科目等の指導に当たって，個々の生徒の実態を的確に把握し，個別の指導計画を作成し活用することに努めるものとする。特に，通級による指導を受ける生徒については，個々の生徒の障害の状態等の実態を的確に把握し，個別の教育支援計画や個別の指導計画を作成し，効果的に活用するものとする。

　個別の教育支援計画及び個別の指導計画は，障害のある生徒など一人一人に対するきめ細やかな指導や支援を組織的・継続的かつ計画的に行うために重要な役割を担っている。

　今回の改訂では，通級による指導を受ける生徒については，二つの計画を全員作成し，効果的に活用することとした。

　また，通級による指導を受けていない障害のある生徒などの指導に当たっては，個別の教育支援計画及び個別の指導計画を作成し，活用に努めることとした。

　そこで，個別の教育支援計画及び個別の指導計画について，それぞれの意義，位置付け及び作成や活用上の留意点などについて示す。

① 個別の教育支援計画

　平成15年度から実施された障害者基本計画においては，教育，医療，福祉，労働等の関係機関が連携・協力を図り，障害のある生徒の生涯にわたる継続的な支援体制を整え，それぞれの年代における生徒の望ましい成長を促すため，個別の支援計画を作成することが示された。この個別の支援計画のうち，幼児児童生徒に対して，教育機関が中心となって作成するものを，個別の教育支援計画という。

　障害のある生徒などは，学校生活だけでなく家庭生活や地域での生活を含め，長期的な視点で幼児期から学校卒業後までの一貫した支援を行うことが重要である。このため，教育関係者のみならず，家庭や医療，福祉などの関係機関と連携するため，それぞれの側面からの取組を示した個別の教育支援計画を作成し活用していくことが考えられる。具体的には，障害のある生徒などが生活の中で遭遇する制約や困難を改善・克服するために，本人及び保護者の願いや将来の希望などを踏まえ，在籍校のみならず，例えば，家庭や医療，福祉，労働等の関係機関などと連携し，実際にどのような支援が必要で可能であるか，支援の目標を立て，それぞれが提供する支援の内容を具体的に記述し，支援の内容を整理したり，関連付けたりするなど関係機関の役割を明確にすることとなる。

　このように，個別の教育支援計画の作成を通して，生徒に対する支援の目標を長期的な視点から設定することは，学校が教育課程の編成の基本的な方針を明らかにする際，全教職員が共通理解をすべき大切な情報となる。また，在籍校において提供される教育的支援の内容については，教科等横断的な視点から個々の生徒の障害の状態等に応じた指導内容や指導方法の工夫を検討する際の情報として個別の指導計画に生かしていくことが重要である。

　個別の教育支援計画の活用に当たっては，例えば，中学校における個別の支援計画を引き継ぎ，適切な支援の目的や教育的支援の内容を設定したり，進路先に在学中の支援の目的や教育的支援の内容を伝えたりするなど，入学前から在学中，そして進路先まで，切れ目ない支援に生かすことが大切である。その際，個別の教育支援計画には，多くの関係者が関与することから，保護者の同意を事前に得るなど個人情報の適切な取扱いと保護に十分留意することが必要である。

② 個別の指導計画

　個別の指導計画は，個々の生徒の実態に応じて適切な指導を行うために学校で作成されるものである。個別の指導計画は，教育課程を具体化し，障害のある生徒など一人一人の指導目標，指導内容及び指導方法を明確にして，きめ細やかに指導するために作成するものである。

　今回の改訂では，総則のほか，各教科等の指導において，「各科目にわたる指導計画の作成と内容の取扱い」として，当該教科等の指導における障害のある生徒などに対する学習活動を行う場合

に生じる困難さに応じた指導内容や指導方法の工夫を計画的，組織的に行うことが規定された。このことを踏まえ，通常の学級に在籍する障害のある生徒等への各教科等の指導に当たっては，適切かつ具体的な個別の指導計画の作成に努める必要がある。

通級による指導において，特に，他校において通級による指導を受ける場合には，学校間及び担当教師間の連携の在り方を工夫し，個別の指導計画に基づく評価や情報交換等が円滑に行われるよう配慮する必要がある。

各学校においては，個別の教育支援計画と個別の指導計画を作成する目的や活用の仕方に違いがあることに留意し，二つの計画の位置付けや作成の手続きなどを整理し，共通理解を図ることが必要である。また，個別の教育支援計画及び個別の指導計画については，実施状況を適宜評価し改善を図っていくことも不可欠である。

こうした個別の教育支援計画と個別の指導計画の作成・活用システムを校内で構築していくためには，障害のある生徒などを担任する教師や特別支援教育コーディネーターだけに任せるのではなく，全ての教師の理解と協力が必要である。学校運営上の特別支援教育の位置付けを明確にし，学校組織の中で担任する教師が孤立することのないよう留意する必要がある。このためには，校長のリーダーシップの下，学校全体の協力体制づくりを進めたり，全ての教師が二つの計画についての正しい理解と認識を深めたりして，教師間の連携に努めていく必要がある。

付録3

417

学習指導要領等の改善に係る検討に必要な専門的作業等協力者

（総括）
宍 戸 和 成　　独立行政法人国立特別支援教育総合研究所理事長
古 川 勝 也　　西九州大学教授

（総則）
飯 野　　明　　山形県教育庁特別支援教育課課長補佐
一 木　　薫　　福岡教育大学教授
松 見 和 樹　　千葉県教育庁教育振興部特別支援教育課指導主事

（視覚障害者である児童生徒に対する教育を行う特別支援学校の各教科）
〔保健理療，理療〕
藤 井 亮 輔　　筑波技術大学教授
栗 原 勝 美　　東京都立文京盲学校主任教諭
片 平 明 彦　　北海道函館盲学校校長
〔理学療法〕
水 野 知 浩　　大阪府立大阪南視覚支援学校教諭
長 島 大 介　　筑波大学附属視覚特別支援学校教諭

（聴覚障害者である児童生徒に対する教育を行う特別支援学校の各教科）
〔印刷〕
角　　哲 郎　　滋賀県立聾話学校教諭
〔理容・美容〕
宮 代 武 彦　　宮城県立聴覚支援学校教諭
〔クリーニング〕
島 田 睦 郎　　北海道高等聾学校教諭
〔歯科技工〕
福 田 靖 江　　筑波大学附属聴覚特別支援学校教諭

（知的障害者である児童生徒に対する教育を行う特別支援学校の各教科）
〔国語〕
上仮屋 祐 介　　鹿児島大学教育学部附属特別支援学校教諭
田 丸 秋 穂　　筑波大学附属桐が丘特別支援学校教諭
林　　麻佐美　　神奈川県立足柄高等学校副校長
樋 口 普美子　　埼玉県教育局南部教育事務所管理主事
〔社会〕
尾 高 邦 生　　筑波大学附属大塚特別支援学校教諭

黒 川 利 香　　仙台市立新田小学校教頭
増 田 謙太郎　　東京学芸大学教職大学院准教授
〔数学〕
相 坂　　潤　　青森県総合学校教育センター指導主事
有 澤 直 人　　東京都江戸川区立本一色小学校指導教諭
髙 橋　　玲　　群馬県教育委員会特別支援教育課補佐
〔理科〕
齋 藤　　豊　　筑波大学附属桐が丘特別支援学校教諭
原 島 広 樹　　東京都教育庁指導部主任指導主事
茂 原 伸 也　　千葉県立桜が丘特別支援学校教諭
〔音楽〕
尾 﨑 美惠子　　千葉県総合教育センター研究指導主事
工 藤 傑 史　　東京福祉大学社会福祉部専任講師
永 島 崇 子　　東京都立大泉特別支援学校校長
〔美術〕
大 磯 美 保　　神奈川県立鶴見養護学校教頭
小 倉 京 子　　千葉県教育庁教育振興部特別支援教育課主幹兼教育支援室長
三 上 宗 佑　　東京都立城東特別支援学校主幹教諭
〔保健体育〕
鈴 木 英 資　　神奈川県立高津養護学校副校長
増 田 知 洋　　東京都立江東特別支援学校指導教諭
松 浦 孝 明　　筑波大学附属桐が丘特別支援学校主幹教諭
〔職業，家庭〕
伊 丹 由 紀　　京都市立北総合支援学校教頭
大 澤 和 俊　　静岡県立浜名特別支援学校教諭
佐 藤 圭 吾　　秋田県教育庁特別支援教育課主任指導主事
畠 山 和 也　　埼玉県立所沢おおぞら特別支援学校教諭
〔外国語〕
日 下 奈緒美　　千葉県立八千代特別支援学校教頭
中 野 嘉 樹　　横浜市立共進中学校副校長
渡 邉 万 里　　福島県立郡山支援学校教諭
〔情報〕
古 舘 秀 樹　　東京都目黒区教育委員会統括指導主事
鈴 木 龍 也　　福島県立相馬支援学校校長
〔家政〕
米 原 孝 志　　富山県教育委員会県立学校課特別支援教育班主幹
〔農業〕
三 瓶　　聡　　北海道教育委員会主任指導主事
〔工業〕
村 上 直 也　　岡山県総合教育センター特別支援教育部指導主事
〔流通・サービス〕
三 原 彰 夫　　大分県教育委員会指導主事
〔福祉〕
吉 池　　久　　東京都立南大沢学園副校長

〔発達段階等〕
徳 永 　 豊　　福岡大学人文学部教育・臨床心理学科教授
米 田 宏 樹　　筑波大学准教授

（自立活動）
飯 田 幸 雄　　鈴鹿大学非常勤講師
井 上 昌 士　　千葉県立千葉特別支援学校校長
内 田 俊 行　　広島県教育委員会教職員課管理主事
小 林 秀 之　　筑波大学准教授
櫻 澤 浩 人　　東京都稲城市立向陽台小学校主任教諭
谷 本 忠 明　　広島大学准教授
樋 口 一 宗　　東北福祉大学教授
宮 尾 尚 樹　　長崎県立諫早特別支援学校主幹教諭

（視覚障害）
小 林 秀 之　　筑波大学准教授
山 田 秀 代　　岐阜県立岐阜盲学校中学部主事
吉 田 道 広　　熊本県立熊本はばたき高等支援学校校長

（聴覚障害）
武 居 　 渡　　金沢大学学校教育系教授
谷 本 忠 明　　広島大学大学院教育学研究科准教授
最 首 一 郎　　筑波大学附属聴覚特別支援学校教諭

（知的障害）
井 上 昌 士　　千葉県立千葉特別支援学校校長
菊 地 一 文　　植草学園大学発達教育学部准教授

〔肢体不自由〕
西 垣 昌 欣　　筑波大学附属桐が丘特別支援学校副校長
宮 尾 尚 樹　　長崎県立諫早特別支援学校主幹教諭
渡 邉 文 俊　　埼玉県立川島ひばりが丘特別支援学校主幹教諭

（病弱・身体虚弱）
飯 田 幸 雄　　鈴鹿大学非常勤講師
丹 羽 　 登　　関西学院大学教育学部教授
古 野 芳 毅　　新潟県立吉田特別支援学校教諭

（言語障害）

今 井 昭 子　　神奈川県葉山町立葉山小学校総括教諭
櫻 澤 浩 人　　東京都稲城市立向陽台小学校主任教諭

（自閉症・情緒障害等）

内 田 俊 行　　広島県教育委員会教職員課管理主事
宮 本　　 剛　　やまぐち総合教育支援センター研究指導主事

（LD・ADHD等）

板 倉 伸 夫　　熊本市立富士見中学校教頭
樋 口 一 宗　　東北福祉大学教授
吉 成 千 夏　　東京都豊島区立池袋本町小学校主幹教諭

なお，文部科学省においては，次の者が本書の編集に当たった。

中 村 信 一　　初等中等教育局特別支援教育課長
青 木 隆 一　　初等中等教育局視学官（併）特別支援教育課特別支援教育調査官
庄 司 美千代　　初等中等教育局特別支援教育課特別支援教育調査官
田 中 裕 一　　初等中等教育局特別支援教育課特別支援教育調査官
中 村 大 介　　初等中等教育局特別支援教育課特別支援教育調査官
菅 野 和 彦　　初等中等教育局特別支援教育課特別支援教育調査官
深 草 瑞 世　　初等中等教育局特別支援教育課特別支援教育調査官
山 下 直 也　　初等中等教育局特別支援教育課課長補佐

特別支援学校学習指導要領解説
知的障害者教科等編（上）（高等部）

MEXT 1-2004

令和 2 年 3 月 26 日	初版第 1 刷発行
令和 2 年 4 月 19 日	初版第 2 刷発行
令和 2 年 5 月 12 日	初版第 3 刷発行
令和 3 年 5 月 8 日	初版第 4 刷発行
令和 3 年10月 26 日	初版第 5 刷発行
令和 4 年10月 26 日	初版第 6 刷発行
令和 6 年 4 月 17 日	初版第 7 刷発行

著作権所有　　　**文部科学省**

発　行　者　　　東京都千代田区神田錦町 1-23
宗保第 2 ビル
株式会社ジアース教育新社
代表者　加藤勝博

印　刷　者　　　東京都江戸川区松江 7-6-18
株式会社新藤慶昌堂

発　行　所　　　東京都千代田区神田錦町 1-23
宗保第 2 ビル
株式会社ジアース教育新社
電話（03）5282-7183

定価　本体 1,700 円＋税